U0923808

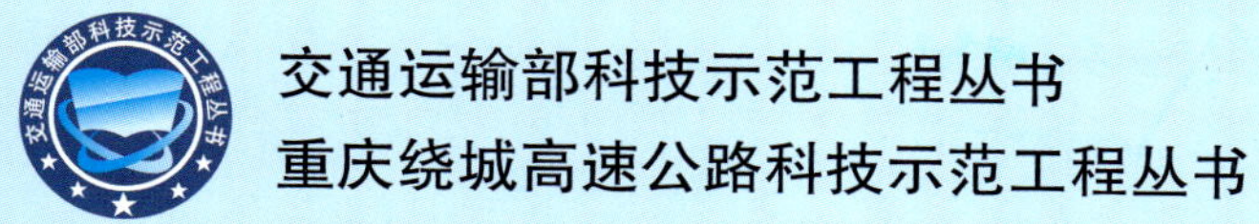

大型桥梁建设关键技术

钟　宁　庄卫林　田启贤　耿　波　编著

内 容 提 要

本书是《重庆绕城高速公路科技示范工程丛书》中的一本。全书共分两篇：第一篇为大跨径宽桥面结合梁斜拉桥设计施工关键技术，包括概述、索塔及索梁的锚固设计与试验、钢—混凝土组合桥面的受力性能和结合梁斜拉桥施工关键技术四部分内容；第二篇为悬索桥主缆温度场效应，包括概述、主缆模型热物性参数试验、主缆温度场计算方法、山区环境下悬索桥主缆温度场效应和鱼嘴长江大桥施工阶段主缆温度场测试五部分内容。

本书可供交通行业的科研人员、管理人员、工程技术人员等学习和参考。

图书在版编目（CIP）数据

大型桥梁建设技术 / 钟宁等编著. —北京：人民交通出版社，2013. 7
ISBN 978-7-114-10664-4

Ⅰ. ①大… Ⅱ. ①钟… Ⅲ. ①桥梁工程 Ⅳ. ①U44

中国版本图书馆 CIP 数据核字（2013）第 115851 号

交通运输部科技示范工程丛书
重庆绕城高速公路科技示范工程丛书

书　　名：大型桥梁建设关键技术
著 作 者：钟　宁　庄卫林　田启贤　耿　波
责任编辑：韩亚楠　郭红蕊
出版发行：人民交通出版社
地　　址：（100011）北京市朝阳区安定门外外馆斜街 3 号
网　　址：http://www.ccpress.com.cn
销售电话：（010）59757973
总 经 销：人民交通出版社发行部
经　　销：各地新华书店
印　　刷：北京盛通印刷股份有限公司
开　　本：880 × 1230　1/16
印　　张：13
字　　数：400 千
版　　次：2013 年 7 月　第 1 版
印　　次：2013 年 7 月　第 1 次印刷
书　　号：ISBN 978-7-114-10664-4
定　　价：88.00 元
（有印刷、装订质量问题的图书由本社负责调换）

《重庆绕城高速公路科技示范工程丛书》编委会

参编单位

重庆市交通委员会

重庆高速公路集团有限公司

招商局重庆交通科研设计院有限公司

重庆交通大学

四川省交通运输厅公路规划勘察设计研究院

西南交通大学

中铁大桥局集团武汉桥梁科学研究院

江苏省交通科学研究院有限公司

交通运输部公路科学研究院

前言

preface

20 世纪 90 年代来，我国公路交通的大发展和西部地区的大开发为公路桥梁的建设与发展带来了良好机遇，我国大跨径桥梁建设进入了一个最辉煌的时期，涌现出一大批结构新颖、技术复杂、设计和施工难度大、现代化品位和科技含量高的大跨径斜拉桥、悬索桥，积累了丰富的桥梁设计和施工经验，使我国公路桥梁建设水平已跻身于国际先进行列。

斜拉桥和悬索桥作为一种索承体系，比梁式桥有更大的跨越能力。斜拉桥由索塔、主梁、斜拉索组成，而主梁又有混凝土梁、钢箱梁、结合梁、混合式梁等多种形式。悬索桥由主缆、主塔、加劲梁和锚碇四部分组成，而主缆又以 AS 法（空中送丝法）或 PPWS 法（预制束股法）制造为主。在大量工程实践的基础上，国内学者不断总结上述两种桥型的设计和施工经验，出版了大量的学术专著和文献，有效地提升了我国大跨径桥梁建设的理论和实践水平。

本书主要以重庆绕城高速公路上的江津观音岩长江大桥（斜拉桥）和鱼嘴长江大桥（悬索桥）为依托，将桥梁建设过程中各单位取得的相关科研成果进行了整理集册，针对大跨度宽桥面结合梁斜拉桥的钢混组合桥面板受力性能、索塔索梁锚固设计、施工关键技术以及悬索桥主缆在不同环境温度下的温度分布规律和作用效应等问题展开阐述，以期对我国结合梁斜拉桥和悬索桥的结构设计和相关科研工作起到参考和指导作用。

本书共分为两篇，第一篇为“大跨度宽桥面结合梁斜拉桥设计与施工关键技术”，其内容主要来自于重庆高速公路集团有限公司、四川省交通厅公路规划勘察设计研究院、招商局重庆交通科研设计院有限公司、重庆交通大学、清华大学以及西南交通大学等多家单位的研究成果；第二篇为“山区复杂环境大跨度悬索桥主缆温度场效应及影响”，其内容主要来自于重庆高速公路集团有限公司和中铁大桥局集团武汉桥梁科学研究院有限公司的研究成果。在此，谨向参与本书编写和无偿提供科研成果的单位和个人致以诚挚的谢意！

重庆绕城高速公路是2007年度交通运输部和重庆市科委科技示范工程。在项目的实施和本书的撰写过程中，得到了交通运输部科技司、西部交通建设科技项目管理中心、重庆市科委的倾心关怀和支持，得到了项目承担单位的大力帮助和指导，在此，一并表示深切的谢意。

限于作者水平所限，书中疏漏与疑问之处在所难免，恳请读者不吝批评指正！

作　者

2013年5月

目录

contents

第一篇 大跨径宽桥面结合梁斜拉桥设计施工关键技术

第二篇 悬索桥主缆温度场效应

contents

第一篇

大跨径宽桥面结合梁斜拉桥设计施工关键技术

第一章 概 述

观音岩长江大桥是重庆绕城高速公路南段的重要节点工程，大桥采用主跨436m的双塔双索面结合梁斜拉桥，跨径布置为（35.5+186+436+186+35.5）m=879m。桥面宽度36.2m，主梁为双工字形截面的钢—混凝土结合梁，受力体系为纵向半漂浮体系。桥型布置见图1-1-1。

图1-1-1 江津观音岩长江大桥桥型图

江津观音岩长江大桥主梁为钢主梁与混凝土板共同受力的结合梁，中间用剪力钉结合，主梁采用高度2.8m的工字钢式结合梁。该桥是目前交通运输部第一座大跨径的结合梁斜拉桥，也是目前全国桥面宽度最宽的结合梁斜拉桥。

由于受桥位地形和运输条件的限制，本桥的主梁截面采用工字形截面。大跨径混凝土斜拉桥桥面宽度如果大于30m，设计非常困难，而且施工时质量不易保证，而钢箱梁的斜拉桥造价较高，且后期养护费用较大，目前对于西部地区并不是理想的选择。结合梁斜拉桥可以兼顾钢箱梁斜拉桥和混凝土主梁斜拉桥的优点，比较经济适用。

本桥在技术上具有的特点和难点如下：

（1）桥面宽，索力大。桥面宽度为36.2m，是目前全国同类桥梁中桥面最宽的（最大索力8 000kN），索力在公路桥梁中也是最大的。因此较大的索力也给斜拉索和主梁、斜拉索和桥塔的连接在设计、制造上都带来了一定的难度。

（2）斜拉索和主梁的连接方式采用锚拉板式。斜拉索和主梁的锚固采用锚拉板式。锚拉板结构主要由锚拉板、加劲肋、锚拉管及锚座支承板组成。锚拉板通过焊接与钢梁顶板连接。钢梁顶板为Z向钢板，其厚度方向（Z向）性能应满足Z35要求，以便于连接。钢主梁钢板采用Q370qE。

锚拉板锚固方式具有受力明确、节约钢材、施工维护方便及容易保证质量的优点，因而国内外均有一些应用实例。如国外有加拿大Annasice桥、希腊Leon桥，国内有青州闽江大桥、湛江海湾大桥和颗珠山大桥。但目前该类连接方式在斜拉桥中所占比例小，研究论著少，加之该桥最大索力8 000kN在斜拉桥中较为罕见（目前为斜拉桥最大索力），全桥的重力和作用均系于锚拉板上下的焊缝，而焊接热效应和锚固点的应力集中问题是这类锚固不可忽视的重要问题。

（3）主梁和横隔板的高厚比比较大。

（4）施工和制造难度大。结合梁斜拉桥的施工比混凝土和钢箱梁斜拉桥复杂，而且本桥的所有材料均采用国产材料，厚钢板的焊接和制造等问题，目前在交通行业现有桥梁的设计中经验较少。

本篇以江津观音岩长江大桥为依托，针对大跨径宽桥面结合梁斜拉桥的设计和施工技术难点，分别从索塔及索梁锚固设计、结构受力性能、施工关键技术等方面展开讨论，以期为国内同类型桥梁的建设提供借鉴。

第二章　索塔及索梁的锚固设计与试验

第一节　索塔锚固区的设计与试验

一、索塔锚固区的设计

斜拉桥的上部结构是由梁、索、塔 3 个主要部分组成，它是一种桥面体系以加劲梁受压（密索）或受弯（稀索）为主，支撑体系以斜拉索受拉及桥塔受压为主的桥梁。钢梁与索的连接方式主要有以下几种：

（1）锚箱式（锚固梁或锚固块）。锚箱式（承压式）连接是设置锚固梁（块），将锚固梁（块）用焊接或高强螺栓与主梁连接，斜拉索锚固在锚固梁（块）上；也有将主梁外伸出牛腿作为锚固梁的。由于锚固梁（块）在多个方向需要补强，在设计时一般做成锚箱。力的传递途径是通过剪力的方式由锚固梁或锚固块传到主梁腹板。

（2）锚管式（钢锚管）。锚管式连接是在主梁或纵梁的腹板上安装一根钢管，斜拉索引入这根钢管并用锚头锚固。从力的传递方面来看，索力通过钢管与主梁各板之间焊缝传递给腹板、上下盖板。这种锚固形式多用于斜拉索为单股的情况。

（3）耳板式（销铰式）。耳板式连接也称为销铰式连接，它由主梁的腹板向上伸出一块耳板，斜拉索通过铰或钢管锚固在耳板上；索力直接由耳板传给主梁的腹板。比较典型的如法国的诺曼底大桥就采用了这种锚固形式。这种锚固形式多用于斜拉索为单股的情况。

（4）锚拉板式。锚拉板连接是将钢板作为锚拉板，在锚拉板上部开槽，槽口内侧焊于锚筒外侧，斜拉索穿过锚筒并用锚具锚固在锚拉筒底部，锚拉板下部直接与主梁上翼板焊接。锚拉板中部除满足安装锚具的空间需要外，还需连接上、下两部分。为补偿开槽部分对锚拉板截面强度的削弱，以及增强其横向刚度与整体性，锚拉板的两侧焊接加劲板；为确保索力均匀地传给主梁，钢主梁腹板增设加劲板。锚拉板式锚固结构由承压板、锚拉筒、锚拉板、加劲板及加强板组成。锚拉筒与锚拉板通过焊缝连接，锚拉板焊接在钢梁顶板的加强板上，正下方是腹板，锚拉板上还焊有加劲板。斜拉索穿过锚拉筒，锚固在锚拉筒的承压板上。传力途径为斜拉索—锚拉筒—锚拉板—钢箱梁。锚拉式锚固结构构造简单，传力路径明确，施工方便。锚拉板式锚固结构最早在加拿大的安纳西斯桥采用，国内已建或在建的福建青州闽江大桥、颗珠山大桥、湛江海湾大桥及连盐高速灌河特大桥均采用了这种连接方式。

在设计大跨径斜拉桥时，往往需要对索梁锚固结构进行专门研究，可以通过有限元理论分析或模型试验得到索梁锚固结构的应力分布并明确其传力路径，对其承载安全性作出评价。

根据相关文献，日本在修建多多罗大桥时，利用有限元法结合模型试验对锚箱式索梁锚固结构作了系统研究。国内对南京长江二桥、苏通长江大桥、安庆长江大桥、舟山桃夭门大桥等索梁锚固结构都进行了模型试验研究，为斜拉桥索梁锚固结构的设计提供了重要参考。

在上述斜拉桥中，索梁锚固结构主要是锚箱式、耳板式及锚管式。锚拉板式的应用相对少一些，除在上面提及的桥梁中应用外，重庆江津观音岩长江大桥的索梁锚固结构也采用锚拉板式连接。国内

学者曾对结合梁中锚拉板式索梁锚固结构建立有限元模型进行理论分析，并对锚拉板式索梁锚固结构的设计提出过一些建议。但相关文献中较少涉及锚拉板式索梁锚固结构模型试验的结果，国内学者也很少对锚拉板式索梁锚固结构进行模型试验分析。

二、索塔锚固区的足尺模型试验

（一）模型和试验方案设计

根据计算结果和实桥的设计文件截取索塔最上部两个锚索区作为试验模型，根据索塔的受力情况和需要重点注意的问题进行模型试验方案设计。

1. 模型设计

按施工图截取索塔最上部两对索的锚固区（高）3.928m×（宽）4.40m×（长）6.00m 的两个节段制作足尺模型。本试验中，为了能够同时实现两个节段的斜向加载，在模型底部设置反力梁和中央反力柱，并在中央反力柱上设置齿块，保证其与节段模型的齿块相互平行、对中，试验时用 4 个千斤顶直接顶推施压，模拟斜拉索锚头施加力，斜向加载方法见图 1-2-1。底部反力梁、中央反力柱、节段模型共同形成一个整体，千斤顶的作用力可以当作内力来看待。反力梁平行于试验模型的长边，配置上下双向预应力钢筋，尺寸为 bhl=3m×2.50m×6m。中央反力柱为了平衡强大的竖向分力，设置了能够抵抗 24 000kN 竖向上拔力的预应力钢筋。同时，在模型下部与反力梁之间设置四氟滑板，减少反力梁对模型的摩擦影响。试验模型总高达到 6.5m，反力梁高 7.8m。应变片布置图见图 1-2-2~ 图 1-2-6。

模型试验首先进行预应力筋的孔道摩阻损失系数测试和锚具变形、预应力筋回缩损失测试。其后用反力千斤顶进行斜拉索斜向加载测试。

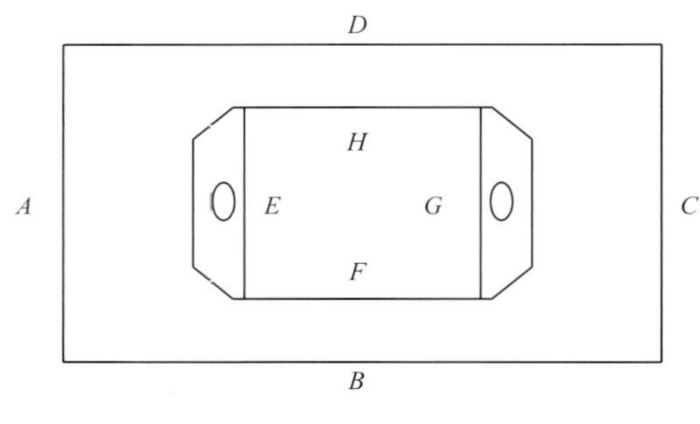

图 1-2-1　分区图

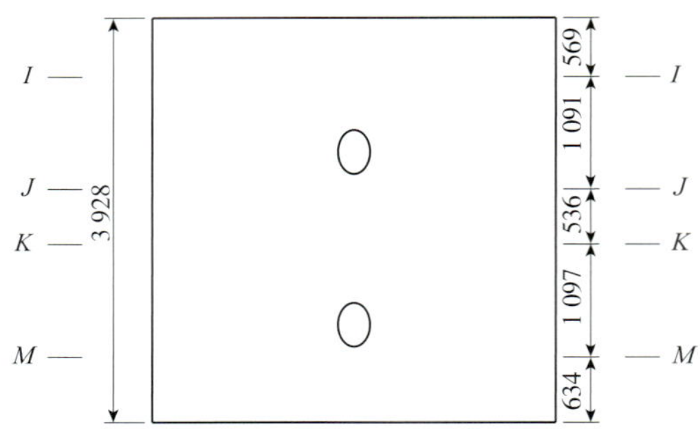

图 1-2-2　应变片布置截面（尺寸单位：mm）

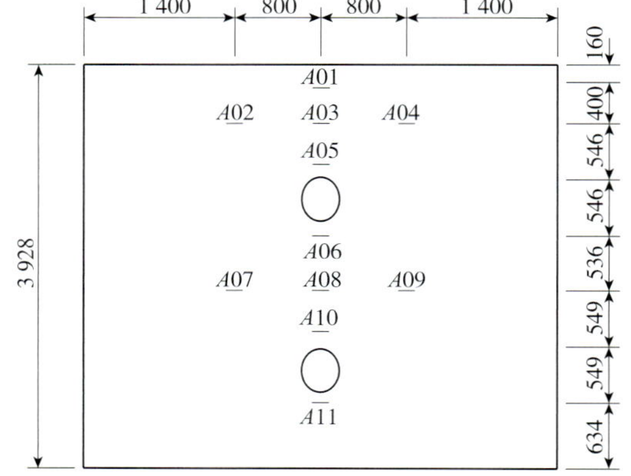

图 1-2-3　*A* 面混凝土应变片布置（尺寸单位：mm）

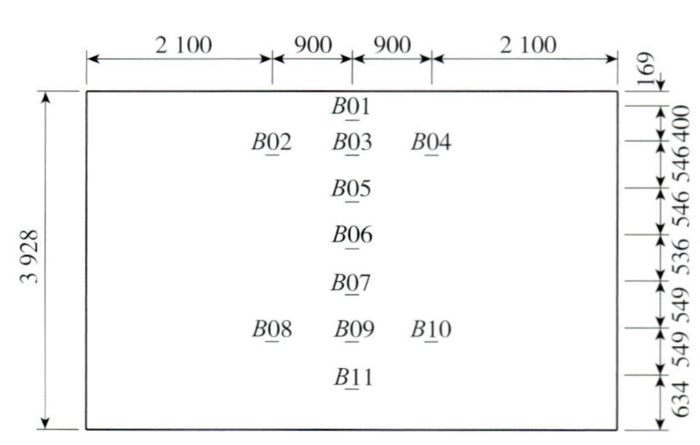

图 1-2-4　*B* 面混凝土应变片布置（尺寸单位：mm）

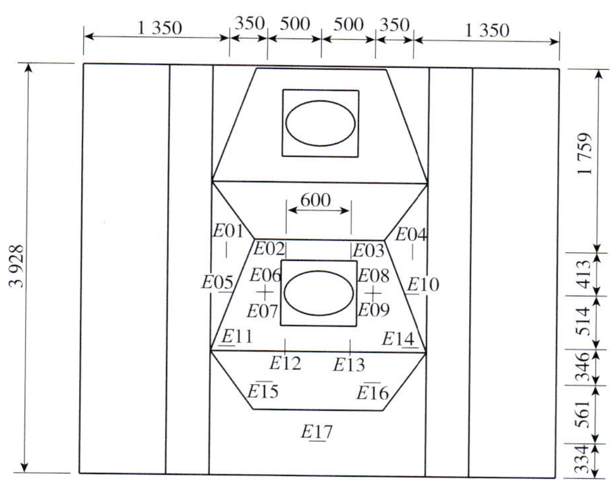

图 1-2-5　*E* 面混凝土应变片布置（尺寸单位：mm）

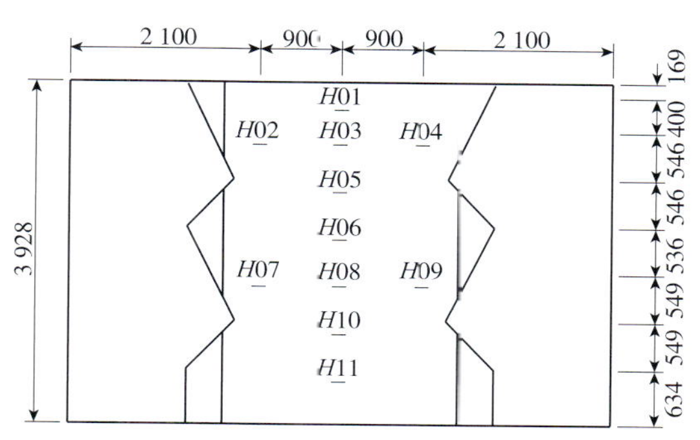

图 1-2-6　*H* 面混凝土应变片布置（尺寸单位：mm）

2. 模型有限元分析

为了保证理论计算与模型试验结果的真实性和一致性，对试验模型的节段进行有限元计算是十分必要的。此处建立了与试验模型一致的两节段实体有限元模型，计算其应力分布状态，以便找出试验模型和实桥模型的差异，并将理论计算与试验测试结果做有效的对比分析。索塔锚固区的有限元模型及应力见图 1-2-7~ 图 1-2-12。

图 1-2-7　索塔锚固区有限元模型

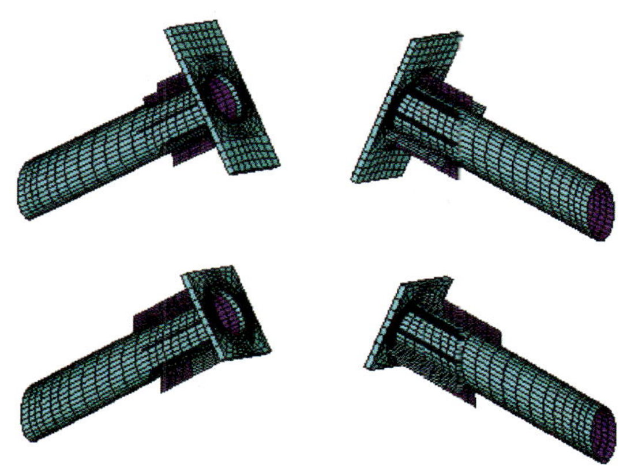

图 1-2-8　钢导管和包裹钢板有限元模型

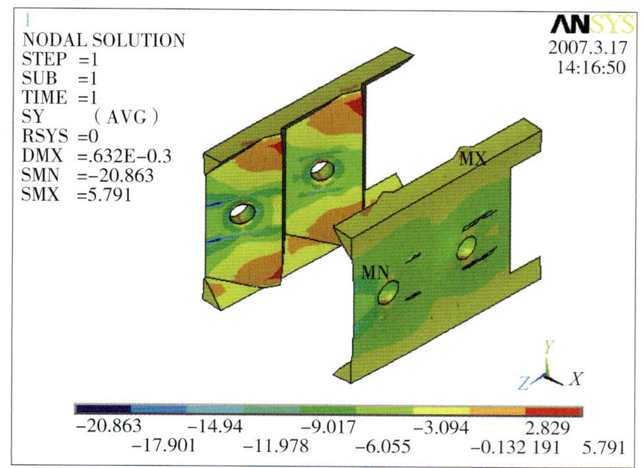

图 1-2-9　锚固齿块横桥向应力（单位：MPa）

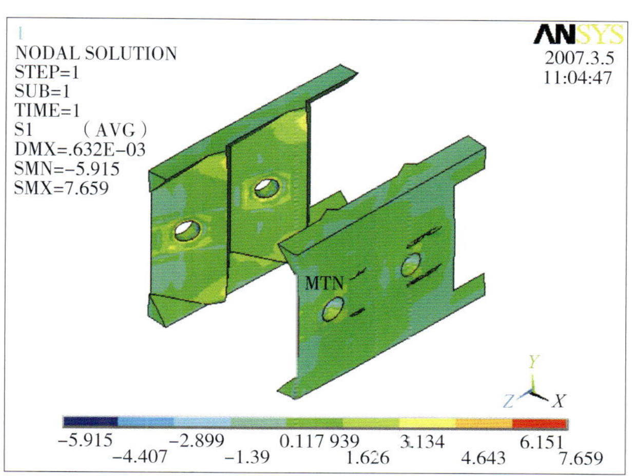

图 1-2-10　锚固齿块最大主拉应力（单位：MPa）

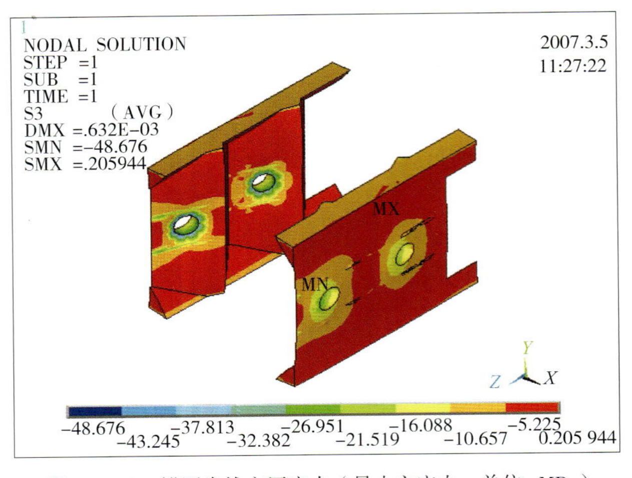

图 1-2-11 锚固齿块主压应力（最小主应力，单位：MPa）

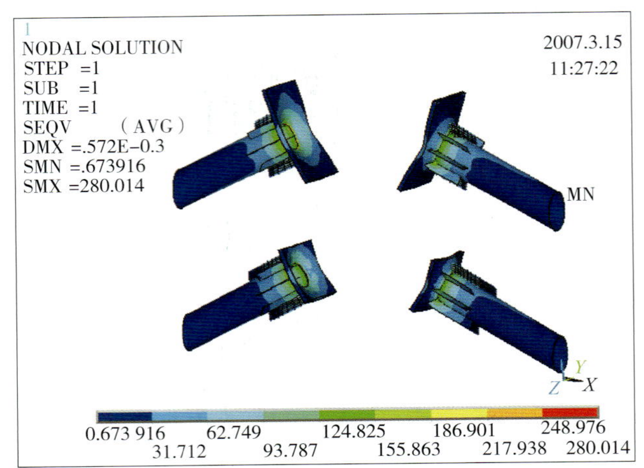

图 1-2-12 索导管和钢垫板的 Von Mises 应力（单位：MPa）

3. 试验状态与实桥状态的计算结果对比

试验模型采用标准桥塔截面形式，而实桥状态是含有中间连接实心段的，两者的受力必然会有些差异，所以有必要对两者的计算结果进行对比。长边和短边的计算应力值对比情况见表 1-2-1 和表 1-2-2。

索塔长边纵桥向应力分布情况对比（单位：MPa） 表 1-2-1

位置＼应力	只加预应力		预应力和成桥索力	
	原桥结构	试验模型	原桥结构	试验模型
长边跨中内侧	-12.3	-15.2	-9.0	-11.2
长边跨中外侧	-8.6	-6.3	-7.4	-6.1

注：原桥长边是指外侧的长边。

索塔短边应力分布情况对比（单位：MPa） 表 1-2-2

位置＼应力	只加预应力		预应力和成桥索力		预应力和最大索力	
	原桥	试验	原桥	试验	原桥	试验
短边跨中内侧	-2.3	-0.6	-6.3	-3.9	—	—
短边跨中外侧	-5.9	-9.1	-2.6	-2.6	-2.2	-1.9

总体看来，试验模型在作用力下的应力状态与原实桥结构略有差别，但是用试验模型代替原实桥结构进行足尺模型试验是可行的。

（二）模型试验及理论对比

模型试验设计完后设计模型施工图，按照施工图模型分三次进行浇筑：第一次浇筑反力梁；第二次浇筑索塔模型；第三次浇筑反力柱。模型强度达到设计强度 85% 后张拉预应力。图 1-2-13 为索塔模型钢筋绑扎完成后情况，图 1-2-14 为索塔模型浇筑完成后情况。

1. 索塔节段足尺模型斜向加载试验

加载试验主要测试齿块及锚垫板周围的局部应力状态。加载方案采用两个千斤顶同时加载，如图 1-2-15 所示，先将千斤顶匀速加压到 2 400kN，检查各个应变片工作是否正常，然后完全卸压。

应变片测试位置荷载—应力曲线如图 1-2-16、图 1-2-17 所示。

图 1-2-13　索塔模型钢筋绑扎完后的情况

图 1-2-14　索塔模型浇筑完成后的情况

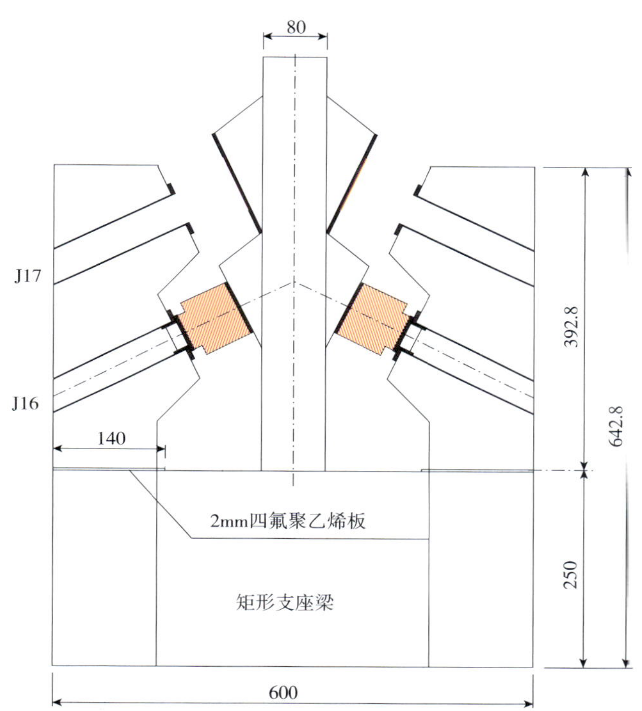

图 1-2-15　锚垫局部应力加载方案（尺寸单位：cm）

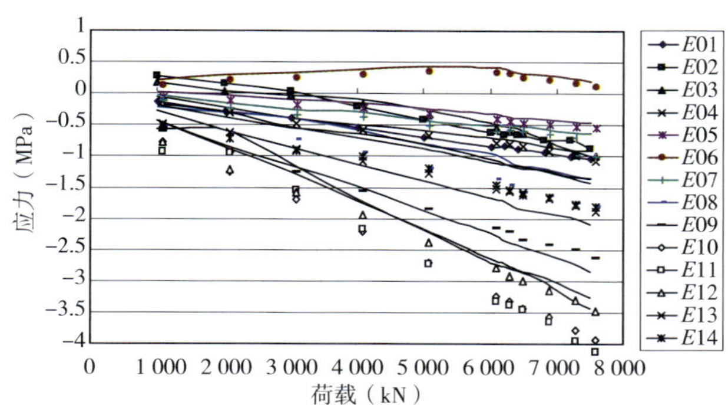

图 1-2-16　*E* 面齿块荷载—应力图

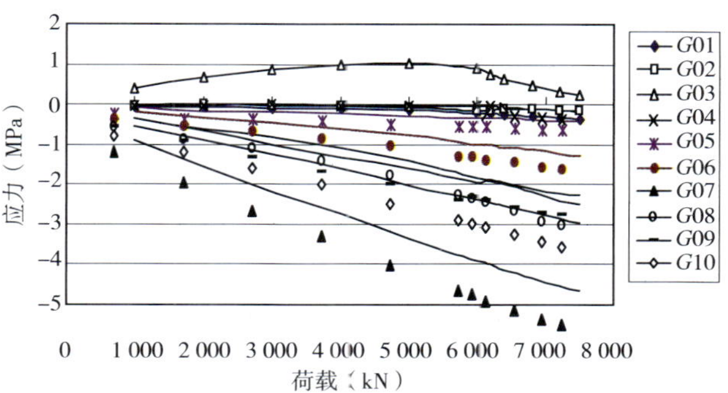

图 1-2-17　*G* 面齿块荷载—应力图

齿块的竖向应力和最大主拉应力云图见图 1–2–18 和图 1–2–19；成桥最大索力时受力情况见表 1–2–3。

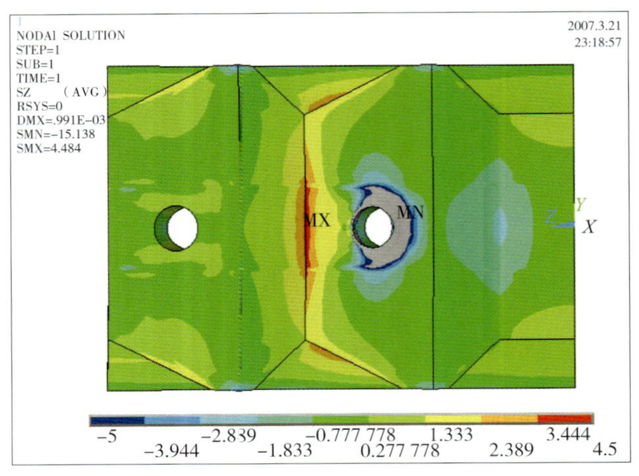

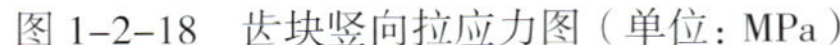

图 1–2–18　齿块竖向拉应力图（单位：MPa）

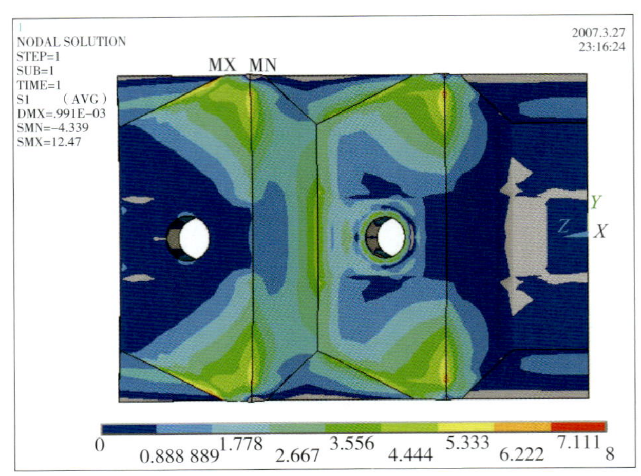

图 1–2–19　齿块最大主应力（主拉应力）图（单位：MPa）

5.3 载吨位为 7 200kN 成桥最大索力，*E* 面与 *G* 面齿块—应力（单位：MPa）　表 1–2–3

应变片位应力计算和实测		*E02/G02*	*E03/G03*	*E05/G05*	*E06/G06*	*E08/G08*	*E12/G12*	*E13/G13*
实测值	*E* 面	–0.73	–0.89	–0.44	0.24	—	–3.12	–3.27
	G 面	–0.15	0.32	–0.43	—	—	–2.40	–4.53
实桥计算值		–0.41	–0.41	–0.27	–2.12	–2.12	–0.52	–0.52
模型理论计算值		–0.31	–0.31	–0.89	–2.48	–2.48	–0.11	–0.11

经过对 *E* 面和 *G* 面齿块荷载—应力分析可知，在索力作用下锚垫板周围所测试的点大部分出现压应力，而且随荷载线性增加，较大压应力出现在索孔下方突出凌空的棱角处 *G*13，在成桥索力 7 200kN 作用下，最大压应力达到 –4.53MPa。所测试点 *E*06 和 *G*03 位出现了拉应力，*E*06 和 *G*03 位的应变在加载到 5 000kN 以前线性增加，在加载到 5 000kN 以后拉应力下降，*G*03 位的应力最大拉应力达到 1.0MPa，说明在加载到 5 000kN 时，齿块 *E*06 和 *G*03 旁边出现裂缝，导致 *E*06 和 *G*03 的应变片应变减小。根据综合模型分析结果可以确定齿块上端与短边交接的边缘在锚头强大的集中力作用下已经开裂。通过实体有限元的计算也可以证明这一点，在齿块与齿块相接和齿块与长边相接的区域，均出现了数值较大的拉应力。在试验过程中，锚垫板周围以及齿块与箱室交接面没有出现肉眼能见到的裂缝。因为应变片所测的结果是应变片范围内的平均应力值，锚垫板周围齿块上引起的是局部集中应力，应变片长度范围内的各点应力值相差很大，所以理论计算结果与实测位置应力的相对误差很大。

从试验结果看，锚垫板周围没有出现明显裂缝，由此可见锚垫板、导管和加劲板可以有效地将锚头强大的集中力传递给混凝土。但是齿块上端与短边交接的边缘在锚头的强大集中力作用下已经开裂。

2. 成桥与最大索力加载试验分析

1）加载方案

这次加载主要测试成桥索力和最大索力作用下模型箱室长边跨中和模型箱外短边跨中的应力状态。

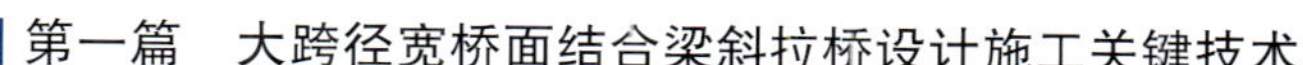

加载方案采用 3 对千斤顶同时加载，如图 1-2-20 所示，3 对千斤顶先分步加载到成桥索力，然后继续加载到千斤顶最大值 7 500kN，持载 10min 后又回到成桥索力，如此往复 3 次。千斤顶模型现场安装如图 1-2-21 所示。

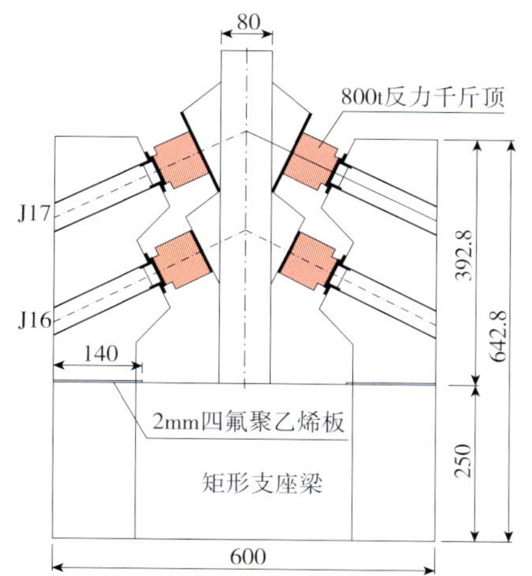

图 1-2-20　成桥与最大索力加载方案（尺寸单位：cm）

图 1-2-21　千斤顶的安装示意图

2）长边跨中外侧试验应力情况

模型箱室外表面 *B* 面混凝土应变片布置如图 1-2-22、图 1-2-23 所示。

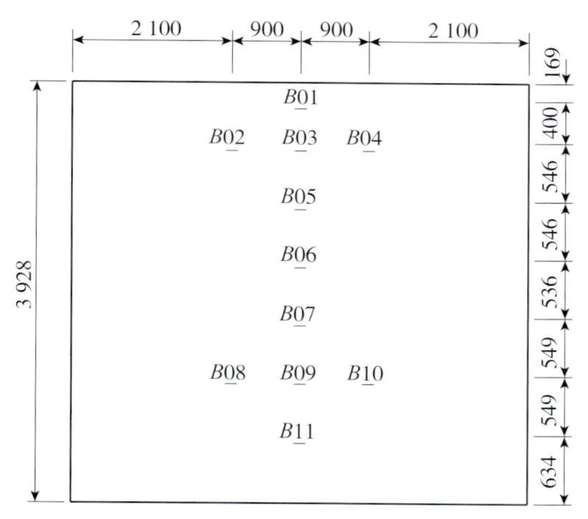

图 1-2-22　外表面 *B* 面混凝土应变片布置图

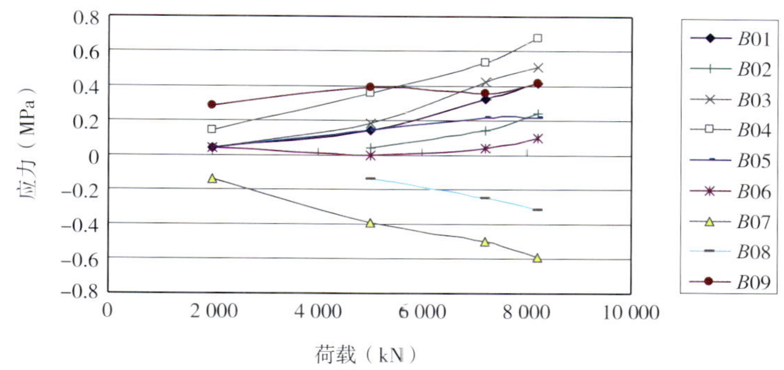

图 1-2-23　外表面 *B* 面混凝土荷载—应力增量图

从图 1-2-23 可知，在索力作用下 *B* 表面产生轴向拉应力，使长边外侧表面受拉，由索力作用产生的弯矩使长边外侧表面受压，这两种作用力叠加使得长边外侧表面有的测点受拉，有的测点受压。但是不管是拉应力还是压应力，随着荷载的增加均有所增加。较大压应力出现在 *B*08 处，其值为 −0.59MPa；较大拉应力出现在 *B*04 处，其值为 0.67MPa。在索力作用下，箱室外侧长边跨中纵桥向拉应力增量较小，*B*08、*B*09 还出现压应力。索力作用时，长边外侧由预应力产生的预压应力减小很小，所以长边外侧不是索塔截面应力和竖向裂缝开展的控制位置。

3）短边跨中外侧的试验与理论分析情况

模型箱室外表面 *C* 面混凝土应变片布置如图 1-2-24 所示。

从图 1-2-25 可知，在索力作用下短边外侧跨中表面产生拉应力，随着荷载的增加基本上呈线性增加。测点较大拉应力出现在拉索孔道附近中线处（C01 和 C04 位置），成桥索力（1 号顶 7 200kN，2 号顶 6 800kN）其值达 5.72MPa，最大索力（1 号顶 8 200kN，2 号顶 7 500kN）达 6.85MPa。从表 1-2-4 和表 1-2-5 可以看到，模型测试结果与模型计算结果的相对误差从上向下逐步增加，模型下部受反力梁的横向影响，模型测试结果与模型计算结果相对误差大，C01、C03 和 C05 的相对误差都在 0.2% 以内，可见模型上部测点与模型试验结果吻合良好。

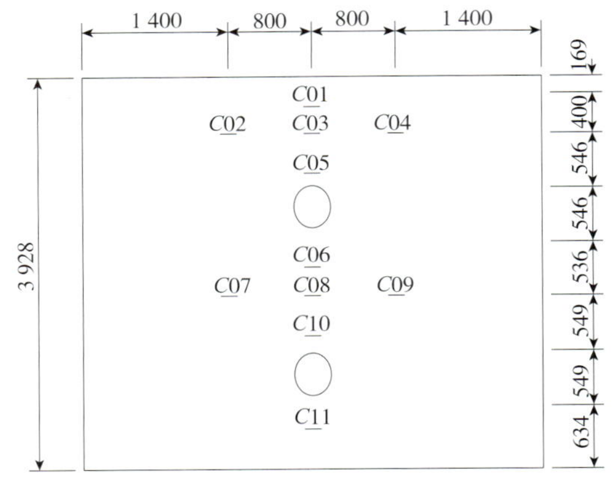

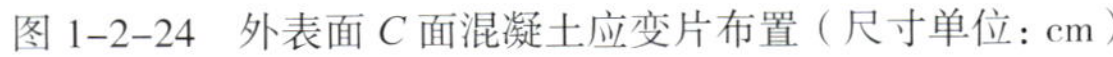
图 1-2-24　外表面 C 面混凝土应变片布置（尺寸单位：cm）

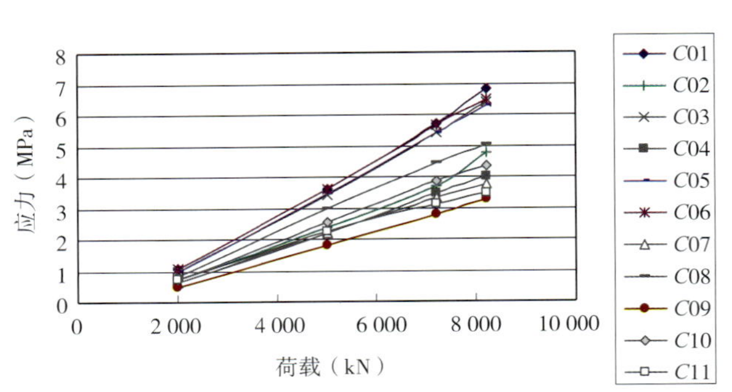

图 1-2-25　C 面混凝土应变片测点位置荷载—应力增量图

成桥索力（1 号顶 7 200kN，2 号顶 6 800kN）箱室外侧短边跨中应力（单位：MPa）　表 1-2-4

试验和计算 \ 应变片	C01	C03	C05	C06	C08	C10	C11
模型测试	5.72	5.40	5.43	5.64	4.44	3.83	3.12
实桥分析	2.53	2.98	3.39	3.59	3.32	3.31	2.16
模型计算分析	5.68	5.94	6.34	7.12	5.93	5.84	5.43
模型计算与测试相对误差（%）	-0.01	0.10	0.17	0.26	0.34	0.52	0.74

最大索力（1 号顶 8 200kN，2 号顶 7 500kN）箱室外侧长边应力（单位：MPa）　表 1-2-5

试验和计算 \ 应变片	C01	C03	C05	C06	C08	C10	C11
模型测试	6.85	6.39	6.31	6.49	5.02	4.32	3.45
实桥分析	2.93	3.44	3.89	4.02	3.67	3.64	2.36
模型计算分析	6.42	6.71	7.16	8.00	6.64	6.51	6.05
模型计算与测试相对误差（%）	-0.06	0.05	0.13	0.23	0.32	0.51	0.75

结合预应力张拉时钢弦丝应力测试的结果，得出成桥索力作用下模型短边外侧跨中的实测值为 -2.98MPa（表 1-2-6），模型理论计算结果为 -2.62MPa，实桥分析结果为 -2.57MPa；最大索力作用下模型短边外侧跨中的实测值为 -1.85MPa，模型理论计算结果为 -1.92MPa，实桥分析的结果为 -2.19MPa。从上述结果可以看出，在最大索力作用使用状态下模型短边外侧还有预压应力存在，实桥计算短边外侧跨中在拉索作用力下的应力增量比模型试验和计算结果都要小，实桥结构短边外侧跨中受力相对模型更有利。

短边边跨中外侧法向应力（单位：MPa）　　表 1-2-6

类别 \ 应力	预应力张拉完后应力	成桥索力引起的拉应力	最大索力引起的拉应力	成桥索力作用下的预压应力	最大索力作用下的预压应力
测试的平均值	-8.70	5.72	6.85	-2.98	-1.85
实桥分析	-5.93	3.36	3.74	-2.57	-2.19
模型计算分析	-8.56	5.94	6.64	-2.62	-1.92

4）极限荷载加载（12 000kN）试验分析

加载方案采用 3 对千斤顶同时加载，如图 1-2-26 所示。

同样，先将千斤顶匀速加压到 2 400kN，检查各个应变片工作是否正常，然后完全卸压。加载时将荷载进行分级加载。极限加载方案：首先对 3 对千斤顶同时加载，当上下两对千斤顶分别加载到 4 500kN 和 7 500kN，中间一对千斤顶加载到 4 000kN 以后，上下两对千斤顶稳定不动，中间一对千斤顶继续从 4 000kN 加载到 7 500kN。

图 1-2-27~ 图 1-2-29 是上下两对千斤顶稳定不动，中间一对千斤顶继续从 4 000kN 加载到 7 500kN 阶段短边外侧和长边内侧截面测点应力—荷载关系曲线。

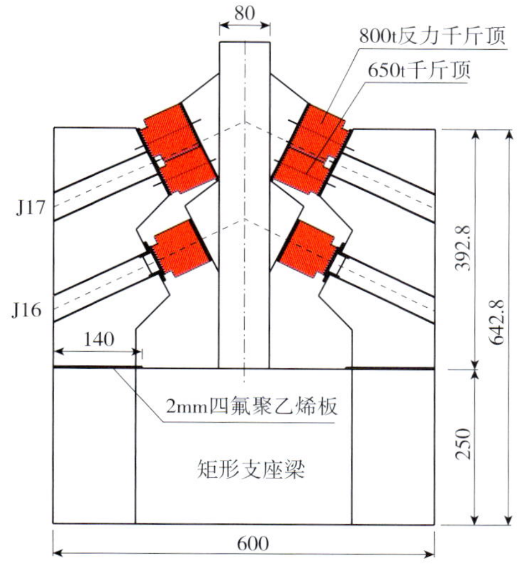

图 1-2-26　极限加载方案（尺寸单位：cm）

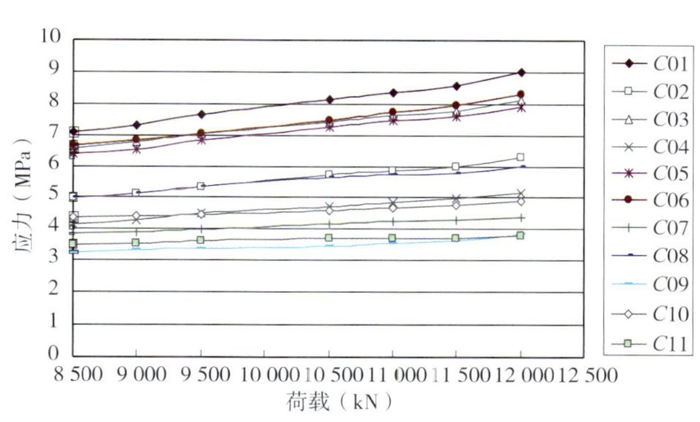

图 1-2-27　极限加载试验 C 表面（短边外侧）荷载—应力图

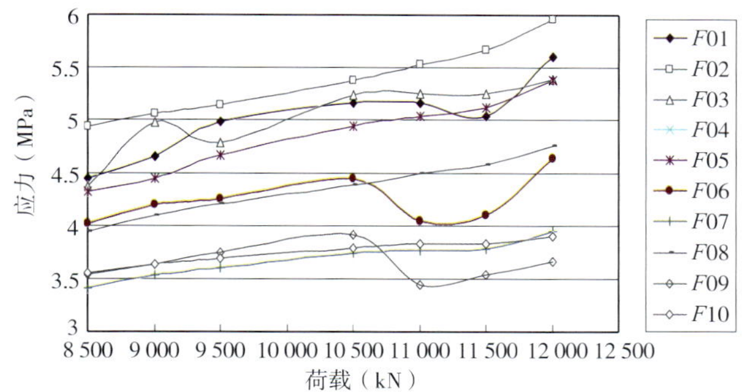

图 1-2-28　极限加载试验 F 表面（长边内侧）荷载—应力图

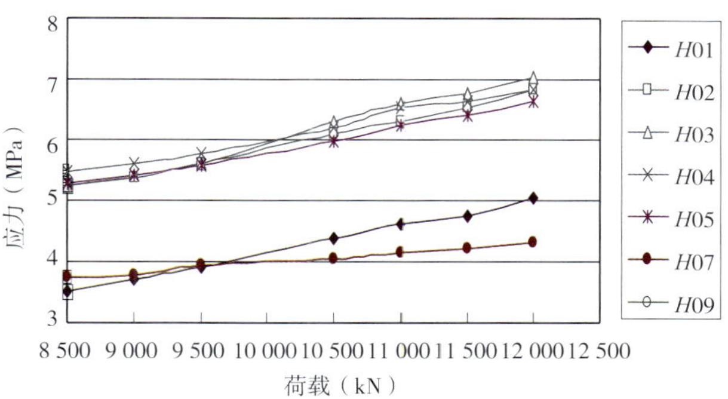

图 1-2-29　极限加载试验 H 表面（长边内侧）荷载—应力图

从图 1-2-27~ 图 1-2-29 可以看到，短边外侧 C 面和长边内侧截面 H 测点应力与荷载基本呈线性

关系。图 1-2-28 长边内侧截面 F 有些测点应变漂移，但不是因开裂引起的，因为长边内侧预压应力最小将近 10MPa。还可以看到上面两对千斤顶加载至 12 000kN，短边外侧测点应力增量增加到 9MPa，长边内侧测点最大应力增量增加到 7MPa，应力与荷载基本呈线性关系，短边外侧、长边内侧还没有开裂。极限荷载加载（上面两对千斤顶 12 000kN，中间一对千斤顶 7 500kN）全过程中没有异常响声和肉眼可见的裂缝。

通过有限元理论计算，在 12 000kN 的荷载作用下，短边外侧出现最大 0.5MPa 的拉应力，试验模型还没有开裂，到 15 000kN 时出现 2.4MPa 的拉应力，试验模型短边开裂荷载计算值应为 15 000kN。

3. 试验结论

（1）预应力摩阻损失测试由于受到波纹管和锚垫板的施工误差的影响，测试结果比较离散，与理论值相差较大。

（2）短索的锚具变形和钢束回缩引起的张拉端预应力损失平均值为 510MPa，均方差 $\Delta\sigma$=27MPa，理论计算值为 436.60MPa，测试的平均值与理论计算值的相对误差为 17%。通过索道摩阻、锚具变形和钢束回缩理论计算与实测的比较可知，规范中提供的锚具变形和钢束回缩按 6mm 考虑可以用于锚具变形和钢束回缩引起的预应力损失计算。

（3）预应力束采用 20%~100% 和 50%~100% 拟合伸长量与理论计算值的相对误差较小。索塔预应力束按“#”形布置，因为曲率半径不算小，可以按照施工规范，根据初应力和控制应力的伸长量确定张拉伸长量。

（4）根据理论分析和试验结果比较，在预应力张拉完后长边内侧跨中的预压应力按实测最小值 10.1MPa 计，在预应力张拉完后短边外侧跨中的预压应力按实测最小值 8.7MPa 计。

（5）从试验结果看，锚垫板周围没有出现明显裂纹，可见锚垫板、导管和加劲板可以有效地将锚头强大的集中力传递给混凝土。但是齿块上端与短边交接的边缘在锚头强大的集中力下可能已经开裂。

（6）模型长边内侧下部测点受反力梁的横向影响，模型试验结果与模型的计算结果相对误差较大，上部的测点与模型试验结果吻合良好。模型在成桥索力和最大索力作用下，在长边内侧分别产生的最大应力增量为 4.8MPa 和 5.2MPa，与预应力引起的预压应力相叠加后分别还有 –5.3MPa 和 –4.9MPa。在使用状态最大索力作用下，模型长边内侧还有相当大预压应力存在。长边内侧跨中在拉索作用力下的应力增量比模型试验和计算结果都要小，在拉索作用力下实桥索塔长边内侧跨中比试验模型受力更有利。

（7）长边外侧在索力作用下产生轴拉力使长边外侧表面受拉，产生弯矩使长边外侧表面受压，因此在拉索作用力下箱室外侧长边跨中纵桥向拉应力增量较小，使长边外侧预应力产生的预压应力减小很少，所以长边外侧不是索塔截面应力和竖向裂缝开展的控制位置。

（8）模型短边外侧同模型长边内侧一样，下部测点受反力梁的横向影响，模型试验结果与模型的计算结果相对误差大，上部测点与模型试验结果吻合良好。模型在成桥索力和最大索力作用下，在短边外侧跨中分别产生的最大拉应力增量为 5.7MPa 和 6.8MPa，与预应力引起的预压应力相叠加后分别还有 –3.0MPa 和 –1.9MPa。

（9）下部齿块一对千斤顶稳定在最大值不动，上部齿块上的两对千斤顶从 8 000kN 加载到 12 000kN 阶段，短边外侧 C 面和长边内侧截面 H 测点应力与荷载基本呈线性关系，说明模型在 12 000kN 荷载作用下结构受力还在线弹性范围内，加载全过程中没有异常响声和肉眼可见的裂缝。上部齿块承受 12 000kN 的极限荷载作用都没有明显的裂缝发生，表明索塔箱室横截面具有足够的抗裂度和承载能力。

第二节　索梁锚固结构的静力与疲劳模型试验

一、锚拉板连接试验模型

本试验根据应力幅 $\Delta\sigma$ 最大原则选定疲劳试验模拟的锚拉板原型，根据各锚点在斜拉索作用下组合应力最大选择的静力试验原型制作模型。

原型应分为 F、C 标准段，541（NA11）和 562（NA15）拉索下的锚拉板。考虑到此次研究以动载试验为主，且在试验模型数量受限的情况下，为进行静动载比较，最好选用相同几何尺寸的模型，因此经过比较，本次试验静力和疲劳试验均采用 541（NA11）索下的锚拉板作为模型原型，同时在试验中可以以静载加载吨位增幅弥补选型单一的不足。

该静动载模型比例为 1∶4，且所有施工工艺和材料类型与实桥完全相同，局部尺寸采用相似性原理处理，实体模型见图 1-2-30。

锚拉板静动力试验辅助系统的设计，以尽量接近实际边界条件为原则，见图 1-2-31。考虑到试验系统为平面系统，纵横向约束较小，其整体性应较实际情况差，从这个角度而言，试验结果将是偏安全的。

图 1-2-30　实体模型图

图 1-2-31　实体模型试验体系

为了确保理论计算与模型试验结果的真实性与一致性，实体模型采用以下装置：

（1）地锚杆、挡块、反压板、楔型块。将锚拉板固定在地锚上。

（2）钢棒、螺母、垫圈。模拟锚拉索，使模型受力接近实际工况。

（3）传力凸缘。衔接钢棒和作用器，将作用器上的力传递到锚拉板上。

（4）MTS 作用器（简称 MTS-100T）。可精确施加动载和静载。

（5）固定凸缘、锚杆、挡块。将作用器固定于反力墙上。

（6）传力系统。作用器通过固定凸缘将力传递到反力墙上，同时通过传力凸缘、模拟拉索的钢棒将作用力传递到锚拉板上，锚拉板通过地锚杆等固定在地锚上。

二、实桥锚拉板连接的有限元分析

分别对实桥锚拉板结构和模型结构采用大型通用有限元分析软件 ANSYS 进行锚拉板结构的应力状态计算分析。计算时遵循以下假定：

（1）构件忽略温度变化及焊缝残余应力的影响，焊缝残余应力的影响通过试验验证。

（2）构件是完全弹性、匀质的材料。

计算结果采用牛顿、毫米制单位。应力值以受拉为正、受压为负。

图 1-2-32~ 图 1-2-35 为锚拉板在各种受力状态下的应力云图。

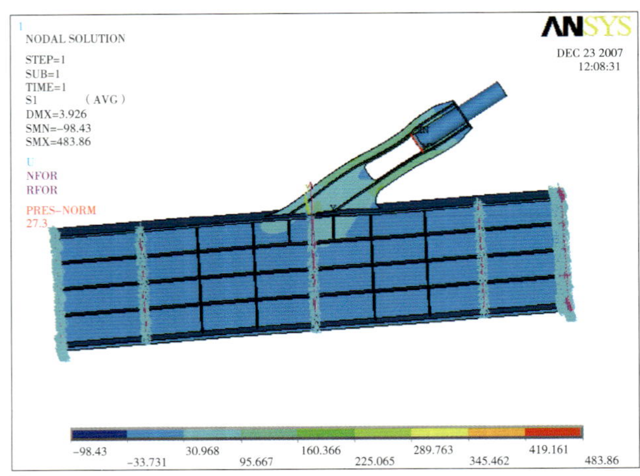

图 1-2-32　第一主应力

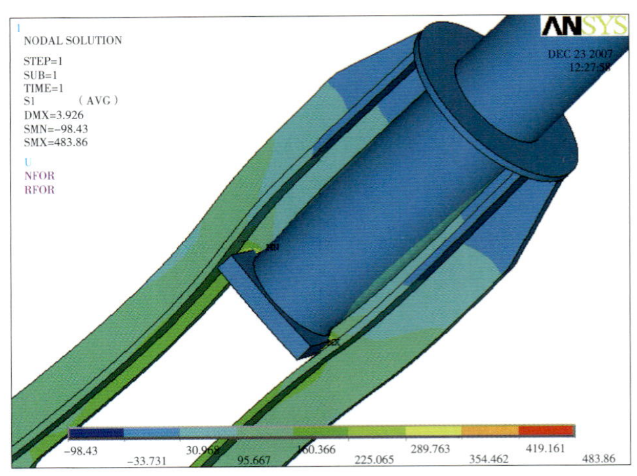

图 1-2-33　最大第一主应力

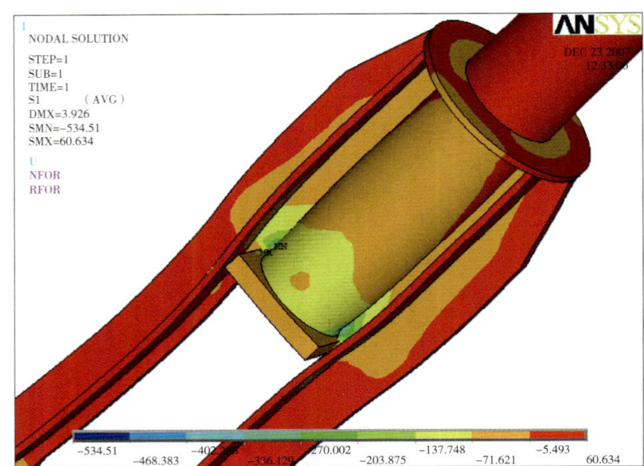

图 1-2-34　最大第三主应力

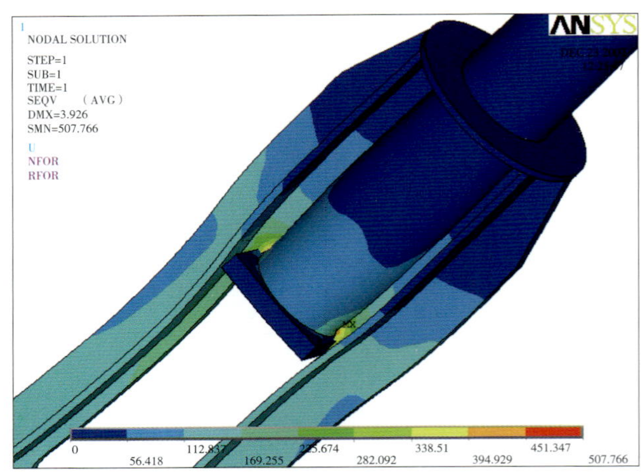

图 1-2-35　最大 Mises 应力

通过对实桥锚拉板结构和 1∶4 模型锚拉板结构进行有限元分析可知：模型锚拉板结构基本能反映实桥锚拉板结构的应力分布，且数值基本一致。

从图 1-2-32~ 图 1-2-35 可以看出，锚拉板与锚拉筒相连焊缝根部处最大应力值已超过材料屈服极限，出现应力集中现象，而其他部位（包括热影响区）应力值较小，均在设计强度以内。需要说明的是，以上有限元分析考虑了结构空间状态，而试验模型无法完全模拟该结构空间状态，没有横向约束，基本不反映空间受力性能。

三、锚拉板模型的动静载试验

（一）静载试验

1. 应变片布置

应变片（花）布置依据：从有限元分析结果看，锚拉板式索梁锚固结构应力较大的位置在主焊

缝两侧、主焊缝末端及锚拉筒与锚拉板焊接位置，应变测点在这些位置布置较多，其他部位则做适当布置；主要在焊缝周边热影响区域和应力集中最易发生的地方布置，其中受力复杂的测点采用三轴应变花，受力简单的测点采用单轴应变片，如图 1-2-36 所示。

2. 荷载等级

根据相关资料和科研要求确定的两片静载锚拉板最大荷载值分别为等效极限状态自定义荷载组合 I 内力最大值的 1.3 倍和 1.98 倍，即为 500kN 和 750kN；试验最高荷载拟定为 500kN，荷载分级为 0kN、30kN、100kN、200kN、300kN、380kN、450kN、500kN、380kN、300kN、100kN、0kN；试验最高荷载拟定为 750kN，荷载分级为 0kN、30kN、100kN、200kN、300kN、380kN、450kN、500kN、540kN、570kN、600kN、640kN、650kN、670kN、700kN、720kN、750kN（最大）、600kN、500kN、380kN、300kN、100kN、0kN。

图 1-2-36　锚拉板动静载试验模型测试

3. 加载方式

加载方式采用静力加载，通过 0~30kN 加载进行系统调试，然后按上述等级进行两次循环加载。

4. 试验结果

第一片、二片、三片、四片、五片、六片梁静载梁（3-m、1-m、2-m、4-m、5-m、6-m）在 1 倍自定义荷载组合 I 作用下试验和分析计算结果表明：锚拉板存在应力集中现象，在锚拉板上部焊缝根部，有限元分析表明应力集中区域很小；其他部位应力水平较低。可以看出：在 1.0 倍（380kN，相当于实桥 6 080kN）荷载组合 I 加载过程中，所有测点应力随荷载呈线性变化，卸载后测点应力基本恢复到 0；在 1.3 倍（500kN，相当于实桥 8 000kN）荷载组合 I 加载过程中，所有测点应力随荷载呈线性变化，卸载后只有锚拉板与锚拉筒相连焊缝根部 1 个测点出现残余应变，余下测点应力基本恢复到 0，可以认为锚固区处于线弹性工作范围；在 1.98 倍（750kN，相当于实桥 12 000kN）荷载组合 I 加载过程中，卸载后锚拉板在与锚拉筒、加强板、纵梁焊缝较大部分点出现残余应变，说明这些点超过材料屈服极限，锚固区进入塑性范围；在 1.98 倍荷载组合 I 卸载后，又在该模型上进行 1.58 倍（600kN，相当于实桥 9 600kN）荷载组合 I 加载，卸载后，只有锚拉板与锚拉筒相连焊缝根部 3 个测点出现残余应变，余下测点应力基本恢复到 0，考虑到该级荷载出现的频率较小，可以认为锚固区基本处于线弹性工作范围。

（二）疲劳试验

1. 加载和测定

（1）根据设计单位提供的疲劳荷载上限和下限，本试验按照一定比例最终确定模型试验疲劳荷载上限 380kN 和下限 300kN，疲劳次数分级 0 次、2 万次、20 万次、50 万次、100 万次、150 万次、180 万次、200 万次。达到疲劳次数等级的时候，按照荷载级差 0kN、30kN、100kN、200kN、300kN、380kN、300kN、100kN、0kN 进行两次静力循环试验。

（2）疲劳试件数量共 4 件，其中 3 件加载次数均为 200 万次，且达到 200 万次为止，不再进行加载；另 1 件加载次数达 250 万次。

（3）疲劳试验频率为 8Hz。

（4）进行疲劳试验时，全程测量动态点量值，并根据疲劳次数等级分别进行记录并保存起来。

2. 试验数据分析

焊缝根部点应力接近或者超过材料屈服极限，余下点应力水平较低；和静载试件相同荷载下的应力大小基本相同，分布一致。

3. 静载和动载在相同吨位和不同疲劳次数下应力的比较

在疲劳试验过程中，疲劳次数不同时，其静载试验所有测点主应力呈线性变化，主应力数值差别较小，说明结构在荷载的循环作用下，承载能力衰减现象不明显；在关键部位及应力较大部位选取了 8 个测点共 16 个应变片进行了动应变测试。从动载试验数据分析的动应变数据和动载在相同吨位和不同疲劳次数下应变的比较得出动应变随循环次数变化曲线，由此可以看出：测点的动应变幅随循环次数变化不大，动应变波形曲线比较光滑，说明在疲劳加载过程中承载能力衰减现象不明显。

第三节 焊缝试件试验

图 1-2-37 1∶1 模型

一、焊缝模型

为检验焊缝质量、改变比尺变化和受力方式对焊缝的影响，焊缝模型试验分为抗拉试验、横向抗剪试验、纵向剪切试验。这里的比尺是指钢板厚度比例，即试件仅仅钢板厚度随比例变化而长宽尺寸保持不变。本试验选用 1∶1、1∶1.5、1∶4 模型（图 1-2-37~ 图 1-2-39），1∶1 模型试验的板厚与实桥纵梁上缘板厚度相同，焊缝施工工艺与实桥锚拉板和纵梁连接完全相同。

图 1-2-38 1∶1.5 模型

图 1-2-39 1∶4 模型

二、拉压转换模具

对焊缝进行对拉试验采用重庆交通大学结构试验室 1 000t 压力机完成，专门设计和制作了特殊的

转换装置将压力机压力转变为试件的拉力；实体模型如图 1-2-40、图 1-2-41 所示，模型装置设计极限荷载为 12 000kN。

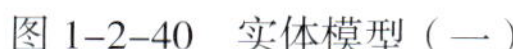

图 1-2-40　实体模型（一）

图 1-2-41　实体模型（二）

三、试件试验

（一）焊缝试件抗拉试验

（1）抗拉试件共 9 件，分别为 1∶1、1∶1.5、1∶4 比例各 1 组；每组 3 个试件。

（2）主要试验仪器、测试装置、加载仪器：位移计、应变箱、计算机、千吨压力机，如图 1-3-42、图 1-2-43 所示。

图 1-2-42　应变片布置

图 1-2-43　抗拉试验装置

（3）抗拉试验基本过程：对于每组 9 件试件分别进行尺寸检测，试验前由重庆船级社进行无损探伤；然后在焊缝周边热影响区域进行应变片布置，贴片且片距腹板边缘为 2cm（靠近焊缝边缘）；最后试件放到已固定好的拉压转换装置内进行加载。加载过程如下：

①加载达到相应等级后，观察应变测试数据，稳定 5~10min 后存储应变测试数据；并观察试件表面特别是焊缝附近是否有裂纹等现象出现。

②对每个试件的试验过程进行拍照留存。

③储存加载计算机显示的千吨压力机荷载和位移图像。

（4）荷载等级：将相关规范规定焊缝的设计强度、Q370qE 材料屈服强度、Q370qE 材料极限强度作为加载控制点，进行荷载等级划分，逐级加载测试，如图 1–2–44 所示。

（二）焊缝纵向抗剪试验

（1）纵向抗剪试件共 9 件，分别为 1∶1、1∶1.5、1∶4 比例各 1 组，每组 3 个试件；试验按 1∶4 组、1∶1.5 组、1∶1 组的顺序进行。

（2）试验仪器、测试装置、加载仪器及加载过程：同抗拉试验，但不用拉压转换装置。试件应变花布置如图 1–2–45 所示。

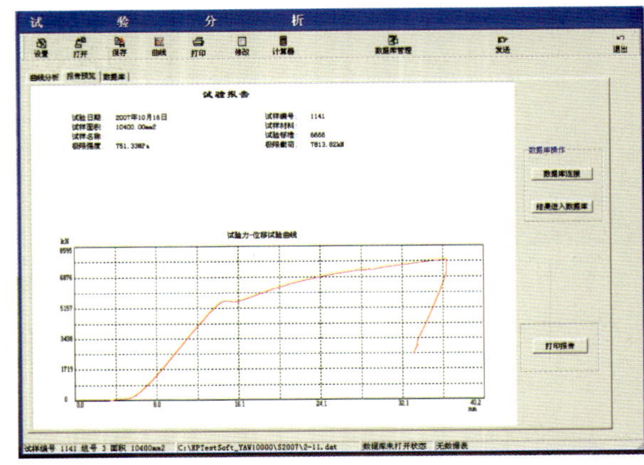

图 1–2–44　荷载和位移

图 1–2–45　试件应变花布置

（3）荷载等级：将规范规定焊缝的设计强度、Q370qE 材料屈服强度、Q370qE 材料极限强度作为加载控制点，进行荷载等级划分，逐级加载测试，如图 1–2–46、图 1–2–47 所示。

图 1–2–46　加载过程

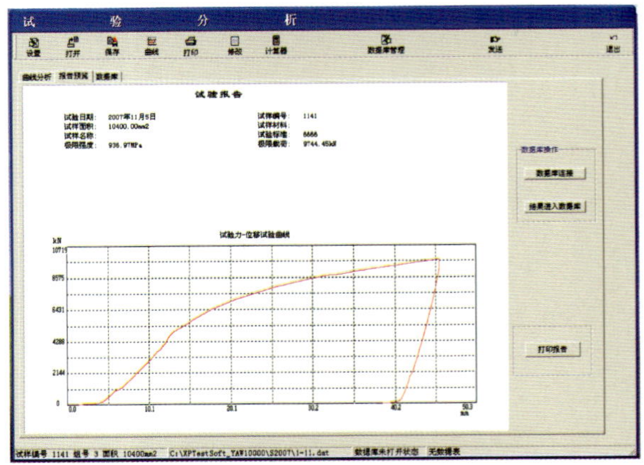

图 1–2–47　荷载和位移

（三）焊缝横向抗剪试验

（1）横向抗剪试件共 9 件，分别为 1∶1、1∶1.5、1∶4 各组，共 3 组；试验按 1∶4 组、1∶1.5 组、1∶1 组的顺序进行。

（2）试验仪器、测试装置、加载仪器：同抗拉试验，但不用拉压转换装置。

（3）横向抗剪试验基本过程：在焊缝周边热影响区域进行应变花布置，打磨相应位置，应变花居中且靠近焊缝边缘，进行接线和隔潮处理；将试件放到千吨压力机工作平台；将接在应变片和位移计的引线与已连接好的数据采集计算机相连接；进行加载。

（4）荷载等级：将规范规定焊缝的设计强度、Q370qE 材料屈服强度、Q370qE 材料极限强度作为加载控制点，进行荷载等级划分，逐级加载测试，如图 1-2-48、图 1-2-49 所示。

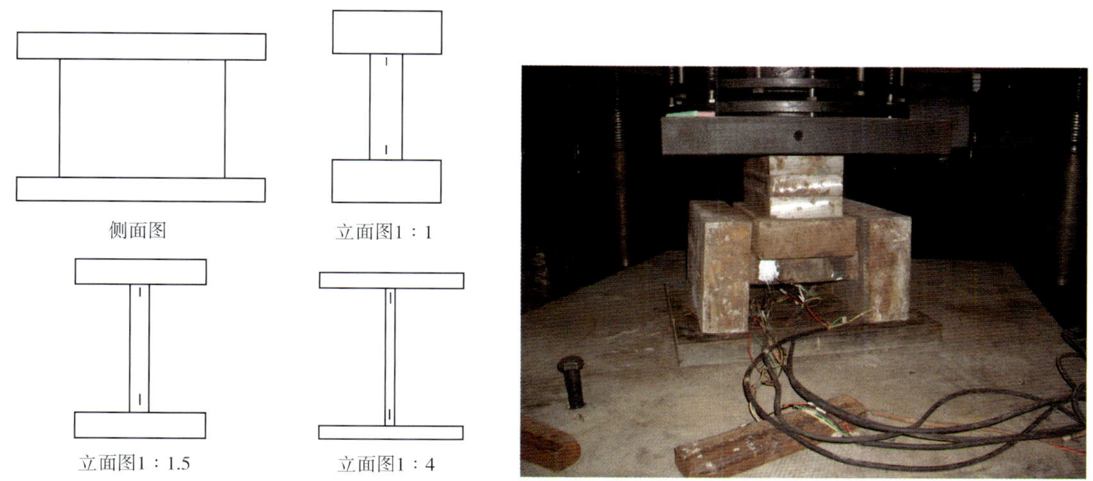

图 1-2-48　试件加载图

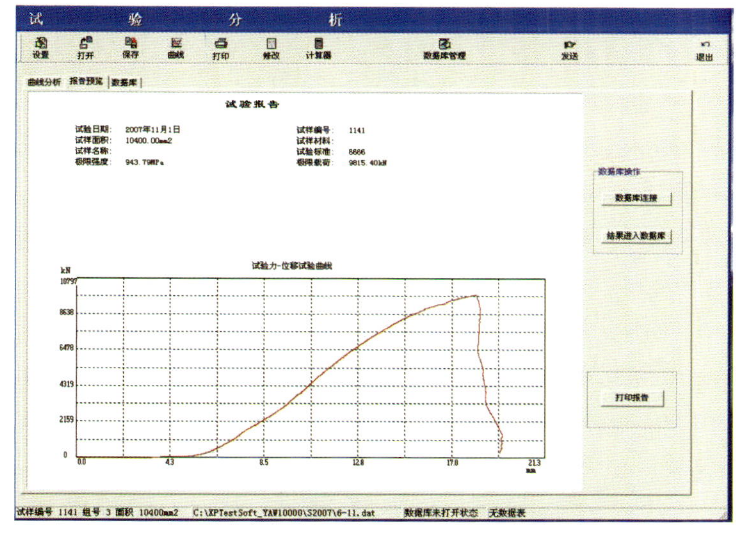

图 1-2-49　荷载和位移

（四）试验结果分析

在不同尺寸的试件和不同加载方式下，试件的极限荷载和破坏形式如表 1-2-7 所示。

焊缝试件极限荷载和破坏形式　　表 1-2-7

试件比例	加载方式	试件极限荷载	试件破坏形式
1∶4	抗拉	规范规定的焊缝设计强度的 138.0%	翼缘挠屈
	横剪	规范规定的焊缝设计强度的 272.3%	腹板挠屈
	纵剪	规范规定的焊缝设计强度的 169.9%	局部挤压
1∶1.5	抗拉	规范规定的焊缝设计强度的 200.1%	翼缘挠屈
	横剪	规范规定的焊缝设计强度的 238.7%	腹板挠屈
	纵剪	规范规定的焊缝设计强度的 161.5%	局部挤压

续上表

试件比例	加载方式	试件极限荷载	试件破坏形式
1 : 1	抗拉	规范规定的焊缝设计强度的 267.1%	翼缘挠屈
	横剪	规范规定的焊缝设计强度的 168.7%	未破坏，荷载达到 981.5t
	纵剪	规范规定的焊缝设计强度的 166.8%	局部挤压

由表 1–2–7 可知，试件的焊缝强度均高于试件焊缝的设计强度，所有焊缝在试件材料破坏时均未发生破坏，焊缝质量符合要求；在焊缝合格的情况下，锚拉板连接强度主要与母材强度相关，而与焊缝受力方向基本无关，试件的尺寸对结构极限强度也无明显影响。

第三章　钢—混凝土组合桥面的受力性能

第一节　钢—混凝土组合效应

根据连接件的实际受力状态，可将结合梁界面工作的全过程划分为弹性工作阶段及弹塑性工作阶段。对结合梁钢—混凝土组合效应分析也分为弹性分析和弹塑性分析。

一、结合梁弹性分析

在结合梁的弹性分析中，采用了以下假定：(1) 变形符合平截面假定，即截面在弯曲之后仍保持平面；(2) 钢材与混凝土均为理想的弹性体；(3) 钢筋混凝土翼缘板与钢板之间有可靠的连接交互作用，相对滑移很小，可以忽略不计；(4) 混凝土翼缘板按实体面积计算，不扣除其中受拉开裂的部分，且不考虑混凝土翼缘板中的钢筋；(5) 当混凝土板中施加预应力，负弯矩区段的混凝土板不开裂，仍然参与整体的组合作用。弹性工作状态下，不考虑剪力钉的滑移。因此，在结合梁局部分析模型中，混凝土桥面板与主梁间的剪力钉连接以及混凝土桥面板与横梁间的剪力钉连接按完全固结考虑。

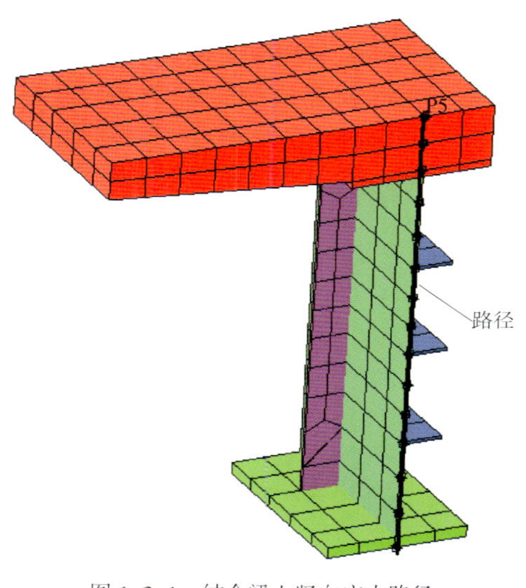

图 1-3-1　结合梁上竖向应力路径

为研究结合梁钢主梁及混凝土桥面板纵桥向正应力分布及钢梁和混凝土桥面板应力分配关系，在局部分析模型上沿钢主梁腹板定义应力路径 P5，如图 1-3-1 所示。

图 1-3-2 给出了跨中及塔根截面在不同荷载组合作用下，结合梁中钢主梁及混凝土桥面板沿应力路径 P5 的纵桥向正应力分布。

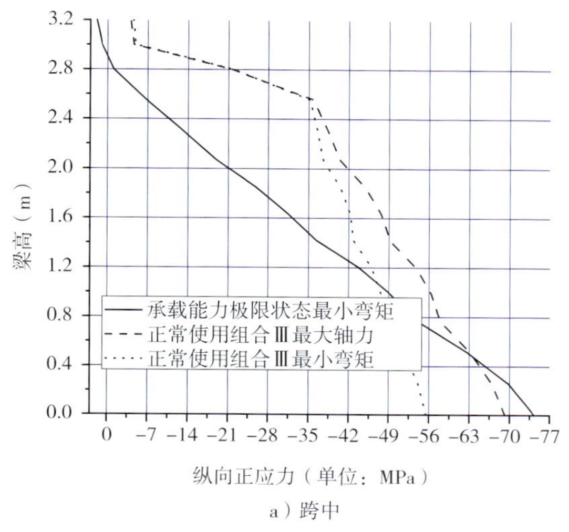

a）跨中

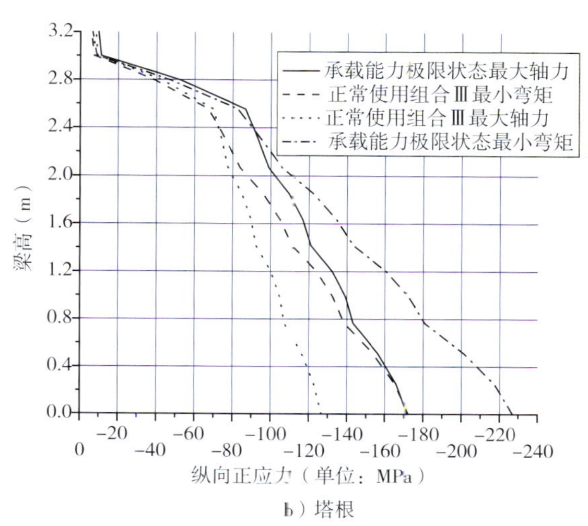

b）塔根

图 1-3-2　截面沿纵桥向的正应力变化

二、结合梁弹塑性分析

结合梁弹塑性分析主要是利用非线性有限元软件，考虑材料的非线性及钢主梁与混凝土桥面板间的相对滑移，对梁段模型进行局部分析。在结合梁的弹塑性分析中，采用了以下假定：

（1）钢材为理想弹塑性体；

（2）混凝土桥面板与钢梁间剪力连接件的荷载—滑移关系用非线性弹簧模拟；

（3）混凝土桥面板与钢主梁上翼缘之间存在滑移；

（4）混凝土按非线性材料考虑，混凝土开裂后退出工作。

节段的前端为荷载加载位，后端采用固接，同时施放横桥向的位移；桥梁中心线采用对称约束。桥面板采用 8 节点实体单元，钢板梁格构采用 4 节点板单元。板单元与实体单元的连接采用非线性弹簧连接。结合梁梁段弹塑性分析采用塔根截面承载能力极限状态中最大轴力组合荷载为弯矩 -3.567×10^4kN · m，剪力 2.969×10^3kN，轴力 8.606×10^4kN。荷载在加载面的分配采用全桥分析的结果进行分配，将混凝土板平均分成三段，分别施加内力。对结合梁梁段进行弹塑分析中，对板单元采用大挠度分析模块，考虑薄板变形大对结构的应力和变形的影响。

计算表明非线性弹簧对钢混结合面上的滑移模拟效果较好，对桥面板上的应力重分配现象较明显。如果不考虑弹簧的非线性，则桥面板边缘出现较大的应力集中，这与实际情况不符。将弹塑性分析结果与结合梁弹性分析结果进行比较，可以发现两种分析方法得到的结合梁主梁、横梁及混凝土桥面板应力分布基本相近。结果表明，在最不利设计荷载组合下，结合梁混凝土桥面板与钢梁间的剪力钉连接可靠，混凝土桥面板与钢梁间发生的相对滑移较小。

第二节　梁段应力与桥面板有效宽度

结合梁斜拉桥中钢—混凝土主梁桥面板有效宽度的问题，实质上是主梁在受力时沿桥面板宽度方向弯曲应力分布不均匀的表现。一般情况下有效宽度只用于计算挠曲应力而不用于计算轴力产生的应力，但对斜拉桥的主梁来说，由于轴力是通过斜拉索的水平分力以集中力的方式不连续地作用于主梁，在传力点附近的力流必然是不均匀的关系，也存在着局部挠曲和有效宽度的问题。因此，有必要对受弯矩和轴力共同作用的钢—混凝土组合梁中桥面板有效宽度问题进行探讨。

一、计算基本资料

对于主梁采用钢—混凝土结合梁的斜拉桥，在运营阶段不同位置处的截面有不同的内力组合，不同内力组合下结合梁截面上存在不同的正应力分布。从两方面研究结合梁桥面板有效宽度：其一是探讨运营阶段不同荷载组合下，结合梁跨中及塔根截面桥面板的有效宽度；其二是研究不同的弯矩轴力组合作用下结合梁桥面板的有效宽度。表 1-3-1 给出了结合梁桥面板有效宽度分析的荷载工况。

荷　载　工　况　　　　表 1-3-1

工　况	轴　力	剪　力	弯　矩	说　　明
1	-579	-480.6	-55 240	跨中截面承载能力最小弯矩
2	72 180	-791.6	-18 018	跨中截面正常使用组合Ⅲ最大轴力
3	70 600	-1 136.6	-28 610	跨中截面正常使用组合Ⅲ最小弯矩
4	172 160	5 938	-71 340	根部截面承载能力最大轴力

续上表

工　况	轴　力	剪　力	弯　矩	说　　明
5	150 920	7 660	−118 680	根部截面承载能力最小弯矩
6	141 100	4 756	−47 980	根部截面正常使用组合Ⅲ最大轴力
7	125 200	6 124	−86 700	根部截面正常使用组合Ⅲ最小弯矩
8	172 160	0	0	仅轴力作用
9	0	0	−116 680	仅弯矩作用
10	100 000	0	−20 000	M/N=0.2
11	100 000	0	−40 000	M/N=0.4
12	100 000	0	−60 000	M/N=0.6
13	100 000	0	−80 000	M/N=0.8
14	100 000	0	−100 000	M/N=1.0

二、梁段应力

（一）空间计算模型的建立

对江津观音岩长江大桥的结合梁局部模型进行分析，研究结合梁斜拉桥剪力滞效应，步骤如下：

（1）利用全桥模型进行全桥分析，得到内力组合；

（2）利用有限元软件 ANSYS 建立局部模型，采用 SOLID65 实体单元模拟混凝土，SHELL181 板单元模拟钢板；

（3）拟定不同的工况，对局部模型加载；

（4）在不同的工况下分析结合梁纵桥向剪力滞效应。

弹性工作状态下，不考虑剪力钉的滑移。因此，在结合梁局部分析模型中，混凝土桥面板与主梁间的剪力钉连接以及混凝土桥面板与横梁间的剪力钉连接按完全固结考虑。

采用大型通用有限元软件 ANSYS 建立结合梁标准梁段的空间局部计算模型（图 1-3-3），计算模型采用悬臂结构，横桥向取全宽 36.2m，顺桥向长 36m。

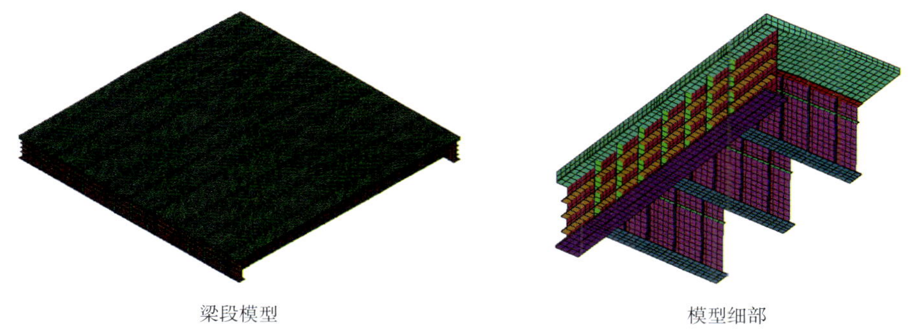

梁段模型　　　　模型细部

图 1-3-3　结合梁局部分析模型

（二）设计荷载组合下桥面板应力分布

图 1-3-4 给出了工况 2 跨中截面正常使用组合Ⅲ最大轴力作用下，横梁间混凝土桥面板及横梁上混凝土桥面板正应力沿横向变化，此处仅给出半幅桥应力变化曲线。图 1-3-5 给出了工况 8~ 工况 14 轴力和弯矩共同作用下，横梁间混凝土桥面板纵桥向正应力沿横向变化，此处仅给出半幅桥应力变化曲线。

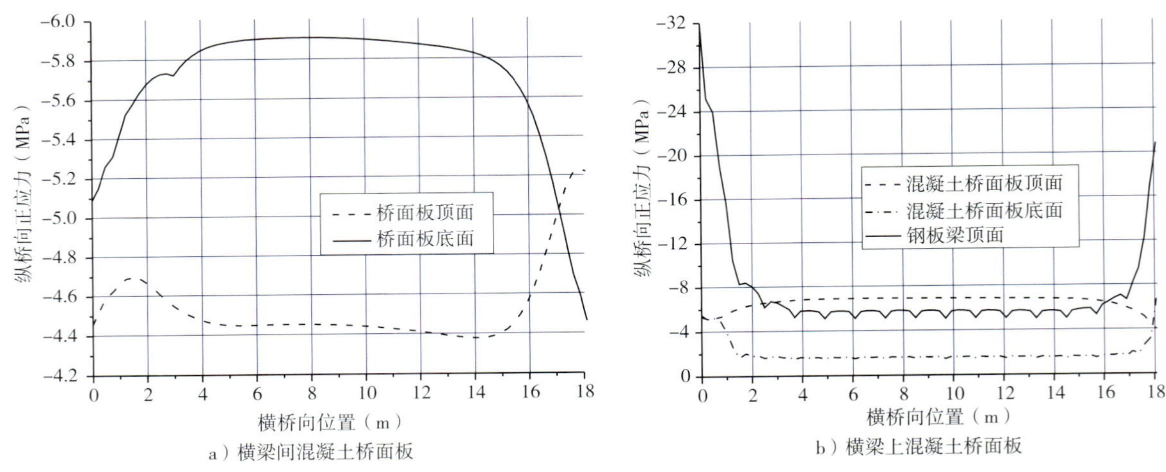

图 1-3-4　桥面板纵桥向应力沿横向变化

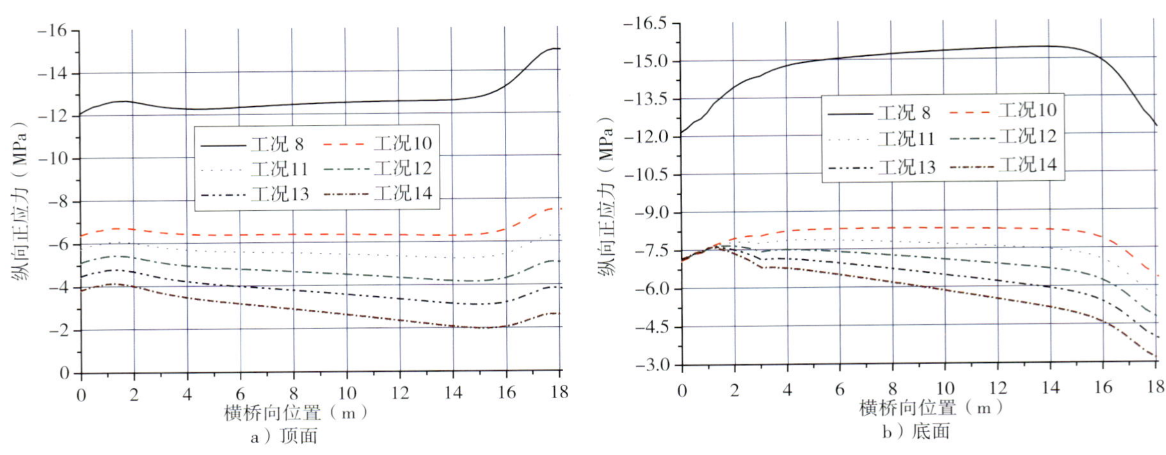

图 1-3-5　横梁间桥面板纵桥向应力

三、桥面板有效宽度

（一）设计规范计算有效宽度

鉴于剪力滞现象的存在，各国相关规范对结合梁设计中翼缘有效宽度提出了不同的要求，大多数使用的规范中对有效宽度的计算都采用简化的公式。表 1-3-2 列出了各国规范对结合梁有效宽度的计算公式。

设计规范中结合梁有效宽度　　表 1-3-2

规　范	公　式	备　注
英国:《公路桥梁标准规范》（SS3110）	B_e 取其中最小者 两边有翼缘:（1）$L/4$,（2）B,（3）$12D$ 一边有翼缘:（1）$L/12$,（2）$B/2$,（3）$8D$	L 为跨度， B 为腹板中心距， D 为混凝土板板厚
联邦德国相关规范（DIN 1078）	（1）当 $B/L<0.1$ 时: $B_e/B=1$； （2）当 $B/L=0.1\sim0.6$ 时: $B_e/B=0.89\sim0.5$； （3）当 $B/L>0.6$ 时: $B_e/B=0.3$	L 为跨度，B 为板宽
英国:《型钢与混凝土构成》组合梁桥梁部分（CP117 卷 2）	（1）当 $B\leq L/10$ 时: $B_e=B/2$； （2）当 $B>L/10$ 时:（B_e/B）^{2}=1+12（B/L）^{2}	L 为跨度，B 为板宽

续上表

规　范	公　式	备　注
欧洲规范:《钢—混凝土组合结构设计》桥梁部分（EC4 Part2）	$b_{eff}=b_0+\sum b_{ei}$，$b_{ei}=L_e/8 \leqslant b_i$（$i$=1，2）； 端支承处：$b_{eff0}=b_0+\sum \beta b_{ei}$，$\beta$=（$0.55+0.25L_e/b_i$）	
英国:《钢、混凝土及组合桥》(BS5400）	根据腹板中心距 b 和梁跨度 L 的比值，直接查表得出有效宽度比 ϕ	
日本《公路桥梁规范・钢桥篇》	跨度中央部分：（1）$b/l \leqslant 0.05$，$\lambda_L=b$ （2）$0.05<b/l<0.3$，$\lambda_L=[1.1-2(b/l)]b$ （3）$b/l \geqslant 0.30$，$\lambda_L=0.15l$ 中间支点：（1）$b/l \leqslant 0.02$，$\lambda_s=b$ （2）$0.02<b/l<0.30$，$\lambda_s=[1.06-3.2(b/l)+4.5(b/l)^2]b$ （3）$b/l \geqslant 0.30$，$\lambda_s=0.15l$	

按照各国规范的公式来计算结合梁斜拉桥的桥面板有效宽度时，存在这一个共同的问题，即如何考虑算式中的 L 值？是用边跨长度或中跨长度，还是用索距。通常在斜拉桥设计中考虑有效宽度有两种方法：

（1）视索的刚度为无穷大时，将索间距视为连续梁的跨度，按各国规范对连续梁结构规定的计算方法进行计算；

（2）视索的刚度为零时，忽视索对梁的支点作用，将主梁作为连续梁，按各国规范对连续梁结构规定的计算方法进行计算。

表 1–3–3、表 1–3–4 分别给出跨中截面及塔根截面按相关设计规范计算的有效宽度及有效宽度比。

跨中截面有效宽度（单位：m）　　表 1–3–3

设计规范	索　距		跨　度		平　均　值	
	有效宽度	有效宽度比	有效宽度	有效宽度比	有效宽度	有效宽度比
SS3110	3.12	0.17	3.12	0.17	3.12	0.17
DIN 1078	5.4	0.3	18.0	1.0	11.7	0.65
CP117	—	—	9.0	0.5	9.0	0.50
EC4 Part2	2.5	0.14	18.0	1.0	10.25	0.57
BS5400	3.6	0.20	17.5	0.97	10.55	0.59
日本桥规	4.9	0.27	18.0	1.0	11.45	0.64

塔根截面有效宽度（单位：m）　　表 1–3–4

设计规范	索　距		跨　度		平　均　值	
	有效宽度	有效宽度比	有效宽度	有效宽度比	有效宽度	有效宽度比
SS3110	3.12	0.17	3.12	0.17	3.12	0.17
DIN 1078	5.4	0.3	18.0	1.0	11.7	0.65
CP117	—	—	9.0	0.5	9.0	0.50
EC4 Part2	5.83	0.32	18.0	1.0	11.91	0.66
BS5400	3.6	0.20	17.5	0.97	10.55	0.59
日本桥规	4.9	0.27	16.8	0.93	10.85	0.60

（二）有效宽度的数值分析

通过对结合梁梁段进行空间精细有限元分析，可以得到各种荷载组合下结合梁截面上沿横桥向的

纵桥向正应力分布。将其与按初等梁计算得到的截面应力比较，可以得到结合梁桥面板纵桥向正应力的剪力滞系数。计算分析中，选用 6 次多项式函数对应力分布进行拟合，计算得到工况 1~ 工况 14 荷载作用下结合梁截面桥面板的有效宽度，见表 1–3–5。

结合梁截面有效宽度（单位：m）　　表 1–3–5

荷载工况	1	2	3	4	5	6	7
有效宽度	12.03	13.27	13.09	13.17	12.04	13.33	13.01
有效宽度比	0.67	0.74	0.73	0.73	0.67	0.74	0.72
荷载工况	8	9	10	11	12	13	14
有效宽度	13.83	11.14	13.34	12.92	12.22	11.52	10.37
有效宽度比	0.77	0.62	0.74	0.72	0.68	0.64	0.58

综上所述，虽然空间有限元数值分析方法计算精度较高，但由于空间有限元模型的建立及分析计算所需的时间较多，因此在对结合梁斜拉桥的组合梁截面进行整体分析时，可取索距作为计算跨度并参照相关英国规范 BS5400 计算桥面板有效宽度，然后应用弹性分析法对组合梁截面进行换算，简化钢—混凝土主梁的受力状态分析。

第三节　钢梁局部稳定

结合梁斜拉桥的主梁和横梁常采用焊接工字钢截面，主梁和横梁腹板常需要设置的加劲肋均属加劲板。腹板、横隔板受弯矩、轴力、剪力共同作用，板件处于弯、压、剪组合受力状态。研究斜拉桥腹板、横隔板在局部压应力、弯曲应力、纵向压应力、剪应力共同作用时的屈曲性能是十分必要的。

一、梁段弹性稳定

利用 ANSYS 的屈曲分析模块，对结合梁梁段模型进行弹性稳定分析，得到各种工况荷载作用下的荷载系数及屈曲模态。

表 1–3–6 给出了设计荷载组合作用下梁段弹性稳定系数及屈曲形式，设计荷载作用下，结合梁梁段在不同的荷载组合下对应不同的失稳形式，可能是横梁侧倾失稳，可能是主梁腹板的局部屈曲，也可能是主梁腹板与加劲肋同时屈曲。轴力作用下，混凝土桥面板分担较多轴向压力，导致横梁侧倾。负弯矩作用下，混凝土桥面板压应力减小，而主梁腹板压应力增加，导致主梁腹板或腹板加劲肋的局部屈曲。因此，在使主梁受压为主的荷载组合作用下，梁段易出现横梁侧倾失稳；在使主梁受弯为主的荷载组合作用下，梁段易出现主梁腹板或加劲肋局部屈曲失稳。

设计荷载组合下梁段弹性稳定系数及屈曲形式　　表 1–3–6

失稳形式 / 荷载工况	横梁侧倾		主梁腹板屈曲		主梁腹板及加劲肋屈曲	
	阶数	荷载系数	阶数	荷载系数	阶数	荷载系数
1	—	—	5	27.87	1	25.62
2	1	20.20	5	27.37	8	28.86
3	1	22.44	（1）3	23.43	5	23.98

续上表

失稳形式 荷载工况	横梁侧倾		主梁腹板屈曲		主梁腹板及加劲肋屈曲	
	阶数	荷载系数	阶数	荷载系数	阶数	荷载系数
4	1	9.24	（1）2	9.52	5	9.73
5	—	—	5	7.825	1	7.70
6	1	10.83	3	12.57	5	13.01
7	—	—	5	10.15	1	10.06

二、构件弹性稳定

利用ANSYS的屈曲分析模块，对主梁模型进行弹性稳定分析，得到几种荷载作用下的荷载系数及屈曲模态。表1-3-7给出了轴力弯矩共同作用下主梁弹性稳定系数及屈曲形式。

轴力弯矩组合作用下主梁弹性稳定系数及屈曲形式　　表1-3-7

M/N	加劲肋屈曲	腹板＋加劲肋屈曲	腹板屈曲	*M/N*	加劲肋屈曲	腹板＋加劲肋屈曲
0.1	2.97	3.32	—	−0.1	3.20	3.53
0.2	2.86	3.21	—	−0.2	3.31	3.65
0.3	2.75	3.12	—	−0.3	3.41	3.76
0.4	2.66	3.02	—	−0.4	3.50	3.89
0.5	2.56	2.93	—	−0.5	3.59	4.02
0.6	2.48	—	2.84	−0.6	3.66	4.18
0.7	2.40	—	2.76	−0.7	3.73	4.33
0.8	2.32	—	2.68	−0.8	3.78	4.49
0.9	2.24	—	2.61	−0.9	3.82	4.65
1.0	2.17	—	2.53	−1.0	3.86	4.83
1.5	1.88	—	2.22	−1.5	4.02	5.99
2.0	1.65	—	1.97	−2.0	4.14	7.23
3.0	1.33	—	1.60	−3.0	4.35	—

利用ANSYS的屈曲分析模块，对横梁模型进行弹性稳定分析，得到竖向分布荷载100kN/m作用下的荷载系数及屈曲模态（图1-3-6、图1-3-7）。

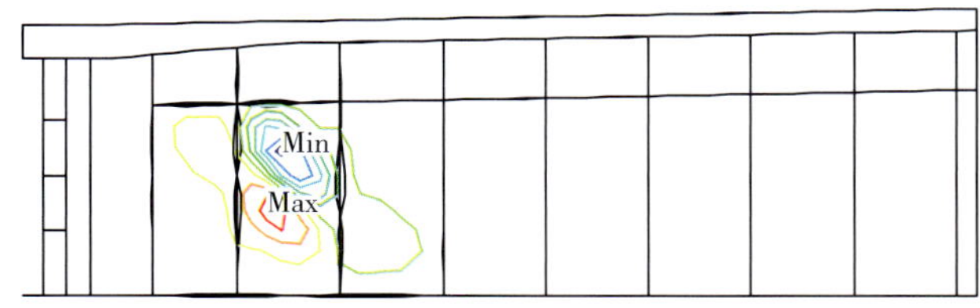

图1-3-6　腹板屈曲（λ=2.16）

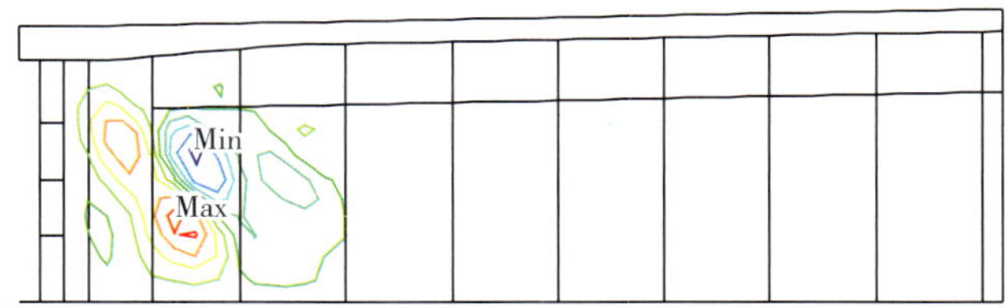

图1-3-7　腹板屈曲（λ=2.94）

第四节　结合梁及桥面系长期受力性能试验

一、钢—混凝土结合梁长期性能试验

斜拉桥组合桥面系由钢材和混凝土两种材料组成，混凝土是一种复杂的多相复合材料，在荷载长期作用下，混凝土会产生徐变和收缩，但钢材没有这种现象。两种材料的变形差异导致了截面应力重分布，并致使结构产生附加变形，在类似斜拉桥超静定结构中，这种差异还会引起结构的内力重分布，如果使用了预应力筋，还会引起预应力损失。结合梁在长期荷载作用下挠度随时间增长不断增大，最终挠度可能会达到初始挠度的几倍，即使在自重作用下，挠度也会有较大的增长，截面上的内力随时间增长也有很大的变化。研究发现，结合桥梁在成桥 30 年后，由于徐变、收缩的影响，桥梁内部产生内力重分布，在关键截面上，两者共同的影响可导致混凝土板和钢梁的应力分别减少和增加 1.0~2.5 倍，其中混凝土板底的应力和钢梁顶部的应力变化尤为突出，这种效应将大大降低结合梁的极限荷载，并且连接件的负担也大大加重，甚至可能产生大量滑移，严重影响结合梁共同工作的性能。在施工期间，徐变收缩对于结合梁在使用阶段性能的影响也是不可忽略的。徐变收缩等时间因素的不利影响大大限制了钢—混凝土结合结构的应用，然而，目前国内对于这方面的研究也不够系统，对于结合梁的强度来说，如果不能充分地考虑混凝土收缩徐变引起的内力重分布，可能会影响到结构的正常使用和安全。因而，如何准确估计长期荷载作用下混凝土的收缩徐变对结合梁的长期行为的影响，有着十分重要的意义。

目前，国内外学者多侧重于结合梁短期荷载下受力性能的研究，而对其长期受力性能的了解还不够深入，尤其是缺乏必要的试验验证。

（一）试验设计

试验共设计了 4 根 T 形截面的钢—混凝土结合梁，并进行长期荷载试验。其中，2 根梁（LCB_1、LCB_2）为承受正弯矩作用的简支结合梁，变化的参数为混凝土翼板的强度等级（分别为 C20 和 C30）；2 根梁（LCB_3、LCB_4）为承受负弯矩作用的悬臂结合梁，变化的参数为混凝土翼板内的纵向钢筋配筋率。试验梁的主要设计参数见表 1–3–8。

长期试验梁主要设计参数　　　　表 1–3–8

试件编号	加载方式	长度（m）	混凝土强度等级	纵向钢筋	配筋率	加载龄期（d）
LCB_1	正弯矩	4.0	C20	8ϕ6	0.63%	7
LCB_2	正弯矩	4.0	C30	8ϕ6	0.63%	7
LCB_3	负弯矩	2+1+2	C30	4ϕ12+4ϕ6	1.57%	7
LCB_4	负弯矩	2+1+2	C30	8ϕ12+4ϕ6	2.83%	7

试验梁的基本构造及加载方式如图 1–3–8~ 图 1–3–10 所示。钢梁为工字形截面，材质为 Q235b。所有试验梁均按完全抗剪连接设计。栓钉型号为 ϕ10–50，熔后高度 45mm，单排布置。LCB_1、LCB_2 和 LCB_4 的栓钉纵向间距为 80mm，LCB_3 的栓钉纵向间距为 150mm。

各试验梁混凝土翼板内的横向配筋相同，能够满足纵向抗剪的要求。对于承受正弯矩的 LCB_1 和 LCB_2，混凝土翼板内配有上、下 2 层共 8 根 ϕ6 纵向构造钢筋。对于承受负弯矩作用的 LCB_3 和 LCB_4，混凝土翼板下层配有 4 根 ϕ6 纵向构造钢筋，上层则分别配有 4 根和 8 根 ϕ12 纵向钢筋作为主受力筋，考虑构造钢筋后的纵向钢筋配筋率分别为 1.57% 和 2.83%。

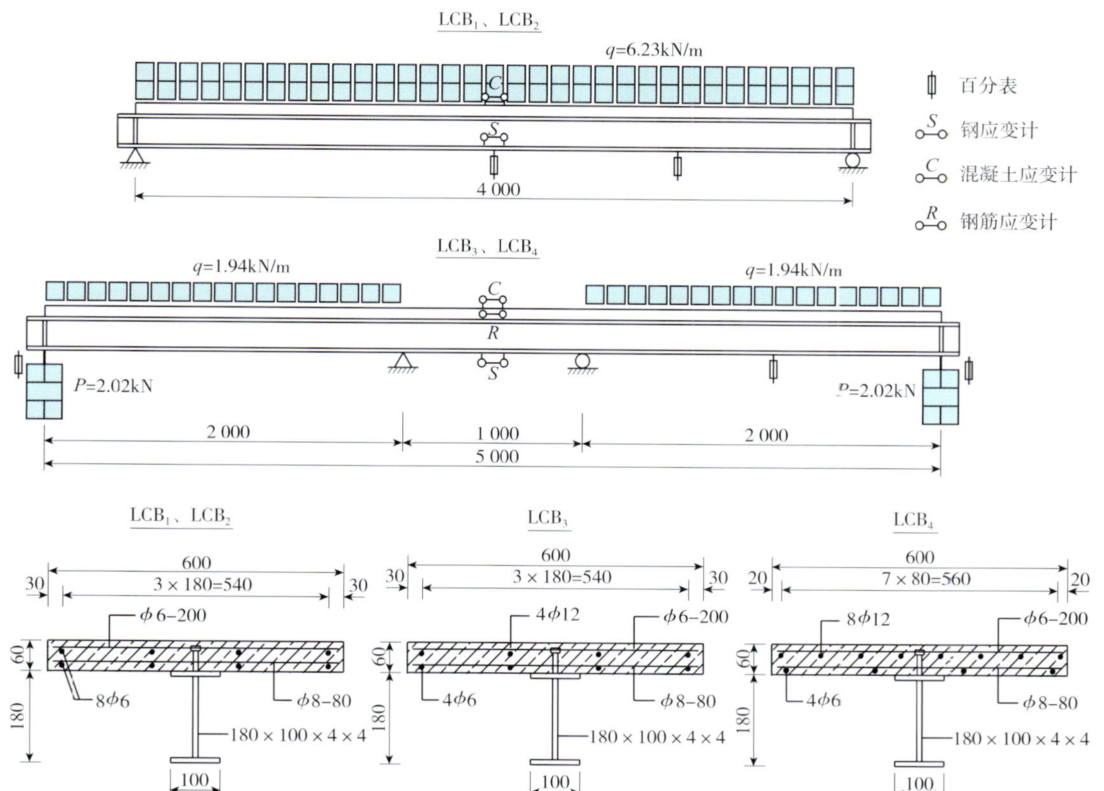

图 1-3-8　试验方案（尺寸单位：cm）

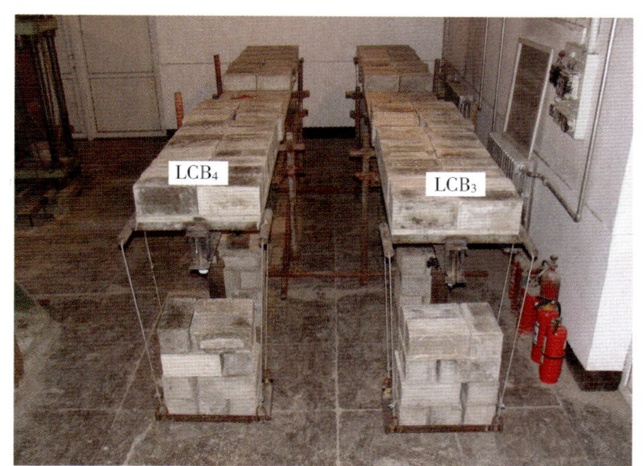

图 1-3-9　LCB₁、LCB₂ 试验加载

图 1-3-10　LCB₃、LCB₄ 试验加载

对结合梁进行长期荷载试验时，理想的情况是在恒温、恒湿的环境条件下进行。但这种试验方式成本过高，因此本试验中未对试件所处的室内环境条件进行严格控制，但试验过程中记录了各时间点的温度及湿度数据供后续分析使用。试验周期约为 1.5 年，由冬季开始加载。前 12 个月的平均温度为 19℃，平均湿度为 67%。

（二）试验结果

1. 正弯矩试验梁结果

加载后 LCB_1 和 LCB_2 的跨中挠度分别为 3.94mm 和 3.61mm。测试时间约为 500d，其中结合梁变形在加载后 100d 内发展较快。LCB_2 的初始挠度及挠度发展过程与 LCB_1 相似。虽然 LCB_2 的混凝土强度

较高，混凝土的相对应力水平较 LCB_1 低，徐变发展也偏低，但根据混凝土收缩试验结果，收缩会导致 LCB_2 的附加挠度较 LCB_1 大，因此使得两者最终的变形发展曲线较为接近。加载 500d 后，两根正弯矩加载梁的跨中挠度达到 9.20mm 和 9.22mm，分别为瞬时荷载挠度的 2.34 倍和 2.56 倍。

根据图 1-3-11 和图 1-3-12 所示的数据，构件在加载后约 100d 内应变的变化值较大。原因是混凝土收缩、徐变初期发展较快，混凝土应变增大的同时将部分内力转移到钢梁截面，使得钢梁应变也相应增大。后期随着收缩、徐变速度的减慢，混凝土及钢梁的应变发展也逐渐平稳。

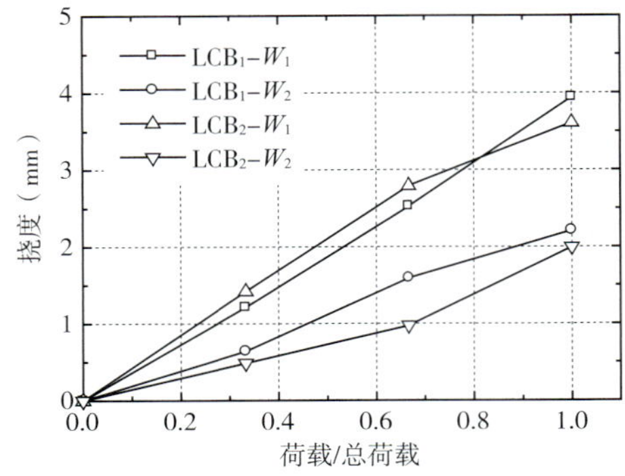

图 1-3-11 LCB_1、LCB_2 瞬时挠度曲线

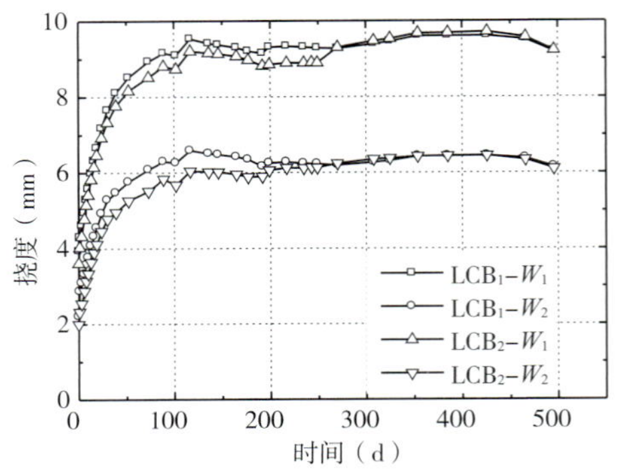

图 1-3-12 LCB_1、LCB_2 长期挠度实测曲线

2. 负弯矩试验梁结果

负弯矩加载梁的瞬时挠度发展如图 1-3-13 所示，图中 D_1 和 D_2 分别为悬臂端部和 1/2 悬臂处的挠度。加载后 LCB_3 和 LCB_4 的瞬时梁端挠度分别为 3.41mm 和 3.09mm。LCB_3 和 LCB_4 的长期挠度实测值如图 1-3-14 所示。图中梁端挠度为两个悬臂端部位移测点的平均值，以向下为正。LCB_3 与 LCB_4 的挠度发展过程相似。加载初期由于混凝土收缩的影响，悬臂结合梁产生向上的负挠曲，梁端挠度在加载后的 2 个月内明显减小。加载约 3 个月后，在混凝土翼板顶面观察发现裂缝，其中 LCB_3 在纯弯段最终形成 5 条横向贯通裂缝，裂缝间距约为 160mm，LCB_4 可观察到 2 条横向裂缝。同时进行的收缩试验也表明加载 3 个月后混凝土自由收缩应变已超过 500×10^{-6}，说明收缩与外荷载可导致混凝土开裂并使结合梁刚度降低，结合梁挠度在较短时间内迅速增大。当混凝土裂缝发展基本稳定之后，收缩及徐变的共同作用使负弯矩加载梁的挠度发展也趋于稳定。在整个试验过程中，配筋较多的 LCB_4 的梁端挠度值均较 LCB_3 小。而由于混凝土收缩的影响，试验梁在加载 200d 后的挠度未有明显增长并小于瞬时挠度。将挠度发展曲线温度和湿度曲线进行对比可以看出，加载 3 个月之后的曲线形状有一定相似性。原因是徐变和收缩受到环境温度和湿度的影响，从而导致挠度发展过程与温度和湿度之间具有一定的相关性。

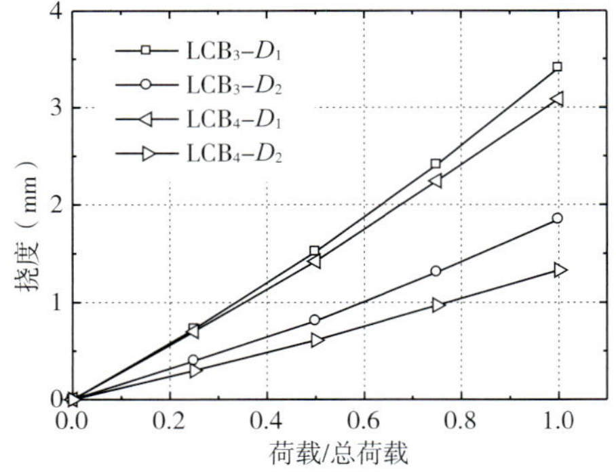

图 1-3-13 LCB_3、LCB_4 瞬时挠度曲线

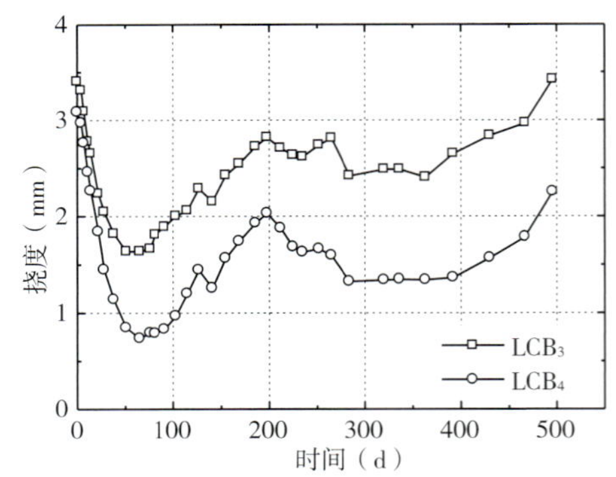

图 1-3-14 LCB_3、LCB_4 长期挠度实测曲线

根据图 1–3–14 所示的测量数据，构件在加载约 50d 后应变及变形发生了较大变化，表现为混凝土和钢梁的应变均迅速增大。原因是混凝土收缩应变初期发展较快，收缩内力与恒载下的内力相叠加后导致混凝土开裂，使得结构刚度降低、应变增大。

试验表明，收缩、徐变对组合梁的性能有显著影响：对于承受正弯矩作用的简支结合梁，其 1 年期的变形可达到初始瞬时弹性变形的 2.5 倍；对于承受负弯矩作用的组合梁，收缩及荷载作用会导致混凝土开裂并减少徐变效应的影响。

二、大跨径斜拉桥组合桥面系长期受力性能

一方面，斜拉桥为高次超静定结构，桥面混凝土板在恒载作用下的收缩和徐变受到约束，产生超静定赘余力，超静定赘余力在结构中产生次内力，从而引起结构内力重分布，产生附加变形；另一方面，结合梁斜拉桥桥面主梁由混凝土板和钢主梁组合而成，混凝土板的收缩徐变受到钢主梁的约束，钢梁与混凝土板产生收缩徐变应力，这一效应称为结合梁截面应力重分布，因此，在结合梁斜拉桥结构分析中必须考虑混凝土收缩徐变的影响。影响混凝土收缩徐变效应的因素很多，如环境湿度、加载龄期、构件理论厚度等，其中加载龄期是影响混凝土徐变的一个重要因素。加载龄期越长，则徐变系数越小。徐变系数随加载龄期变化的规律十分复杂，我国现行相关公路桥梁规范基于 CEB–FIP（CMC 1990）总结出形式较为简洁的徐变模型，并给出与影响徐变的各种因素的近似关系。基于我国现行《公路钢筋混凝土及预应力混凝土桥涵设计规范》（JTG D62—2004）收缩徐变理论模型，采用有限元方法对不同桥面形式结合梁斜拉桥进行收缩徐变分析。

（一）叠合板组合桥面系

叠合板组合桥面系是一种改进型的结合梁桥面系，该桥面系通过后浇混凝土叠合层改善桥面整体工作性能，以避免结合梁桥面容易在湿接缝处发生开裂的问题。传统结合梁斜拉桥绝大多数采用预制板组合桥面形式，见图 1–3–15，即在钢梁框架上安装预制桥面板，然后在混凝土板湿接缝之间浇筑混凝土，待接缝混凝土硬化之后，形成结合梁整体桥面。预制板结合梁桥面施工方法简单，并通过增长预制板龄期降低混凝土收缩徐变效应，但其桥面整体性较差，我国学者在考察加拿大安纳西斯桥时发现结合梁斜拉桥四种典型的桥面裂缝形式，尤其是在混凝土板湿接缝处容易发生开裂现象，影响桥梁结构耐久性。针对传统组合梁桥面存在的缺点，提出一种改进型结合梁斜拉桥桥面形式—叠合板组合梁桥面，见图 1–3–16，首先在钢框架上安装预制板，然后在预制板上铺设钢筋网，最后浇筑混凝土后浇层，形成结合梁整体桥面，该形式结合梁桥面利用预制板作为后浇混凝土的模板，简化了预制板的构造形式，降低了对预制板的制作安装精度，施工便捷，且增强了桥面整体性。

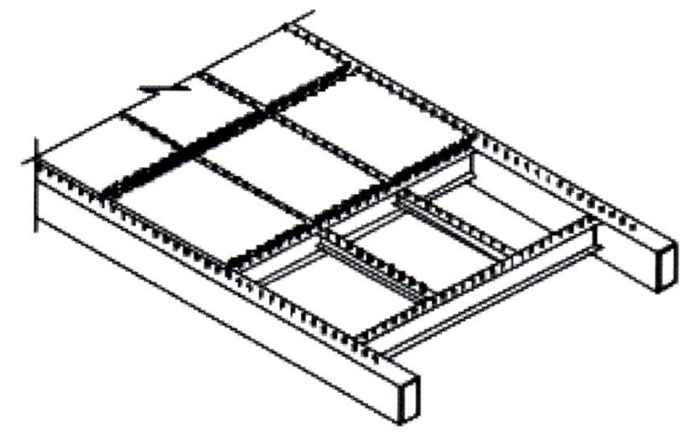

图 1–3–15　预制板组合桥面

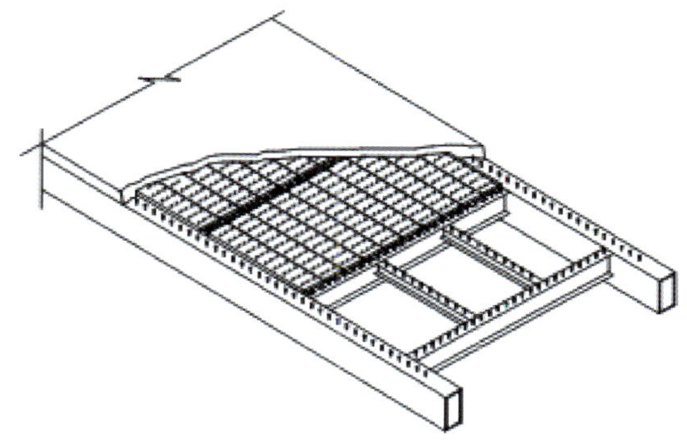

图 1–3–16　叠合板组合桥面

叠合板结合梁桥面施工期间需浇筑后浇层混凝土，现场湿混凝土量增加，而预制板混凝土的收缩

徐变已完成大部分，叠合板结合梁桥面后浇层混凝土与预制板混凝土加载龄期存在差异，后浇层混凝土的加载龄期短，使得混凝土收缩徐变效应大于预制板结合梁桥面。

（二）结构分析模型

重庆江津观音岩长江大桥的斜拉索为空间索面，横向倾角较大，因而建立空间鱼骨梁模型对该桥进行长期受力性能分析，结合梁斜拉桥由于主梁由两种材料组合而成，两种材料受力特性存在显著差异。根据结合梁斜拉桥各构件的受力机理，按照桥梁实际结构尺寸，建立空间杆系有限元模型，见图 1-3-17。桥塔、辅助墩和边墩均采用空间梁单元，斜拉索模拟为空间杆单元，主梁采用鱼骨梁力学模型进行模拟。

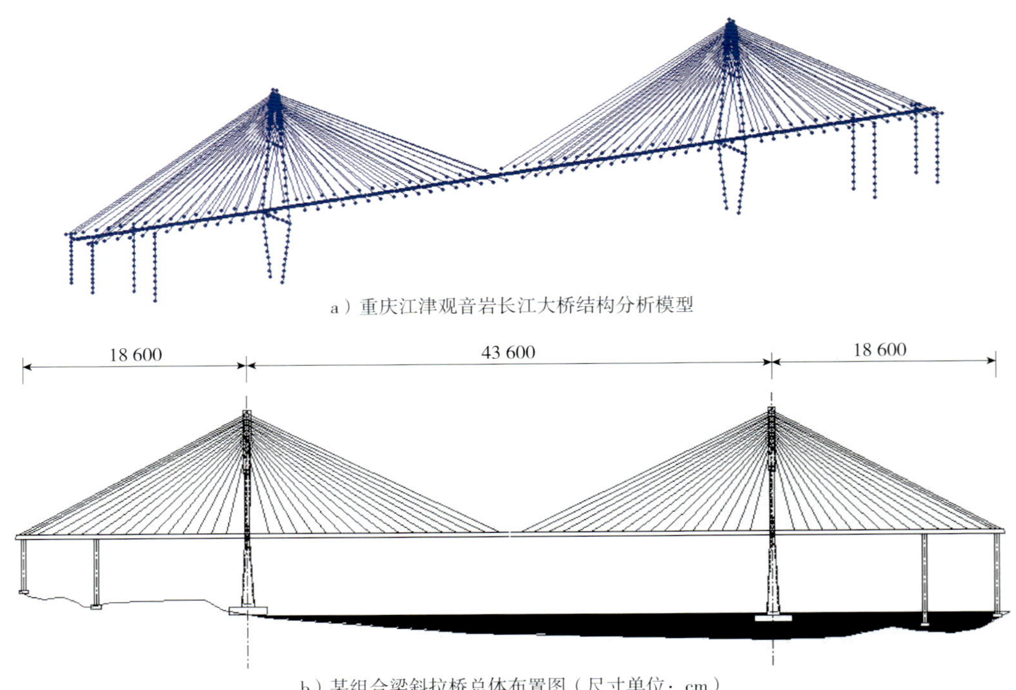

a）重庆江津观音岩长江大桥结构分析模型

b）某组合梁斜拉桥总体布置图（尺寸单位：cm）

图 1-3-17　重庆江津观音岩长江大桥概况

对于预制板结合梁斜拉桥，鱼骨梁由预制板梁单元及钢主梁梁单元通过节点耦合连接而成。考虑叠合板结合梁混凝土后浇层加载龄期的差异，叠合板结合梁斜拉桥鱼骨梁主梁模型采用三层梁单元（钢主梁、预制板，混凝土后浇层）通过节点耦合连接，混凝土后浇层厚度为 13cm。预制板混凝土加载龄期按 180d 考虑，后浇层混凝土加载龄期根据实际情况按 3d 进行计算，并假设两种桥面形式组合梁斜拉桥对应的环境湿度及理论厚度均一致，各材料均假定为理想线弹性材料。

（三）斜拉桥施工状态模拟

斜拉桥作为高次超静定结构，一般都是采用分阶段逐步完成的施工方法。最终成桥后的结构恒载内力及主梁线性与施工过程密切相关，在施工过程中斜拉桥结构体系和荷载状态都不断变化，结构内力和变形也随之不断发生变化。此外对于组合梁斜拉桥，主梁施工并非一次性完成，施工过程中存在二次受力，因而必须模拟现场施工过程中的每个工序，以对斜拉桥的每一个施工阶段进行详尽的分析和验算，确定合理的施工状态，求得斜拉索各施工阶段的拉索索力、主梁挠度以及截面内力和应力等施工控制参数理论值，使斜拉桥成桥后达到理想成桥状态。

重庆江津观音岩长江大桥主梁采用分段悬臂拼装的施工方法，标准梁段长度 12m，在整个主梁施工过程中，通过分次张拉斜拉索来保证施工梁段和已装梁段的钢主梁与混凝土桥面板的受力。在主梁

合龙后，进行全桥索力的调整，以实现预定的理想成桥索力。根据该桥的设计思路，主桥共划分为130个施工阶段，其中每个标准梁段的施工流程如下：

（1）安装第 i 号钢主梁及钢横梁，初张 i 号主梁对应的斜拉索。

（2）安装第（i–1）号与 i 号斜拉索之间的混凝土预制桥面板，二次张拉第 i 号主梁对应的斜拉索以承担混凝土预制板质量。

（3）现浇混凝土桥面板湿接缝，待桥面板湿接缝硬化之后，第三次张拉斜拉索。

（4）完成 i 号主梁安装，移动吊机，安装第（i+1）号钢主梁及钢横梁。

（四）两种组合桥面系收缩徐变分析

为便于比较，结合梁斜拉桥长期性能分析分为成桥初期状态、正常运营状态（计算收缩徐变10年）两个阶段，每个阶段主要承受的荷载包括结构重力、混凝土收缩徐变、主梁预应力、斜拉索索力、汽车荷载等，汽车荷载按公路一级设计，按《公路桥涵设计通用规范》（JTG D60—2004）的相关规定进行荷载组合。预制板组合梁桥面在混凝土收缩徐变作用下，主梁截面发生应力重分布，钢梁应力增加，最大压应力增加52.6MPa，达到钢材容许应力（210MPa）的25%。混凝土桥面板应力降低，但相对于钢主梁应力增加幅度而言，桥面板应力变化不明显。

表1–3–9给出两种形式结合梁桥面在混凝土收缩徐变作用下主梁应力差值比较，主梁中跨及边跨跨中最大挠度、塔顶最大水平位移比较情况。从表1–3–9中可以看出，结合梁斜拉桥在混凝土收缩徐变作用下，主跨跨中挠度明显增加，塔顶水平位移增大，由于混凝土板龄期存在差异，叠合板结合梁桥面的收缩徐变效应大于预制板结合梁桥面。当采用叠合板结合梁桥面形式时，主梁跨中挠度、塔顶水平位移、钢梁应力均较预制板结合梁桥面略有增加，在预制板结合梁桥面基础上增加10%左右，桥面板应力进一步降低，其中后浇层混凝土应力减小明显，而预制板混凝土应力变化较小。

不同形式结合梁桥面成桥初期与正常运营阶段计算结果　　表1–3–9

项　目	预制板结合梁桥面			叠合板结合梁桥面			叠合/预制
	成桥初期	正常运营	最大差值	成桥初期	正常运营	最大差值	
塔顶水平位移（mm）	50.44	131.27	80.83	49.98	137.61	87.63	1.08
主跨跨中挠度（mm）	–123.48	–292.93	–169.45	–79.14	–260.53	–181.39	1.07
边跨跨中挠度（mm）	–25.05	–22.60	2.45	–12.18	–21.5	–9.32	–3.80
钢梁上翼缘应力（MPa）	–153.32	–190.00	–36.68	–162.31	–202.00	–39.69	1.08
钢梁下翼缘应力（MPa）	–108.40	–161.00	–52.60	–108.97	–165.00	–56.03	1.07
桥面板上翼缘应力（MPa）	–11.05	–9.38	1.67	–10.89	–8.79	2.10	1.26
桥面板下翼缘应力（MPa）	–9.89	–8.28	1.61	–10.7	–9.20	1.50	0.93

注：挠度值符号以向上为正，向下为负，应力符合以受拉为正，受压为负。

通过对两种类型组合桥面形式的结合梁斜拉桥收缩徐变效应分析，得到以下结论：

（1）混凝土收缩徐变效应引起结合梁斜拉桥主跨跨中挠度增加，塔顶水平位移增大，钢梁应力增加，桥面板应力减小。

（2）混凝土收缩徐变对混凝土桥面板的应力影响不大，但对钢梁应力影响较为显著。预制板组合梁桥面混凝土收缩徐变引起钢梁应力增量达到钢材容许应力的25%，叠合板组合桥面形式在前者基础上增加10%左右。

第五节　不同翼板形式结合梁受力性能试验

对于结合梁斜拉桥而言，面临两大技术难题：一是如何有效防止桥面板混凝土发生开裂现象；二是如何正确分析混凝土收缩徐变对桥梁结构的影响。在这两大难题尚未得到完全解答时，工程师们另辟蹊径，绝大多数结合梁斜拉桥采用预制板结合梁桥面形式。预制板结合梁桥面施工方法简单，并可通过增长预制板龄期降低混凝土收缩徐变效应。但其桥面整体性较差，在混凝土板湿接缝处容易发生开裂现象。叠合板结合梁利用预制板作为后浇层混凝土的模板，待后浇层混凝土硬化之后，预制板与后浇层混凝土形成整体桥面板，其整体性显著提高，避免了在预制板湿接缝处发生混凝土开裂现象。

在正常运营条件下，斜拉桥主梁在桥塔、拉索吊点和辅助墩等控制截面处需承受较大的弯矩作用，尤其在负弯矩作用下，结合梁混凝土翼板处于受拉区，混凝土翼板自身抗拉强度很低，若不能有效控制混凝土翼板裂缝的宽度，将直接导致主梁截面刚度下降，钢梁应力增大。有害气体、污水或其他腐蚀性液体可能会渗入这些裂缝腐蚀混凝土板内的钢筋、栓钉及钢梁，从而降低桥梁的耐久性和整体性，增加了维修养护工作的困难。本节结合重庆观音岩长江大桥工程实践，共设计 4 根组合梁试件，对不同翼板形式结合梁进行了正负弯矩荷载作用下的试验研究，并对不同翼板形式组合梁的承载力、挠度变形、截面应变、钢筋应变、裂缝发展及分布等进行了量测与观测。

一、试件

参考实际斜拉桥桥面主梁结构，钢梁尺寸较混凝土桥面板尺寸一般要大很多。如果按实际尺寸缩尺，导致试件钢梁板件厚度及混凝土板尺寸过小，因此设计时按弹性及塑性中和轴控制在钢梁截面以内的原则共设计了 4 根结合梁。其中 SCCB1 和 SCCB2 为叠合板结合梁，SCCB3 和 SCCB4 为预制板结合梁。两组试件均由焊接工字型钢梁、混凝土板、栓钉及板内钢筋组成。所有试件的工字钢和混凝土板尺寸均相同，试件的尺寸及构造如图 1-3-18~ 图 1-3-21 所示。实际斜拉桥组合梁桥面在钢梁翼缘布置较密的栓钉，因此 4 根试验梁均按照完全抗剪连接设计，采用 ϕ19 × 80mm 的栓钉，在钢梁上翼缘分两列等间距布置，栓钉纵向间距 100mm，横向间距 80mm。

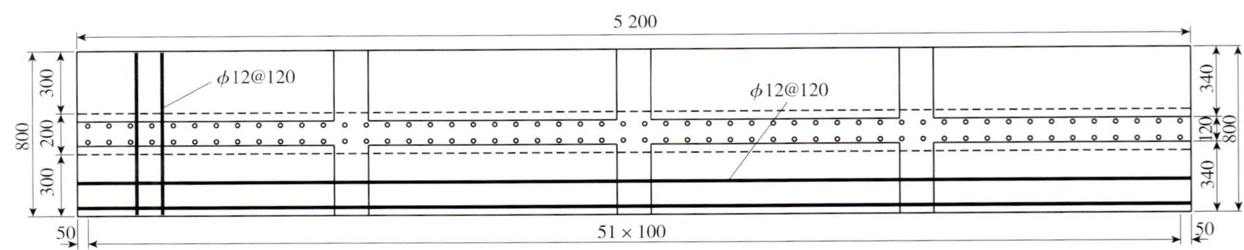

图 1-3-18　SCCB1 和 SCCB3 试件平面图（尺寸单位：mm）

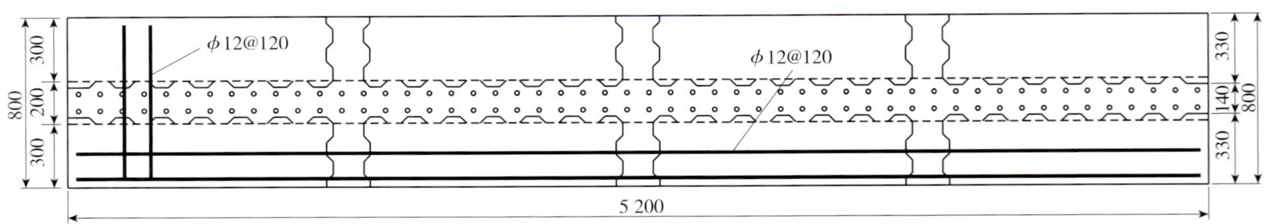

图 1-3-19　SCCB2 和 SCCB4 试件平面图（尺寸单位：mm）

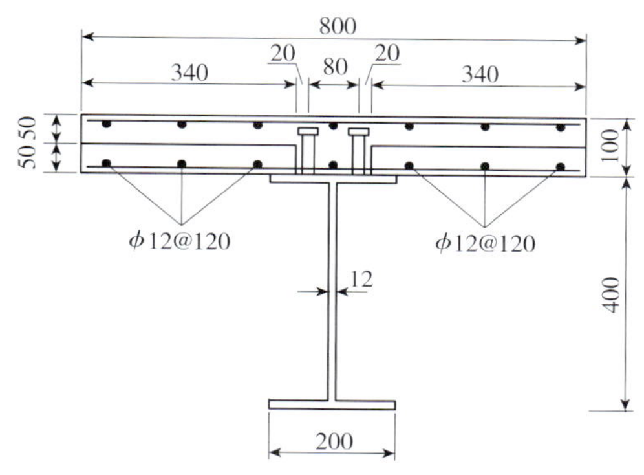

图 1-3-20 叠合板结合梁横断面图（尺寸单位：mm）

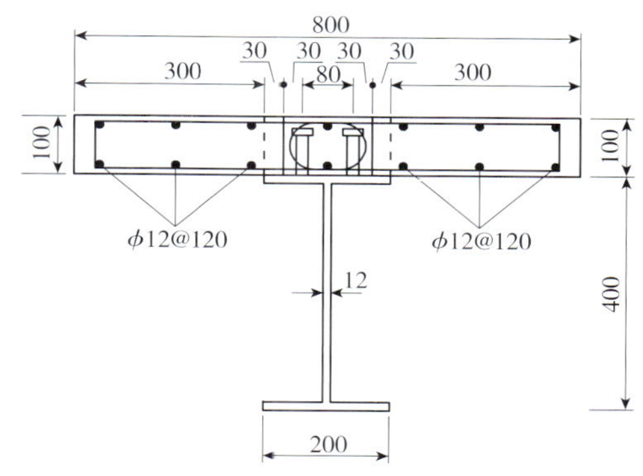

图 1-3-21 预制板结合梁横断面图（尺寸单位：mm）

叠合板结合梁采用 8 块厚度为 5cm 的预制板对称拼接在钢梁轴线两侧，然后以铺设的预制板为模板在其上现浇 5cm 混凝土后浇层。为保证新老混凝土结合良好，预制板制作时上表面注意保持一定的粗糙度，并沿梁纵向布置两列角形抗剪钢筋。预制板结合梁混凝土翼板由 8 块预制混凝土板和纵横向后浇 C60 补偿收缩（微膨胀）混凝土接缝组成，每块预制板在接缝处均做成锯齿状，齿深 3cm。在纵横向现浇混凝土接缝处，接缝宽度齿头间为 14cm，齿根间为 20cm，此接缝宽度已考虑钢筋在接缝处连接的最小长度要求。为较好评价两种混凝土翼板形式结合梁受力性能的区别，所有试验梁混凝土板内配筋率保持一致，纵向配筋率为 1.98%，横向配筋率为 1.83%，接近于斜拉桥桥面板中实际配筋率（1.95%）。根据斜拉桥主梁桥面板内钢筋在现浇混凝土接缝处连接形式，叠合板结合梁预制板板端伸出“胡子筋”在接缝处采用部分单面焊连接，预制板结合梁板内钢筋在接缝处采用封闭式弯钩捆扎连接，见图 1-3-22 和图 1-3-23。

a）预制板钢筋构造

b）预制板混凝土浇筑

c）叠合板结合梁模板及配筋

d）叠合板结合梁混凝土浇筑

图 1-3-22 叠合板组合梁制作过程

a）预制板钢筋构造

b）预制板混凝土浇筑

c）叠合板结合梁模板及配筋

d）叠合板结合梁混凝土浇筑

图 1-3-23　预制板结合梁制作过程

二、试验装置及加载方案

试验均在 1 000kN 加载架下进行，试件简支，跨中两点对称加载，由两台 600kN 液压千斤顶加荷，荷载通过与千斤顶相连的传感器量测，千斤顶施加的荷载由一分配梁分配到直接作用在混凝土翼缘板上的两根垫梁上，试验装置如图 1-3-24~ 图 1-3-25 所示。加载方式为单调静力加载，其中 SCCB1 和 SCCB3 采用跨中两点负弯矩加载方式，混凝土翼在试验过程中将发生开裂现象，因而在试验过程每间隔 5kN 采用裂缝观察仪对裂缝宽度进行读取。试验梁加载照片如图 1-3-26~ 图 1-3-27 所示。

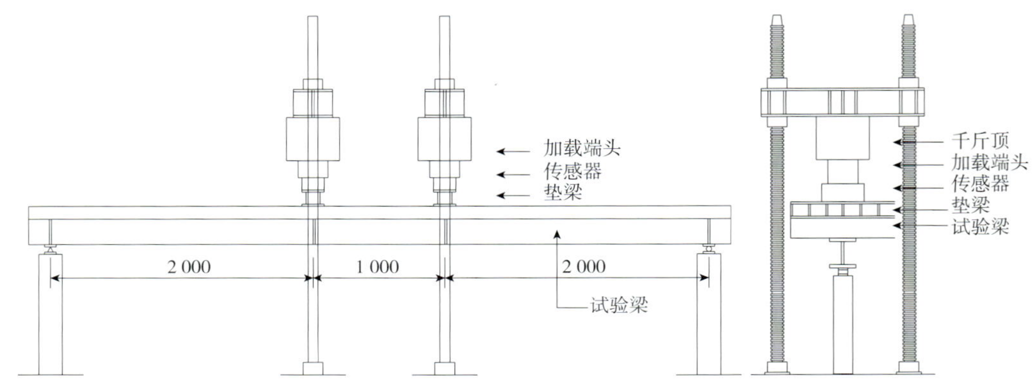

图 1-3-24　跨中两点正弯矩加载示意图（尺寸单位：cm）

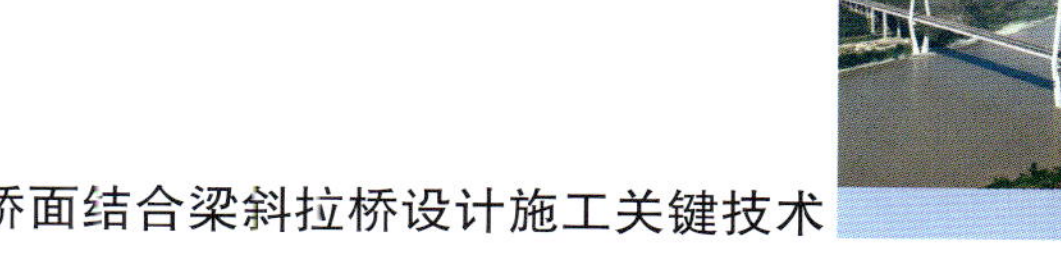

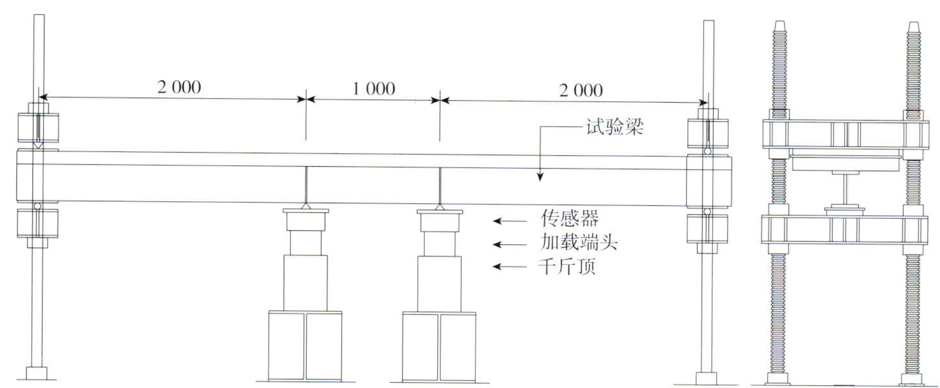

图 1-3-25　跨中两点负弯矩加载示意图（尺寸单位：cm）

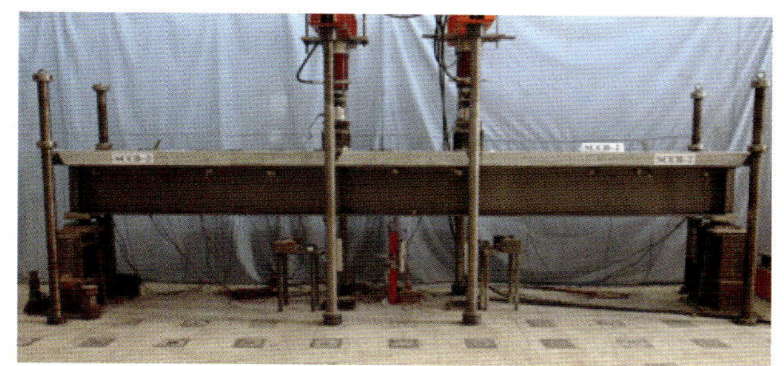

图 1-3-26　跨中两点对称正弯矩加载照片

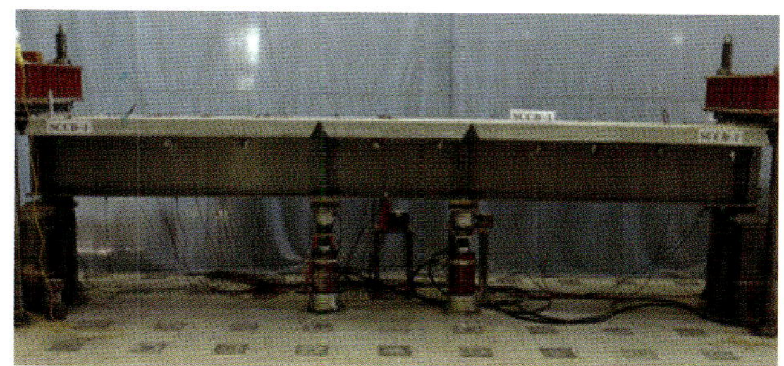

图 1-3-27　跨中两点对称负弯矩加载照片

三、试验结果

从试验结果及分析中可得到以下结果：

（1）两种翼板形式结合梁在正弯矩作用下受力性能基本一致，最终均以混凝土压溃，钢梁屈服达到承载能力极限状态，且都未发生结合面剥离或混凝土翼板纵向开裂现象，因此，在合适的横向配筋条件下，预制板的齿槽构造和叠合板构造形式在正弯矩作用下都是可行的。

（2）两种翼板形式结合梁在负弯矩作用下受力性能差别较大。预制板结合梁混凝土板开裂较早，其裂缝发展主要集中在跨中湿接缝处，裂缝分布范围小，且裂缝宽度大；叠合板结合梁裂缝出现晚，后期裂缝发展受到板内钢筋的限制，裂缝宽度细小，且分布范围较为宽广，如图 1-3-28、图 1-3-29 所示。

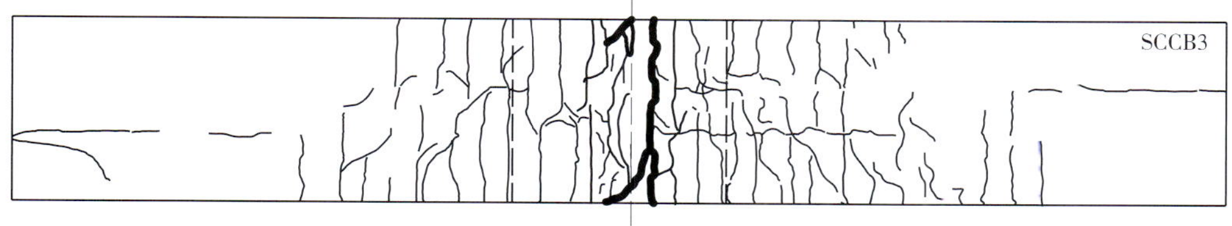

图 1-3-28　SCCB3 混凝土翼板上表面最终裂缝分布形态

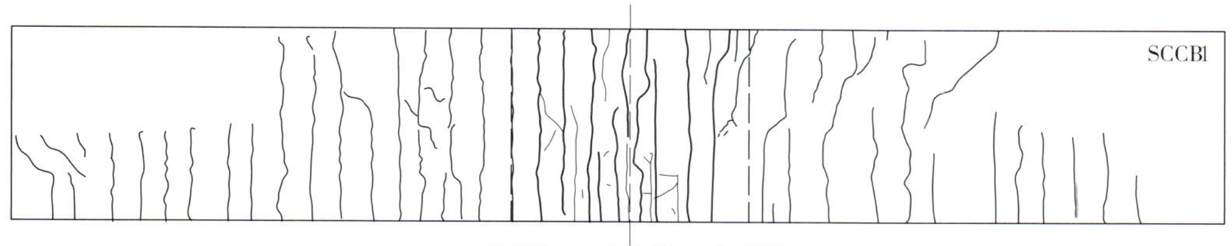

图 1-3-29　SCCB1 混凝土翼板上表面最终裂缝分布形态

（3）预制板结合梁混凝土翼板开裂之后，板内钢筋不能有效限制裂缝的发展，截面刚度显著下降。此外，预制板结合梁在湿接缝新旧混凝土结合面处出现纵向开裂现象，钢梁下翼缘较早进入屈服，发生整体和局部失稳现象，极限承载能力低于叠合板结合梁。

（4）预制板结合梁湿接缝处混凝土与预制板混凝土龄期不同，湿接缝处混凝土收缩应力较大，容易产生早期收缩裂缝，实际设计和施工中应引起足够的重视。

（5）采用通用有限元软件 ANSYS 对单调加载下的简支钢—混凝土结合梁的受力性能进行了非线性有限元分析，计算结果和试验结果吻合良好。

第六节　梁段模型试验

一、梁段模型试验设计

试验模型是按 1∶2 缩尺比例从实际结构中取出，试验模型包括模型主体（半幅含有三道横梁的主梁）、主梁加载梁、对称约束构件、主体与剪力墙的连接构件、支墩等五部分。主梁板件选取范围按圣维南原理及加载需要选取，在标准 C 梁段三个横梁之间取两个节间，在边缘两个横梁外侧各取半个节间，模型主体全长 6m（原桥纵向 12m），该长度能够保证主梁腹板和横梁腹板的应力场和屈曲模态与实桥基本相同。为了模拟实际结构中该梁段的应力边界条件，本试验对混凝土板采用张拉预应力钢束的方式施加轴力，采用千斤顶施加剪力和弯矩；对于工字形主梁采用千斤顶通过主梁加载梁传递，施加轴力、剪力和弯矩。轴力、剪力和弯矩的分配系数由有限元分析软件建立的空间模型分析结果确定。为了模拟实际结构中该梁段的位移边界条件，本试验对梁段中心线处的对称约束，采用在梁段横梁自由端处通过 A 构件和聚四氟乙烯板张拉预应力钢束与剪力墙连接；对于梁段两端的位移边界采用 B 构件通过张拉预应力钢束连接。静载试件模型见图 1-3-30。

模型试件主体部分材料要求参照实桥图纸设计说明。附件部分材料采用 Q345C 钢板制造，其技术指标应符合《低合金高强度结构钢》（GB/T 1591—1994）的相关规定。

图 1-3-30　静载试件模型

二、试验模型加载及测试

试验梁段受轴力、弯矩及剪力作用，不同截面存在不同的内力组合形式，为研究不同内力组合下梁段截面应力分布及钢—混凝土组合效应，试验加载装置按照分项加载、按需组合的原则设计。试验荷载加载工况根据试验研究内容确定，各加载工况下的荷载值参考全桥分析结果确定。试验考虑了 4

种加载工况，分别为跨中截面最小弯矩组合、跨中截面最大轴力组合、根部截面最大轴力组合、根部截面最小弯矩组合。

正式加载前对梁段模型，采用工况 4 的 50% 设计荷载进行预加载及卸载 2 次，以消除非弹性变形。在各试验加载工况中各级荷载作用下，持荷 5min，再进行应变测量，以保证测试数据的稳定性。

试验模型为实桥的 1∶2 缩尺模型，通过量纲分析，可以由实际结构的荷载组合得到试验模型所对应的荷载组合，表 1-3-10 分别给出了实际桥梁结构及梁段模型所对应的内力。

梁段模型的内力　　表 1-3-10

工况	轴力 kN	剪力 kN	弯矩（MPa）	荷载组合描述
1	-72	-60	-3 453	跨中截面承载能力极限状态　最小弯矩组合
2	9 023	-99	-1 126	跨中截面正常使用极限状态Ⅲ　最大轴力组合
3	21 515	742	-4 459	塔根截面承载能力极限状态　最大轴力组合
4	18 865	958	-7 418	塔根截面承载能力极限状态　最小弯矩组合

本试验采用电阻应变计法进行应变测试。采用了滑线电阻式位移传感器及机械式百分表来进行位移测量。试验应变测点的布置基于试件受力特点，力求能通过测点数据反映结构的力学行为，同时能够有效捕捉到结构上的应力极值，并能大致了解结构应力分布规律及变化趋势。为分析主梁各板件应力分布情况，在梁段上选择 5 个断面进行研究。在这些研究断面的混凝土桥面板、主梁翼缘板及腹板、横梁翼缘板及腹板、加劲肋上布置应变测点。其中受力复杂的测点采用三轴应变花，受力简单的测点采用单轴应变片。

图 1-3-31~ 图 1-3-33 给出了主梁、横梁、混凝土桥面板应变测点布置，除特殊说明外，本文尺寸单位均为毫米。

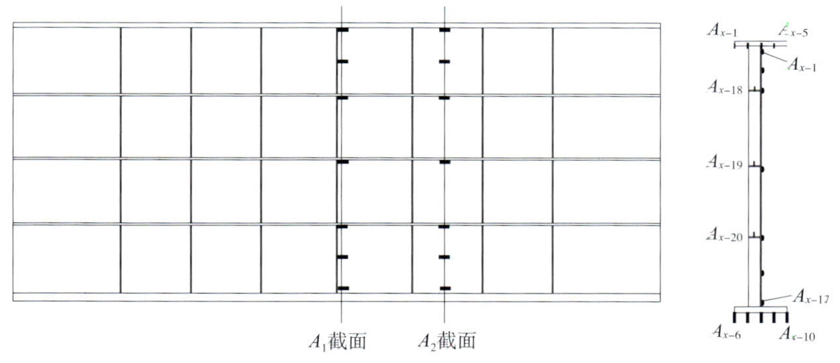

图 1-3-31　主梁测点布置

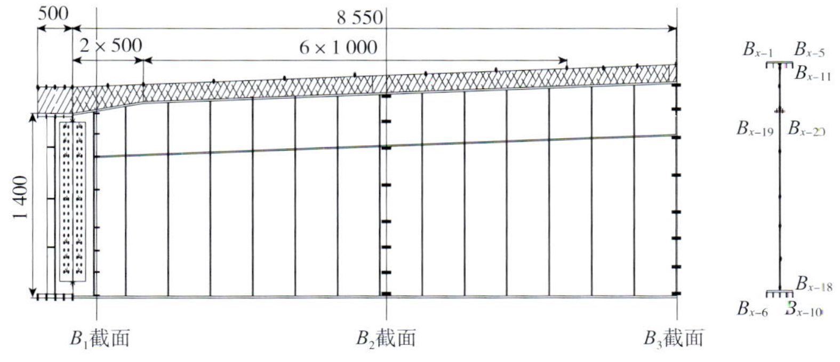

图 1-3-32　横梁测点布置（尺寸单位：cm）

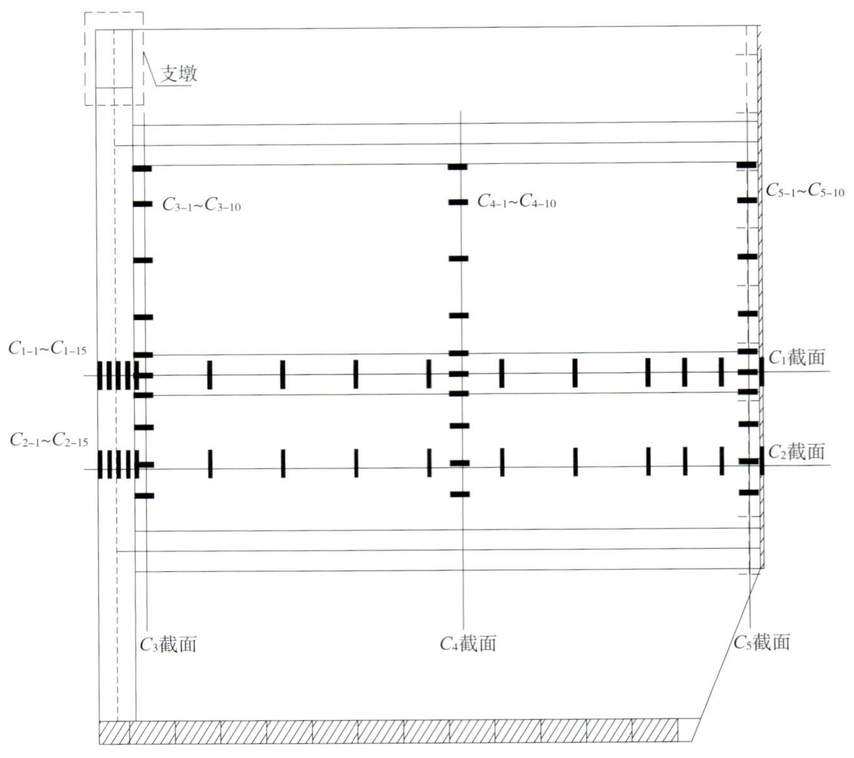

图 1-3-33　混凝土桥面板测点布置

三、模型试验结果

本次试验共布置测点 220 个，包括 204 个应变片和 16 个应变花。应变片布置于主梁、横梁、混凝土板及剪力钉上，应变花布置在横梁与主梁连接位置的拼接板上。这些测点可以较全面地反映结构的受力特征、传力途径、应力分布。

（一）试验应力结果

图 1-3-34、图 1-3-35 分别给出了试验加载工况 1 主梁 A_1 截面及横梁 B_3 截面上部分测点应力随荷载变化曲线。图中应力值是根据实际测得的应变值，由材料力学的线弹性理论求得的。测点应力与荷载大致呈线性关系。

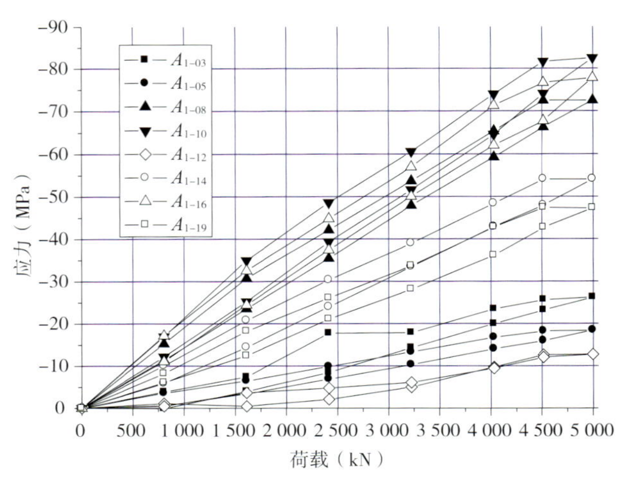

图 1-3-34　主梁 A_1 截面部分测点应力历程

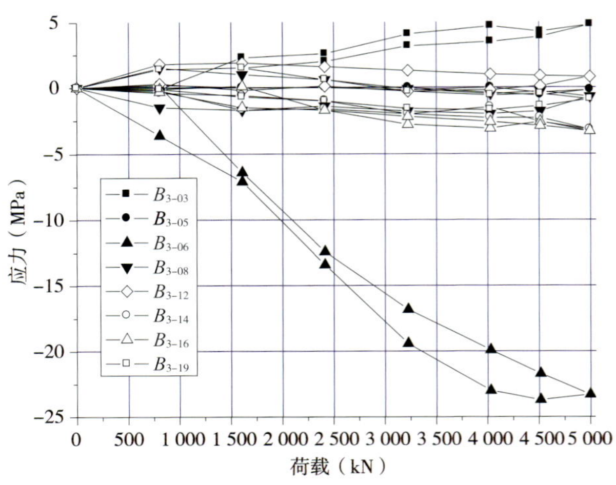

图 1-3-35　横梁 B_3 截面部分测点应力历程

（二）截面有效宽度

图 1-3-36 给出了试验加载工况 1 混凝土桥面板顶面上测点应力沿横向分布情况。

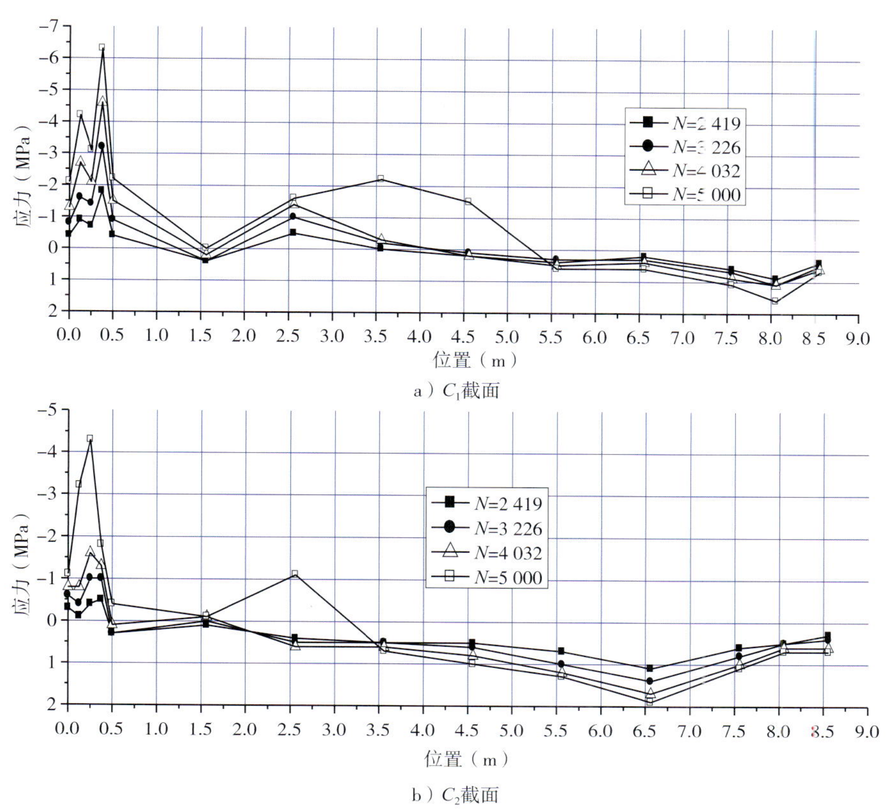

图 1-3-36　混凝土桥面板顶面测点应力沿横向分布

（三）钢—混凝土结合梁应力分布

图 1-3-37 给出了 A_1 及 A_2 截面腹板位置处测点应力沿结合梁高度方向变化情况。

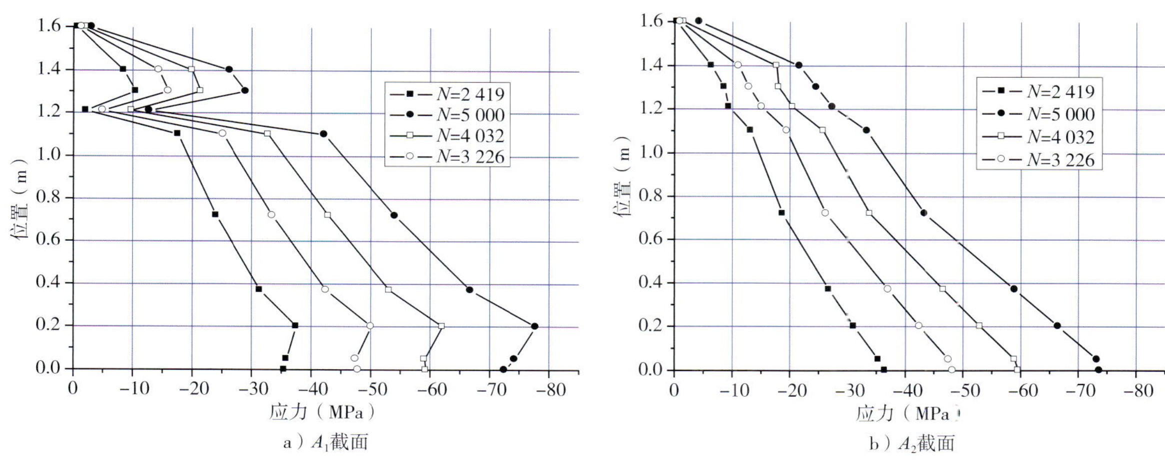

图 1-3-37　主梁腹板位置沿梁高测点应力分布

第四章　结合梁斜拉桥施工关键技术

第一节　预制 C60 混凝土和现浇膨胀混凝土工地结合的试验

重庆观音岩长江大桥是一座钢—混凝土结合梁斜拉桥，设计预制 C60 混凝土桥面板时间为半年。为防止预制板与湿接缝因龄期差而出现裂缝，纵横接缝要求采用微膨胀混凝土。为掌握预制桥面板混凝土收缩徐变的规律，为接缝微膨胀混凝土配合比设计提供依据，开展了 C60 混凝土收缩徐变试验和湿接缝微膨胀混凝土配合比试验。

一、预制桥面板收缩徐变试验

预制桥面板混凝土的收缩徐变是评价混凝土性能的重要指标，同时也为研究和确定湿接缝现浇膨胀混凝土的配合比提供参考依据。根据施工单位提供的预制桥面板 C60 混凝土配合比，进行了 C60 混凝土的收缩徐变试验，见图 1-4-1 和图 1-4-2，测得 C60 混凝土的强度、收缩、徐变数据。

图 1-4-1　收缩徐变试验（浇筑前）

图 1-4-2　收缩徐变试验（浇筑后）

微膨胀混凝土的一个重要指标是限制膨胀率。公路行业中对微膨胀混凝土的限制膨胀率规定不一，上海杨浦大桥现浇接缝的限制膨胀率为 0.01%，而规范规定的限制膨胀率是在水中养护 14d 的试验值，因此，必须针对观音岩长江大桥混凝土强度等级，选择一个合适的限制膨胀率。由于实际暴露在大气中的现浇接缝混凝土的限制膨胀率与实验室测得的限制膨胀率存在一定的差异，需要进一步通过原型试验加以验证。

收缩随时间的变化绘成收缩经时曲线，如图 1-4-3 所示，徐变随时间的变化绘成徐变经时曲线，如图 1-4-4 所示。

通过试验，基本掌握了观音岩长江大桥预制桥面板 C60 混凝土收缩、徐变的规律，为后续现浇接缝混凝土配合比设计提供了依据。

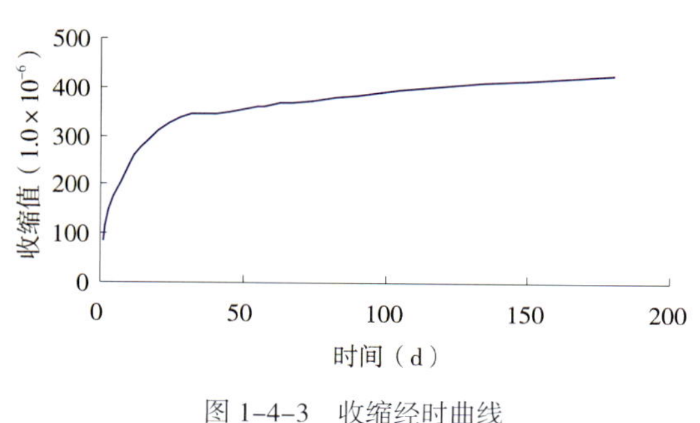

图 1-4-3　收缩经时曲线

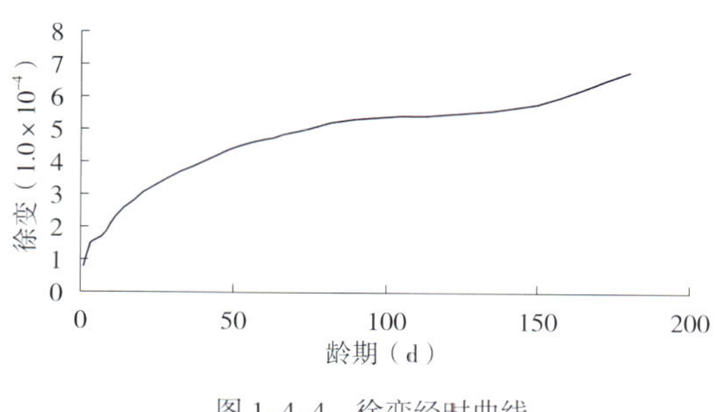

图 1-4-4　徐变经时曲线

二、湿接缝膨胀混凝土配合比设计

现浇湿接缝采用膨胀混凝土是防止该处开裂的有效措施。通过试验，可找到湿接缝膨胀混凝土的最佳配合比。

自 2006 年 7 月，近半年时间内进行了 15 组不同配合比、不同混凝土强度等级、具有良好适应性的不同膨胀剂类型的试验。正交试验数据见表 1-4-1~ 表 1-4-4，膨胀剂采用内掺法，等量替代水泥。

ZY 微膨胀混凝土配合比　　表 1-4-1

编号	材料用量（kg/m³）									参　数			
	水泥 P.O52.5	ZY	砂合计	大石子	小石子	石合计	减水剂	水	相对密度	水胶比	砂率（%）	ZY（%）	减水剂（%）
C1	540	0	650	767	329	1 096	7.00	163	2 456	0.302	37.2	0.00	1.30
C2	440	60	629	818	351	1 169	6.5	151	2 456	0.302	35.0	12.0	1.48
C3	440	60	629	818	351	1 169	5.5	151	2 456	0.302	35.0	12.0	1.48
C4	486	54	650	767	329	1 096	7.00	163	2 456	0.302	37.2	10.0	1.30
C5	450	50	669	790	339	1 129	6.50	151	2 456	0.302	37.2	10.0	1.30
C6	450	50	629	818	351	1 169	6.50	151	2 456	0.302	35.0	10.0	1.30
C7	491	49	650	767	329	1 096	7.00	163	2 456	0.302	37.2	9.0	1.30
C8	455	45	669	790	339	1 129	6.50	151	2 456	0.302	37.2	9.0	1.30
C9	455	45	629	818	351	1 169	6.50	151	2 456	0.302	35.0	9.0	1.30
C10	497	43	650	767	329	1 096	7.00	163	2 456	0.302	37.2	8.0	1.30
C11	460	40	669	790	339	1 129	6.50	151	2 456	0.302	37.2	8.0	1.30
C12	460	40	629	818	351	1 169	6.5	151	2 456	0.302	35.0	8.0	1.30

ZY 膨胀混凝土强度和限制膨胀率试验结果　　表 1-4-2

编　号	限制膨胀率（%）			抗压强度（MPa）		
	3d	7d	14d	3d	7d	28d
C1	0.000	0.000	0.000	70.4	77.4	77.5
C2	0.014	0.021	0.026	63.0	67.9	89.0
C3	0.013	0.018	0.024	59.9	70.5	80.4
C4	0.009	0.015	0.016	73.4	77.6	89.5
C5	0.005	0.010	0.018	73.0	80.0	89.4
C6	0.008	0.013	0.014	70.3	80.3	88.7

续上表

编　号	限制膨胀率（%）			抗压强度（MPa）		
	3d	7d	14d	3d	7d	28d
C7	0.010	0.010	0.010	75.2	78.7	91.4
C8	0.013	0.016	0.020	74.8	78.5	92.8
C9	0.009	0.019	0.020	69.8	75.1	86.2
C10	0.013	0.017	0.018	79.3	87.1	87.6
C11	0.013	0.016	0.020	73.1	79.3	88.6
C12	0.008	0.013	0.015	75.6	82.1	87.5

UEA 微膨胀混凝土配合比参数　　表 1-4-3

编号	材料用量（kg/m³）									参数			
	水泥 P.O52.5	UEA	砂合计	大石子	小石子	石合计	减水剂	水	相对密度	水胶比	砂率（%）	UEA（%）	减水剂（%）
C13	475	65	650	767	329	1 096	7.00	163	2 456	0.302	37.2	12.0	1.30
C14	464	76	650	767	329	1 096	7.00	163	2 456	0.302	37.2	14.1	1.30
C15	454	86	650	767	329	1 096	7.00	163	2 456	0.302	37.2	15.9	1.30

UEA 膨胀混凝土强度和限制膨胀率试验结果　　表 1-4-4

编号	限制膨胀率（%）			抗压强度（MPa）		
	3d	7d	14d	3d	7d	28d
C13	0.013	0.019	0.019	67.8	75.3	86.8
C14	0.010	0.017	0.020	69.3	76.7	85.0
C15	0.012	0.014	0.019	67.2	79.3	83.7

三、现浇接缝混凝土配合比

通过混凝土配合比正交试验结果得到：掺 UEA 膨胀剂的混凝土 14d 的限制膨胀率最大为 0.020%，其掺量是 14.1%，对应的 28d 强度为 85.0MPa；掺 ZY 膨胀剂的混凝土 14d 的限制膨胀率最大为 0.026%，其掺量是 12.0%，对应的 28d 强度为 89.0MPa。可见掺 ZY 膨胀剂的膨胀效果明显，而且膨胀剂掺量低，混凝土的强度高，与各组成材料的组合效果好。所以，推荐采用 ZY 型膨胀剂，现浇接缝膨胀混凝土配合比见表 1-4-5。

现浇接缝膨胀混凝土配合比（kg/m³）　　表 1-4-5

水泥	膨胀剂 ZY	砂	大石子	小石子	减水剂（SPR）	水	水胶比	砂率%	膨胀剂 ZY 胶凝材料（%）	减水剂 胶凝材料（%）
440	60	629	818	351	6.5	151	0.302	35.0	12.0	1.48

注：（1）表中大石子、小石子是指集料粒径为 5~16mm 和 16~25mm。

通过试验，得到上述配合比情况下的坍落度为 190mm，抗压强度和限制膨胀率见表 1-4-6 和表 1-4-7。

现浇接缝混凝土抗压强度值　　表 1-4-6

时间	3d	7d	28d
抗压强度（MPa）	63.0	67.9	89.0

现浇接缝混凝土限制膨胀率　　表 1-4-7

时间	3d	7d	14d
限制膨胀率（%）	0.014	0.021	0.026

四、湿接缝膨胀混凝土节段原型试验

江津观音岩大桥湿接缝的类型众多，本试验选取数量最多的 A1 板接缝（厚度 26cm）作为试验对象。

实验室设计了试验方案（图 1-4-5）。本试验截取实桥的 A1 板之间的接缝 1.6m 进行 1∶1 的原型节段试验，共制作 2 个试件（A、B）。

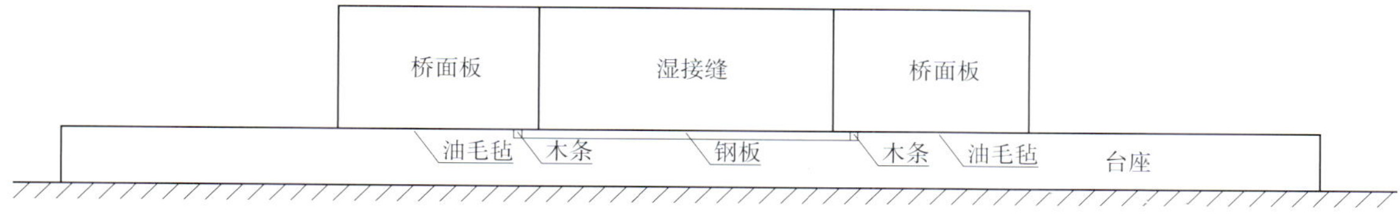

图 1-4-5　试验方案

实验室制作了接缝模型（图 1-4-6~ 图 1-4-8），并设置了 3 个钢筋计以测量钢筋应力。

图 1-4-6　钢板

图 1-4-7　钢筋骨架

（浇筑前）

（浇筑后）

图 1-4-8　浇筑湿接缝

接缝混凝土浇筑完成后，即开始测读传感器频率值，根据膨胀混凝土的膨胀效能初期变化快、后期变化慢的特点，测量时间间隔由最初5d的每小时测量一次，逐渐延长到每隔2~6h测量一次（6~14d），15~28d为每隔8h测量一次，每天记录气温、湿度的变化情况。

从图1-4-9~图1-4-10可以看出，在混凝土浇筑初期钢筋处于受拉状态，这是由于刚浇筑好的混凝土在初凝完成之前试件呈收缩状态，这是因为此时膨胀剂膨胀效能尚未发挥出来的缘故。在龄期27h时，所有传感器测试的应力均从最大负值开始回升，表明膨胀剂的膨胀效能开始发挥，并呈迅速上升趋势。在127h左右时，即第5d时，膨胀剂的膨胀效能最大，此时传感器的应力最大，补偿混凝土收缩的效果最明显。当过了最大值点后，各传感器的应力均缓慢下降，下降过程中受到气温、浇水养护影响而呈锯齿形状。试验过程中发现，白天正午气温最高时膨胀性能提高，钢筋应力有小幅上升；相反，夜间气温最低，其膨胀性能降低，钢筋应力小幅下降。特别是在每次浇水之后，传感器显示的频率值也有较为显著的变化。分析其中原因，是由于膨胀剂在生成膨胀物钙矾石时补充得到水分而起到的作用，而且这种变化在最初7~14d中表现得较为突出，后期洒水养护仍有变化，只是在变化上没有前期明显。这种变化规律与国内所开展的试验结论是一样的，同时，也充分说明，对膨胀混凝土而言有水养护的十分重要。

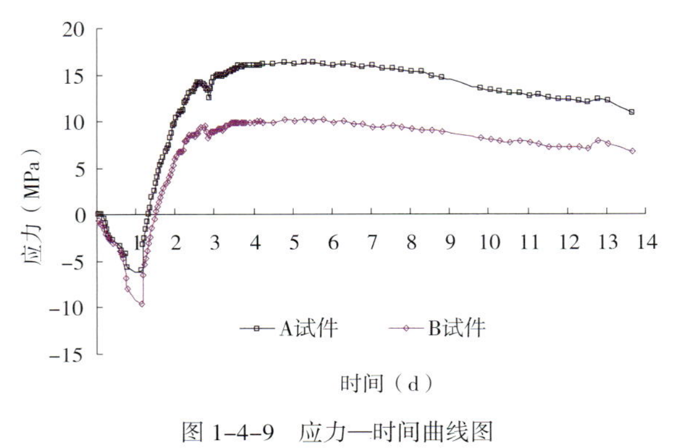

图1-4-9 应力—时间曲线图

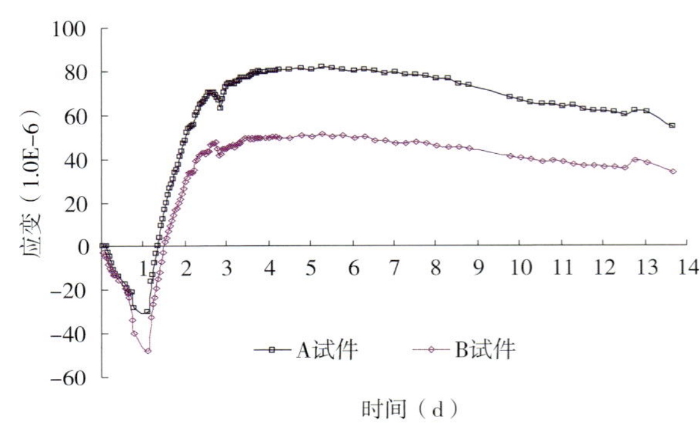

图1-4-10 平均应变—时间曲线

由于节段原型试验中配筋率要比测量限制膨胀率的标准实验室试件大，相应原型试验的钢筋约束也比标准试件大，膨胀剂在接缝试件的膨胀效果会随着配筋率的增加而减小。试验通过引入钢筋影响系数λ，推算接缝试件的膨胀率，计算结果如表1-4-8所示。

考虑了系数λ的接缝试件的膨胀率（%） 表1-4-8

龄期 试件类型	3d	7d	14d
接缝试件A	0.015	0.017	0.011
接缝试件B	0.009	0.010	0.007
平均值	0.012	0.014	0.009

由表1-4-8可以看出，试件A在3d的限制膨胀率为0.015%，到14d混凝土的限制膨胀率为0.011%。试件B在3d的限制膨胀率为0.009%，到14d混凝土的限制膨胀率为0.007%。随着龄期增长，膨胀率开始减小。究其原因有以下几点：

（1）上述试验是在冬季露天进行的，天气寒冷，影响了混凝土膨胀性能的发挥。

（2）随着混凝土龄期不断增长，高强度混凝土发展快，很快形成刚性结构，抑制了膨胀剂的膨胀性能发挥。此外，钢筋、剪力钉对混凝土的约束影响也相应增大，制约了混凝土的自由膨胀。

（3）养护环境的差异，混凝土没有长期处于保水状态下养护，影响了膨胀混凝土钙矾石的充分形成，也降低了混凝土的膨胀效果。A、B 两个不同试件的养护条件进一步说明了这个问题。

（4）早期强度高，也限制了有效潜在膨胀力的充分发挥。

（5）高强度混凝土的水胶比低、结构致密，外部水分难以进入，也会影响膨胀率。

此外，国内外大量试验研究表明，在自然环境中，补偿收缩混凝土的水化过程与标准状态下养护的小试件有很大区别，并影响其性能。

因此，对于高强度微膨胀混凝土，确保不少于 14d 始终处于湿养状态下，使混凝土得到足够的水分就显得尤为重要和迫切，对此，施工单位和监理单位必须引起高度重视，并切实做好养护工作。

需要指出的是，在 A、B 两个试件的整个试验过程中，均没有发现裂缝，表明所配置的膨胀混凝土能够满足设计要求。

五、接缝微膨胀混凝土施工及养护建议

（一）施工建议

（1）工地或搅拌站必须严格按照给定的配合比施工，决不允许有少掺膨胀剂用量或通过增加用水量来减少减水剂用量比例的错误做法。施工过程中必须加强管理，确保膨胀剂掺量的准确性。此外，砂、石的级配以及露天堆放的砂、石，若出现含水率偏高，必须相应调整用水量。

（2）现场拌制混凝土的拌和时间要比普通混凝土延长 30s，以保证膨胀剂和水泥、减水剂拌和均匀，提高其匀质性。

（3）混凝土布料、振捣要按施工规范进行；振捣必须密实，否则即使采用了膨胀混凝土，仍会出现混凝土的渗漏。观音岩长江大桥现浇接缝中钢筋布置较密，是由于膨胀要通过钢筋和邻位约束才能在结构中产生预压应力。但在混凝土振捣过程中，施工单位必须采取有效措施确保振捣密实。为切实做好该项工作，建议施工单位要落实到具体施工人员上，并开展必要的技术培训，使施工人员深刻领会振捣密实的重要性。振捣时严禁用振捣棒辅助钢筋下料，因为激振力沿钢筋传播，会破坏已经成型的混凝土表面，从而产生沿钢筋走向的裂缝。

（4）浇筑混凝土期间，应设专人检查支架、模板、钢筋和预埋件等稳固情况，当发现有松动、变形、移位时，应及时处理。浇筑混凝土时，应填写混凝土施工记录。

（5）浇筑混凝土前应凿除混凝土预制板表面的水泥砂浆和松软层，经凿毛处理的混凝土面，应用水冲洗干净。

（6）严格做好膨胀剂、减水剂的保管，确保在其有效期内使用，一旦过期就绝对不能使用。

（7）原材料要求。大量科学研究和工程实践均已表明，同一膨胀剂类型配不同水泥品种时，所产生的膨胀量相差十分悬殊。观音岩长江大桥现浇接缝混凝土选用了地维 P.O52.5 普通硅酸盐水泥，因此，施工时必须选用该厂家、同型号的水泥。若施工过程中需要改用其他品种的水泥，必须重新做配合比试验和限制膨胀率试验。

（8）混凝土浇筑完毕后应充分抹压，尤其在混凝土终凝前要多次抹压，以消除表面塑性裂缝，并防止出现沉塑裂缝（主要是塑性混凝土沉降后产生的），否则容易出现表面裂缝，一旦裂缝出现，通常会沿钢筋方向延伸。

（9）做好防雨水准备。在浇筑膨胀混凝土期间和浇筑完成、混凝土初凝之前，应防止雨水直接淋在现浇带混凝土面上。

（二）养护建议

（1）必须重视养护工作。浇筑后的现浇接缝混凝土要有充分湿养护时间，以发挥其膨胀效应，湿

养护时间不得小于 14d。需要特别指出的是，膨胀剂在 1~3d 的膨胀并未充分发挥出来，而膨胀物钙矾石是在有水状态下发生的，因此，应随时保证混凝土处于湿润状态，一旦发现干燥失水，必须及时补充。在开展两个节段原型试验过程中也发现，一旦停止洒水养护，传感器读数就会变小，而一恢复洒水养护，传感器读数又开始增大。

（2）对超过 14d 后的混凝土，也应注意维护保养，大量工程实践表明，若不重视养护保养，在竣工之前或其他时段也会产生裂缝，这是由气温和温度变化引起的。对观音岩长江大桥而言，因施工时间长，对先前浇筑完成的接缝混凝土仍应做好防水保温工作。

特别强调的是，膨胀混凝土与普通混凝土有许多不同之处，特别是在搅拌、振捣、养护和抹压等方面，都会显著影响膨胀混凝土质量，而这些工作往往会被技术人员忽视。对此，应引起高度重视，并切实做好这些工作。

第二节　锚拉板和周围混凝土的隔离和防水

江津观音岩长江大桥锚拉板是全桥最关键的受力构件，该构造的耐久性对桥梁的持久受力至关重要。根据设计，锚拉板焊接在钢主梁上，周围铺设桥面板，桥面铺装为沥青混凝土。由于锚拉板构造与受力复杂，结构异形，在压路机碾压时，周围会出现“死角”，密实度得不到保证，雨水极易渗入到锚拉板和钢主梁，导致钢材锈蚀，影响其耐久性。目前国内采用锚拉板的斜拉桥只有青州闽江大桥和湛江海湾大桥，缺乏对锚拉板和周围混凝土的隔离和防水材料的研究。因此，锚拉板与周围混凝土的隔离就成为设计与施工的关键技术。

桥梁工程师们为深入了解锚拉板式索梁锚固结构而开展的锚拉板试验研究大多是关于传力机理及疲劳可靠性的研究，而对锚拉板与周围混凝土连接处的防水问题，到目前为止，世界上还未有关于锚拉板伸出桥面铺装处的防水资料。为防止锚拉板式索梁锚固结构在伸出桥面处的防渗漏问题，为设计和管理人员提供一些可靠的设计资料，结合正在建设的江津观音岩长江大桥，对锚拉板伸出桥面处防水进行了相关研究。

一、锚拉板和周围混凝土隔离构造

江津观音岩大桥全桥共 68 个锚拉板，随着锚拉板位置的不同，倾角在 28.2° ~76.7° 变化，每块锚拉板的尺寸、形状略有差异。

在已建成类似桥梁的锚拉板没有开展与周围混凝土的专门隔离措施研究，对于隔离构造措施的研究采用“阶梯目标”的指导思想进行，即根据锚拉板附近的桥面铺装构造，实现 4 个目标：实现的第一目标为防止外界雨水透过高分子防水层进入锚拉板表面；实现的第二目标为若防水层已破坏，进入锚拉板表面的雨水能够很快排出；实现的第三目标为若雨水已渗入锚拉板与周围混凝土之间的缝隙，此时能够及时发现并监测渗入量和锚拉板的情况；实现的第四目标为若通过监测发现雨水渗入量较大，对锚拉板有所危害，可以方便地对防水层和既有的构造进行修复。

根据以上介绍的“阶梯目标”的指导思想，对刚性、柔性和刚柔结合三种隔离措施进行了研究分析。

（一）刚性隔离

刚性隔离是目前桥梁中广泛采用的防水隔离方式，结合本桥锚拉板的构造，经过比选提出了刚性防水构造如图 1-4-11 所示。

刚性隔离是用刚性防水材料做成的隔离层，一般是指以水泥、砂石为原材料，或其内掺入少量外

加剂、高分子聚合物等材料，通过调整配合比、抑制或减小孔隙率、改变孔隙率特征、增加各原材料界面间的密实性等方法，配制成具有一定抗渗透能力的水泥砂浆混凝土防水材料。

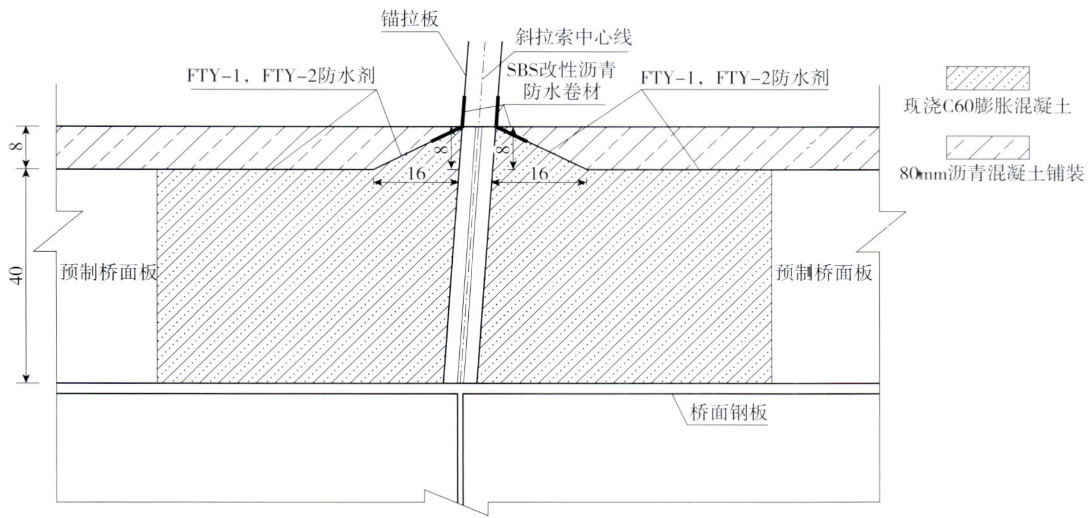

图 1-4-11　锚拉板刚性防水横断面图（尺寸单位：cm）

根据本桥的构造特点，在湿接缝处使用 C60 膨胀混凝土作为接缝混凝土。特别是在锚拉板位置处正好需要现浇湿接缝，在对比了多种刚性防水的材料后，C60 膨胀混凝土可以达到刚性防水隔离材料的要求。

刚性隔离防水具有以下功能：

（1）透过沥青铺装层下渗或由锚拉板上滴落的雨水，首先流到防水卷材上。防水卷材为柔性防水材料，能够适应锚拉板与周围混凝土之间的相对变形，此为刚性防水的‘第一道防线”。

（2）若柔性防水卷材破坏，水进入刚性隔离材料表面。刚性隔离材料与锚拉板的交接位置设有 1 : 2 的排水坡，水分不会在此停留，顺着坡自然排出。

（3）C60 膨胀混凝土具有膨胀性的特点，对于锚拉板会产生预压应力。在此预压应力的作用下，锚拉板与混凝土的裂缝会自动“闭合”。

刚性隔离防水的特点表现如下：

（1）C60 膨胀混凝土作为隔离材料，具有密实、变形小、弹模大的特点，并且除满足结构自身的结构功能外还具有防水的功能。

（2）由于锚拉板和桥面混凝土是不连续的结构，在两者的结合面处可能出现裂缝。桥面混凝土具有收缩、徐变等非线性特性，桥面混凝土可能由于桥面的持久受力产生不可逆转的变形，从而导致锚拉板与混凝土的结合面开裂。C60 膨胀混凝土对于锚拉板上的预压应力，可以自动“闭合”由以上原因产生的裂缝。

（3）刚性隔离材料在接近锚拉板处形成一个排水的坡度（1 : 2）。

（4）在刚性隔离材料上采用与其他桥面混凝土部分类似的桥面防水层，防水施工操作简便。

（5）虽然采取了以上的各种构造措施，但并不能保证锚拉板与桥面混凝土的结合面不开裂。所以，在这个部位还要使用防水卷材进行柔性的防水处理使其具有“刚柔相济”的特点，可基本适应锚拉板防水的需要。

（二）柔性隔离

刚性防水隔离构造施工简单、方便、快捷，但存在刚度大、不易监测和更换的问题，而且刚性

的防水卷材一旦破坏，在锚拉板与混凝土的交界面难免出现裂缝，尽管膨胀性刚性隔离材料具有“自动闭合”的优点，但仍然难以避免雨水下渗，造成对锚拉板的腐蚀。针对这些问题提出柔性防水隔离方案。

柔性隔离材料应具有良好的防水性能。其次，因为隔离材料为柔性，所以能适应结构变形的需要，在结构大变形时，仍能够满足防水的要求。目前，柔性桥梁防水材料主要是防水卷材或防水油膏等，这类材料都不适于作锚拉板与周围混凝土的隔离材料。斜拉桥防水调研表明：斜拉桥拉索下护筒防水的隔离材料主要是硬质聚氨酯泡沫塑料，其在在役斜拉桥上已有成熟的应用。拟将其作为此处的柔性隔离材料采用，见图 1-4-12。

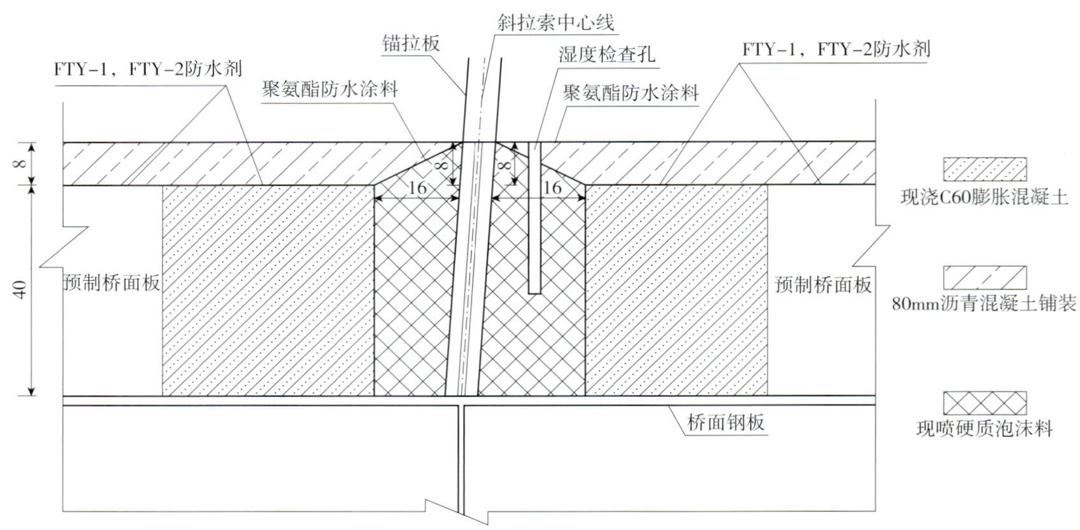

图 1-4-12　锚拉板柔性防水横断面图（尺寸单位：cm）

柔性隔离防水具有以下功能：

（1）透过沥青铺装层下渗或由锚拉板上滴落的雨水，首先流到硬质聚氨酯泡沫塑料上的防水膜上。此为柔性防水的“第一道防线”。

（2）硬质聚氨酯泡沫塑料，除具有防水的特性外，还能够适应锚拉板与周围混凝土之间的相对变形。

（3）硬质聚氨酯泡沫塑料与锚拉板的交接位置设有 1∶2 的排水坡，水分不会在此停留，会顺着坡自然排出。

（4）硬质聚氨酯泡沫塑料可设检查孔，通过向孔内伸入湿度传感器监测隔离体内的湿度，以便及时发现渗漏问题。

（5）硬质聚氨酯泡沫塑料施工方便，可及时更换。

柔性隔离防水的特点表现如下：

（1）柔性隔离材料不能承受结构内力，在结构受力方面较差。

（2）硬质聚氨酯泡沫塑料具有良好的防水性能。

（3）因为硬质聚氨酯泡沫塑料为柔性，所以能适应结构变形的需要，在结构大变形时，仍能够满足防水的要求。

（4）柔性隔离材料在接近锚拉板处形成一个排水的坡度（1∶2），保证有表层桥面铺装沥青混凝土下渗的水不在锚拉板根部停留、蓄积，从而达到防止锚拉板腐蚀的目的。

（5）可以通过湿度传感器定期监测湿度，当湿度达到对锚拉板产生危害的程度时可以及时发现，以便更换。

（6）硬质聚氨酯泡沫塑料拆除方便，重新施工简单。

（三）刚柔结合隔离

柔性隔离虽然防水效果好，且易更换，可监测，但要在现浇带上预留槽口，在预留槽口中灌注柔性防水隔离材料，预留槽口为锚拉板两侧各16cm范围，锚拉板焊接长度最大达到4m以上；槽口范围内钢筋密集，并且布置有剪力钉，预留槽口非常困难；柔性填充物几乎不能参与传力和受力工作，其面积太大对主梁的传力效果及承载能力的影响也不容忽视。

针对以上问题，考虑各方意见和工程施工的实际情况，结合刚性隔离和柔性隔离各自的优势，经过比选提出了刚柔结合隔离防水构造，如图1-4-13所示。

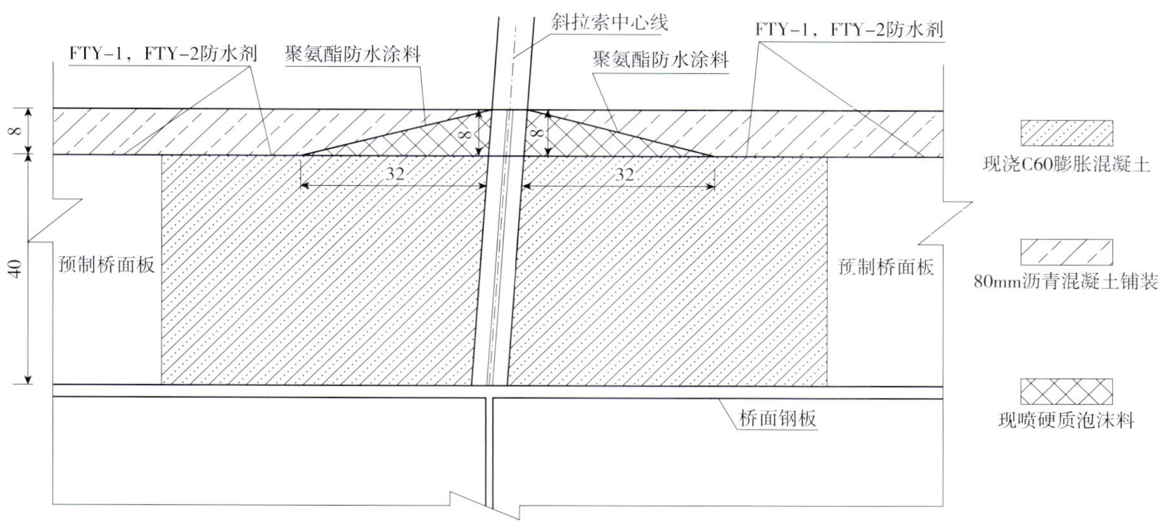

图1-4-13　锚拉板刚柔结合防水横断面图（尺寸单位：cm）

刚柔结合隔离防水具有以下功能：

（1）透过沥青铺装层下渗或顺锚拉板滴落的雨水，首先流到柔性防水隔离材料上的防水膜上。此为柔性防水的“第一道防线”。

（2）柔性防水隔离材料，除具有防水的特性外，还能够适应锚拉板与周围混凝土之间的相对变形。

（3）柔性隔离材料与锚拉板的交接位置设有1∶4的排水坡，水分不会在此停留，会顺着坡自然排出。

（4）柔性隔离材料可定期抽样检查，发现问题可及时更换。

（5）利用C60膨胀混凝土具有的膨胀性，对锚拉板会产生预压应力，在此预压应力的作用下，锚拉板与混凝土的裂缝会自动“闭合”。

刚柔结合隔离防水的特点表现如下：

（1）不需在现浇带上预留槽口，不改变原现浇带钢筋布置及混凝土浇筑施工。

（2）因为上部隔离材料为柔性，所以能适应结构变形的需要，在结构大变形时，仍能够满足防水的要求。

（3）使用刚性材料作为下部隔离材料，不改变锚拉板的受力特点和传力路径，不影响结构受力。

（4）柔性隔离材料本身具有良好的防水性能。

（5）柔性隔离材料价格便宜，施工方便。

（6）在柔性隔离构造上采用柔性隔离材料，与桥面防水层自身特性相匹配。

（7）当柔性材料破坏时可以及时发现，以便更换。柔性隔离材料拆除方便，重新施工简单，价格便宜。

通过比较刚性、柔性及刚柔结合隔离防水构造的优缺点，推荐使用刚柔结合隔离防水构造作为江津观音岩长江大桥锚拉板的防水构造。具体如下：

（1）选取硬质聚氨酯泡沫塑料作为柔性隔离材料（上部）。

（2）选取C60膨胀混凝土为刚性隔离材料（下部）。

（3）在柔性隔离材料上采用聚氨酯防水涂料作为防水涂层。

（4）刚柔结合防水隔离构造对结构扰动小，刚性隔离材料施工完毕后，再进行柔性隔离材料的施工。

（5）除锚拉板防水构造外，其余桥面混凝土表面的防水层采用FTY-1与FTY-2两种防水材料配合使用。

二、施工技术要点及建议

刚柔结合隔离施工的顺序、施工工艺分为刚性隔离和柔性隔离两个部分。

（1）施工时，应根据每个锚拉板的构造特点进行“量身”施工。

（2）应严格按照防水施工的技术要求和规范进行施工。

（3）防水施工是一个精细工作，工序多，施工难度大，但又不易出“量”，对此，要有足够的认识。

（4）防水施工是一项技术性工作，建议由专业施工队伍来施工。若由施工单位承担防水施工，则必须经过专业技术培训，同时请产品生产单位给予必要的技术指导。

（5）材料是实现研究目标的根本因素，因此，必须选择质量优、可靠性好的材料。

（6）定期检查隔离防水构造，以便及时发现锚拉板区域是否有水留存。

第三节　斜拉索风雨振动控制技术

拉索的振动会造成锚具部位拉索的疲劳破坏、拉索表面防腐材料的损伤、桥面板损坏等一系列严重后果，进而会影响到斜拉桥的安全可靠性，因此斜拉桥拉索的风致振动，特别是拉索的风雨激振问题，逐渐成为十多年来桥梁工程界和风工程界研究人员非常关注的问题。1998年在丹麦召开的国际桥梁空气动力学学术会议将拉索风雨激振确定为下一阶段要研究解决的四大重点问题之一。

斜拉索作为斜拉桥的主要构件，容易因风雨作用产生振动。我国的大跨径斜拉桥大都建造在多风雨的大江大河或跨越海峡等易引起拉索雨振的地方。一旦斜拉索产生振动，特别是雨振，一方面将使拉索的锚固节点处反复弯曲，索中钢丝将产生附加弯曲应力，在这种弯曲应力的反复作用下，钢丝会发生疲劳，影响拉索的使用寿命；另一方面拉索的振动也引起桥梁的振动，将使桥梁的使用者产生心理负担，增加不安全感，因此，必须采取措施防止斜拉索的振动。

重庆观音岩长江公路大桥主跨达436m，最长斜拉索达208m，整体结构和拉索构件柔，固有振动频率分布广，在环境激励下斜拉索更易发生振动。且观音岩大桥位于长江上，风雨共现时间长，有发生风雨振的诸多条件。

一、斜拉桥拉索风雨激振理论

（一）基本假定

拉索风雨激振问题涉及气（风）、液（雨）与固（拉索）的耦合振动，其影响因素众多。因而在进行理论分析时，情况复杂，需对问题进行一定的简化，抓住主要矛盾，反映拉索风雨激振的本质特征，为此，进行以下假定：

（1）拉索同阶涡激共振风速远低于风雨激振风速；

（2）拉索仅作横风向振动，不考虑顺风向振动；

（3）拉索以单一模态振动，不考虑振型的影响；

（4）忽略轴向流的影响，假定空间拉索在其各个截面上受力相同；

（5）忽略下水线的影响，只考虑上水线的作用（下文中所提到的水线若非特别说明，均表示上水线）；

（6）忽略拉索表面毛细作用力对水线的影响。

（二）拉索风雨激振二自由度运动方程的建立

斜拉桥拉索风雨激振的现场实测和人工降雨风洞试验证实，只有沿风向向下倾斜的拉索才可能发生风雨激振现象，会发生风雨激振的拉索与平均来流风速的相对关系，如图 1–4–14 所示。图中角度 α 表示拉索的倾角，角度 β 表示拉索的风向角（或称偏角），$ABCD$ 形成的平面为拉索平面，平均来流风速设为 U_0。根据上节中的假定（2），拉索仅在拉索平面内（即 $ABCD$ 平面内）振动。在垂直于拉索平面的平面内，可将来流风速 U_0 分解为拉索平面内分量 $U_0\sin\beta$ 和垂直于拉索平面的分量 $U_0\cos\beta$，见图 1–4–14a）。

在拉索平面内，风速分量 $U_0\sin\beta$ 又可分解为垂直于拉索的分量 $U_0\sin\beta\sin\alpha$ 和沿拉索轴线方向的分量 $U_0\cos\beta\cos\alpha$，见图 1–4–14b）。根据基本假定（4），可忽略轴向流的影响，因此可不考虑来流风速中沿拉索轴线方向的分量 $U_0\sin\beta\cos\alpha$，则拉索所受到的有效来流风速如图 1–4–14c）所示。图 1–4–14c）中，拉索的有效平均风速 U_0 及其攻角 ϕ 可分别表示为

$$
\begin{aligned}
U &= U_0\sqrt{\cos^2\beta + \sin^2\alpha\sin^2\beta} \\
\phi &= \arcsin\left(\frac{\sin\alpha\sin\beta}{\cos^2\beta + \sin^2\alpha\sin^2\beta}\right)
\end{aligned}
\tag{1-4-1}
$$

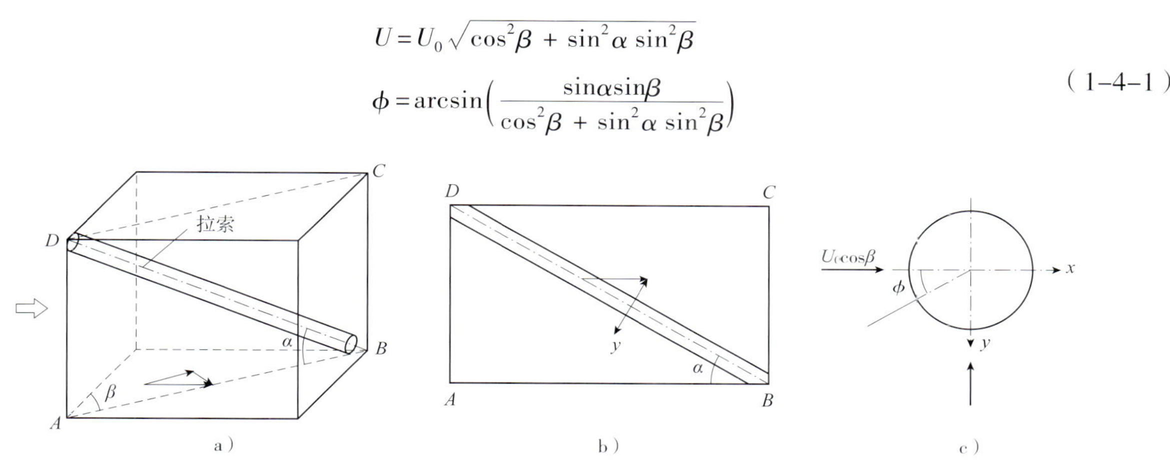

图 1–4–14　拉索与平均来流风速的相对关系

现场观测和风洞试验表明：拉索在发生风雨激振时，除拉索的大幅振动外，拉索表面的上水线也会在拉索表面作周期性的振荡。因此根据上节的基本假定，拉索的风雨激振问题可简化为拉索平面内的一个二自由度质点系统，该系统由拉索节段和上水线两个质点构成。当质点系处于静止状态时，系统受到的外力包括作用在单位长度拉索上的重力和气动力；作用在单位长度水线上的重力和气动力。上水线在重力、拉索表面的毛细作用力和气动力作用下在拉索上表面的某一位置处于平衡状态。当质点系处于运动状态时，系统在振动过程中受到的外力包括拉索所受到的重力、回复力、阻尼力、气动力，以及上水线受到的重力、阻尼力、气动力。图 1–4–15 为斜拉索发生风雨激振时的二自由度分析模型。

图 1–4–15 中，在拉索平衡位置建立固定坐标系 oxy，令 ox 轴通过拉索的圆心，oy 轴定义在拉索的运动方向上。质点系中，拉索在竖向（y 方向）做往复运动，水线沿拉索的上表面做振荡运动。令单位长拉索的质量为 M，拉索的半径为 R，拉索节段的竖向位移用 y 表示，拉索节段的刚度为 K，拉索节段振动的阻尼为 C_y。单位长水线的质量为 m，水线在系统静止时的平衡位置由 θ_0 表示，系统运动时水线偏离平衡位置的角度由 θ 确定，C_θ 表示上水线在拉索表面振荡时的阻尼。F_D 和 F_L 表示作用

在单位长拉索上的气动力，f_D 和 f_L 则表示作用在单位长水线上的气动力。U_{rel} 为考虑了有效来流风速、拉索振动速度和上水线振荡速度后作用在拉索上的相对风速，γ 为相对风速的攻角。

由分析力学可知，该质点系统可根据拉格朗日方程建立运动微分方程。选 y 和 θ 为广义坐标，规定 y，$\dot{y}$，$\ddot{y}$ 以向下为正，θ，$\dot{\theta}$，$\ddot{\theta}$ 以逆时针转动为正。通过分析，可知作用在拉索上的瞬时相对风速 U_{rel} 及其攻角 γ 分别为

$$U_{rel}=\sqrt{(U\cos\phi+R\dot{\theta}\cos(\theta_0+\theta))^2+(U\sin\phi+R\dot{\theta}\sin(\theta_0+\theta)+\dot{y})^2} \tag{1-4-2}$$

$$\gamma=\arctan\left(\frac{U\sin\phi+R\dot{\theta}\sin(\theta_0+\theta)+\dot{y}}{U\cos\phi+R\dot{\theta}\cos(\theta_0+\theta)}\right) \tag{1-4-3}$$

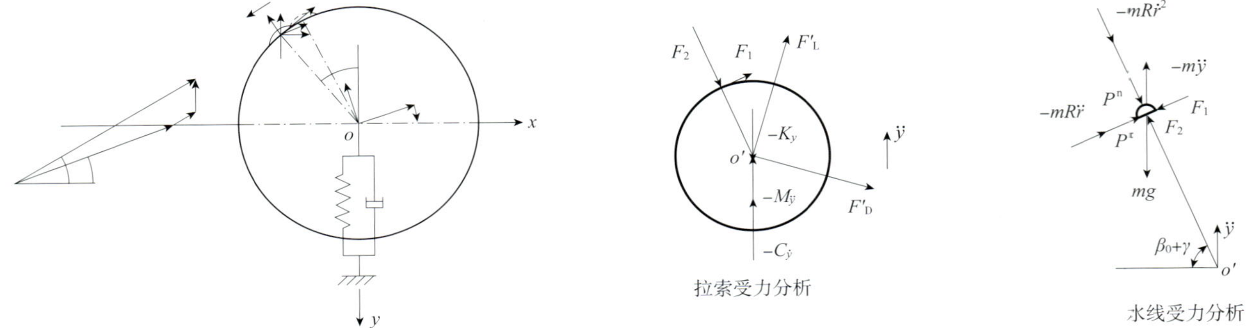

图 1-4-15　拉索风雨激振二自由度理论模型

下面应用拉格朗日方程建立拉索风雨激振的二自由度运动微分方程。

根据拉索与雨线组成的系统的动能、势能、非势力广义力以及耗散函数，应用拉格朗日方程式，可得系统的运动微分方程组：

$$M\ddot{y}+m\ddot{y}+mR\ddot{\theta}\sin(\theta_0+\theta)+mR\dot{\theta}\cos(\theta_0+\theta)+(K_y y-mg)+C_y=-(F_D\sin\gamma+F_L\cos\gamma) \tag{1-4-4}$$

$$mr^2\ddot{\theta}+mR\ddot{y}\sin(\theta_0+\theta)-mgR\sin(\theta_0+\theta)+C_\theta R\dot{\theta}=-[f_D\cos(\theta_0+\theta-\gamma)+f_L\sin(\theta_0+\theta-\gamma)]R \tag{1-4-5}$$

由于 $m<<M$，式（1-4-4）可简化为

$$M\ddot{y}+C_y\dot{y}+K_y y=-(F_D\sin\gamma+F_L\cos\gamma) \tag{1-4-6}$$

设：$\omega_y^2=\frac{K_y}{M}$，$\xi_{ys}=\frac{C_y}{2M\omega_y}$，则式（1-4-6）变为

$$\ddot{y}+2\xi_{ys}\omega_y\dot{y}+\omega_y^2 y=-\frac{[F_D\sin\gamma+F_L\cos\gamma]}{M} \tag{1-4-7}$$

同时有

$$\ddot{\theta}+\frac{C_\theta\dot{\theta}}{mr}+\frac{\ddot{y}-g}{R}\sin(\theta_0+\theta)=\frac{-[f_D\cos(\theta_0+\theta-\gamma)+f_L\sin(\theta_0+\theta-\gamma)]}{mR} \tag{1-4-8}$$

式（1-4-7）、式（1-4-8）即为拉索风雨激振的二自由度运动微分方程组。

（三）方程组的无量纲化

将式（1-4-9）、式（1-4-10）组成的方程组无量纲化：令 $\eta=\frac{y}{R}$，$\mu_r=\frac{R\omega}{U}$，$\delta=\frac{\frac{g}{R}\sin\beta_0}{\omega^2}$，$\tau=t\omega$，$\eta'=\frac{d\eta}{d\tau}$，撇号表示对 τ 求导。$\varepsilon=\rho/\rho_c$，ρ_c 是拉索的质量密度。

$$\eta''+2\xi\eta'+\eta=\varepsilon\frac{1}{\mu_r^2}\times\frac{1}{\pi}C_{F_y}(\theta) \tag{1-4-9}$$

$$\gamma''=-\eta''\cos(\beta_0+\gamma)-\frac{g}{R\omega^2}\cos(\beta+\gamma)+\frac{F_w}{mR\omega^2} \tag{1-4-10}$$

至此，得到拉索和水线振动的二元二阶微分方程。

二、观音岩大桥斜拉索风雨激振数值计算

在第二节的基础上，进行典型参数取值范围内观音岩长江大桥拉索风雨激振的计算。观音岩长江大桥的拉索众多，参数分布较广且环境因素复杂，所以下面分析比较了水线平衡角β、拉索自振频率f、风速U、阻尼比ζ、空气密度ρ、拉索倾角与风向角等各参数对观音岩长江大桥的拉索振动的影响，以分析观音岩长江大桥拉索风雨激振的影响因素。

（一）拉索动力参数对拉索风雨激振的影响

1. 拉索频率对风雨激振的影响

现代斜拉桥的跨径越来越大，拉索也越来越长，拉索的频率也都很低。试验观测发现，频率低的拉索容易起振。

首先考虑拉索自振频率f的影响。拉索自振频率f按江津观音岩长江大桥的各拉索的实际取值。可以发现：随着参数f的增大，拉索的振幅逐渐减小。并不一定需要水线自振频率与拉索自振频率相吻合，才能够发生拉索共振。相反，当水线自振频率与拉索相同时，由于水线发生了共振，水线振幅会很快的增长，以至于从拉索表面脱落，从而切断了拉索振动的能量来源，反而会中止拉索的发散振动。计算结果表明：拉索频率不会影响拉索振幅的峰值振幅出现的位置，拉索振幅随着拉索频率的增大而减小，这与以往的研究结果是相符合的。一般来说，较长较细的斜拉索更容易发生风雨激振。

2. 拉索阻尼对风雨激振的影响

阻尼对振动的影响比较简单。随着阻尼比的增大，拉索振幅明显减小。值得注意的是，即使在零阻尼的情况下，有些算例中拉索振动仍然是收敛的，这说明此时拉索振动的气动阻尼为正。通常的大跨径斜拉桥在不安装专门的拉索阻尼器的情况下，其长索的阻尼比约为 0.001 的量级，不足以抑制风雨激振，即使在安装了油阻尼器之后，也仍然有拉索风雨激振发生并造成破坏的例子。

（二）水线平衡角β的影响

经计算分析发现，只有当水线平衡角在一定范围内时，拉索才能维持较为稳定的振动。讨论水线平衡角的意义在于：风速对振动的影响很大程度上是通过水线来起作用的。风速决定了水线的形成与否和水线的位置，而水线的位置在试验和实测时是比较难以观察到的。通过这部分的分析，可以比较详细地讨论影响拉索振动的因素。

拉索振动对水线平衡角的变化很敏感。虽然变化剧烈，但仍然有规律可循。计算结果表明：对于某一种外型的水线，存在一定的角度范围，当水线平衡位置在此范围内时，拉索易发生大幅振动。而这一危险的不稳定区域与上一章中所描述的危险位置显然有关系，当水线平衡角取值范围在危险位置附近时，水线振动才易于达到危险位置，风雨激振才会发生。各自振动的不稳定区域如表 1-4-9 所示，可见不稳定区域都在分离点附近。

水线平衡角不稳定区域　　表 1-4-9

f=0.3Hz	f=0.5Hz	f=0.7Hz
35°~63°	37°~64°	38°~62°

比较两种不同水线模型算例的计算结果，由于其他参数取值相同，可见不稳定区域特性主要与气动力系数曲线有关。而两个模型的气动力系数的主要区别在于转折点的不同。两个模型的转折点分别位于β为 40° 处。

可以发现，不稳定区域在此转折点附近，且与曲线变化规律相符合，在转折点附近有突变，不稳

定区域与$C_D+\dfrac{dC_L}{d\theta}<1$的区域大致吻合，如图 1–4–16 所示。从拉索振幅随β角变化的规律也可看出，当β从起振角度增大到转折点时，拉索振幅增大得很快。当β从转折点继续增大时，拉索振幅缓慢地减小，与$C_D+\dfrac{dC_L}{d\theta}$曲线的变化规律很相似。另一方面，从图 1–4–16 中可以发现，随着拉索自振频率f的降低，水线平衡角β的不稳定区域有增大的趋势。

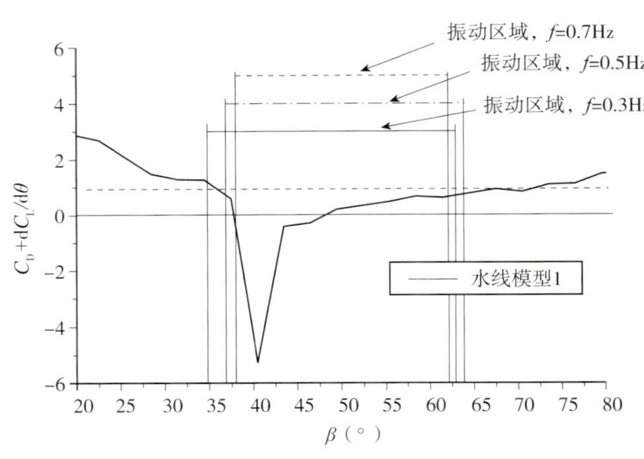

图 1–4–16　振动区域与气动力曲线的关系

（三）风速的影响

从风雨激振的发生来看，风速对振动的影响十分重要，具体表现为限速现象，即只有在一定风速范围内，振动才会发生，更大或更小的风速都不能发生。

考虑风速对振动的影响，应分为两方面：其一，风速大小对气动力大小的直接影响；其二，风速是影响水线平衡位置的重要参数，从而也对振动有重要影响。

由于上水线的产生是风力、重力、摩阻力的共同作用，只有在一定范围内的风速下，才会有稳定的上水线形成。在带有水线的拉索保持平衡状态时，风速与水线的平衡位置有对应的关系。

本文为单独考虑水线平衡角的作用，将水线位置与风速分成两个要素来考虑，没有将风速水线位置的关系计入计算模型中，因此，为准确分析风速与振幅的关系，需要利用文献中从试验得到的风速水线位置关系。

由计算结果可发现，上一节发生振动的角度范围对应的风速 9.6~14.1m/s，在 12~13m/s 附近振幅存在峰值，更大或更小的风速都不易发生振动，“限速”现象明显，与已经结果的数据符合得较好。

（四）空气密度与拉索密度比的影响

空气密度是影响拉索振动的重要因素之一，直接影响到作用在拉索上的气动力大小。在有雨的天气下，空气密度与干空气显然有很大的差别，因此空气密度是一个很值得注意的参数。

从计算结果可见，拉索振幅随密度比增长而增长的趋势很明显，但当密度比增长到一定幅度时（约 0.006 4，对应于普通空气密度的 4 倍），振幅的增长却不明显。结合前面的分析，似乎有如下定性结论：在能够形成水线的条件下，稍大雨量时拉索的振动比小雨时更强。

（五）观音岩大桥拉索的风雨振振幅

前面详细介绍了江津观音岩大桥拉索的风雨振振幅的相关参数，介绍了各参数对拉索的风雨振振幅的影响，针对江津观音岩大桥的气象资料与实际情况，归纳长度大于 140m 的拉索发生风雨振情况下，拉索最可能出现的最大振幅。观音岩长江大桥的风雨振幅如表 1–4–10 所示。

观音岩长江大桥的风雨振振幅　　表 1–4–10

拉索编号	频率（Hz）	振幅（m）	拉索编号	频率（Hz）	振幅（m）
DJ17	2.934	0.317	DA17	0.619	0.253
DJ16	2.430	0.262	DA16	0.625	0.247
DJ15	2.115	0.228	DA15	0.632	0.239
DJ14	2.003	0.216	DA14	0.672	0.204

续上表

拉索编号	频率（Hz）	振幅（m）	拉索编号	频率（Hz）	振幅（m）
DJ13	1.733	0.187	DA13	0.692	0.188
DJ12	1.412	0.153	DA12	0.750	0.153
DJ11	1.302	0.141	DA11	0.764	0.147
DJ10	1.134	0.122	DA10	0.849	0.122
DJ9	1.090	0.118	DA9	0.879	0.118

从计算结果发现，改变水线的外形对拉索的振幅影响最大，能够改变拉索的振动出现峰值的风速，变“限速”的特征，有的就不行，说明斜拉化得到的水线外形有的能够保持拉索风雨激振是对水线外形敏感的振动。从计算的结果来看，跨中拉索的风雨振达到0.317m，采取合适的抗风雨振措施是十分必要的。

三、观音岩大桥拉索抗风雨振措施方案比选

和桥梁主梁的风振控制相似，拉索风雨激振的控制目前也主要包括空气动力学减振措施和机械减振措施。空气动力学减振措施主要通过改变拉索的剖面形状来改善拉索与水线组合外形的空气动力学性能，在目前尚无分析方法的情况下，主要通过风洞试验来提出和验证这种减振措施的具体方案；机械减振措施通过在拉索上附加阻尼器或辅助索等机械（结构）装置，增加拉索的等效阻尼或形成有干扰效应的索网，提高索网的频率，以达到抑制振动的目的。在风洞试验的基础上，可对这些装置的设计进行初步分析。减振措施要求美观、经济、有效，便于安装使用，不影响大桥、拉索的主要性能。空气动力学减振措施的气动阻力要小。在拉索上附加的温度应力、集中应力、疲劳应力等各种应力要小。减振措施要有较长的使用寿命和可靠性。拉索采用减振措施后不能引起其他形式的拉索不稳定振动。减振措施的作用不受实际应用中可能出现的非理想因素的干扰，如安装时拉索的扭转不能对空气动力学减振措施的作用产生影响。

（一）空气动力学减振措施

空气动力学减振措施主要有以下几种方法（图1-4-17、图1-4-18）：

（1）采用多边形剖面的拉索。多边形的剖面可以控制水线在拉索表面的位置。试验发现：水线分为几股沿多边形几个角边流动，这样就能防止水线在引起拉索不稳定振动的位置形成。

（2）在拉索表面沿轴向开设凹槽。这一剖面形式能控制雨水在凹槽中沿索轴向流动，因而拉索不会因雨水积聚改变外形。这种外形设计时：一要考虑美观；二要考虑在凹槽的拐角处不能产生大的应力集中，以免缩短保护层的寿命；三要防止出现其他形式的气动不稳定及增大阻力。

（3）在拉索表面打凹孔，进行表面处理。拉索表面的凹孔可破坏水线和轴向流的形成，抑制轴向流激振、风雨激振。Kobayashi1的试验研究表明，与扭转和不扭转多边形索相比，表面有凹坑的圆柱形索不仅在各种雷诺数下阻力最小，而且在各种雨量及无雨情况下都有极好的稳定性，拉索的气动阻尼随风速提高显著稳定上升，始终保持为正。在拉索表面打凹孔是一种较好的，有待深入研究的气动减振措施。

（4）在拉索表面沿轴向螺旋缠绕带状物或间隔缠绕带状物。这是一种传统的建筑物抗风振的减振措施，如用于高大烟囱的螺旋箍条及与其类似的带孔的套筒，这种减振措施以前主要用于减缓涡致振动，破坏或减小旋涡的相关性。螺旋或等距箍条可以破坏水线和轴向流的形成，减弱拉索风雨激振和

轴向流激振。拉索风雨激振、轴向流激振可能存在一种特殊的低频涡致振动机理，螺旋或等距箍条对这种特殊低频涡致振动的作用有待研究。

（5）Matsumoto 试验研究表明，在倾斜柱体上间隔套上厚椭圆环，环的平面平行来流方向，不仅可以破坏水线形成，还可以控制局部流场，减弱轴向涡脱，相应减小了局部激励，因此它对风雨激振和轴向流激振都有效。虽然不论从美观，还是从实际安装保养的角度，这种措施都还不能投入实用，但对后续研究是一个启发。

（6）在索模型表面每隔一定距离粘一根细杆，与轴平行，水线在多个确定位置形成，上水线被限制不能周向移动，索模型稳定。这与轴向开设凹槽的减振原理相似，但气动阻力增大，不适于很长的拉索。

目前日本已经在 Higashi-Kobe 斜拉桥拉索上采用带凹槽的拉索，有较好的风雨激振减振效果，但实用中也发现在 37m/s 的高风速下（对应基频 0.499Hz 折算风速为 468m），直径为 0.16m 的拉索的振动幅值突然增大到 0.25m。

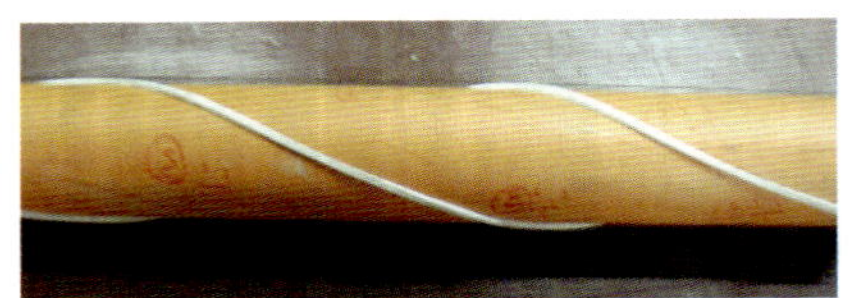

a）螺旋线

b）纵向肋条

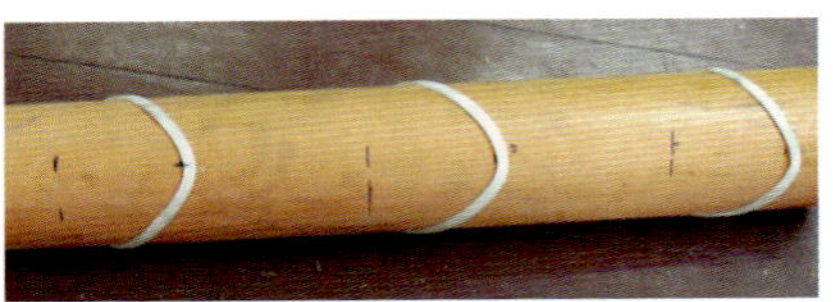

c）椭圆环

图 1-4-17　拉索气动措施照片（一）

a）表面凸起（Hinashi-Kobe桥）

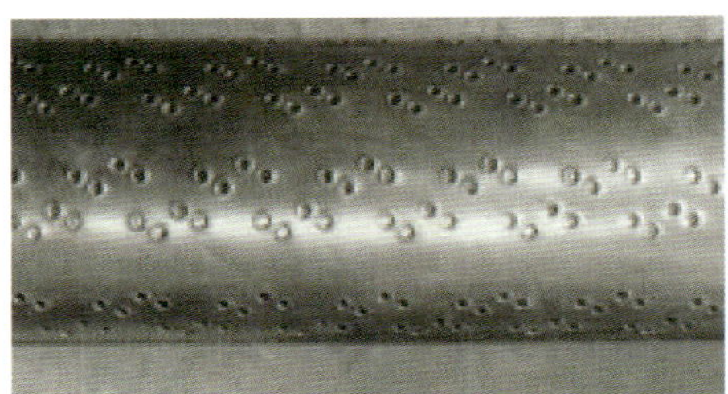

b）表面凹坑（Tatara桥）

c）表面缠绕螺旋线（Normandy桥）

图 1-4-18　拉索气动措施照片（二）

空气动力学减振措施应用、维修保养简便，不需附加其他设备，效果明显且费用较低，是拉索减振措施的重点发展方向之一。

（二）机械减振措施

机械减振措施主要有以下几种：

（1）辅助索或称二次索方法。在主要的拉索之间用高强度细绳连接，其作用是减小索的有效长度，提高索的固有频率，另外使各索之间产生耦合、牵制作用。这种方法的结构较复杂，辅助索和主索之间连接扣受力大，容易疲劳损坏。另外，这一方法有碍美观。虽然此方法已在一些大桥上投入使用，但其分析方法尚待完善。

（2）索锚处加装橡胶阻尼器。这是目前国内最常用的方法。由于橡胶阻尼器所能提供的模态阻尼不大，这种方法只能起有限的减振作用。这一方法可以限制索根部的运动，保护索不与桥面摩擦而损坏。

（3）索的根部和桥面之间加装油阻尼器。这种方法已有很多大桥采用，有较好的效果。通常为提高阻尼，阻尼器在拉索上的支点与桥面有一定距离，影响美观。为达到既美观又有效的效果，研究人员对阻尼器作了特殊的紧凑设计。

实践证明：采用辅助索方法由于无法有效确定辅助索中的实际张拉力而易导致辅助索的破坏，且这一方法有碍美观；采用空气动力学措施则难以有效地确定其功效；而采用附加拉索减振阻尼器的方法相对目前的技术理论条件而言较经济、简单且有效，从而采用附加拉索减振阻尼器的方法得到了广泛的应用。实际上，由于考虑到美观等诸多因素，阻尼器的安装位置不可能太高，即被动减振阻尼器所能获得的最大阻尼比与其美观效果是矛盾的。

（三）江津观音岩大桥拉索抗风雨振措施

1. 减振措施

观音岩长江公路大桥拉索的基频分布从 0.565 8~1.858 2Hz，其中 DJ17 编号的拉索即跨中最长的索的基频达到了 0.565 8Hz，采取必要的措施抑制观音岩大桥拉索的（风雨）振动是非常必要的。

完全抑制拉索的振动是十分困难的，通常减振措施的目标是将拉索振动抑制在某一允许振幅值之下。确定拉索振动的允许振幅值要考虑 3 个方面，既满足拉索的二次弯曲强度、疲劳强度和使用者的视觉安全感。

由此可见，与一般小跨径的斜拉桥相比，大跨径斜拉桥需要在较宽的频域范围内考虑拉索的减振问题。针对观音岩大桥拉索的风雨激振，建议采取以下主要的减振措施：

（1）针对拉索的风雨激振，建议采用索端阻尼器和气动措施相结合的减振方案。索端阻尼器安装位置应尽量远离锚固端，以保证阻尼效果。

（2）完全抑制拉索的振动是十分困难的，观音岩大桥斜拉索振幅对于偶尔发生的风雨激振振幅允许值取为索长的 ±1/2 000。

（3）如果仅在梁端安装阻尼器，则需提高梁端阻尼器的安装位置确保拉索减振要求。

（4）风雨激振的减振应以气动措施为主，同时考虑索端阻尼器的贡献。在通过风洞试验确认减振效果的同时，还要注意气动措施不能过度加大拉索的阻力系数，以避免过度增加作用于拉索的风荷载。风雨激振气动措施的优化参数由风洞试验确定。

（5）索端阻尼器的安装支架应具有足够的刚度和稳定性，以保证阻尼器在小位移情况下也能正常工作。主梁和主塔与支架连接的相关部位的设计应考虑支架连接的刚度要求，必要时要采取加劲措施。阻尼器连接件应具有足够的强度和加工精度，要便于定位和安装，连接部位不得出现松动。采用安装在锚具套管内的阻尼器方案时，要处理好阻尼器安装和锚头防水措施的关系。

（6）阻尼器在要求的行程范围内应具有稳定的阻尼特性。其阻尼应易于调节以适应不同长度拉索和不同模态振动的优化阻尼值的要求。

2. 阻尼器方案研究

阻尼器设计条件如下：

（1）拉索结构阻尼（对数衰减率同）取 0.002。

（2）安装索端阻尼器后，拉索阻尼应达到 0.03（或 0.04）以上。

（3）当阻尼器参数优化设计时，附加阻尼 $\delta=\lambda\pi X_c/L$（X_c为阻尼器安装位置，L为索长）。

考虑到实际阻尼器的非线性特性、拉索锚固端边界条件、阻尼器连接刚架等不利因素的影响，本设计对附加阻尼进行了折减，根据已有的实索减振试验结果，折减系数按 0.3 考虑。

（4）在梁端和塔端均安装阻尼器时，附加阻尼为两端阻尼器单独安装时附加阻尼的线性叠加。应避免在拉索同一端同时安装两处以上的阻尼器。阻尼器的 3 种安装位置是套筒口、支架、主塔锚固端。由于观音岩大桥斜拉索的梁段锚固端采用的是锚拉板构造，所以阻尼器只能采用支架安装。

（5）如果仅在梁端安装阻尼器，则需提高梁端阻尼器的安装位置以确保拉索减振要求。

（6）评价针对风雨激振的阻尼效果时，同时考虑阻尼器和气动措施的综合减振效果。

I——电流，A；

U——电压，V。

通过以上各式，可求出待测材料的导热系数。温度数据记录，采用智能巡检仪自动采集，并存储在计算机中。

（二）瞬态法

将主缆模型两端截面用绝热材料封装，在外侧表面全部包裹加热材料给主缆均匀加热，直至整个主缆模型达到均匀的温度。然后快速去掉外表面的加热材料，让主缆模型外侧表面在恒定的室温下与空气对流换热，测试主缆模型断面的温度分布和变化情况。瞬态法试验示意图如图 2-2-4 所示。

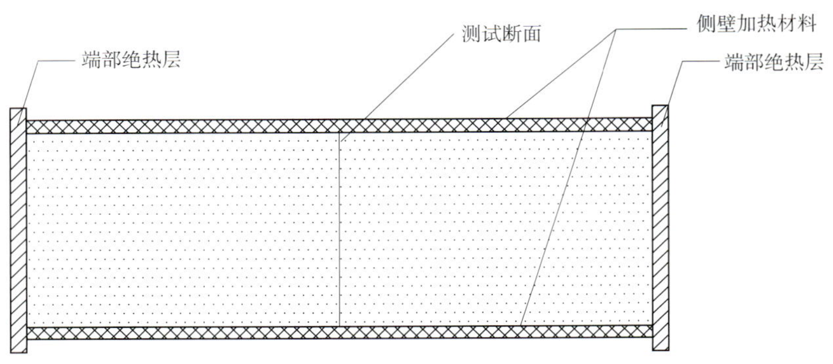

图 2-2-4　瞬态法示意图

主缆模型热扩散系数的瞬态测试原理：假定主缆模型为理想圆柱体，截面材料为匀质各向同性材料，截面半径为 r_0。将加热管置于初温为 T_0 的主缆正中间，半径为 r_g，然后通电加热，其热流（电功率）$q=I^2R$（I 为电流，R 为电阻）。于是在主缆模型中形成了以加热导线为轴心的长圆柱体瞬态温度场。考虑到主缆模型沿轴向很长，且忽略热流沿加热管轴向传播，可以看成沿半径方向的一维瞬态轴对称问题，假设热扩散系数 α 为常数，主缆的导热系数为 λ，环境空气温度为 T_∞，令 $\theta=T(r,t)-T_\infty$，该定解问题的数学表达式为

$$\begin{aligned}&\frac{\partial\theta}{\partial t}=\alpha\left[\frac{\partial^2\theta}{\partial r^2}+\frac{1}{r}\times\frac{\partial\theta}{\partial r}\right],\ \tau>0,\ r\in[r_g,\ r_0]\\&\tau=0,\ \theta(r,0)=\theta_0\\&r=r_g,\ \tau>0,\ \frac{\partial\theta}{\partial r}=-\frac{q}{2\pi\lambda r_g}\\&r=r_0,\ \frac{\partial\theta}{\partial r}=-\frac{u\theta}{\lambda}\\&\alpha=\lambda/\rho c\end{aligned}\qquad(2\text{-}2\text{-}12)$$

式中：λ——主缆表观导热系数；

ρ——主缆的等效密度；

c——主缆的比热；

q——单位长度加热功率；

r_g——加热管半径；

r_0——主缆半径；

u——主缆表面对流换热系数。

根据传热学理论，定义毕奥数和傅里叶数为

$$B_i = \frac{ur_0}{\lambda}$$

$$F_o = \frac{\alpha t}{r_0^2}$$

式（2-2-12）的解析解可以归纳为如下的一般形式：

$$\theta = -\frac{q_0 r_g}{\lambda}\ln r + \frac{q_0 r_g}{u}\left(\frac{1}{r_0} + \frac{u\ln r_0}{\lambda}\right) + \theta_0 \sum_{i=1}^{\infty} A_i U_i\ (x_j)\ \exp\ (-m_i t) \qquad j=1,\ 2,\ 3 \tag{2-2-13}$$

式中：　A_i——取决于初始条件、几何条件及边界条件的系数；

$U_i\ (x_j)$——与几何形状、边界条件等有关的空间坐标函数；

m_i——与几何形状、物性参数及边界条件有关的递增常数。

求解式（2-2-13）相当麻烦，在某些特殊情况下可以适当加以简化。非稳态导热过程可分为初始阶段、正规状况阶段和稳定阶段3个阶段。其变化如图2-2-5所示。

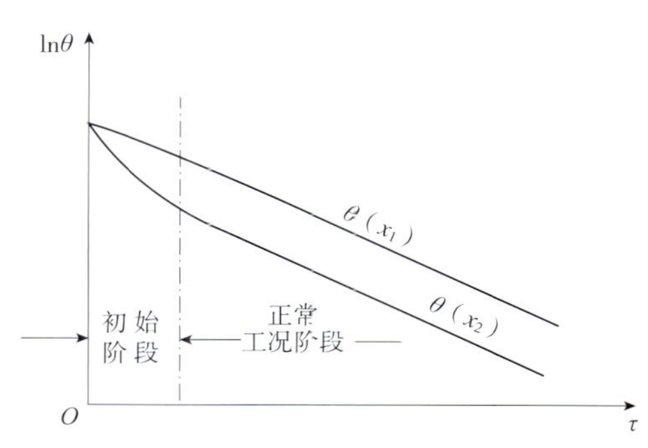

图2-2-5　指数规律分列的无因次过余温度

在初始导热阶段大致可用 F_o<0.2 来判断，在此阶段，温度随时间变化的关系复杂，可用无穷级数的线形组合来表示。当 F_o>0.2 之后，进入正规状况阶段，该阶段是非稳态导热过程的主要阶段，也是本方法的主要测试阶段。在这一阶段温度随时间的变化具有“规则化”的特点，式（2-2-12）在此阶段迅速收敛。在一定的 B_i 数下 μ_n［μ_n 为式（2-2-12）的 n 个根］的值随 n 的增加而迅速增加，而由式（2-2-13），其无穷级数第一项以后的各项，会随着 F_o 数的增加而迅速衰减。数值计算表明，当 F_o>0.2 以后，略去无穷级数中第二项以后的各项所得计算结果与按完整级数计算结果的偏差小于1%，其精度满足工程需要。

此时，上述解的近似形式为

$$\theta = -\frac{q_0 r_g}{\lambda}\ln r + \frac{q_0 r_g}{u}\left(\frac{1}{r_0} + \frac{u\ln r_0}{\lambda}\right) + \theta_0 A_1 U_1\ (x_j)\ \exp\ (-m_1 t) \qquad j=1,\ 2,\ 3 \tag{2-2-14}$$

为方便起见，约去下标1，当 $F_o \geqslant 0.2$ 时，式中前两项为稳态解，第三项为瞬态解。瞬态反应中，主缆中过余温度的对数值与时间呈线性关系，对式（2-2-13）移项后，两边取对数，得

$$\ln\theta' = -mt + \ln\ (\theta_0 AU) \tag{2-2-15}$$

$$\theta' = -\frac{q_0 r_g}{\lambda}\ln r + \frac{q_0 r_g}{u}\left(\frac{1}{r_0} + \frac{u\ln r_g}{\lambda}\right) - \theta$$

对时间求导，得

$$\frac{1}{\theta'} \times \frac{\partial\theta'}{\partial t} = m \tag{2-2-16}$$

式（2-2-14）右边第二项取决于物体的形状、边界条件和物体中的位置，对于给定的边界条件和物体中给定的某个地点的温度，第二项为常数，对于本问题，推导可得

$$m = \frac{\alpha}{r_0^2}\mu_1^2 \tag{2-2-17}$$

从式（2-2-17）可知，通过直接测定主缆中温度的变化率，就可以换算得到主缆的热物参数。m 可以通过试验测试不同时间的温度得到，即

$$m = \frac{\ln\theta'_1 - \ln\theta'_2}{t_2 - t_1} \tag{2-2-18}$$

式中，m 是通过试验测试得到的。这说明当 $F_o \geqslant 0.2$ 以后，物体中任意一点的温度与时间的关系

在半对数坐标上均为一组彼此平行的直线，其斜率为 m。

于是，待测物料的热扩散系数 α，可由式（2–2–19）获得，即

$$\alpha = m\frac{r_0^2}{\mu_1^2} \qquad \alpha = \lambda/(\rho c) \tag{2–2–19}$$

式中：ρ——主缆的等效密度；

c——主缆的比热；

r_0——主缆半径；

μ_1——式（2–2–20）的超越方程的第 1 个根。

$$\frac{J_1(\mu_n)}{J_0(\mu_n)}\mu_n = \mathrm{B_i} \tag{2–2–20}$$

在测试过程中，只要设法获取一组在非稳态正规状况阶段的温度随时间的变化关系便可求出 α 值。在测试过程中，若满足 $\mathrm{B_i} \geqslant 100$ 的要求，式（2–2–19）中的 μ_1，可取定值 2.404 8。若不满足，则需要通过数值计算方法确定 μ_1 的值。本试验的毕奥数需满足：

$$\mathrm{B_i} < 4$$

$$\mathrm{F_o} \geqslant 0.2$$

通过数值计算方法，根据主缆表面的对流传热系数，可以确定 $\mathrm{B_i}$ 大小，再由数值求解方法，求得 μ_1，代入式（2–2–19），可得热扩散系数。

如果结构的 $\mathrm{B_i}$ 为未知，则可以采用比较法求得 μ_1 值，即分别测试在主缆直径为 R_a 和 R_b 处的同一瞬时的 θ_a 和 θ_b 之比，即

$$\frac{\theta_a}{\theta_b} = \frac{U_a}{U_b} = f(\mu) = S \tag{2–2–21}$$

其比例关系如图 2–2–6 所示。

其中，S 的表达式如下：

$$S = \frac{J_0\left(\mu\frac{r_a}{R}\right)}{J_0\left(\mu\frac{r_b}{R}\right)} \tag{2–2–22}$$

针对具体试验工况，在试验中得到对数温度—时间相关关系，即

$$y=\ln\theta_a-\ln\theta_b=\ln S \tag{2–2–23}$$

$$S=\mathrm{e}^y \tag{2–2–24}$$

由试验数据可以求得相应的 A 和 S 值，把 S 值代入式（2–2–21），可以求得 μ 值，从而根据式（2–2–19），可以求得相应的热扩散系数 α。该方法对于简单的边界条件可以计算，对于试验中混合边界条件，比较法的计算推导比较烦琐。

图 2–2–6　比较法

四、自然对流条件下主缆表面换热系数测试原理

试验要测定在自然对流条件下主缆表面的表面对流换热系数，通过测定主缆模型表面温度等物性参数的值，来求得平均换热系数 u。

自然对流条件下主缆模型表面换热系数的测试，主要在稳态条件下进行，采用与上节类似的方法，对主缆进行电加热，则热量应是以对流和辐射两种方式散发的，所以，对流换热量为总热流量与辐射换热量之差。即

$$Q=Q_y+Q_x \tag{2-2-25}$$

总热流量

$$Q=IU \tag{2-2-26}$$

辐射换热量

$$Q_y = C_0\varepsilon F\left[\left(\frac{t_w}{100}\right)^4-\left(\frac{t_f}{100}\right)^4\right] \tag{2-2-27}$$

对流换热量

$$Q_x = uF\,(t_w-t_f) \tag{2-2-28}$$

由式（2-2-26）~式（2-2-28）可得表面对流换热系数

$$h=\frac{IU}{F\,(t_w-t_f)}-\frac{C_0\varepsilon}{(t_w-t_f)}\left[\left(\frac{t_w}{100}\right)^4-\left(\frac{t_f}{100}\right)^4\right] \tag{2-2-29}$$

式中：ε——主缆表面黑度，对于镀锌钢丝，可取 ε=0.23；

C_0——黑体的辐射系数，C_0=5.67W/（$m^2 \cdot K^4$）；

t_w——管壁平均温度，根据温度传感器测量得到，℃；

t_f——室内空气温度，根据温度传感器测量得到，℃；

F——主缆表面积，需要实际测试，m^2。

定性温度取空气边界层平均温度 t_m=0.5（t_w+t_f），在《传热学》的附录中查得空气的导热系数 λ，热膨胀系数 β（空气的热膨胀系数 $\beta=1/t_m$），动力黏度 μ 和普朗特数 Pr。运动黏度 $v=\mu/\rho$，其中 ρ 为空气的密度，可根据理想气体方程式 $\rho=P/(R_g t)$，R_g=287.1J/（kg·K），P 为当地大气压。

根据相似理论，对于自然对流换热，努赛尔数 Nu 是格拉斯霍夫数 Gr、普朗特数 Pr 的函数，即

$$\mathrm{Nu}=f(\mathrm{GrPr}) \tag{2-2-30}$$

可表示成

$$\mathrm{Nu}=c\,(\mathrm{GrPr})^n \tag{2-2-31}$$

式中：c、n——通过试验所确定的常数。

为了确定上述关系式的具体形式，根据所测数据和计算结果求准则数

$$\mathrm{Nu}=\frac{hd}{\lambda} \tag{2-2-32}$$

$$\mathrm{Gr}=\frac{g\Delta t\beta d^3}{v^2} \tag{2-2-33}$$

将不同工况下的测试数据表示在坐标纸上得到以 lg（Nu）为纵坐标，以 lg（GrPr）为横坐标的一系列点，画一条直线，则大多数点落在这条直线上或周围。根据工程上广泛使用的关联式

$$\mathrm{Nu}=c\,(\mathrm{GrPr})^n \tag{2-2-34}$$

两边取对数得

$$\lg\mathrm{Nu}=\lg c+n\lg(\mathrm{GrPr}) \tag{2-2-35}$$

即可得到准则方程的具体形式。

五、试验测试方法评价

通过上述测试方法的分析，可以得出：

（1）对于瞬态测试方法一，影响因素较多，且由于主缆的直径很大，截面材料不是理想的匀质材料，这种通过测试线热源温度的方法误差较大，不是很适合测试大断面的非匀质材料。

（2）对于瞬态测试方法二，主缆的加热方式较简单易行，可以将主缆两端截面用绝热材料封装，在侧表面全部包裹加热材料给主缆均匀加热，直至主缆表面达到均匀的温度。既可以在主缆温度升高阶段测试，也可以在主缆温度下降阶段测试。测试时间短，需要把握好测试时机。

（3）对于稳态的测试方法，由于只需要主缆达到温度稳定状态后，测试不同断面位置的温度，就可以求得导热系数。比起瞬态测试方法，更简单易行。其关键点是需要使主缆达到稳定热传导，且加热主缆的方式很多，只需要使主缆内外存在一定的温差即可。

综合比较上述 3 种方法后，考虑采用瞬态与稳态测试相结合的方法，先进行瞬态测试，获取主缆结构的热扩散系数；再加热至稳态，测试主缆结构的表观导热系数；最后在上述试验测得的参数基础上，测定空气在主缆外自然对流时表面对流换热系数 h，并根据相似原理，整理出准则方程式。

第二节　主缆模型制作及测试系统设计

一、主缆模型设计及制作

由于主缆的热物性参数与结构构造密切相关，为了得到实际结构的热物性性质，需要准确真实地模拟主缆的组装成型，得到与实桥一致的主缆模型结构，这也是模型试验相似的基本要求。

为了达到这一目的，在组装主缆模型时需要保证空隙率与实桥或规范规定一致。钢丝排列顺序与实际一致。为了研究不同直径对主缆热物性参数的影响，试验制作了两个模型，模型 1 设计直径为 380mm，模型 2 设计直径为 525mm。制成后的试验模型，实测断面的直径如下：模型 1 中间测试断面直径 382mm，计算空隙率 19.5%；模型 2 中间测试断面直径 521mm，计算空隙率 17.1%。

图 2-2-7　主缆模型截面示意图

主缆模型截面示意如图 2-2-7 所示，模型 1 由 37 束预制平行束组成，每束平行束由 127 根直径为 5.2mm 的高强度镀锌平行钢丝组成。模型 2 由 65 束预制平行束组成，每束平行束由 127 根直径为 5.2mm 的高强度镀锌平行钢丝组成。它们长度均为 2 200mm。

对于主缆模型结构，需要保证其空隙率，故在安装时需要采用特制的夹具夹紧主缆。考虑到螺杆夹紧力对主缆的空隙率在螺杆轴力达到一定数值后影响不大，主要与钢丝排列有关，故采用 M30 的高强螺栓夹紧索夹，螺栓预紧力为螺栓的设计值。夹具采用比主缆直径稍大的钢板组成，其结构图如图 2-2-8 所示，试验模型布置图和支座构造如图 2-2-9、图 2-2-10 所示。

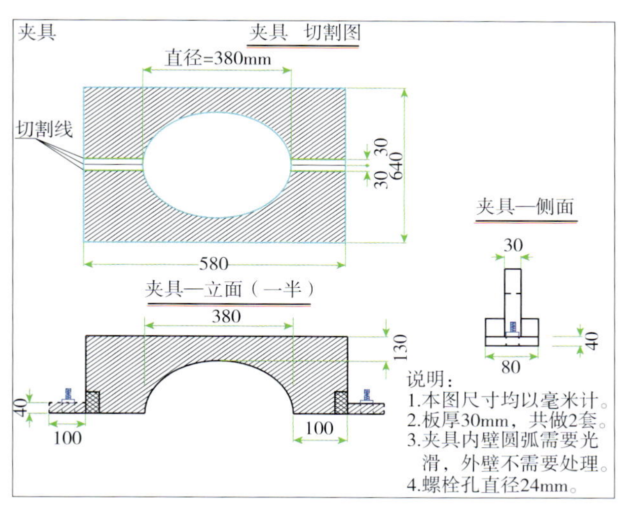

a）直径380mm

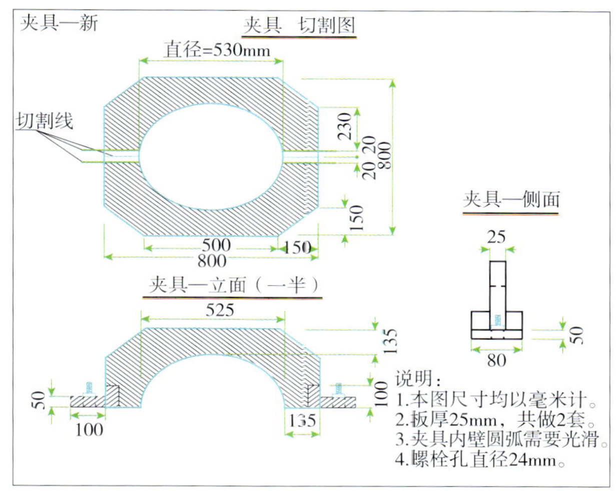

b）直径525mm

图 2-2-8 索夹构造示意图

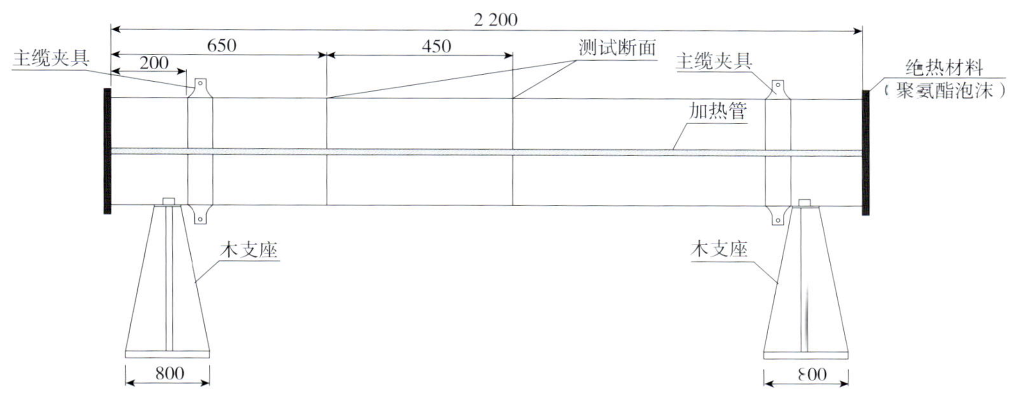

图 2-2-9 试验立面图（尺寸单位：mm）

二、模型加热系统

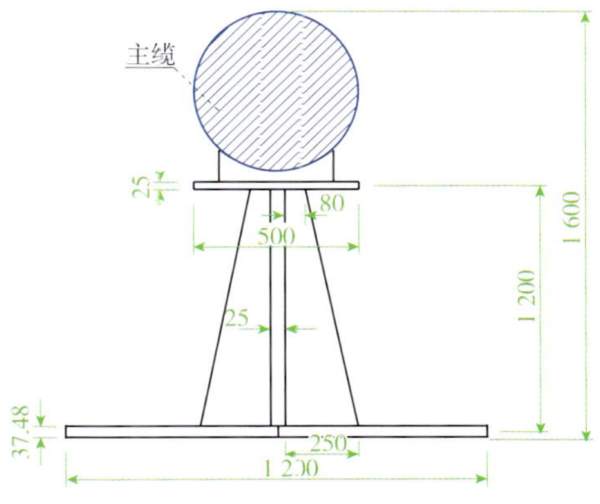

图 2-2-10 试验侧面图（尺寸单位：mm）

（一）主缆模型的理论热物性参数

若将主缆模型视为长度方向 L 为 2 200mm，直径为 380mm 的圆截面匀质材料的钢棒，则其理论热物性参数如下。

1. 主缆模型温度每升高 1K（度）的热容量 Q

由于主缆模型空隙中的空气热容量远小于主缆钢丝的热容量，因此，在计算主缆模型的热容量时，可忽略主缆模型空隙中的空气热容量。

主缆模型材料为高强度镀锌平行钢丝，其密度 ρ 为 7 850kg/m^3；比热容 c 为 470J/（kg·K）；主缆模型的体积 V=0.38m × 0.38m × 2.2m × 3.14/4=0.249m^3。

因此，主缆温度每升高 1K（度）的热容量 Q 为

$$Q=\rho cV=0.249\text{m}^3\times 7\ 850\text{kg/m}^3\times 470\text{J/（kg·K）}/1\ 000=919\text{kJ}$$

由于

$$1J=2.778\times10^{-7}kW\cdot h=2.778\times10^{-7}\times3\,600kW\cdot s=1\times10^{-3}kW\cdot s$$

所以，主缆温度每升高 1K（度）的热容量 Q 为 919kW·s。

2. 主缆模型高强度镀锌平行钢丝的热扩散系数 α 和毕奥数 B_i

热扩散系数

$$\begin{aligned}\alpha &= \lambda/\rho c = (13.6\sim51.2)\,W/(m\cdot K)/[7\,850kg/m^3\times470\,J/(kg\cdot K)]\\ &= (3.7\times10^{-6}\sim1.4\times10^{-5})\ W/(m^2\cdot K^2)\end{aligned}$$

毕奥数

$$\begin{aligned}B_i &= \delta h/\lambda = 0.19m\times80W/(m^2\cdot K)/(13.6\sim51.2)\,W/(m\cdot K)\\ &= 1.1\sim0.3\end{aligned}$$

（二）模型加热系统

1. 模型加热系统

主缆模型两端用绝热材料（聚氨酯发泡材料）覆盖，阻止热量从两端损失，以使模型为一维轴对称温度场。模型截面中心采用电热丝通电加热，加热管在两端也需要覆盖绝热材料，防止电热丝的热流从加热管两端流出，模型外侧面与大气直接接触，与大气发生热交换散热。试验模型的加热和测温系统如图 2-2-11 所示，主缆中间索股加热装图如图 2-2-12 所示。

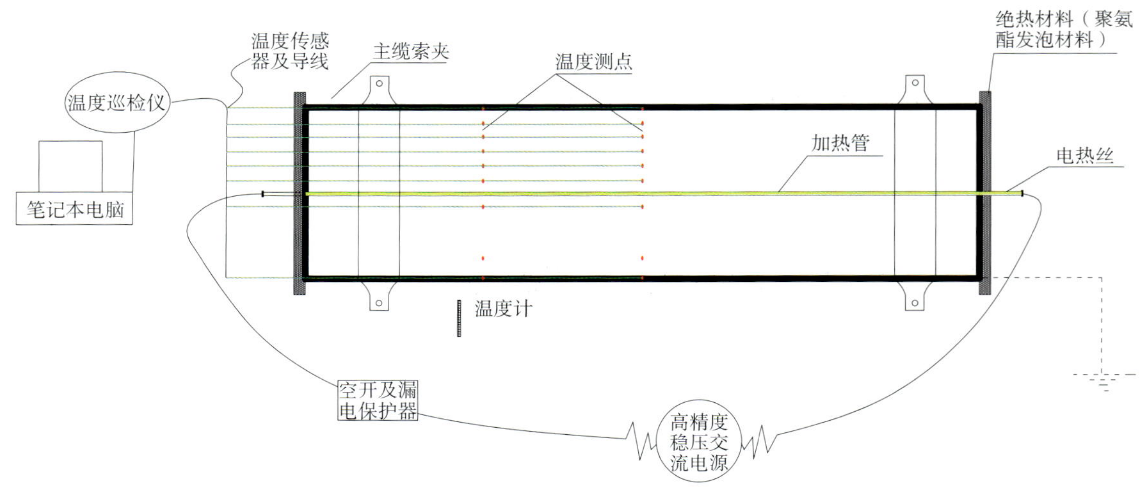

图 2-2-11　模型加热及测温设备布置

当对主缆进行加热时，通过调节电路总电阻及输出电流改变电热丝的输出功率大小，使模型达到不同加热功率下的稳态，各稳态下的主缆外表面温度不同，但是外表面温度不会低于环境空气温度，模型试验将让主缆模型温度场达到一系列的稳态。

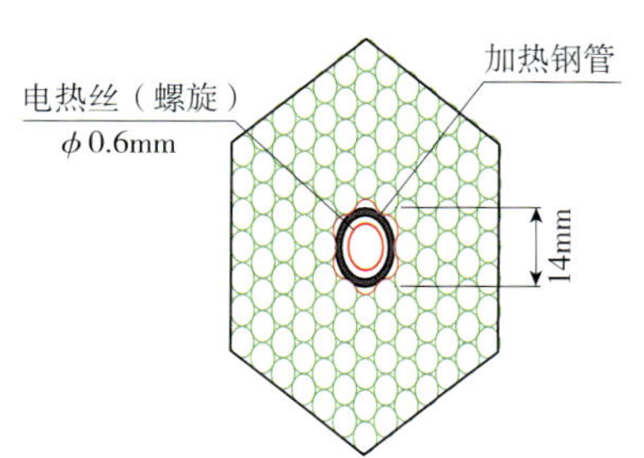

图 2-2-12　模型 1 中间索股加热图

2. 主缆达到稳态时需要的加热功率与主缆外表面温差的关系

主缆直径取 380mm，理想情况下主缆圆柱体单位长度表面积为 1.2m²。总热流量为对流换热量与辐射换热量之和，即

$$Q=Q_r+Q_c$$

总热流量：$Q=IU$

辐射换热量：$Q_r=C_0\varepsilon F\left[\left(\dfrac{t_w}{100}\right)^4-\left(\dfrac{t_f}{100}\right)^4\right]$

对流换热量：$Q_c=uF_0\,(t_w-t_f)$

式中：ε——主缆表面黑度，$\varepsilon<1$（表 2–2–3）；

C_0——黑体的辐射系数，C_0=5.67W/（$m^2 \cdot K^4$）；

t_w——主缆表面平均温度，℃；

t_f——空气温度，℃，估算时近似取 20℃；

F_0——单位长度主缆表面积，m^2，考虑到实际主缆的表面积比理想圆柱侧面积大很多，估计实际主缆侧表面积为理想情况下的 1.57 倍，保守可取 2 倍的单位长度理想情况下表面积，即 $2.4m^2$；

u——空气换热系数，一般在 5~25W/（$m^2 \cdot K$）范围内变化。

常见金属的黑度值

表 2–2–3

材　料	温度 t（℃）	黑度 ε
钢板（氧化的）	200~600	0.8
钢板（磨光的）	940~1 100	0.55~0.61
铜（氧化的）	200~600	0.57~0.87
铜（磨光的）	20	0.03
铝（氧化的）	200~600	0.11~0.19
铝（磨光的）	225~575	0.039~0.057
镀锌铁皮	38	0.23

计算表明辐射换热可以忽略不计，如果仅考虑主缆模型外表面的对流换热损失，当传热达到稳态时，电热丝输入的功率应该全部转化为主缆模型外侧面的散热能量。即

$$Q=2\pi r_0 L(t_{w1}-t_{w2})u \tag{2–2–36}$$

式中：L——长度；

r_0——半径，r_0=0.19m；

u——换热系数（考虑辐射换热后的等效换热系数），对于空气一般为 5~25W/（$m^2 \cdot K$）；

$t_{w1}-t_{w2}$——主缆表面温度和外界大气温度之差。

考虑表面积的修正，式（2–2–36）修正为

$$Q=4\pi r_0 L(t_{w1}-t_{w2})\alpha \tag{2–2–37}$$

故主缆单位长度加热功率为

$$P_{max}=Q_{cmax}=60\Delta t$$

$$P_{min}=Q_{cmin}=12\Delta t$$

对流换热主要与温差有关，当环境温度为 20℃时，理想情况下，200W/m 的加热功率最大能使主缆表面的温度上升到 36.7℃；最小（最不利情况）可使主缆表面的温度上升到 23.4℃。若考虑到主缆边界的热损失，表面温度应该稍低。

综上分析，可取主缆的加热功率调节范围为 120~600W/m。

若取每米功率为 200W 的电热丝，电热丝直径暂按 0.6mm 考虑。外面套一外径为 10mm 的加热钢管计算。每米铜管外表面积 $A_0=\rho d_0$=31 500mm²，每米电热丝外表面积 $A_1=\rho d_1$=1 885mm²。假设电热丝均匀螺旋状盘绕，螺旋直径取 10mm，螺距取 2mm，则单位长度加热管内实际电热丝长度为

$$L=n\sqrt{P^2+(\pi d)^2}=500\times\sqrt{2^2+(\pi\times10)^2}=15.7\text{m}$$

式中：n——圈数（陶瓷管长度 / 螺距）；

P——螺距；

d——螺圈中心直径。

对于电热丝，如果取材料为镍铬合金，则其电阻率为 ρ_0 为 $1.0\times10^{-6}\Omega\cdot m$。电阻率 ρ 不仅和导体的材料有关，还和导体的温度有关。在温度变化不大的范围内，几乎所有金属的电阻率均随温度线性变化，即 $\rho=\rho_0(1+\alpha t)$。式中，t 是摄氏温度，ρ_0 是 0℃时的电阻率，α 是电阻率温度系数。试验证明，绝大多数金属材料的电阻率温度系数都等于 0.4% 左右，少数金属材料的电阻率温度系数极小，如康铜、锰铜等。

准确的电热丝的阻值需要通过万用表精确测量出来，即

$$U=Q/\sqrt{Q/R}=2\pi r_0\alpha\ (t_{w1}-t_{w2})\ L/\sqrt{\frac{2\pi r_0\alpha S\ (t_{w1}-t_{w2})}{\rho_0\ (1+\alpha t)}}$$

$$=L\sqrt{2\pi r_0\alpha\ (t_{w1}-t_{w2})\ \rho_0\ (1+\alpha t)}/\sqrt{S}$$

可见，实际需要电压 U 与电热丝长度 L 成正比，与电阻丝截面积的平方根成反比。试验设计的电路图如图 2-2-13 所示。

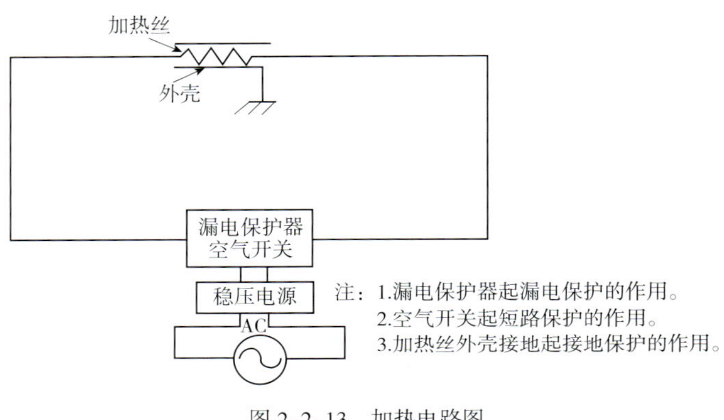

图 2-2-13　加热电路图

由于测试需要准确恒定的电压，故试验配备高精度可调节功率的稳压器，实际试验时采用 220V/110V 的高精度稳压电源，并且测试试验电路的精确电阻值。

三、模型测温系统

（一）温度传感器

在主缆截面布置温度传感器测点，采用计算机自动采集温度数据。表 2-2-4 为几种测温传感器（测温材料包括铂电阻、数字传感器、热敏电阻及热电偶）的特性参数。

几种温度传感器的特性参数　　表 2-2-4

特性 \ 名称	RTD	热敏电阻	热电偶	IC 传感器
常用材料	铂	金属氧化物陶瓷	两种不同金属	硅
变化参量	电阻	电阻	电压	电压
成本（相对）	中等 ~ 低	中等 ~ 低	低	低
系统成本（相对）	中等 ~ 低	中等 ~ 低	高	低
附加电路	引线补偿	线性化	参考端	无
温度范围	-200~850℃	-100~500℃	-270~1 800℃	-55~150℃
变换能力	0.06~0.1%，0.2~0.3℃	10%，2℃（典型值）	0.5%，2℃	1%，3℃
稳定度	良好	中等	差	中等
灵敏度	0.39%/℃	-4%/℃	40V/℃	10mV/℃
相对灵敏度	中等	最高	低	中等
线性度	良好	对数性 / 差	中等	中等

续上表

名称 特性	RTD	热敏电阻	热电偶	IC 传感器
斜率	正	负	正	正
噪声灵敏度	低	低	高	低

由于铂电阻温度传感器的稳定性、精度和线性度较其他类型的要好，故采用PT100温度传感器，如图2-2-14所示。铂电阻误差等级符合DINEN60751标准。温度范围为-50~1 200℃，测温精度为±0.1℃，反应时间$T_{0.5}\leqslant 2.5$s；其外套壳体直径为5mm。由于试验要求传感器直径很小，故根据试验需要特别定制，直径为3~4mm；长度也根据需要定做，长为3.5~4m，见图2-2-14。模型温度场数据由智能巡检仪（XSL/C-50S2V0）采集，见图2-2-15，试验采用的传感器及测试仪器的规格见表2-2-5所示。

传感器及测试仪器规格　　表2-2-5

序号	产品名称	温度范围（℃）	ϕ 规格	精度等级	反应时间（s）	容许电流（mA）
1	PT100温度传感器	0~200	ϕ3m×30mm ϕ4m×30mm	A	≤2.5	≤0.5
2	PT100温度传感器	0~450	ϕ3m×30mm 端头	A	≤2.5	≤0.5
3	智能巡检仪及采集软件	—	50通道	±0.2℃		

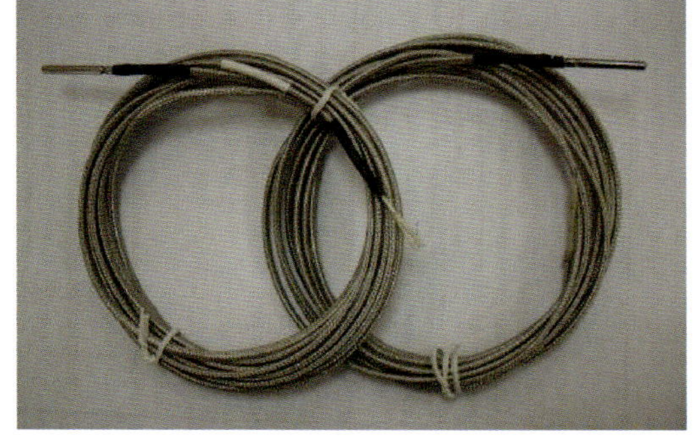

图2-2-14　小直径温度传感器

（二）温度测试断面的选择及温度测点布置

主缆模型截面的温度测点布置需要综合考虑测试目的、测试方法和测试手段。主缆截面构造，包括空隙率、空隙率分布、表面状况（索夹、缠包带）等都会影响主缆模型的热物性参数测试结果。比如，索夹处和非索夹处构造不一样，索夹内的空隙率小，外表面有索夹保护，并且索夹内没有缠包带，而一般断面存在缠包带，因此索夹内截面的热物性参数应该和索夹外有差异。

图2-2-15　智能巡检仪（XSL/C-50S2V0）

为了研究不同主缆构造（索夹、缠包带）对热物性参数的影响，以及了解主缆热物性参数在径向的变化，参考日本长谷川等关于主缆热物参数的试验研究，采取在不同的断面进行多点温度测试。本次试验前期，在模型上一共布置了2个断面，即模型正中间的截面和1/4截面。在主缆轴向正中间的截面和1/4截面各布置23个温度测点，其中中间4个为高温测点，测试温度可能超过250℃，全模型一共需要测点46个。温度传感器测点布置如图2-2-16所示，图中还给出了主缆断面的详细测点布置及编号，索股钢丝上温度传感器布置见示意图 2-2-17。

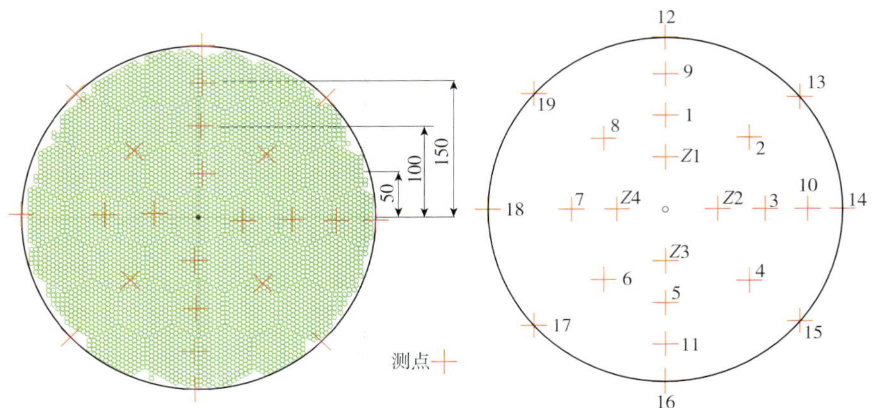

注：图中Z1~Z4为高温测点，试验测试温度可能超过250℃。

图 2-2-16　主缆断面测点布置（尺寸单位：mm）

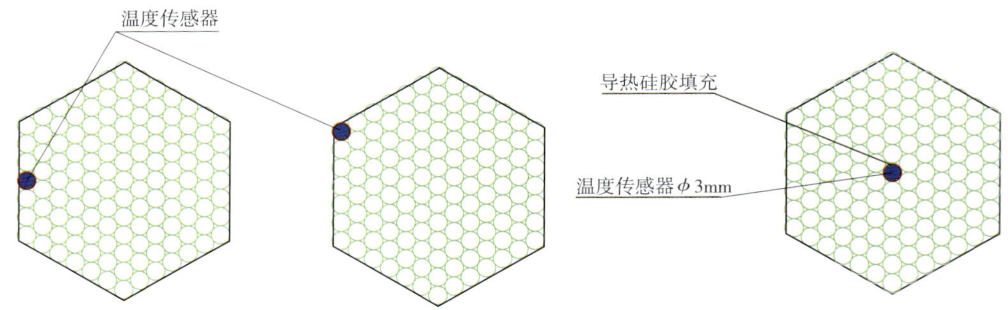

图 2-2-17　索股钢丝上温度传感器布置示意

由于测试时需要加热，主缆内温度较高，故温度传感器的导线采用耐高温的补偿导线。此外，由于测试断面空隙很小，空隙小于 1mm，为了测试内部断面的温度，需要抽出一根钢丝，用铜管代替，把定做的温度传感器及导线放在铜管内，其在模型 1 和模型 2 上的实际布置图如图 2-2-18 和图 2-2-19 所示。

四、试验模型

实际试验模型 1 和试验模型 2 布置如图 2-2-20 和图 2-2-21 所示，主缆模型支撑在木支座上，模型温度场数据由智能巡检仪（XSL/C-50S2V0）采集，并由笔记本电脑记录和分析。

a）

b）

图　2-2-18

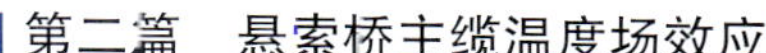

c）

d）

图 2-2-18　模型 1 温度传感器安装图

a）

b）

c）

d）

图 2-2-19　模型 2 温度传感器安装图

a）

b）

图 2-2-20　主缆模型 1

a）

b）

图 2-2-21　主缆模型 2

第三节　试验结果与分析

一、稳态法测试主缆模型导热系数和热扩散系数

（一）稳态法试验简述

贯穿主缆纵向的主缆截面中心处的电加热器产生热量 Q，沿主缆径向向外传递热量，由于主缆的长度与直径之比为 2.2/0.38=5.8，可见长度比其直径大很多，故可认为模型是径向的一维传热。假定半径 r_1 壁面温度为 t_1，r_2 处温度为 t_2。由于圆柱截面各点温度场均是一维的，当温度不随时间变化，达到稳定状态时，根据傅里叶定律可得通过截面直径方向的传热量为

$$q_0=2\pi\lambda\frac{t_{w1}-t_{w2}}{\ln\dfrac{r_2}{r_1}} \tag{2-2-38}$$

在热平衡时，认为传热量与电加热量相等，则

$$q_0=\frac{UI}{L}=\frac{U^2}{RL} \tag{2-2-39}$$

式中：λ——导热系数，W/（m·℃）；

q_0——单位长度的发热量，W/m；

I——电流，A；

U——电压，V；

R——电阻，Ω。

由式（2-2-38）、式（2-2-39）即可求出模型的导热系数。

在试验过程中控制输入电功率的大小即可控制热流量，当测试温度达到稳定后，则可以测试，通过改变不同的电功率的大小可以得到一系列的稳定状态。

稳态试验方法，由于采取了较少的措施，试验方案较经济简洁。但由于材料热物性参数是温度的函数，过高的温度会使试验测得的主缆结构热物性参数与实际主缆结构日常温度下的热物性值发生偏离，另外长时间高温或急速升温也容易导致温度传感器的烧毁，故试验时应尽量保持较低的温度为好，稳态测试试验时要求尽量把平均温度控制在 100℃以下。

（二）测试方案

1. 温度传感器布置和编号

主缆模型 1/2 截面和 1/4 截面温度传感器线号和测点编号布置图分别如图 2-2-22~ 图 2-2-24 所示。

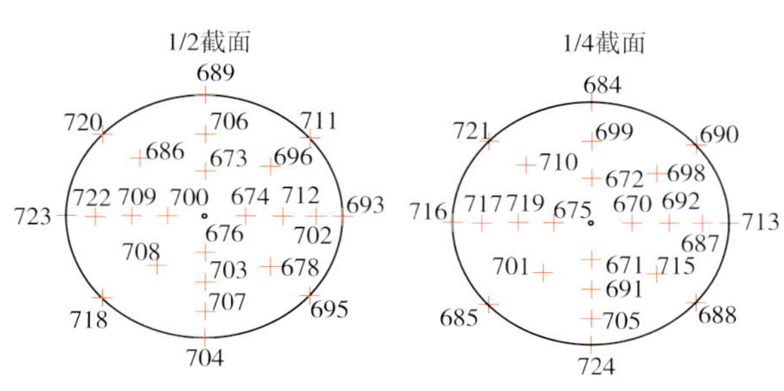

图 2-2-22　主缆模型 1/2 截面和 1/4 截面温度传感器线号

图 2-2-23　模型 1/2 截面温度测点位置及编号

2. 试验工况

为研究和比较不同模型规格、模型加热温度和加热功率得到的主缆模型热物性参数，及对测试结果的影响，进行了 2 个模型多种加热条件的试验。

模型 1 试验在稳态情况下一共设计了 2 个工况：工况 1 为加热功率 248W；工况 2 为加热功率 992W。试验工况 1 和工况 2 下均测试了两次。

模型 2 试验在稳态情况下设计了 1 个工况，即工况 3，加热功率 500W。

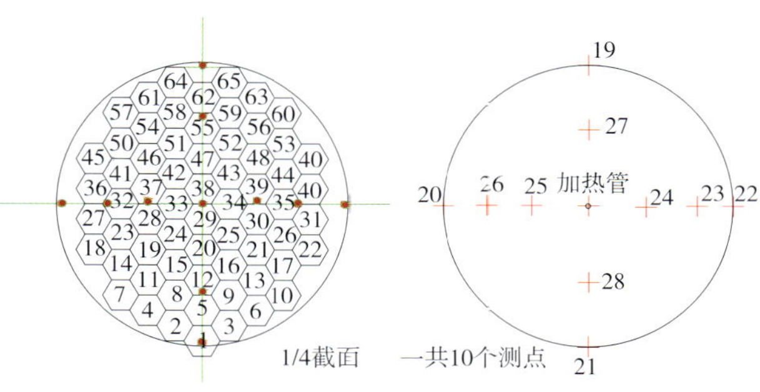

图 2-2-24　模型 1/4 截面温度测点位置及编号

3. 试验条件

由于主缆模型的热容很大，在给主缆模型通电加热时，加热功率很小，同时受环境温差热交换的影响，故模型温度场达到稳态的时间较长，一般在通电很长时间以后模型温度场才能达到稳态。其中工况 1 在 8~10h 加热后温度达到稳态；工况 2 在 20~40h 加热后温度达到稳态；工况 3 在 40h 加热后温度达到稳态。

模型温度场温度数据记录采用智能巡检仪自动采集，并存储在笔记本电脑中。根据“温度—时间”曲线，当测试数据曲线的斜率基本为 0 的时段，为主缆模型温度场达到稳态的标准。

（三）主缆模型 1 温度场及表观导热系数测试结果

1. 工况 1：加热功率 248W（112.7W/m）加热测试

工况 1 模型温度场达到稳态的时间段在晚上 12：30—1：30，该时段的环境温度较为稳定，测试数据较可靠。

由于截面测点较多，计算时取主缆 1/2 截面位置的测点，测点号及相应的间距见表 2-2-6 所示。

工况 1 两次试验实测各测点温度　　表 2-2-6

序　号	测　点　号	离圆心距离 R（m）	平均温度（℃）		两次平均温度（℃）
			第一次	第二次	
1	674、700	0.05	48.69	55.25	52.0
2	673、676	0.057	46.12	52.03	49.1
3	712、709	0.1	37.37	44.21	40.8
4	686、696、678、708	0.11	36.65	43.26	40.0
5	706、703	0.114	35.76	44.41	40.1
6	702、722	0.15	29.32	37.33	33.3
7	689、693、711、720、718、704、723、695	0.19	26.33	34.72	30.5

测试加热时电热丝的电阻为 48.8Ω，加热电压为 110V，则测试加热功率为

$$P = \frac{U^2}{R} = \frac{110^2}{48.8} = 248\text{W}$$

由于主缆模型总长 2.2m，故加热功率为 112.7W/m。

工况 1 两次试验下，当各测点温度都达到稳态时，各测点实测平均温度见表 2-2-6，图 2-2-25 给出了工况 1 下部分测点实测温度—时间曲线。

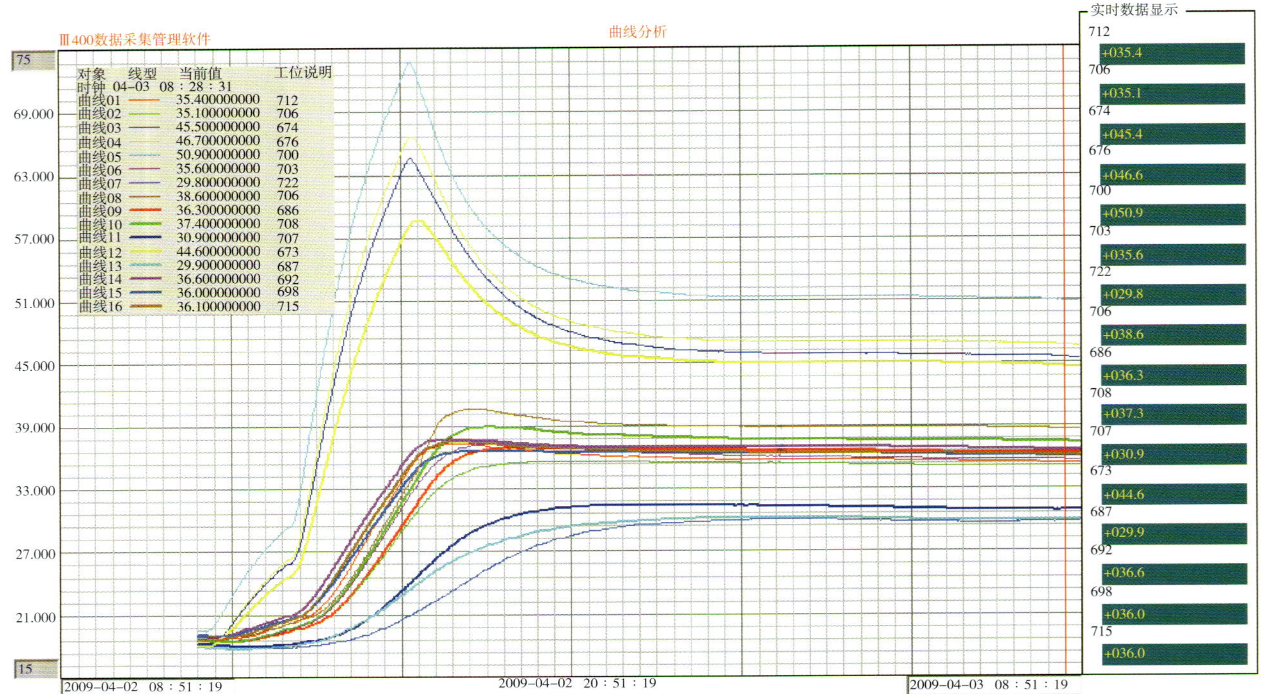

图 2-2-25　工况 1 部分测点时间—温度曲线图

根据前面的理论分析和测试得到的试验数据，计算主缆模型截面的平均表观导热系数。由于工况 1 下的试验测试了两次，取测试数据的平均值计算导热系数。

根据表 2-2-6 主缆模型 1 工况 1 两次测试温度场数据计算的主缆模型表观导热系数见表 2-2-7 和表 2-2-8。

工况 1 第一次试验基本参数及测试结果　　表 2-2-7

电阻（Ω）	40	电压（V）	110
主缆直径（m）		0.38	
主缆空隙率（%）		19.5	
室内温度（℃）		15.00	
测点对	测点半径比 R_2/R_1	平均温差（℃）	导热系数 λ［W/（m·℃）］
1	2.00	11.32	1.10
2	2.00	10.36	1.20
3	1.50	8.05	0.90
4	1.73	10.32	0.95
5	1.67	9.43	0.97
平均值			1.03

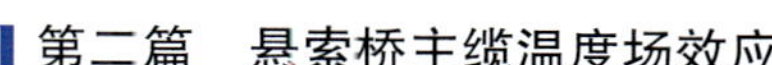

工况 1 第二次试验基本参数及测试结果　　表 2-2-8

电阻（Ω）	40	电压（V）	110
主缆直径（m）		0.38	
主缆空隙率（%）		19.5	
室内温度（℃）		23.67	
测点对	测点半径比 R_2/R_1	温差（℃）	导热系数 λ [W/（m·℃）]
1	2.00	11.04	1.13
2	2.00	7.62	1.63
3	1.50	6.88	1.06
4	1.73	8.54	1.15
5	1.67	9.69	0.95
平均值			1.18

故在 248W 加热功率下，两次测试的主缆平均导热系数为

$$\frac{(1.03+1.18)}{2}=1.11\text{W/（m·℃）}$$

2. 工况 2：加热功率 992W（451W/m）下稳态测试

测试加热电阻为 48.8Ω，加热电压为 220V，则测试加热功率为

$$P=\frac{U^2}{R}=\frac{220^2}{48.8}=992\,\text{W}$$

由于主缆模型总长 2.2m，故加热功率为 451W/m。

工况 2 两次试验下，当各测点温度都达到稳态时，各测点实测平均温度见表 2-2-9，图 2-2-26 给出了工况 2 下部分测点实测温度—时间曲线。

工况 2 两次试验实测各测点温度　　表 2-2-9

序　号	测　点　号	离圆心距离 R（m）	平均温度（℃）		两次平均温度（℃）
			第一次	第二次	
1	674、700	0.05	142.05	130.72	136.4
2	673、676	0.057	136.88	122.17	129.5
3	712、709	0.1	102.37	91.74	97.1
4	686、696、678、708	0.11	99.6	88.56	94.1
5	706、703	0.114	101.17	85.17	93.2
6	702、722	0.15	73.18	65.18	69.2
7	689、693、711、720、718、704、723、695	0.19	60.88	53.3	57.1

根据表 2-2-9 主缆模型 1 工况 2 两次测试温度场数据计算的模型 1 表观导热系数见表 2-2-10 和表 2-2-11。

工况 2 第一次试验基本参数及测试结果　　表 2-2-10

电阻（Ω）	40	电压（V）	220
主缆直径（m）		0.38	
主缆空隙率（%）		19.5	
室内温度（℃）		21.90	

续上表

测点对	测点半径比 R_2/R_1	平均温差（℃）	导热系数 λ［W/（m·℃）］
1	2.00	39.68	1.25
2	2.00	35.71	1.39
3	1.50	29.19	1.00
4	1.73	38.72	1.01
5	1.67	40.29	0.91
平均值			1.11

工况 2 第二次试验基本参数及测试结果　　表 2-2-11

电阻（Ω）	48.8	电压（V）	220
主缆直径（m）		0.38	
主缆空隙率（%）		19.5	
室内温度（℃）		22.65	
测点对	测点半径比 R_2/R_1	温差（℃）	导热系数 λ［W/（m·℃）］
1	2.00	38.98	1.28
2	2.00	37.00	1.34
3	1.50	26.55	1.10
4	1.73	35.26	1.11
5	1.67	31.87	1.15
平均值			1.20

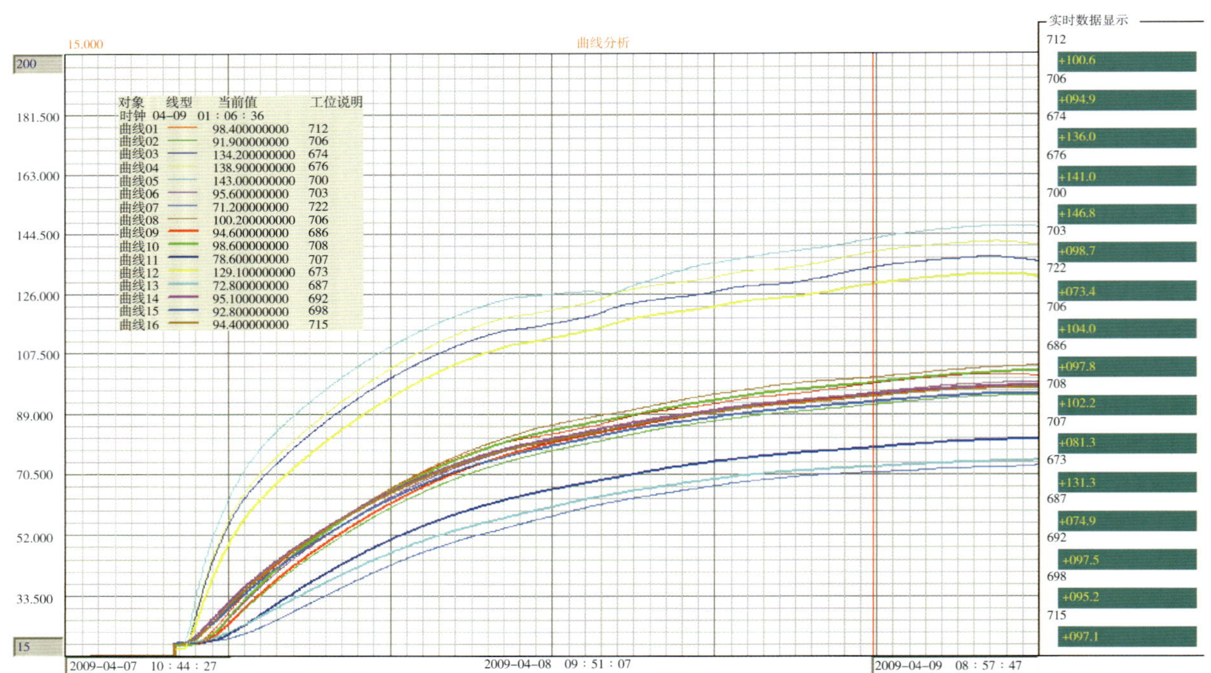

图 2-2-26　工况 2 部分测点时间—温度曲线图

故在 992W 加热功率下，两次测试主缆平均导热系数为

$$\frac{(1.11+1.2)}{2}=1.16\text{W/(m}\cdot\text{℃)}$$

3. 模型 1 测试小结

1）模型 1 平均导热系数

对于模型 1，两个不同加热工况下测得的平均导热系数为

$$\frac{(1.11+1.16)}{2}=1.14\text{W/(m}\cdot\text{℃)}$$

两种工况计算得到的导热系数吻合较好。

2）模型 1 导热系数与试验加热温度的关系

一般材料导热系数与温度有关，研究表明，大多数材料的导热系数都可以采用与温度的线性关系式，即

$$\lambda=\lambda_0+ct \tag{2-2-40}$$

式中：λ_0——直线截距；

c——表观导热系数；

t——测试的定性温度，对于主缆这样的结构，取整个截面达到稳态时的平均温度值。

比较各种工况下实测结果发现，实测结果差别很小，在 5% 以下，故在试验温度范围内，主缆模型试验温度高低对实测导热系数的影响很小，可以忽略其影响。同时由于加热温度涵盖了悬索桥主缆夏季最不利温度范围，因此，测试数据可直接应用于实桥温度场计算。

（四）主缆模型 2 温度场及表观导热系数测试结果

工况 3 情况下，测试加热电阻为 24.2Ω，加热电压为 110V，则测试加热功率为

$$P=\frac{U^2}{R}=\frac{110^2}{24.2}=500\text{W}$$

由于主缆模型总长 2.2m，故加热功率为 227.3W/m。

工况 3 试验下，当各测点温度都达到稳态时，各测点实测平均温度见表 2-2-12，图 2-2-27 给出了工况 3 下部分测点实测温度—时间曲线。

工况 3 试验测点温度　　表 2-2-12

测点号	离圆心距离 R（m）	平均温度（℃）
3、16	0.075	77.5
9、31	0.085	76.0
5、13	0.098	59.7
7、10	0.113	60.2
2、15	0.15	54.2
8、30	0.17	56.0
4、12	0.18	44.9
6、11	0.2	46.7

根据表 2-2-12 数据计算主缆模型 2 的表观导热系数见表 2-2-13。

工况 3 试验基本参数及测试结果　　表 2-2-13

电阻（Ω）	24.2	电压（V）	110
主缆直径（m）		0.525	
主缆空隙率（%）		17.1	
室内温度（℃）		25.6	

续上表

测点对	测点半径比 R_2/R_1	温差（℃）	导热系数 λ [W/（m·℃）]
1	2.00	23.32	1.08
2	2.00	20.03	1.25
3	1.84	14.75	1.49
4	1.77	13.50	1.53
平均值			1.34

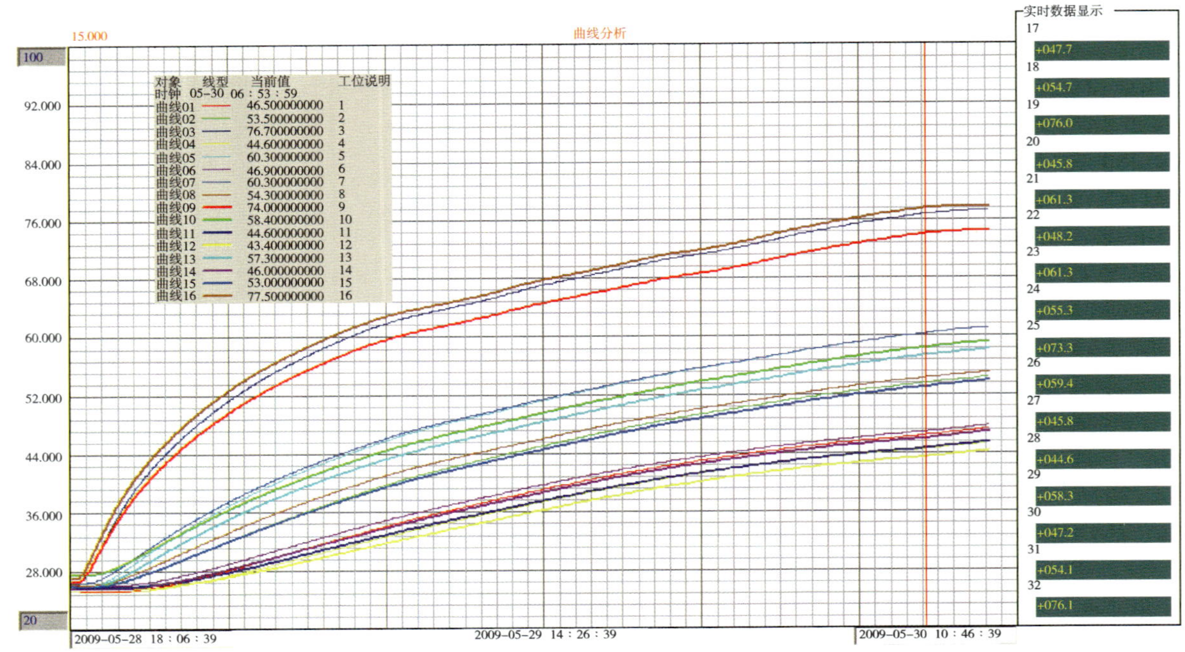

图 2-2-27 工况 3 的部分测点时间—温度曲线图

故模型 2 的导热系数为 1.34W/（m·℃）。

（五）近似解析解计算验证

主缆在加热情况下达到稳态时，其近似理论解如下：

$$T(r) = -\frac{q_0 r_g}{\lambda}\ln r + \frac{q_0 r_g}{u}\left(\frac{1}{r_0} + \frac{u\ln r_0}{\lambda}\right) + T_\infty \tag{2-2-41}$$

式中：r_0——主缆半径；

r_g——加热管半径；

λ——主缆表观导热系数；

q_0——单位长度热流密度；

u——主缆表面对流换热系数。

在工况 1 主缆模型中心加热功率 248W（112.7W/m）下，主缆模型温度场的计算值与实测值对比表见表 2-2-14。

温度场计算值与实测值对比（℃） 表 2-2-14

测点位置 R（m）	计 算 值	实 测 值	误差（%）
0.05	49.44	48.69	-1.5
0.057	47.48	46.12	-3.0

续上表

测点位置 R（m）	计 算 值	实 测 值	误差（%）
0.1	39.11	37.37	-4.7
0.114	37.16	35.76	-3.9

由表 2-2-14 可见，误差在 5%以下，吻合良好，说明测试结果是准确可靠的。

（六）有限元仿真计算验证

对实际测试得到的数据进行计算验证，考虑主缆达到稳态时候的情况，取主缆截面为 0.38m，主缆的实测平均热传导系数为 1.11W/（m·℃），主缆中心加热功率 248W（112.7W/m）；边界采用第一类边界条件，即用实测的主缆外表面温度值计算。

主缆单元采用温度单元 Plane55。实际计算结果如图 2-2-28 所示，温度实际测试值和计算值对比见表 2-2-15 所示。

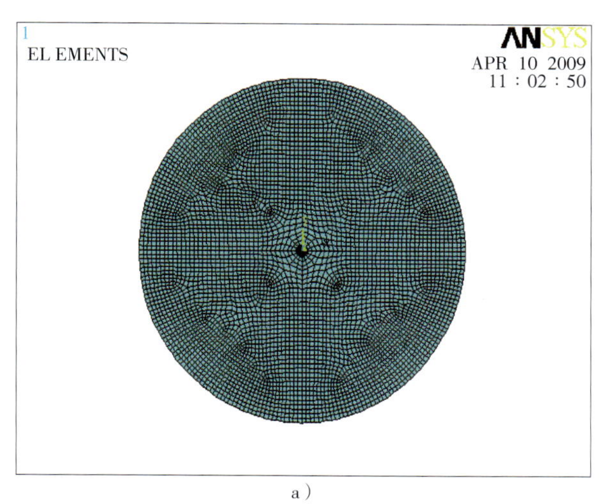

a）

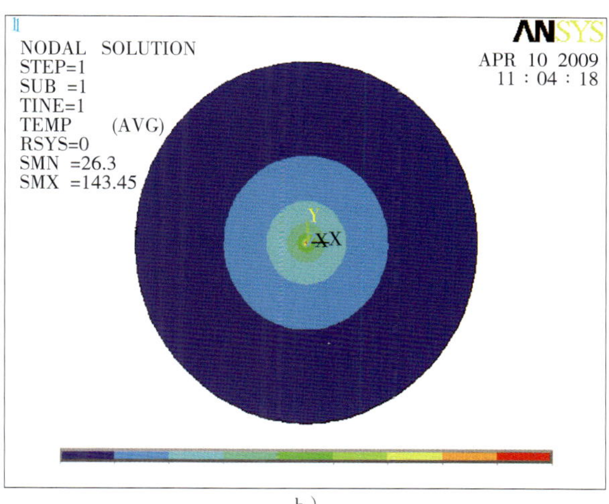

b）

图 2-2-28 主缆计算模型及结果

截面温度计算值与实测值对比（℃） 表 2-2-15

测点位置 R（m）	计 算 值	实 测 值	误差（%）
0.05	49.875	48.69	-2.43
0.057	47.549	46.12	-3.10
0.1	37.629	37.37	-0.69
0.114	35.318	35.76	1.24
0.15	30.472	29.32	-3.93

可见，实测模型测点温度与仿真计算模型测点温度很接近，说明用实测得到的主缆模型热物性参数进行稳态下的主缆模型温度场仿真计算，结果能够反映实际结构的温度分布。

（七）稳态法测试结论

1. 主缆模型的表观导热系数随温度变化关系

一般钢材及大气压力下干燥空气在试验温度范围内的导热系数见表 2-2-16，图 2-2-29 给出了常见金属导热系数随温度变化关系。由试验结果可以得出，在我国大多数地区悬索桥主缆温度变化，对主缆的导热系数影响很小，可以忽略不计。因此，测试数据可直接应用于实桥温度场计算。

一般钢材及大气压力下干燥空气在试验温度范围内的导热系数 表 2-2-16

材料名称	导热系数 λ[W/(m·K)]			
	温度(0℃)	温度(20℃)	温度(100℃)	温度(200℃)
大气压力下干燥空气	0.024 4	0.025 9	0.032 1	0.039 3
碳钢(C 含量约 0.5%)	50.5	49.8	47.5	44.8
碳钢(C 含量约 1.0%)	43	43.2	42.8	42.2
碳钢(C 含量约 1.5%)	36.8	36.7	36.6	36.2
锰钢(Mn 含量约 12%)	13.6		14.8	16
锰钢(Mn 含量约 0.4%)	51.2		51	50

2. 主缆模型的表观导热系数测试结果

表 2-2-17 列出了主缆钢丝化学成分。根据主缆的化学成分，其热物性参数应该接近锰钢(Mn 含量约 0.4%)和碳钢(C 含量约 1.0%)，由此，主缆钢丝材料的热传导系数在 50W/(m·℃)左右。可见，由于主缆中的空隙效应和钢丝之间的线接触，使得主缆表观导热系数远小于实体材料的值，实测模型 1 平均导热系数为 1.14W/(m·℃)，仅为钢丝材料导热系数的 1/50。

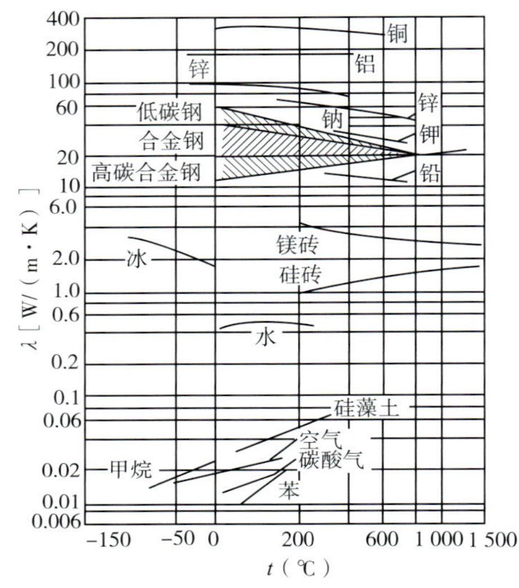

图 2-2-29 导热系数随温度变化关系

主缆钢丝化学成分 表 2-2-17

化学成分	含量(%)
C	0.75~0.85
Si	0.12~0.32
Mn	0.60~0.90
P	≤ 0.025
S	≤ 0.025
Cr	≤ 0.20
Cu	≤ 0.20
其他非金属杂质	≤ 0.10

3. 不同主缆模型直径对表观导热系数测试结果的影响

比较模型 1 和模型 2 不同主缆模型直径对表观导热系数测试结果，可见由于直径的差异，模型 2 的表观导热系数较模型 1 的略大，主缆在室温下加热测试得到的截面平均导热系数为

$$(1.11+1.16+1.34)/3=1.2\text{W}/(\text{m}\cdot℃)$$

理论计算结果、仿真分析与实测结果对比表明，用实测得到的主缆模型热物性参数进行稳态下的主缆模型温度场仿真计算和理论分析，结果能够反映实际结构的温度分布。

二、瞬态法测试主缆模型导热系数和热扩散系数

(一)测试方案

由于上述稳态测试工况只是针对主缆的表观导热系数的测试，而实际结构在变化的环境条件下是非稳态的传热过程，因此，仅仅测试主缆的表观导热系数是不够的。为了研究主缆的随时间变化的温度场(理论分析和仿真计算)，还需要测试确定主缆的热扩散系数 α。因此，需要借助主缆的瞬态测试方法进行试验测试，得到其热扩散系数。

瞬态测试方案与稳态的方案类似，关键是测试时系统需要达到准稳态，此时要求傅里叶数 $F_0 \geq 0.2$；此外，温度数据的采集需要快速准确，试验利用温度传感器测试 1、2 断面的温度，保证采

集到温度的变化率。图 2-2-30 为主缆测试装置图。

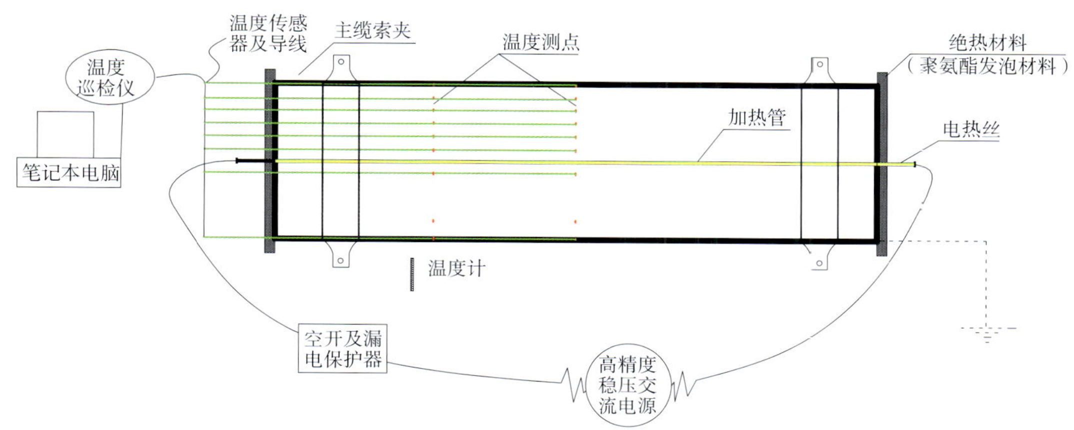

图 2-2-30　主缆实验装置布置

对主缆进行加热时，主缆两端（包括铜管）需采用绝热材料（聚氨酯泡沫）隔热处理；主缆和木支撑架的连接处用绝热石棉布隔离处理。开启稳压电源开关，接上所需负载，调节电源电压，以保证恒定电压加热条件。启动温度测试系统，设置温度数据采集周期，一般每隔 30s 存储一次。经一段时间后（一般在 1~2h），系统进入准稳态。待进入准稳态后记录数据，并记录电流、电压值。

在试验时必须保持电压稳定，作为恒压源使用，加热功率可调节。试验要求一次成功，如中途失败，需待试件冷却后才能进行第二次测量。

试验在瞬态情况下一共设计了 3 个工况：工况 1 为模型 1 加热功率 248W；工况 2 为模型 1 加热功率 992W；工况 3 为模型 2 加热功率 500W。3 个工况试验测试的基本参数见表 2-2-18 所示。

试验测试基本参数　　表 2-2-18

工况 1				工况 2				工况 3			
电阻（Ω）	48.8	电压（V）	110	电阻（Ω）	48.8	电压（V）	220	电阻（Ω）	24.2	电压（V）	110
主缆直径（m）		0.38		主缆直径（m）		0.38		主缆直径（m）		0.525	
空隙率（%）		19.5		空隙率（%）		19.5		空隙率（%）		17.1	
室内温度（℃）		25.2		室内温度（℃）		20.7		室内温度（℃）		25.6	

（二）瞬态法测试主缆模型 1 表观热扩散系数

1. 实测温度曲线

试验时，通过测试一组温度—时间曲线，当曲线的斜率基本保持常数（≠0）的时段为主缆系统达到准稳态的标准，由于截面测点较多，且主缆边缘的测点受环境温度变化的影响较大，故计算时取主缆 1/2 截面位置的测点，测点号及相应的间距见表 2-2-19 所示。

芯部测点及离截面中心的距离　　表 2-2-19

测点号	离主缆中心距离（cm）	测点号	离主缆中心距离（cm）
706	11.4	700	5
703	11.4	678	10
686	10	712	10
709	10	696	11
708	10	674	5
673	5.7	676	5.7

工况 1：加热功率为 248W（112.7W/m）。试验测试的主缆模型 1/2 截面温度测点的温度随时间的变化见图 2-2-31。

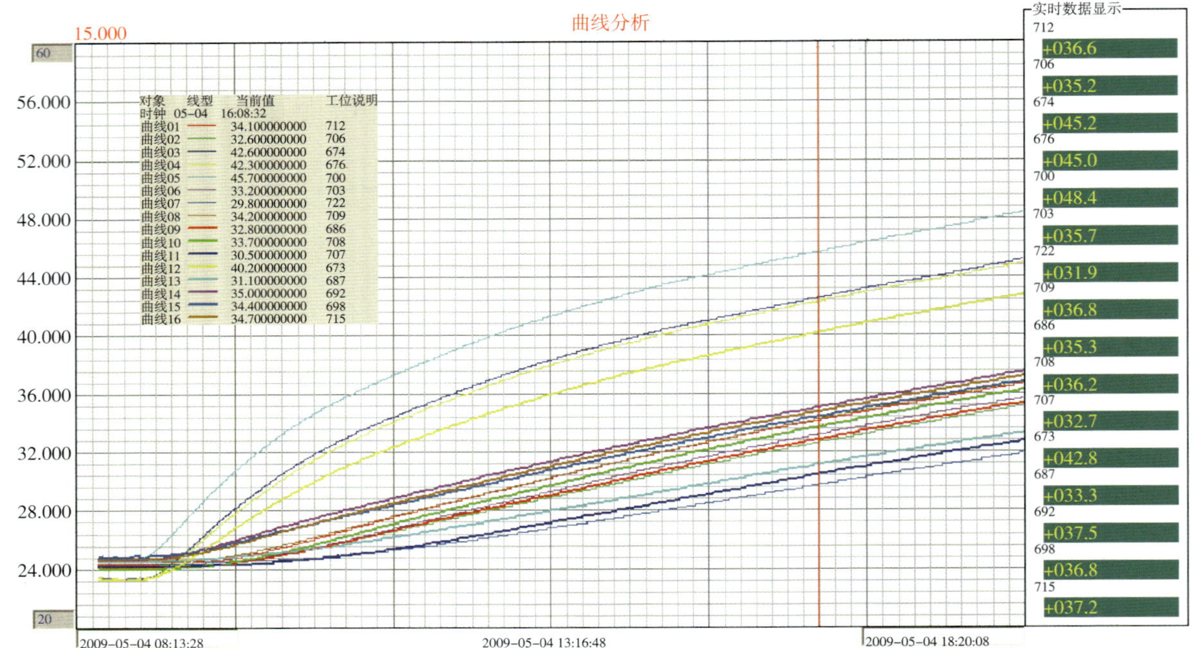

图 2-2-31 实测 1/2 截面测点温度—时间曲线（一）

工况 2：加热功率为 992W（451W/m）。试验测试的主缆模型 1/2 截面温度测点的温度随时间的变化如图 2-2-32 所示。

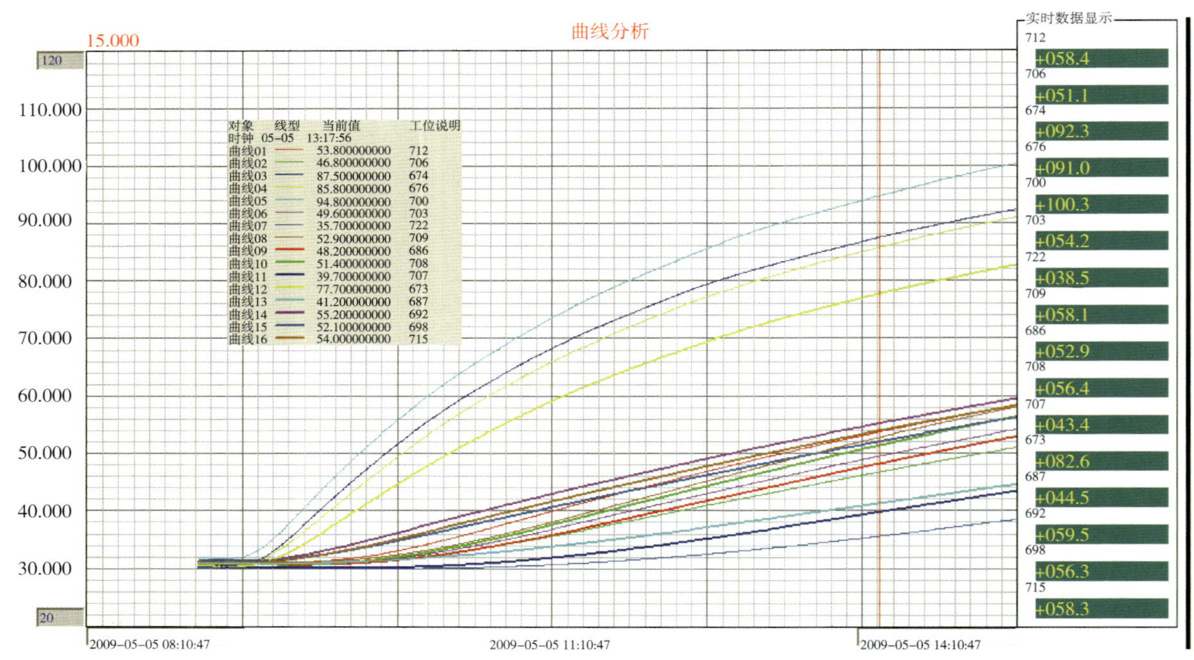

图 2-2-32 实测 1/2 截面测点温度—时间曲线（二）

通过试验测试得到一系列准稳态的温度数据，根据前章理论，针对各个工况的具体情况，计算主缆结构的热扩散系数。

2. 实测模型 1 表观热扩散系数

对于温度取自然对数，作时间—对数温度图，可得归一化的斜率。如图 2-2-33~ 图 2-2-35 所示，计算得到的直线斜率如表 2-2-20~ 表 2-2-22 所示。

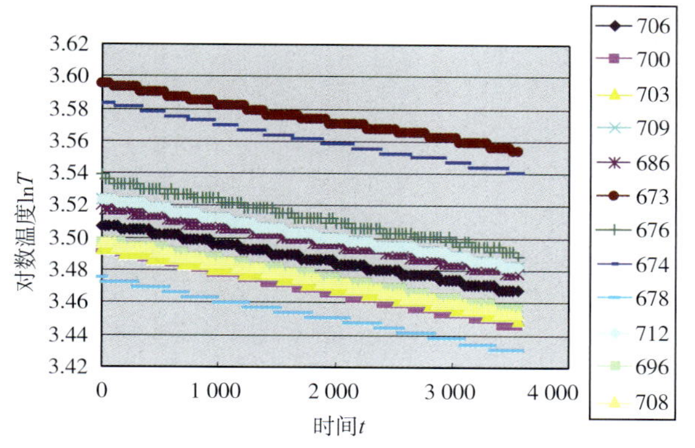

图 2-2-33 工况 1 时间—对数温度图

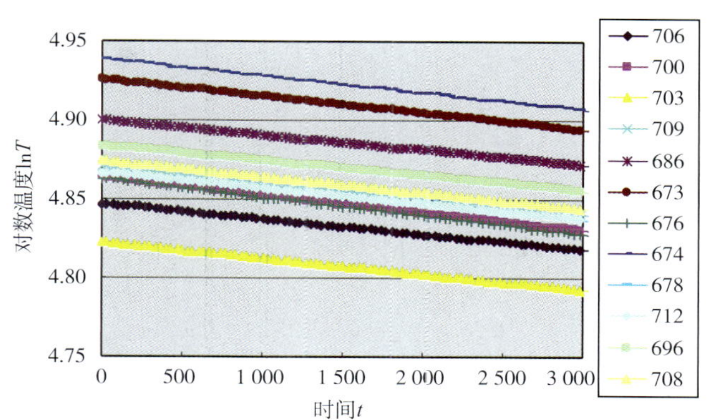

图 2-2-34 工况 2（第一次测试）1/2 截面测点时间—对数温度图

工况 1 测点对数温度变化率 表 2-2-20

测 点	回归系数（斜率）	相关系数 R^2	均 值
706	1.00×10^{-5}	0.99	1.00×10^{-5}
700	1.00×10^{-5}	0.99	
703	1.00×10^{-5}	0.99	
709	1.00×10^{-5}	0.99	
686	1.00×10^{-5}	0.99	
673	1.00×10^{-5}	0.99	
676	1.00×10^{-5}	0.99	
674	1.00×10^{-5}	0.99	
678	1.00×10^{-5}	0.99	
712	1.00×10^{-5}	0.99	
696	1.00×10^{-5}	0.99	
708	1.00×10^{-5}	0.99	

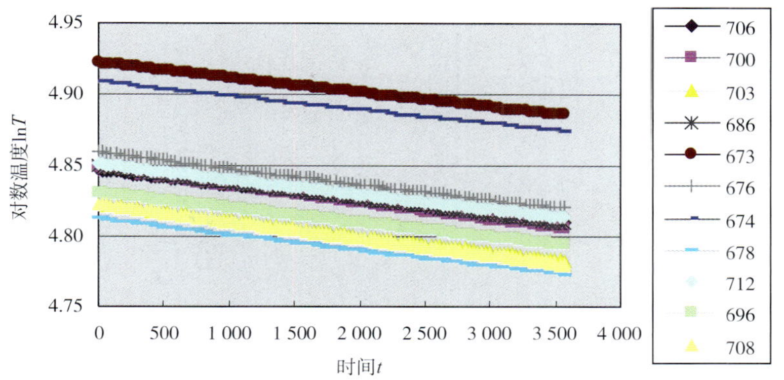

图 2-2-35 工况 2（第二次测试）1/2 截面测点时间—对数温度

工况 2 测点对数温度变化率（第一次）　　表 2-2-21

测　点	回归系数（斜率）	相关系数 R^2	均　值
706	1.00×10^{-5}	0.99	1.00×10^{-5}
700	1.00×10^{-5}	0.99	
703	1.00×10^{-5}	0.99	
709	1.00×10^{-5}	0.99	
686	1.00×10^{-5}	0.99	
673	1.00×10^{-5}	0.99	
676	1.00×10^{-5}	0.99	
674	1.00×10^{-5}	0.99	
678	1.00×10^{-5}	0.99	
712	1.00×10^{-5}	0.99	
696	1.00×10^{-5}	0.99	
708	1.00×10^{-5}	0.99	

工况 2 测点对数温度变化率（第二次）　　表 2-2-22

测　点	回归系数（斜率）	相关系数 R^2	均　值
706	1.00×10^{-5}	0.99	1.00×10^{-5}
700	1.00×10^{-5}	0.99	
703	1.00×10^{-5}	0.99	
709	1.00×10^{-5}	0.99	
686	1.00×10^{-5}	0.99	
673	1.00×10^{-5}	0.99	
676	1.00×10^{-5}	0.99	
674	1.00×10^{-5}	0.99	
678	1.00×10^{-5}	0.99	
712	1.00×10^{-5}	0.99	
696	1.00×10^{-5}	0.99	
708	1.00×10^{-5}	0.99	

由前章理论和试验测试数据，参考表 2-2-22，得到

$$\frac{J_1(\mu_n)}{J_0(\mu_n)}\mu_n = B_i \tag{2-2-42}$$

采用数值方法求得的 μ 值，计算各个工况的相关参数如表 2-2-23 所示。

计算各工况 B_i 及 μ_1 值　　表 2-2-23

项　目	工　况　1	工　况　2
B_i	0.497	0.497
μ_1	0.94	0.94

对于工况 1，计算得到 1/2 截面测点的平均斜率 A=1.0×10^{-5}，实测主缆半径 0.19m；μ 值为 0.94，可得

$$\alpha = A\frac{r_0^2}{\mu_1^2} = 0.00001\times\frac{0.19^2}{0.94^2} = 4.0\times10^{-7}\,\mathrm{m^2/s} = 14.0\,\mathrm{cm^2/h}$$

对于工况 2，第一次测试得到 1/2 截面测点的平均斜率 A=1.0×10^{-5}，实测主缆半径 0.19m；μ 值为 0.94，可得

$$\alpha = A\frac{r_0^2}{\mu_1^2} = 0.000\ 01 \times \frac{0.19^2}{0.94^2} = 4.0 \times 10^{-7}\ \mathrm{m^2/s} = 14.0\mathrm{cm^2/h}$$

对于工况 2，第二次测试得到 1/2 截面测点的平均斜率 $A=1.0\times10^{-5}$，实测主缆半径为 0.19m；μ 值为 0.94，可得

$$\alpha = A\frac{r_0^2}{\mu_1^2} = 0.000\ 01 \times \frac{0.19^2}{0.94^2} = 4.0 \times 10^{-7}\ \mathrm{m^2/s} = 14.0\mathrm{cm^2/h}$$

对于模型 1，平均热扩散系数为 $14\mathrm{cm^2/h}$。

（三）瞬态法测试主缆模型 2 表观热扩散系数

1. 模型 2 实测温度曲线

由于主缆模型 2 直径较模型 1 直径大，而加热功率较小，故模型 2 在 500W 功率下需加热 10~12h 后，试验时，通过测试一组温度—时间曲线，当曲线的斜率基本保持常数（$\neq 0$）的时段为主缆系统达到准稳态的标准（截面的测点温度变化基本达到准稳态）。计算选择测点见表 2-2-24 所示，试验测试的主缆 1/2 截面温度测点的温度随时间的变化见图 2-2-36。

选择测点及离截面中心的距离　　表 2-2-24

测　点　号	离圆心距离 R（m）	测　点　号	离圆心距离 R（m）
3、16	0.075	8、30	0.17
9、31	0.085	4、12	0.18
5、13	0.098	1、14	0.194
7、10	0.113	6、11	0.2
2、15	0.15	29	0.227

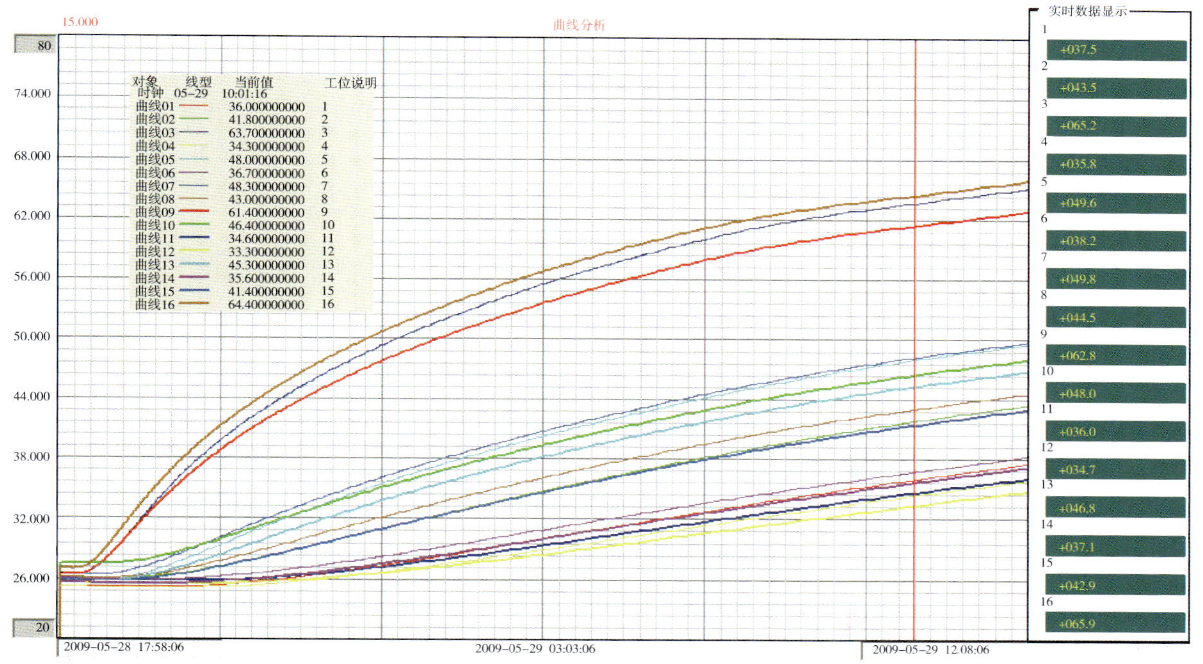

图 2-2-36　实测 1/2 截面测点温度—时间曲线

2. 实测模型 2 表观热扩散系数

对于温度取自然对数，作时间—对数温度图，可得归一化的斜率，如图 2-2-37 所示，计算得到

的直线斜率见表 2–2–25 所示。

工况 3 测点对数温度变化率

表 2–2–25

测　　点	回归系数（斜率）	相关系数 R^2	均　　值
1	6.00×10^{-6}	0.99	6.00×10^{-6}
2	6.00×10^{-6}	0.99	
3	7.00×10^{-6}	0.99	
4	5.00×10^{-6}	0.99	
5	6.00×10^{-6}	0.99	
6	6.00×10^{-6}	0.99	
7	6.00×10^{-6}	0.99	
8	7.00×10^{-6}	0.99	
9	7.00×10^{-6}	0.99	
10	6.00×10^{-6}	0.99	
11	5.00×10^{-6}	0.99	
12	4.00×10^{-6}	0.99	
13	5.00×10^{-6}	0.99	
14	5.00×10^{-6}	0.99	
15	6.00×10^{-6}	0.99	
16	6.00×10^{-6}	0.99	
29	7.00×10^{-6}	0.99	
30	7.00×10^{-6}	0.99	
31	7.00×10^{-6}	0.99	

工况 3 下模型 2 计算 B_i 及 μ_1 值分别为 0.687 和 1.11。

对模型 2，计算得到测点的平均斜率 A=6.32×10^{-5}，主缆半径为 0.262 5m；μ 值为 1.08，可得

$$\alpha = A\frac{r_0^2}{\mu_1^2} = 0.000\ 006\ 0\times\frac{0.26^2}{1.08^2} = 3.48\times10^{-7}\ \mathrm{m^2/s} = 12.5\mathrm{cm^2/h}$$

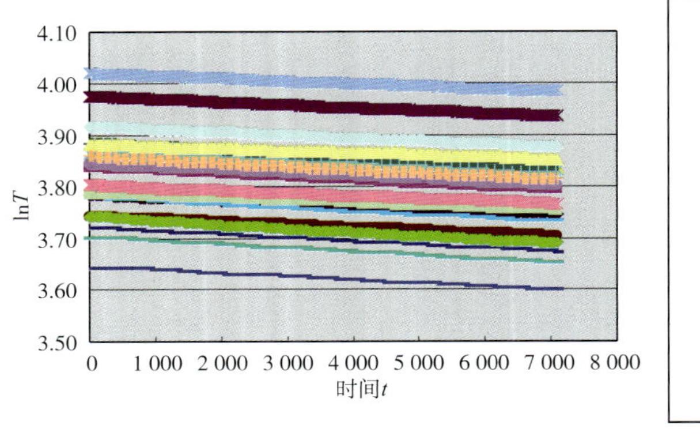

图 2–2–37　工况 3 下 1/2 截面测点时间—对数温度

经验算，在各工况的试验测试时，计算的傅里叶数 $F_o=\frac{at}{R^2}>0.2$，毕奥数 $B_i<4$；故满足计算条件。

（四）瞬态法测试结论

1. 热扩散系数与温度的关系

$$\alpha = \frac{\lambda}{\rho c} \tag{2-2-43}$$

由于材料密度 ρ 和比热容 c 均为常数，故实际热扩散系数也可以看成与温度成线性关系，即

$$\alpha=\alpha_0+ct \tag{2-2-44}$$

由试验结果和材料导热系数 λ 随温度变化的规律可知，针对模型 1，随着截面温度升高，温度对主缆热扩散系数大小影响较小，可忽略不计。

2. 实测主缆模型热扩散系数

综合两种模型三个工况，主缆在室温下加热测试得到截面平均热扩散系数为

$$(14.0+12.5)/2=13.3\text{cm}^2/\text{h}$$

日本学者长谷川等测试得到的主缆热扩散系数在 10cm²/h 左右，可见测试结果基本吻合。

三、主缆表面换热系数测试及特征关联式计算

（一）试验方案

1. 试验方法

加热主缆，当系统达到稳态时，测定主缆模型截面的温度分布。由第一章的理论计算空气在主缆外自然对流时主缆模型表面对流换热系数 u，并根据相似原理，整理出准则方程式。为了提高试验可靠性及增大格拉斯霍数 Gr 范围，改变加热功率的大小，在不同的加热功率下测量各自的壁温 t_w，计算 Gr、Pr 及 Nu，处理数据时在同一个坐标上进行。

试验布置与稳态法测试时一样，如图 2-2-38 所示。测量仪表有高精度稳压电源，以及测量温度的温度传感器；交流电源可输入稳定的电压和电流，使加热功率保持恒定，主缆表面为未防护状态。

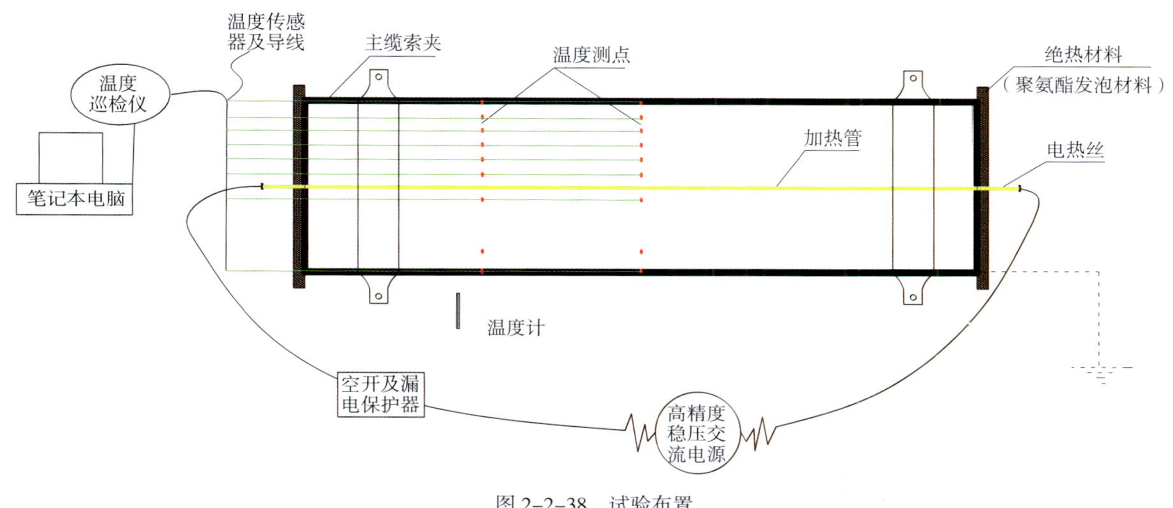

图 2-2-38 试验布置

2. 试验步骤

（1）接好线路，调整电路电压，对试件加热，加热功率分别为 248W 和 992W。

（2）在加热过程中每隔 30s 记录一次测温数据，当间隔温差变化很小（±0.5℃）时即认为达到了稳态。

（3）对主缆进行加热时，主缆两端（包括铜管）需采用绝热材料隔热处理；主缆和木支撑架的连接处用绝热石棉布隔离处理。

（4）为减少辐射散热的影响，主缆表面需要光洁，使其黑度 $\varepsilon \leq 0.25$。

3. 试验工况

模型 1：工况 1 为加热功率 248W；工况 2 为加热功率 992W。

模型 2：工况 3 为加热功率 500W。

（二）主缆模型 1 表面换热系数测试结果

1. 主要试验参数

主缆模型 1 表面换热系数测试分为两个工况，各工况下的主要试验参数见表 2-2-26 和表 2-2-27。

工况 1 试验主要参数　　表 2-2-26

项　目	试验测试值	备　注
主缆直径（m）	0.38	试验一共测试了 2 次
主缆长度（m）	2.2	
主缆空隙率（%）	18.6	
环境温度 t_f（℃）	14.9	
加热电压（V）	220	
定性温度（℃）	20.72	采用主缆表面温度与环境温度的平均值
空气导热系数［W/（m·K）］	2.59×10^{-2}	空气参数值取环境温度下的值
空气运动黏度（m^2/s）	1.51×10^{-5}	
空气膨胀系数 $1/T$（K^{-1}）	3.40×10^{-3}	
空气热扩散系数（m^2/s）	2.14×10^{-5}	

工况 2 试验主要参数　　表 2-2-27

项　目	试验测试值	备　注
主缆直径（m）	0.38	试验一共测试了 2 次
主缆长度（m）	2.2	
主缆空隙率（%）	18.6	
环境温度 t_f（℃）	21.55	
加热电压（V）	110	
定性温度（℃）	41.28	采用主缆表面温度与环境温度的平均值
空气导热系数［W/（m·K）］	2.76×10^{-2}	空气参数值取定性温度下的数值
空气运动黏度（m^2/s）	1.70×10^{-5}	
空气膨胀系数 $1/T$（K^{-1}）	3.18×10^{-3}	
空气热扩散系数（m^2/s）	2.43×10^{-5}	

2. 模型 1 温度测试

试验测试值及计算结果与前述测试导热系数一致，环境空气和主缆的温度根据温度传感器测量得出。主缆表面一共布置了 2 个测试断面，共 16 个测点，测试环境的温度测点布置了 2 个。

表 2-2-28 给出了测试工况下主缆达到稳态时表面的温度平均值及环境温度平均值。

稳态时主缆表面温度及环境温度测试值（℃）　　表 2-2-28

位　置	工　况　1			工　况　2	
	测　点　号	温　度	测点平均值 t_w	温　度	测点平均值 t_w
主缆表面测点	689	27.64	26.53	62.96	61.01
	693	25.30		59.82	
	711	25.28		60.68	
	720	26.11		62.45	
	718	26.37		61.69	
	704	26.84		61.26	
	723	25.97		58.14	
	695	27.11		60.06	

续上表

位　置	工　况　1			工　况　2	
	测　点　号	温　度	测点平均值 t_w	温　度	测点平均值 t_w
主缆表面测点	684	28.19	26.53	62.06	61.01
	690	—		61.76	
	713	—		62.02	
	688	—		64.61	
	724	—		65.24	
	685	—		64.49	
	716	—		59.89	
	721	—		60.08	
环境测点	694	14.90	14.90	21.35	21.55
	697			21.75	

3. 自然对流下表面换热系数测试结果

试验模型 1 的主缆直径取 380mm，理想情况下主缆单位长度表面积为 1.2m²。考虑到实际主缆的表面积比理想圆柱侧面积大，粗略估计实际主缆侧表面积为理想情况下的 1.6 倍，保守可取 2 倍的理想情况下表面积。则对于模型 1 为 5.253m²，对于模型 2 为 7.257m²。

当系统达到热平衡（稳态）时，单位时间输入总热流量应为对流换热量与辐射换热量之和，即

$$Q=Q_r+Q_c \tag{2-2-45}$$

总热流量

$$Q=UI=\frac{U^2}{R} \tag{2-2-46}$$

辐射换热量

$$Q_r=C_0\varepsilon F\left[\left(\frac{T_w}{100}\right)^4-\left(\frac{T_f}{100}\right)^4\right] \tag{2-2-47}$$

对流换热量

$$Q_c=uF(t_w-t_f)$$

式中：ε——主缆表面黑度，对于镀锌钢丝，一般取 ε=0.23；

C_0——黑体的辐射系数，C_0=5.67W/（m²·K⁻⁴）；

t_w——主缆表面平均温度，T_w=273.15+t_w（K），℃；

t_f——环境空气温度，T_f=273.15+t_f（K），℃；

u——自然对流的表面换热系数，W/（m²·K）；

F——主缆表面积，m²。

主缆自然对流下表面换热系数：

$$u=\frac{IU}{F(t_w-t_f)}-\frac{C_0\varepsilon}{(t_w-t_f)}\left[\left(\frac{T_w}{100}\right)^4+\left(\frac{T_f}{100}\right)^4\right] \tag{2-2-48}$$

对于温度较低的主缆结构，式（2-2-48）右边第二项影响很小，当定性温度较小时可以略去不计，可简化为

$$u=\frac{Q_c}{(t_w-t_f)F}=\frac{U^2}{(t_w-t_f)FR} \tag{2-2-49}$$

根据上面的定义，求出相应的参数，得到自然对流下主缆模型 1 表面对流换热系数计算值见

表 2-2-29 所示。

自然对流下主缆模型 1 表面换热系数测试结果　　表 2-2-29

项　目	工　况　1			工　况　2		
	t_w（℃）	t_f（℃）	表面积（m²）	t_w（℃）	t_f（℃）	表面积（m²）
	26.53	14.9	5.253	61.01	21.55	5.253
电压（V）	110			220		
电阻（Ω）	48.8			48.8		
换热量 Q_c（W）	248			992		
换热系数 u［W/（m²·K）］	2.73			3.16		

在测试温度范围内的平均换热系数 u=（2.73+3.16）/2=2.95W/（m²·K）。

（三）主缆模型 2 表面换热系数测试结果

1. 主要试验参数

主缆模型 2 表面换热系数测试为 1 个工况，该工况下的主要试验参数见表 2-2-30。

工况 3 试验主要参数　　表 2-2-30

项　目	试验测试值	备　注
主缆直径（m）	0.525	
主缆长度（m）	2.2	
主缆空隙率（%）	17.1	
环境温度（℃）	25.7	
加热电压（V）	110	
定性温度（℃）	32.5	采用主缆表面温度与环境温度的平均值
空气导热系数［W/（m·K）］	2.67×10^{-2}	空气参数值取定性温度下的数值
空气运动黏度（m²/s）	1.60×10^{-5}	
空气膨胀系数 $1/T$（K⁻¹）	3.27×10^{-3}	
空气热扩散系数（m²/s）	2.28×10^{-5}	

2. 模型 2 温度测试

试验测试值及计算结果与前述测试导热系数一致，环境空气和主缆的温度根据温度传感器测量得出。主缆表面一共布置了 2 个测试断面，共 16 个测点，测试环境的温度测点布置了 2 个。表 2-2-31 给出了测试工况下主缆达到稳态时表面的温度平均值及环境温度平均值。

稳态时主缆表面温度及环境温度测试值（℃）　　表 2-2-31

位　置	工　况　3		
	测　点　号	温　度	测点平均值 t_w
主缆表面测点	17	40.6	39.4
	18	40.1	
	19	34.8	
	20	38.4	
	21	41.8	
	22	37.0	

续上表

位 置	工 况 3		
	测 点 号	温 度	测点平均值 t_w
主缆表面测点	33	40.0	39.4
	34	39.5	
	35	38.8	
	36	41.4	
	37	40.7	
	38	39.3	
环境测点	32	25.7	25.7

3. 自然对流下表面对流换热系数测试结果

主缆模型 2 的直径取 525mm，理想情况下主缆单位长度表面积为 1.65m^2。根据上面的定义，求出相应的参数，自然对流下主缆模型 2 表面换热系数计算值见表 2–2–32。

自然对流下主缆模型 2 表面换热系数测试结果 表 2–2–32

项 目	工 况 3		
	t_w（℃）	t_f（℃）	表面积（m^2）
	39.4	25.7	7.257
电压（V）	110		
电阻（Ω）	24.2		
换热量 Q_C（W）	500		
换热系数 u［W/（m^2·K）］	3.54		

在测试温度范围内试验模型 2 的平均换热系数 u=3.54W/（m^2·K）。

综合三次测试结果，主缆平均换热系数 u=3.14W/（m^2·K）。

由上述结果可知，表面换热系数与表面温度有一定的关系，其变化趋势如图 2–2–39 所示。

图 2–2–39 反映了主缆表面换热系数随表面平均温度的变化趋势，即随着表面温度升高，换热系数总体趋势变大，在某一个温度时达到最大，然后降低。不同空隙率及定性温度下的经验公式还需要更多的试验测试得到。

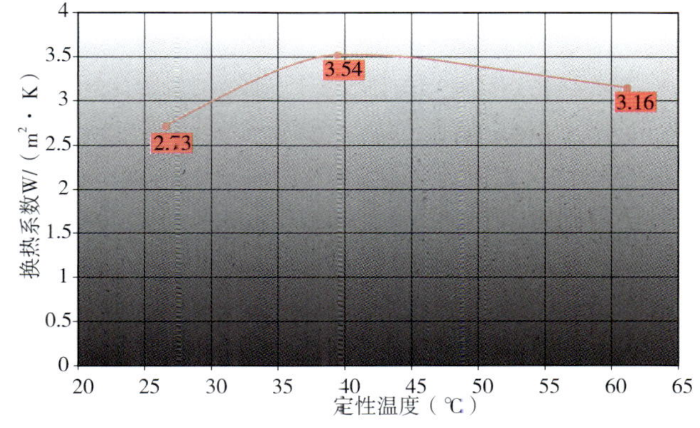

图 2–2–39 表面换热系数与温度的关系

四、主缆模型截面的温度场计算验证

为验证实测主缆模型热物性参数的真实、可靠和准确，采用有限元仿真计算的方法，将实测主缆模型热物性参数代入，通过输入与试验一致的热源和加热功率，进行主缆模型的热数值分析，比较计算温度场与实测温度场的差异。

（一）主缆计算模型

主缆结构作为一种不规则的各向异性的材料，主要由高强度镀锌钢丝和空气间隙组成，在进行计算分析时，也涉及对这种特殊结构的等效处理。在进行传热学计算时，由于涉及大量非线性瞬态分析，

故需要对结构进行等效简化以缩减计算规模，提高计算效率。此外，对主缆结构的边界条件也需要进行一定的处理简化，忽略次要的情况，才能达到合理高效的计算。

首先，考虑到主缆作为一种细长的结构，长细比很大，而在长度方向结构基本一致，且在试验条件下其长度方向的边界条件基本一致，故分析计算时把主缆简化为二维结构，即仅考虑主缆沿直径方向的温度分布特性。

其次，对于主缆表面的边界条件，主要考虑表面的对流换热、太阳的辐射传热，主缆表面的热辐射散热影响很小，可忽略。影响主缆表面与外界环境的对流换热系数的因素很多，包括环境温度、风速、几何形状等，该系数只能根据模型试验进行测定得到。

对于主缆在太阳辐射条件下的瞬态计算，其表面的边界条件有两种情况：一是根据现场实测值，进行内插拟合得到连续的经验函数形式，由于实测数据很多，需要进行大量数据处理；二是通过测试现场太阳辐照量，依据公式换算得到主缆表面的热流边界条件，这种方法的实用性更好。

计算模型的简化等效是仿真分析的关键，国内关于主缆温度测试的试验从目前的资料来看还是空白，关于主缆温度场的仿真分析也很少，只有同济大学潘永仁博士发表了一篇关于主缆截面平均温度的计算方法（《悬索桥施工中主缆横截面平均温度实用计算法》，同济大学学报，1998），在计算时采用的主缆计算模型为二维均质圆截面，未考虑主缆钢丝及空气、间隙等影响。

计算模型与实际主缆之间的传热学等效是本研究项目的关键问题之一，需要通过模型试验结果确定计算模型的参数取值，以得到与实际主缆结构等效的计算模型。由于试验测试得到了主缆结构的热物性参数，故可以采用等效的简化模型，即采用实际测试得到了主缆的表观热物性参数，建立等效简化的主缆二维计算模型。模型试验确定的主缆平均表观热物性参数及表达式见表 2-2-33。

主缆热物性参数及表达式 表 2-2-33

项　目	数　值
导热系数 λ [(W/ (m · ℃)]	1.2
热扩散系数 α (cm^2/h)	13.3
表观比热容 [J/ (kg · K)]	508.4
表面对流换热系数 [W/ (m^2 · K)]	3.14

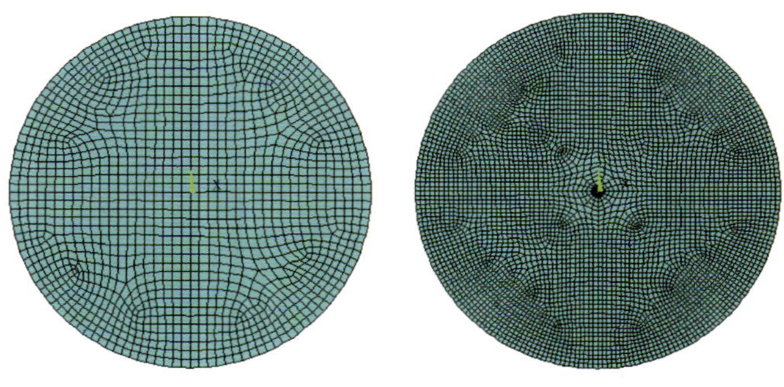

图 2-2-40　主缆截面等效计算模型

按照理想的匀质材料建立主缆计算模型，如图 2-2-40 所示。主缆结构采用温度单元 Plane55 建模。此外，采用 Surf151 单元模拟边界的热流输入和换热条件。

（二）主缆模型稳态温度场计算验证

仿照主缆热物性参数测试的加热方法，计算模型与实际结构一致，即在主缆圆心位置单位长度输入恒定的热流，取值分别为工况 1 的 112.7W/m，工况 2 的 451W/m。

由第二章的理论分析可知，一维稳态状况下，通过整个主缆壁面的热流量为定值，而主缆温度场与位置坐标 r 和温差有关。

对实际测试得到的数据进行计算验证，考虑主缆达到稳态时的情况，计算模型的表观热传导系数根据模型试验的测试值确定。计算边界条件采用第一类边界条件，即用试验实测的主缆外表面温度值。计算基本参数和边界条件见表 2-2-34。

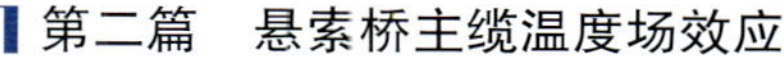

计算基本参数及边界条件　　表 2-2-34

项　目	工　况　1	工　况　2
直径（m）	0.38	0.38
环境温度（℃）	23.70	22.70
定性温度（℃）	44.50	91.00
主缆表面温度（℃）	34.70	53.30

实际计算结果如图 2-2-41 所示，温度实际测试值和计算值对比见表 2-2-35 和表 2-2-36 所示。

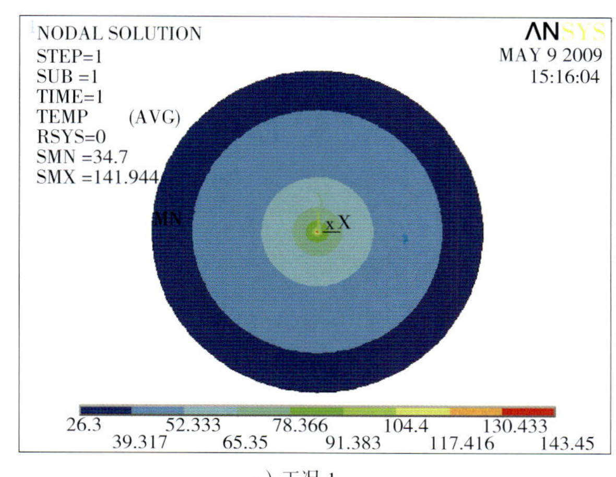

a）工况 1

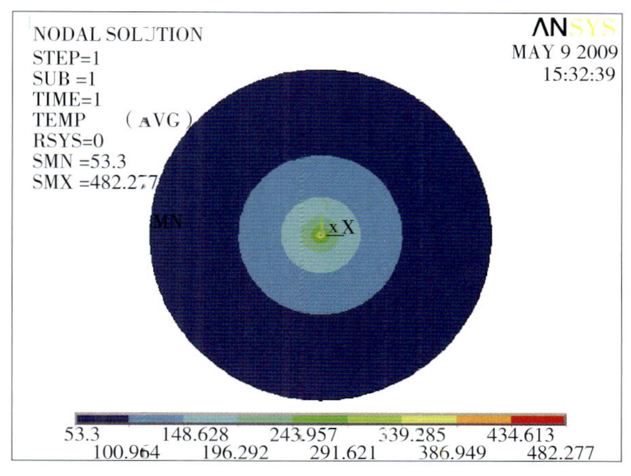

b）工况 2

图 2-2-41　主缆计算温度分布图

工况 1 测试结果与仿真计算结果对比（℃）　　表 2-2-35

测点位置半径 *R*（m）	计　算　值	实　测　值	误差（%）
0.05	56.28	55.25	-1.87
0.057	54.15	52.03	-4.08
0.1	45.07	44.21	-1.95
0.114	42.96	44.41	3.28
0.15	38.52	37.33	-3.19

工况 2 测试结果与仿真计算结果对比（℃）　　表 2-2-36

测点位置半径 *R*（m）	计　算　值	实　测　值	误差（%）
0.05	135.91	130.72	-3.97
0.057	127.75	122.17	-4.57
0.1	93.00	91.74	-1.37
0.114	84.90	85.17	0.32
0.15	67.92	65.18	-4.20

比较表 2-2-35、表 2-2-36 中数据可知，实测值与计算值误差很小，在误差容许的范围内吻合良好。说明试验测试时已经达到了稳态，测试得到的表观导热系数是可信的，同时也说明仿真方法和试验结果是准确可靠的。

（三）主缆模型瞬态温度场计算验证

对实际测试得到的数据进行计算验证，由模型试验得到的表观热扩散系数和主缆表面换热系数，计算主缆在瞬态情况下的温度场。主缆与外界环境进行对流换热，忽略主缆对外热辐射散热，计算边界条件采用第一类边界条件，即用试验实测的主缆表面换热系数，这样既可以验证表观热扩散系数是否准确可信，也验证了表面换热系数的准确性。主缆计算模型和上节类似，采用温度单元 Plane55 建模，计算基本参数和边界条件，见表 2-2-37。

工况 1 为 112.7W/m，工况 2 为 451W/m。

计算基本参数及边界条件　　表 2-2-37

项　　目	工　况　1	工　况　2
直径（m）	0.38	0.38
空隙率（%）	19.5	19.5
环境温度（℃）	23.70	20.7
温度变化等级（℃）	2.4	9.1
截面初始温度（℃）	24.5	30.0
等效比热［J/（kg·K）］	508	508
等效密度（kg/m^3）	6 320	6 320

注：温度变化等级取瞬态计算的时段开始和结束时截面平均温度的差值。

温度实际测试值和计算值对比见表 2-2-38 和表 2-2-39，主缆的瞬态温度场计算结果如图 2-2-42~图 2-2-47 所示。

工况 1 主缆温度实测值及仿真分析结果对比　　表 2-2-38

加热时间（h）	1			5			10		
测点半径 *R*/（m）	计算值	实测值	误差（%）	计算值	实测值	误差（%）	计算值	实测值	误差（%）
0.05	25.9	28.6	9.4	35.1	39.3	10.6	39.6	44.9	11.9
0.057	25.4	26.6	4.2	32.9	36.4	9.6	38.1	42.0	9.3
0.1	24.6	24.7	0.4	27.3	29.8	8.5	31.6	35.0	9.6
0.114	24.5	24.4	–0.6	25.8	26.3	1.9	30.9	33.7	8.2
0.15	24.5	24.4	–0.4	25.1	26.6	5.8	28.8	31.1	7.4
0.19	24.5	24.7	1.1	24.8	26.4	5.9	26.4	29.7	11.2

工况 2 主缆温度实测值及仿真分析结果对比　　表 2-2-39

加热时间（h）	1			5			10		
测点半径 *R*/（m）	计算值	实测值	误差（%）	计算值	实测值	误差（%）	计算值	实测值	误差（%）
0.05	44.1	49.5	10.9	85.0	95.4	10.9	97.4	108.8	10.5
0.057	39.1	43.5	10.1	78.2	85.8	8.8	89.9	99.5	9.6
0.1	31.7	32.0	0.9	52.5	57.2	8.2	64.5	70.8	8.9
0.114	31.0	31.2	0.6	48.3	51.8	6.7	60.5	64.5	6.3
0.15	30.2	30.1	–0.5	37.3	40.0	6.6	47.0	50.5	7.0
0.19	29.8	29.4	–1.4	35.2	35.5	0.9	40.9	43.0	5.0

由表 2-2-38、表 2-2-39 中结果可见，计算结果比实测值小，最大误差基本在 10%以下。考虑到瞬态测试误差和计算误差，存在的误差在容许的范围内。该计算也同时验证了试验测试的自然对流条件下换热系数的准确性。

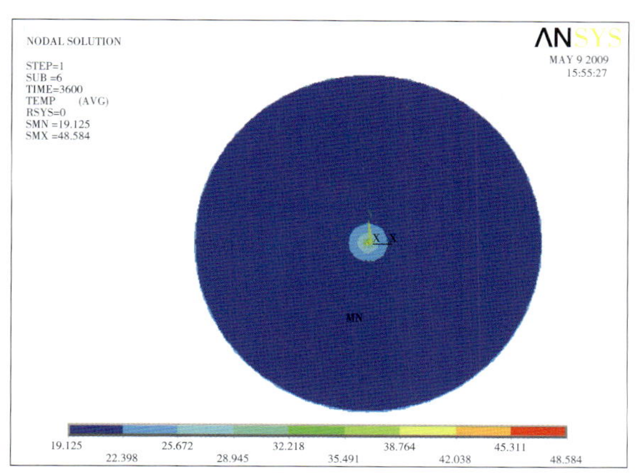

图 2-2-42　工况 1 加热 1h 温度场分布

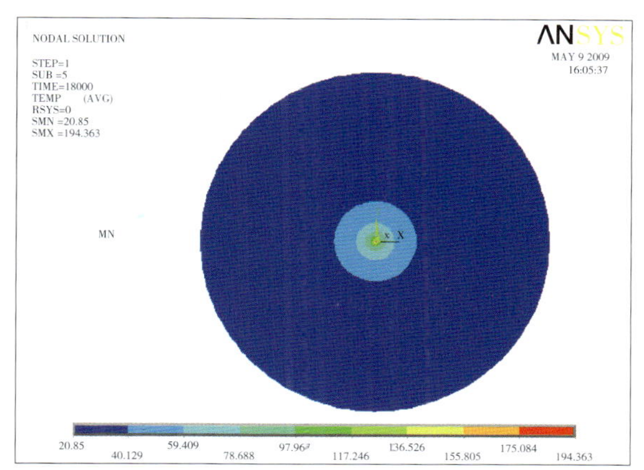

图 2-2-43　工况 1 加热 5h 温度场分布

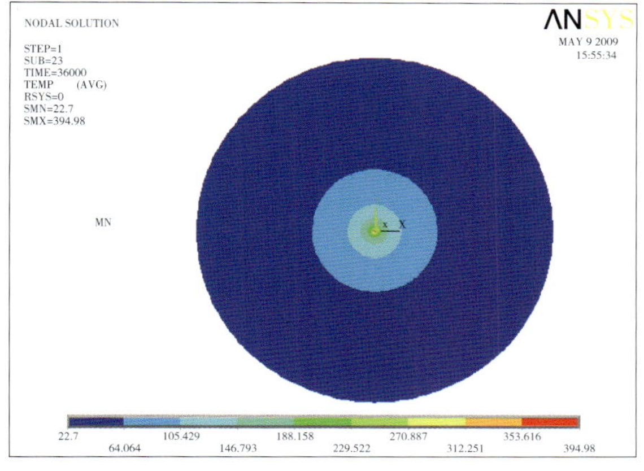

图 2-2-44　工况 1 加热 10h 温度场分布

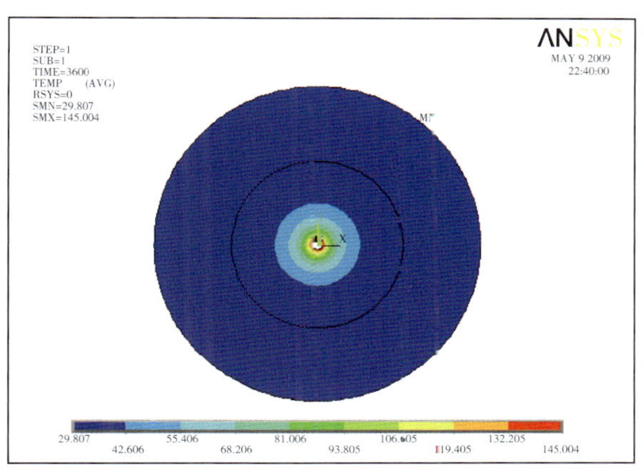

图 2-2-45　工况 2 加热 1h 温度场分布

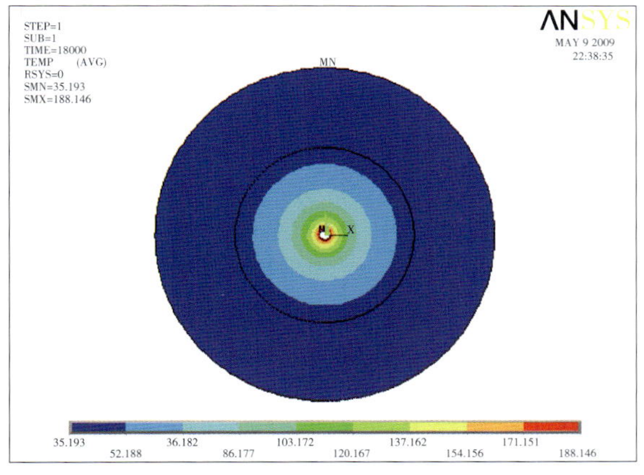

图 2-2-46　工况 2 加热 5h 温度场分布

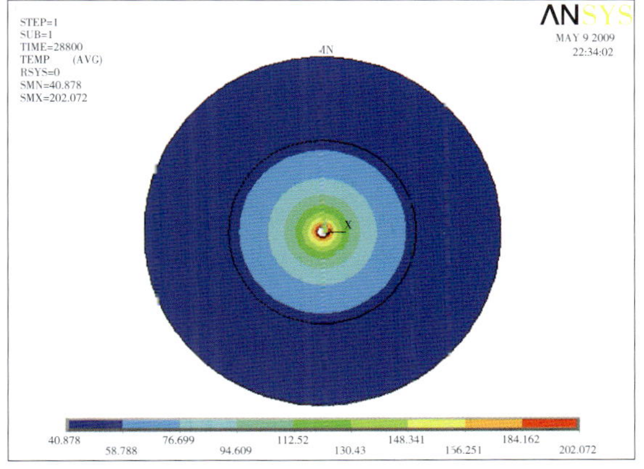

图 2-2-47　工况 2 加热 10h 温度场分布

综上所述，计算模型与实际结构基本吻合，计算假定是合理的，结果是可信的。

五、影响主缆热物性参数的因素分析

（一）主缆结构对热物性参数的影响

主缆结构对热物性参数的影响，主要表现在主缆的空隙率大小，以及主缆本身结构的均匀性上。测试结果表明，空隙率的大小对主缆的导热系数和热扩散系数有一定的影响，如表 2-2-40 所示。

主缆空隙率与热物性参数关系　　表 2-2-40

编　　号	空　隙　率	导热系数 λ [(W/ (m · ℃)]	热扩散系数 α (cm^2/h)
模型 1	19.50%	1.14	14.0
模型 2	17.10%	1.34	12.5

从表 2-2-40 中结果可见，随着空隙率的减小，导热系数变大而热扩散系数有所变小，考虑到瞬态测试及计算误差，可以认为，空隙率对表观热扩散系数的影响可忽略。

主缆结构的不均匀对局部测试结果有较大影响，当主缆空隙率一定时，由于实测的表观热物性参数是整个主缆截面的平均值，故主缆结构本身的不均匀性对测试的表观参数影响不大，且由于实际主缆结构的空隙率变化范围不大，一般在 18% ~20%之间，故可认为空隙率对主缆的热物性参数影响不大，可忽略。

（二）温度对热物性参数的影响

对于导热系数，分析表明，温度对导热系数的影响很小，在 3%以下，可以忽略不计。温度对热扩散系数有一定影响，测试结果显示随着截面平均温度变大，热扩散系数有所降低。

主缆截面的温度场与导热系数、主缆表观比热容、密度及表面换热系数相关，其中，主缆的表观比热容和导热系数对温度场的影响最大。并且，有些热物性参数本身是温度的函数。实际温度的影响已经在热物性参数的表达式中给出，实际应用时需要注意其参考温度的含义。

（三）试验数据处理及准则方程式计算

计算每种工况下的准数

$$\mathrm{N_u}=\frac{ud}{\lambda_0}$$

式中：d——定性尺寸，对本试验取 0.38，m；

λ_0——空气导热系数，W/ (m · K)。

$$\mathrm{Pr}=\frac{\nu}{\alpha}$$

式中：α——空气热扩散系数，W/ (m · K)。

$$\mathrm{Gr}=\frac{g\Delta t\beta d^3}{v^2}$$

式中：v——空气运动黏度，m^2/s；

$\Delta t=t_w-t_f$；

β——空气膨胀系数，K^{-1}。

计算结果如表 2-2-41 所示。

格拉斯霍夫数计算　　表 2-2-41

项　　目	工　况　1	工　况　2	工　况　3
努赛尔数 Nu	40.09	43.46	69.57
普朗特数 Pr	0.71	0.70	0.70
格拉斯霍夫数 Gr	93 292 247.93	233 509 616.87	248 160 319.96

根据相似理论，对于自然对流换热，努赛尔数 Nu 是格拉斯霍夫数 Gr、普朗特数 Pr 的函数，即 Nu=f (GrPr)，可表示成

$$\mathrm{Nu}=c\,(\mathrm{GrPr})^{n} \tag{2-2-50}$$

把求得的数据标在坐标轴上，可以得到以 lg（Nu）为纵坐标，以 lg（GrPr）为横坐标的一条直线，此直线的斜率为 n，截距为 lg$c$、n 及 lg$c$ 用最小二乘法计算。

由

$$\lg Nu=\lg c+n\lg(GrPr) \tag{2-2-51}$$

可得准则方程 $Nu=c(GrPr)^n$ 的具体形式。

计算得到的准则方程为

$$y=0.385x-1.41 \tag{2-2-52}$$

可得 c=0.04，n=0.385。

故对于主缆结构，在自然对流状态下的准则方程为

$$Nu=0.04\times(GrPr)^{0.385} \tag{2-2-53}$$

表 2-2-42 为大空间自然对流下常数 c、n 的经验取值。由表 2-2-42 可见，测试主缆试验的格拉斯霍夫数 Gr 较小，处于层流阶段。

大空间自然对流下常数 c、n 的经验取值　　表 2-2-42

流动情况示意	流　态	系数 c 及指数 n		Gr 数适用范围
		c	n	
	层流过渡湍流	0.59	1/4	1.43×10^4~3×10^9
		0.029 2	0.39	3×10^9~2×10^{10}
		0.11	1/3	>2×10^{10}
	层流过渡湍流	0.48	1/4	1.43×10^4~5.76×10^8
		0.016 5	0.42	5.76×10^8~4.65×10^9
		0.11	1/3	>4.65×10^9

针对主缆结构，该准则方程具有一定参考价值，自然对流下通过试验数据整理的准则方程如图 2-2-48 所示。应用时需要严格遵守准则方程的适用条件（如关于定性温度的假设和主缆未防护状态的表面）。

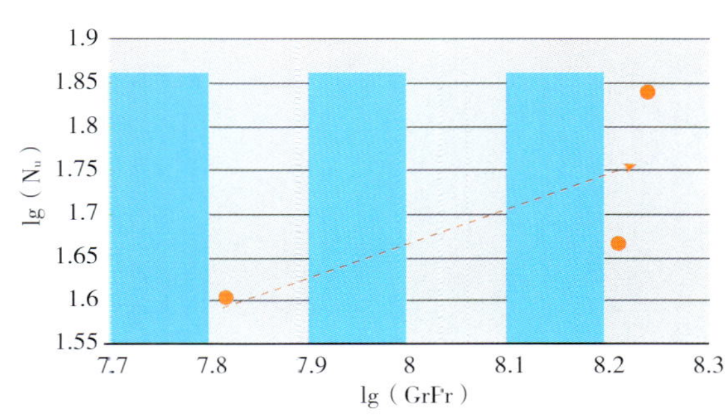

图 2-2-48　自然对流下的准则方程曲线

六、主缆模型热物性参数

遵循传热学理论和实验传热学方法，按照相似理论设计主缆模型，使主缆模型在试验条件下传热特性为径向一维结构，通过对设计直径为 380mm 的模型 1 和设计直径为 525mm 的模型 2 两种规格主缆不同加热功率的三个试验工况热试验，并对主缆模型的一系列热物性参数（表观热传导系数、表观热扩散率、自然对流下的表面换热系数）进行稳态测试和瞬态测试，对测试得到的数据进行分析和计算，主缆模型这种复合材料在室温下的热物性参数如下：

（1）主缆模型截面的平均表观导热系数

$$\lambda=1.2\text{W/(m}\cdot℃)$$

（2）主缆模型截面的平均表观热扩散系数

$$\alpha=13.3\mathrm{cm^2/h}=3.7\times10^{-7}\mathrm{m^2/s}$$

（3）表面未防护的主缆模型在自然对流条件下的平均表面换热系数和准则方程式

$$u=3.14\mathrm{W/(m^2\cdot K)}$$

$$N_u=0.04\times(GrPr)^{0.385}$$

（4）主缆模型毕奥数 B_i

$$B_i=\delta h/\lambda=0.112\,7\mathrm{m}\times(3.14\sim24)\mathrm{W/(m^2\cdot K)}/1.2\mathrm{W/(m\cdot ℃)}=0.3\sim2.3$$

目前，主缆结构的热物性参数测试国内尚属空白，国外，日本曾进行类似的试验。通过计算验证以及同国外相关试验结果的对比分析，认为模型试验得到的主缆各热物性参数结果数据是准确可信的。另外，由于主缆模型材料和空隙率都与实桥及规范相一致，因此，测试热物性参数可作为后续工作的基础，也可用于我国悬索桥主缆温度场计算分析。

第三章　主缆温度场计算方法

第一节　主缆模型室外环境下的温度场测试

模型室外试验分为武汉地区室外试验和重庆鱼嘴长江大桥桥址处试验两部分。其中，武汉地区室外试验分为裸索模型和表面防护模型两个状态试验，重庆鱼嘴大桥现场试验为表面防护模型的试验测试。

室外模型试验系统包括以下几个系统：

（1）主缆模型系统。

（2）温度测试系统。高精度温度传感器、温度巡检仪和温度数据记录处理系统。

（3）太阳辐照度测试系统。太阳辐射传感器和太阳辐射记录仪以及相应采集分析软件。

图 2-3-1 和图 2-3-2 分别为武汉地区室外试验裸索模型和表面防护模型照片，图 2-3-3 为太阳辐射记录仪和传感器。

图 2-3-1　裸索模型室外试验（武汉地区）

图 2-3-2　表面防护模型室外试验（武汉地区）

图 2-3-3　太阳辐射记录仪和传感器

一、主缆模型在武汉地区室外环境下的温度场测试

（一）室外试验基本情况

1. 试验条件

在武汉地区的主缆模型试验时间从 2009 年 6 月一直持续到 2009 年 7 月。主缆模型分为未防护和防护后两种情况。模型的主缆表面防护按实桥进行，具体的防护过程如下：

（1）表面清洗；

（2）9501B 密封膏填满主缆缝隙，平均厚度为 3 000μm；

（3）主缆缠丝；

（4）清洗缠丝后挤出 9501B 及油污、灰尘；

（5）环氧云铁底漆厚度为 80μm（每道为 40μm，共两道）；

（6）HM106 密封剂共四道，平均厚度为 2 500μm；

（7）聚氨酯面漆（红色）共两道，厚度为 80μm。

2. 天气状况

试验测试从 2009 年 6 月 15 日持续到 2009 年 7 月 23 日，一共测试了近 40d，测试条件包括了主缆未防护状态和防护状态下在晴天、多云、阴天及雨天情况的测试。具有代表性的测试天气状况见表 2-3-1。

部分测试时间段天气状况　　表 2-3-1

日　期	最高温度（℃）	最低温度（℃）	白天上午天气情况	白天下午天气情况	夜间天气情况	午间风向及蒲福风级
2009-06-16	34.9	27.9				东南风 1~2 级
2009-06-17	34.4	28.5				东南风 2 级
2009-06-18	34.8	28.1		转		东南风 1 级
2009-06-22	34.5	28.6				东南风 1~2 级
2009-06-23	35.1	24.7				东南风 1 级
2009-06-24	36.3	27.4				东南风 1~2 级
2009-06-25	29	21				东南风 2 级
2009-07-03	32.7	23.2				东南风 2 级

续上表

日　期	最高温度（℃）	最低温度（℃）	白天上午天气情况	白天下午天气情况	夜间天气情况	午间风向及蒲福风级
2009-07-04	31.9	23.7				东风 2 级
2009-07-05	34.3	27.8				东北风 2 级
2009-07-06	34.6	27.4				西南风 2 级
2009-07-07	34.5	28.2				东北风 2 级
2009-07-08	35.2	29.2				东风 2 级

3. 温度测点布置

试验模型的温度测点布置与室内试验布置一致，在模型纵向布置两个截面，即在主缆模型纵向的 1/2 和 1/4 截面处。1/2 截面处一共布置 28 个测点，1/4 截面处一共布置 11 个测点，详细的测点布置见图 2-3-4。

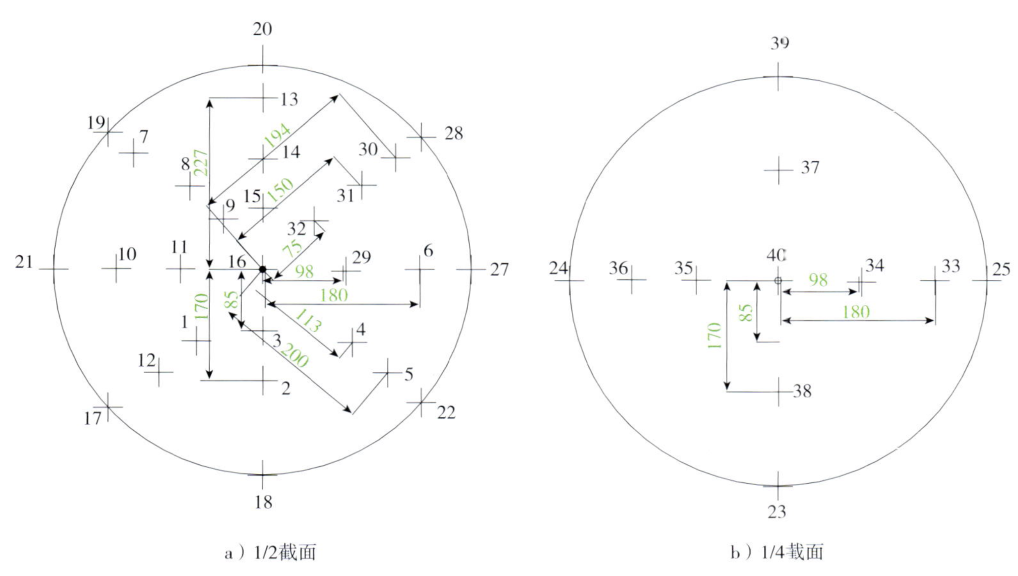

a）1/2截面　　b）1/4截面

图 2-3-4　试验模型温度测点布置图（武汉地区）（尺寸单位：cm）

4. 典型实测温度时程和太阳辐照量

图 2-3-5 为模型测点实测温度时程变化曲线，图 2-3-6 和图 2-3-7 为实测日太阳辐射量和辐射度变化曲线。

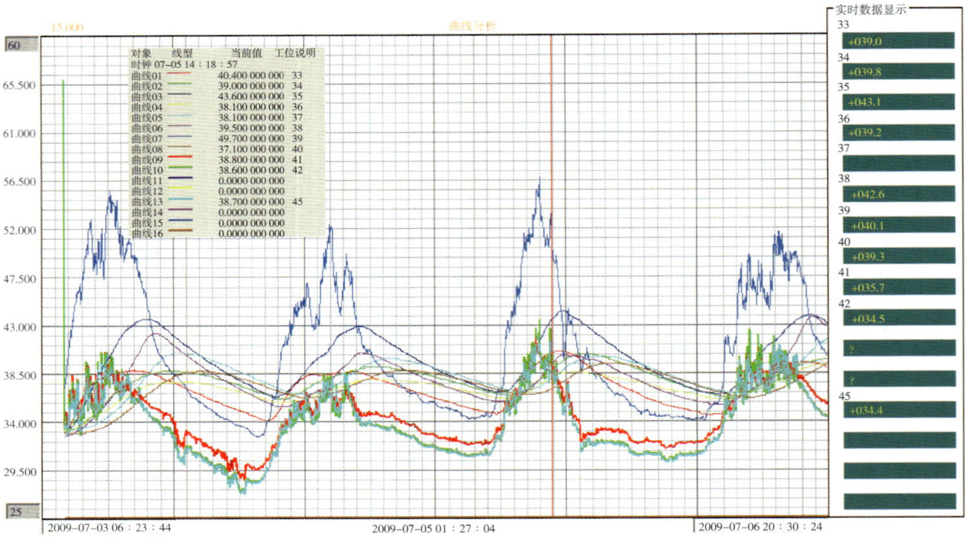

a）

b）

c）

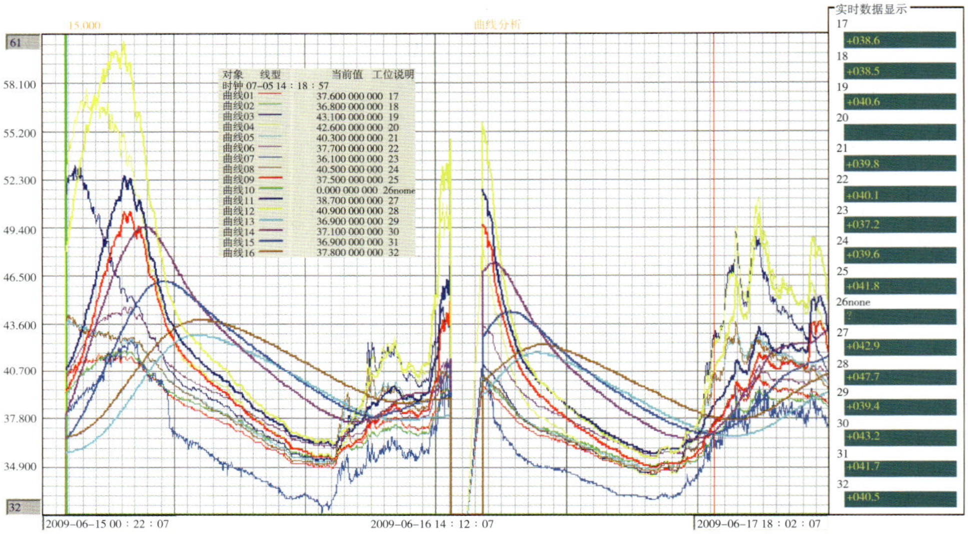

图 2-3-5

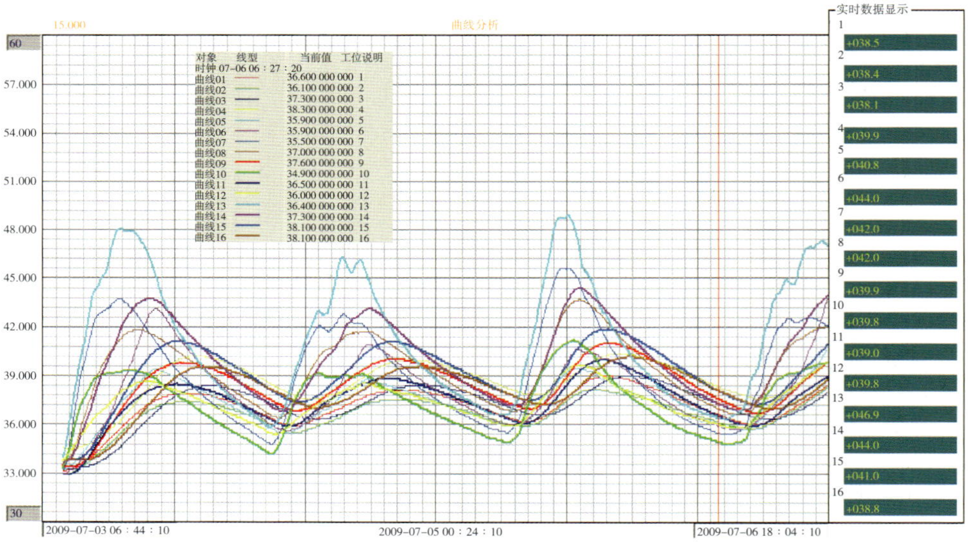

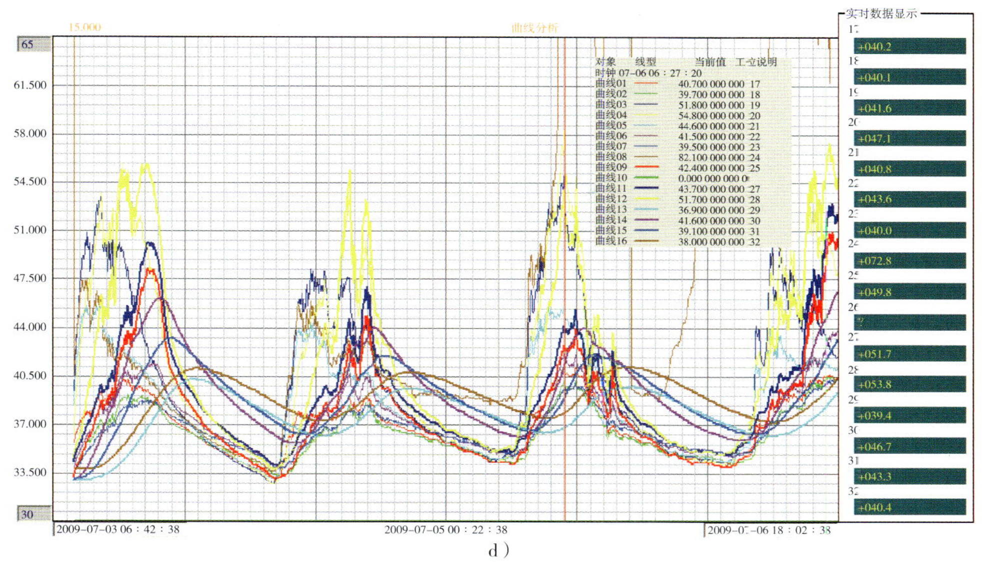

d）

图 2-3-5　实测“时间—温度”变化图

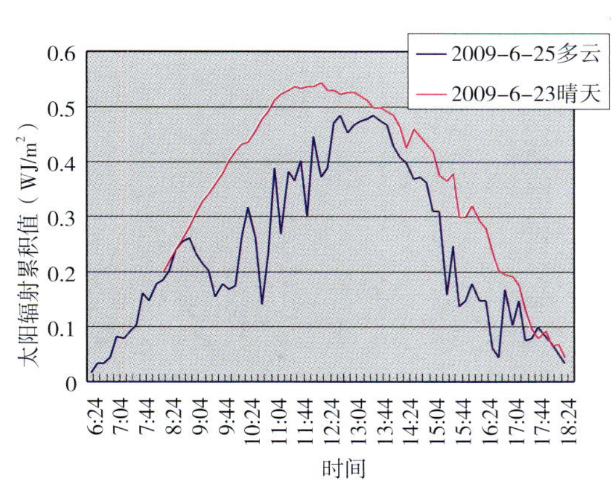

图 2-3-6　实测日太阳辐射量变化

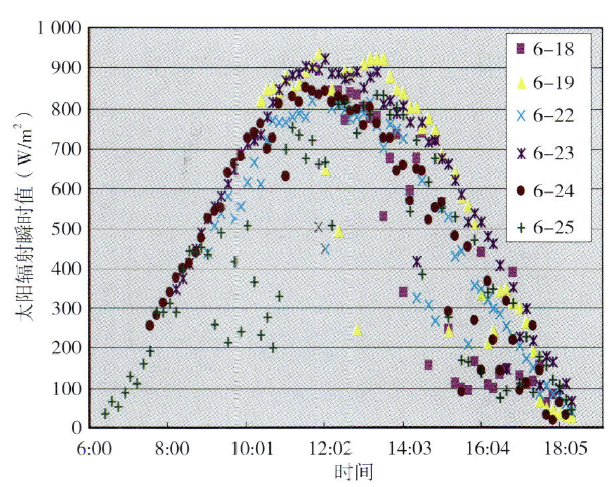

图 2-3-7　实测日太阳辐射度变化

（二）测点温度—时间变化测试结果分析

根据实测数据，绘制了晴天天气（2009 年 6 月 23 日）、多云天气下（2009 年 6 月 25 日）下的主缆各测试截面各测点温度时程曲线，见图 2-3-8 和图 2-3-9。

通过测试得到以下结论：

（1）测试期间，晴天（最大日太阳辐射强度 950W/m² 左右，日最大太阳辐射量 0.54MJ/m² 左右）主缆最高温度和最低温度均发生在主缆表面，表面最高温度为 63.8℃、表面最低温度为 34.2℃，环境温度最高为 43℃，最低为 27.8℃。多云情况下温度均小于晴天情况。

（2）主缆温度场在 11：00~17：00 时段内变化剧烈；在 22：00~08：00 时间段内，温差较小且较稳定；该测试结论与实桥现场测试结论一致。

（3）晴天时主缆截面最高温度出现在当地时间 14：00 左右，与环境最高温度出现时刻基本一致，位置在上部迎阳面；主缆轴心温度滞后环境温度 10~12h。

（4）主缆 1/4 截面和 1/2 截面处的温度变化情况一致，截面在内部温度变化缓和，表面温度变化剧烈；两个不同位置的截面在同半径处的测试温度有一定差别，表面温差小，内部温差大，且在

12：00~18：00 时间段差别最大，说明主缆模型在纵向的结构差别（空隙率等）对内部的温度场有较大影响。

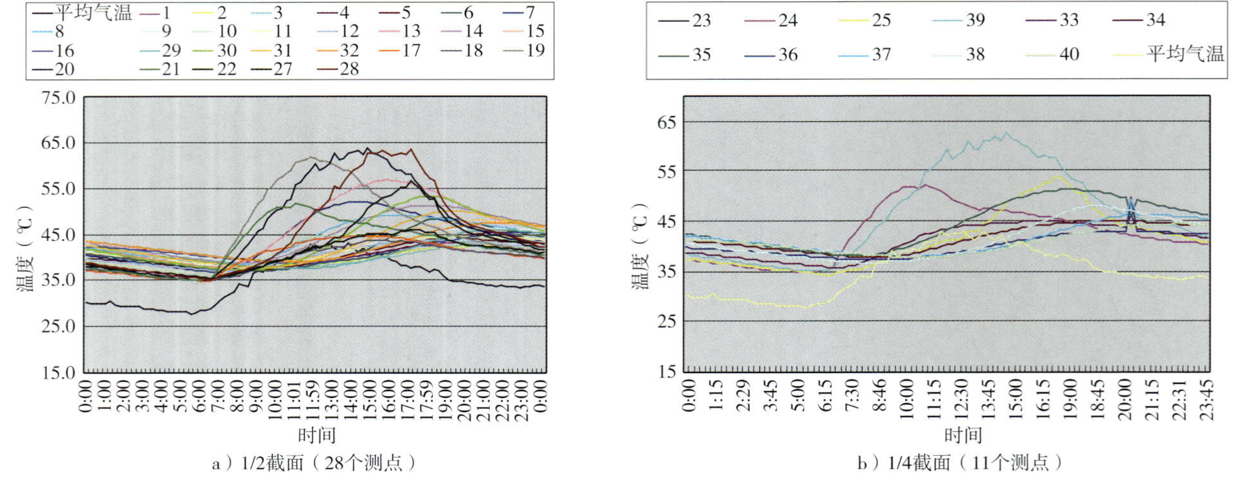

a）1/2截面（28个测点）　b）1/4截面（11个测点）

图 2-3-8　各测点温度—时间变化（2009 年 6 月 23 日）

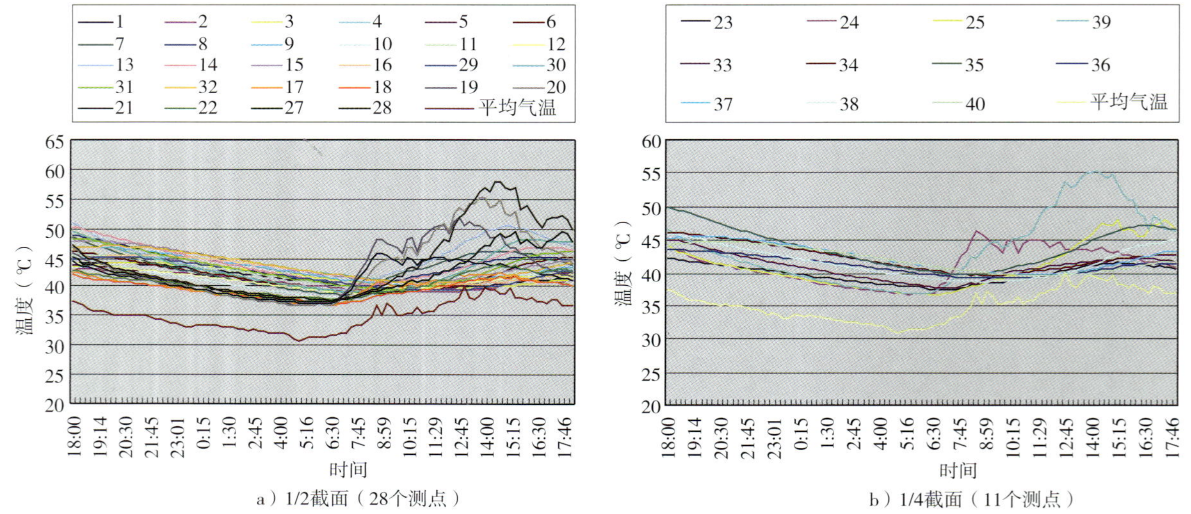

a）1/2截面（28个测点）　b）1/4截面（11个测点）

图 2-3-9　各测点温度—时间变化（2009 年 6 月 25 日）

（5）晴天与多云情况下主缆的温度分布基本一致，晴天的表面温度值稍大，多云天气下由于太阳辐射的间歇性，导致主缆表面的温度差异明显。

（三）主缆截面平均温度测试结果分析

图 2-3-10 和图 2-3-11 为不同天气下的主缆截面平均温度变化曲线，可以看出：

（1）主缆表面平均温度与环境温度变化基本一致，而内部平均温度变化比环境温度滞后 1~2h。

（2）在 18：30~7：30 时间段，主缆表面的平均温度比内部平均温度低 3~4℃，而在 7：30~18：30 时间段，主缆表面的平均温度比内部平均温度高，差值大小与太阳辐射量成正比，最大在 12：00~14：00 时间段，晴天（最大日太阳辐射强度 950W/m^2 左右，日最大太阳辐射量 0.54MJ/m^2 左右）达到 8℃；多云情况下达到 5℃。

（3）夏季晴天（条件同上）当全天环境最大温差为 15.3℃时，截面平均温度在全天的最大温差为 11.3℃，比环境最大温差稍小。

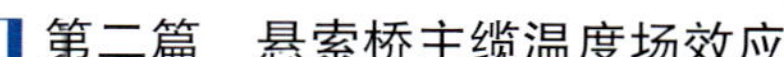

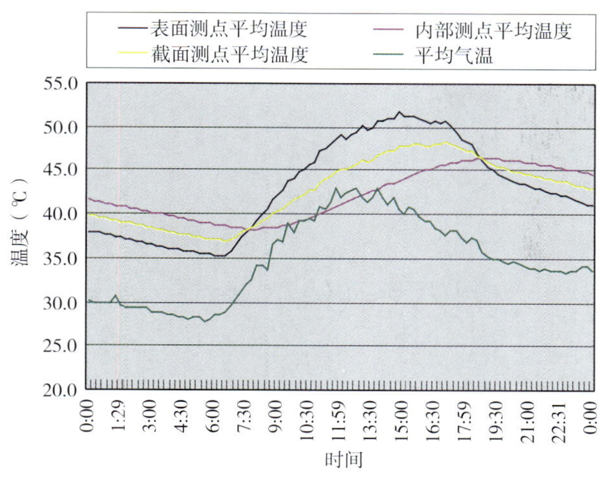

图 2-3-10 1/2 截面处测点平均温度（2009 年 6 月 23 日）

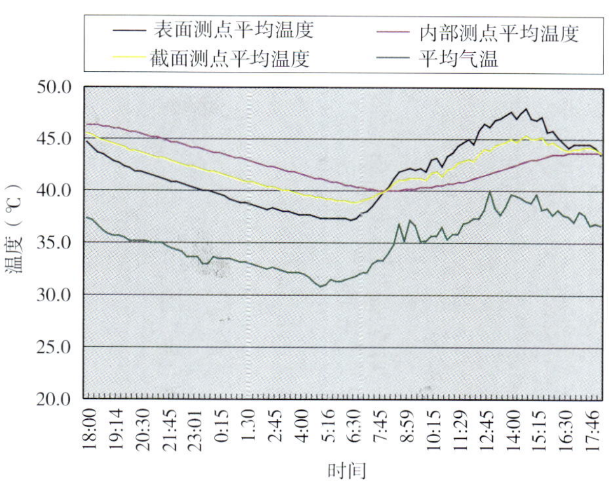

图 2-3-11 1/2 截面处测点平均温度（2009 年 6 月 25 日）

（四）测试截面温差分析

截面温差分为表面温差与整个截面最大温差分析。根据实测数据绘制了主缆 1/2 截面的温差图（图 2-3-12），主缆各表面处各测点在不同天气下的最大温差时程如图 2-3-13 和图 2-3-14 所示。

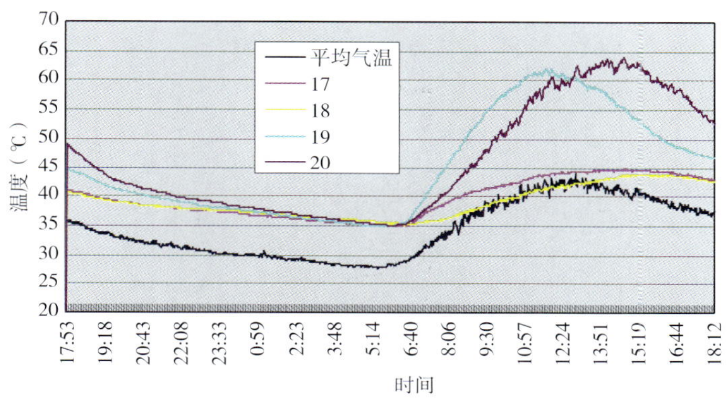

图 2-3-12 （晴天）表面测点与环境温度（2009 年 6 月 23 日）

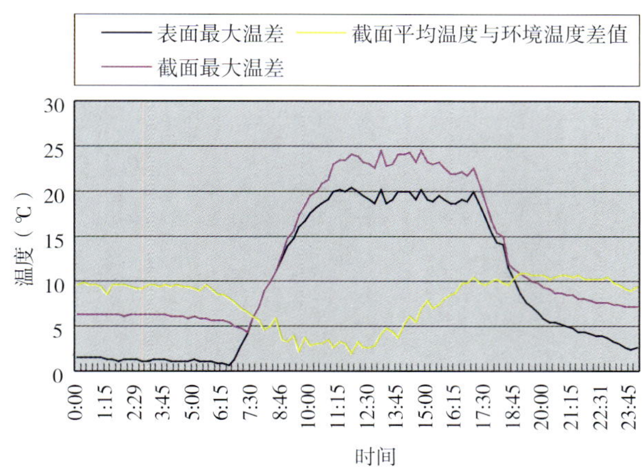

图 2-3-13 （晴天）测点最大温差时程图（2009 年 6 月 23 日）

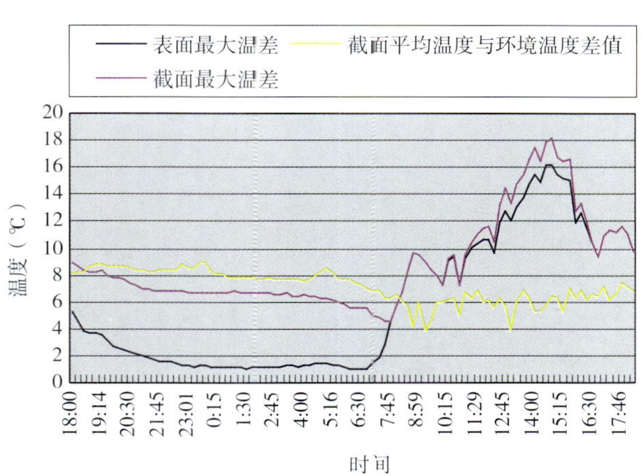

图 2-3-14 （多云）测点最大温差时程图（2009 年 6 月 25 日）

通过图 2-3-13、图 2-3-14 可知：

（1）在 12：00~15：00 时间段，是整个截面温差最大的时刻；主缆截面的最大温差在晴天（最大日

太阳辐射强度 950W/m² 左右，日最大太阳辐射量 0.54MJ/m² 左右）达到 24.5℃，多云情况下达到 18.1℃。

（2）主缆表面最大温差与截面的最大温差变化趋势一致，总体小 5℃左右。

（3）主缆截面平均温度与环境温度呈非线形变化，差值随着天气和时间段的不同而不同，在白天差值较小，晚上差值大，在 11：00~13：00 时间段差值最小，晴天（条件同上）约 3℃，多云情况下约 6℃；其他时间段均比环境温度高，晴天情况下高约 10℃，多云情况下高约 8℃。

从上述结果可总结得出武汉地区夏季主缆温度场具有以下特点：

（1）主缆最高温度和最低温度均发生在主缆表面，在不同环境下表面最高温度不同，大小主要与太阳辐照量有关。晴天时主缆截面最高温度出现在当地时间 14：00 左右，与环境最高温度出现时刻基本一致。

（2）主缆温度场在 11：00~17：00 时间段内变化剧烈；在 22：00~08：00 时间段内，温差较小且较稳定；在 12：00~15：00 时间段，是整个截面温差最大的时刻；主缆截面的最大温差在晴天（最大日太阳辐射强度 950W/m² 左右，日最大太阳辐射量 0.54MJ/m² 左右）达到 24.5℃，多云情况下达到 18.1℃。该测试结论与实桥现场测试结论一致。

（3）主缆在纵向的温度场受其在纵向的内部结构影响较大，且在主缆表面温差小，内部温差大，在白天 12：00~18：00 时间段差别最大。

（4）主缆截面平均温度与环境温度呈非线形变化，差值随着天气和时间不同而不同，在白天差值小，晚上差值大。

（5）主缆表面平均温度与环境温度变化基本一致，而内部平均温度变化比环境温度滞后 1~2h，主缆轴心温度滞后环境温度 10~12h；主缆表面最大温差与截面的最大温差变化趋势一致，总体小 5℃左右。

（6）在 18：30~7：30 时间段，主缆表面的平均温度比内部平均温度低 3~4℃，而在 7：30~18：30 时间段，主缆表面的平均温度比内部平均温度高，差值大小与太阳辐射量成正比，最大一般发生在中午 12：00~14：00 时间段。

二、主缆模型在重庆地区室外环境下的温度场测试

（一）试验测试过程

在重庆地区的试验测试时间为 2009 年 7—8 月，正值重庆极端高温天气，获得了宝贵的温度场资料，也为以后的理论分析奠定了基础。实桥现场模型试验如图 2-3-15 所示，典型夏季温度变化如图 2-3-16 所示，典型实测时间—温度变化图如图 2-3-17 所示，实测日太阳辐射量和辐射度变化曲线如图 2-3-18、图 2-3-19 所示。

图 2-3-15　实桥现场模型试验（重庆鱼嘴）

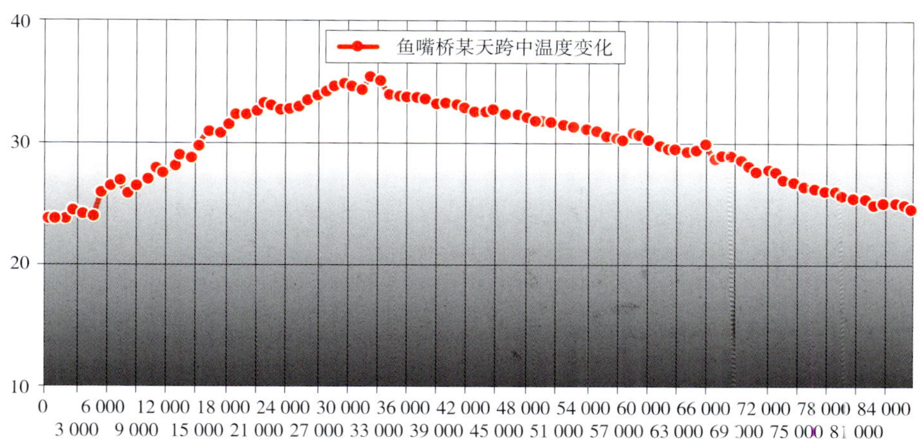

图 2-3-16　鱼嘴长江大桥典型夏季温度变化

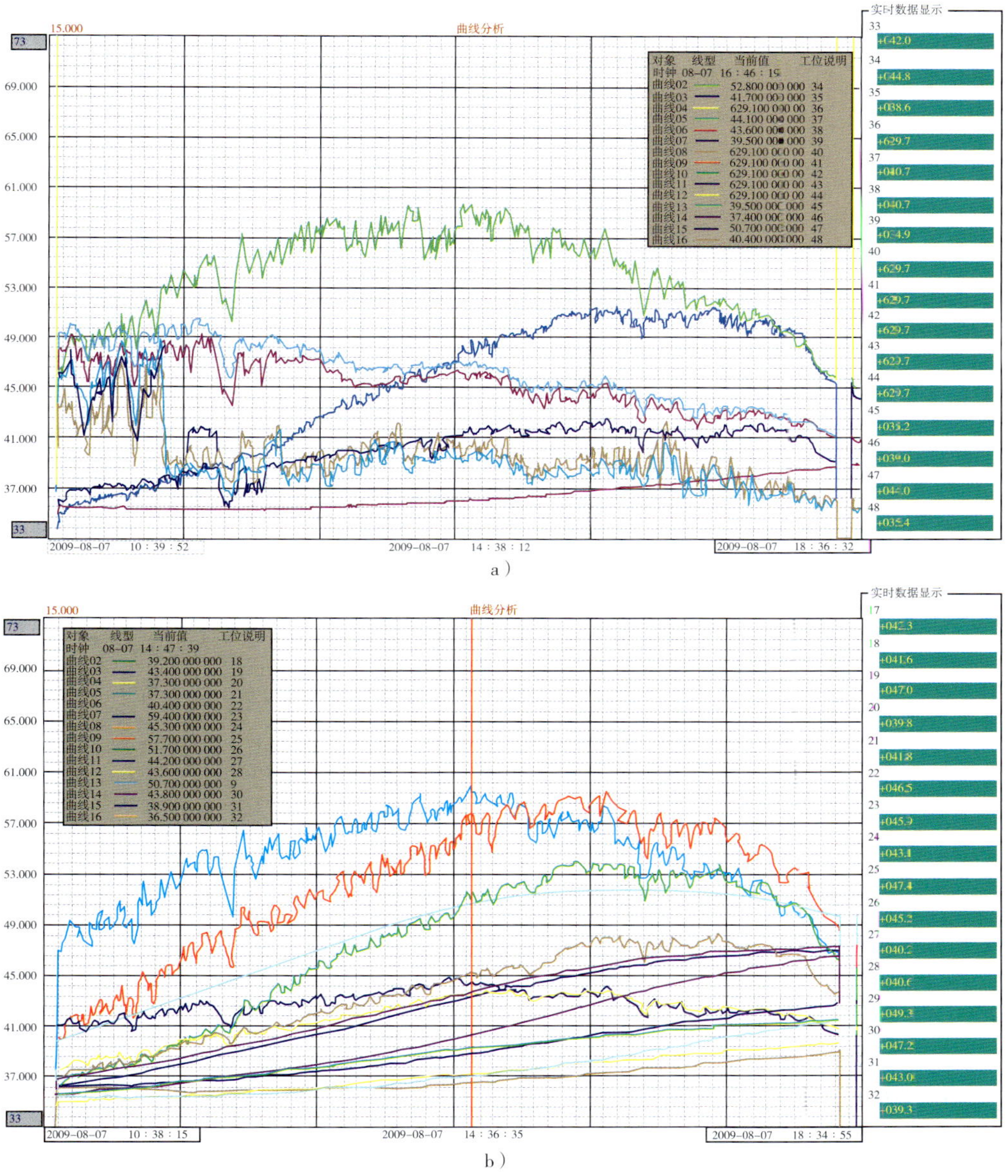

a）

b）

图 2-3-17　典型实测“时间—温度”变化图

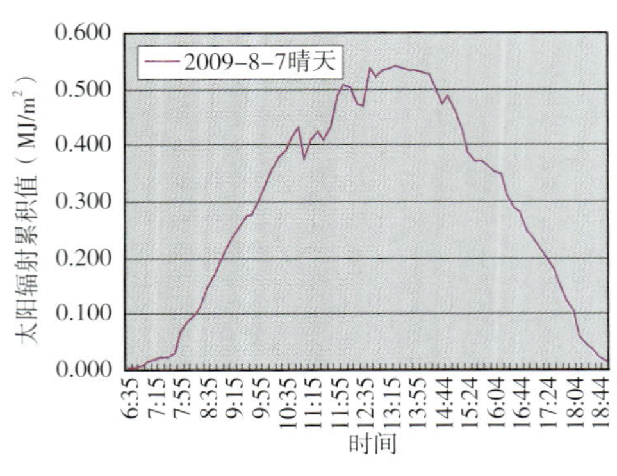

图 2-3-18 实测日太阳辐射量变化

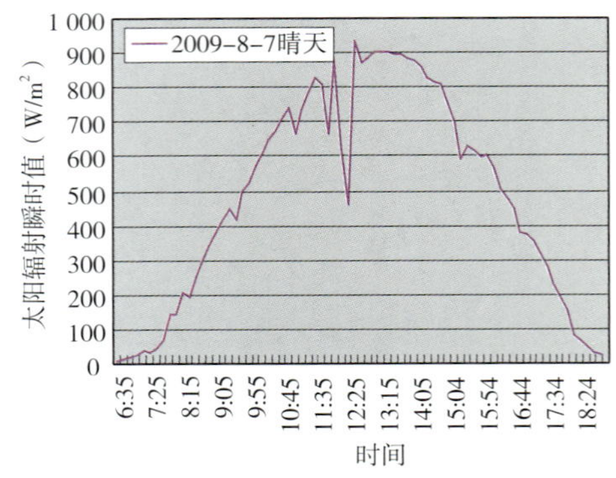

图 2-3-19 实测日太阳辐射度变化

（二）测点布置

在模型纵向布置两个截面，1/2 截面处一共布置 28 个测点，1/4 截面处一共布置 11 个测点，详细的测点布置见图 2-3-20。

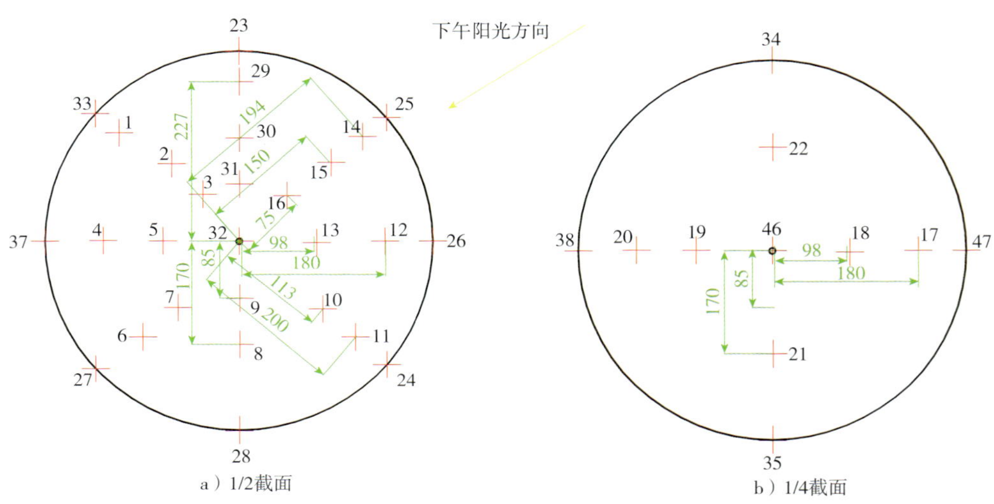

图 2-3-20 试验模型测点布置图（重庆地区）

（三）截面温度随时间变化规律

根据重庆地区不同时段的实测值，得到了不同时刻截面的温度分布情况，见图 2-3-21。

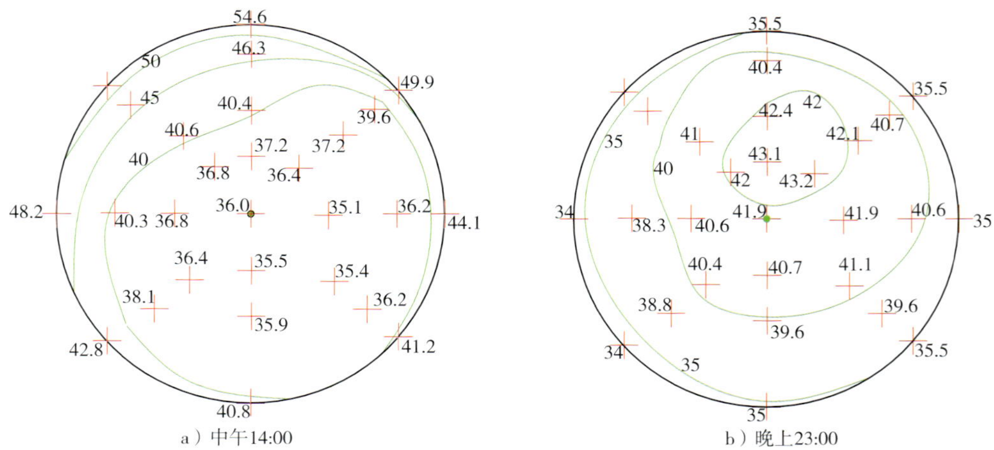

图 2-3-21 某晴天两个时间段主缆模型截面等温线

根据实测数据，绘制了晴天天气（2009 年 8 月 7 日）24h 的主缆各测试截面各测点温度时程曲线，见图 2-3-22 和图 2-3-23。

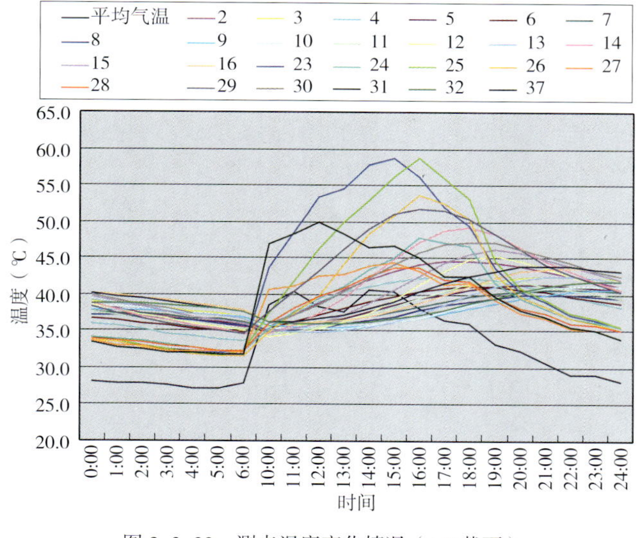

图 2-3-22 测点温度变化情况（1/2 截面）

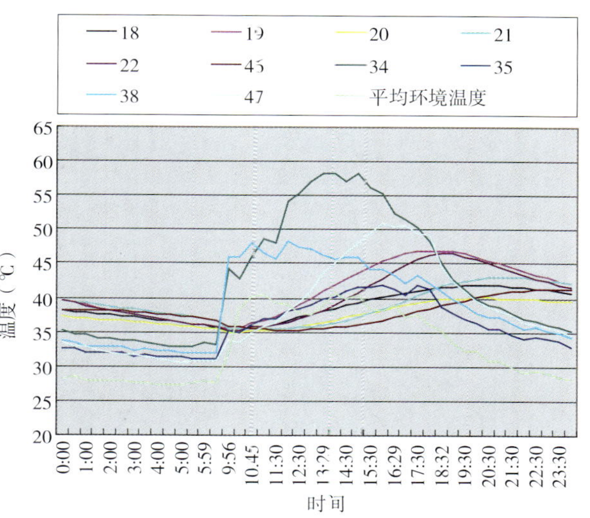

图 2-3-23 测点温度变化情况（1/4 截面）

从图 2-3-22、图 2-3-23 中可以看出：

（1）两个地区主缆截面的温度变化规律基本一致，主缆温度场在白天太阳辐射下变化剧烈；在午夜至早上日出前温差较小且较稳定。

（2）测试期间，晴天（最大日太阳辐射强度 950W/m^2 左右，日最大太阳辐射量 0.54MJ/m^2 左右）主缆最高温度和最低温度均发生在主缆表面，表面最高温度为 58.7℃，表面最低温度为 31.5℃，环境温度最高为 40.6℃，最低为 27.2℃。

（3）晴天时主缆截面最高温度出现在当地时间 14：00 左右，与环境最高温度出现时刻基本一致，位置在迎阳面。

（4）主缆 1/4 截面和 1/2 截面处的温度变化情况一致；两个不同位置的截面在同半径处的测试温度有一定差别（5℃以下），表面温差小，内部温差大，且在 12：00~18：00 时间段差别最大，说明主缆模型在纵向的结构差别（空隙率等）对内部的温度场有一定影响。

（四）主缆截面平均温度测试结果

图 2-3-24 为重庆地区的主缆截面平均温度时程测试结果，由此可以看出：

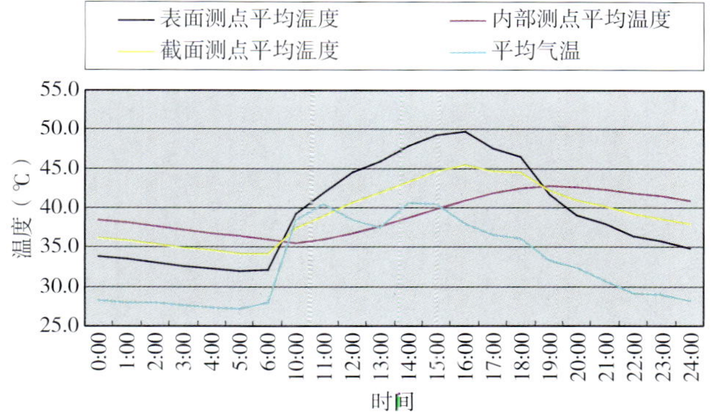

图 2-3-24 实测晴天 1/2 截面处测点平均温度时程图

（1）主缆表面平均温度与环境温度变化趋势基本一致，而内部平均温度变化滞后环境温度。

（2）在 18：30~7：30 时间段，主缆表面的平均温度比内部平均温度低 4~5℃，而在 7：30~18：30 时间段，主缆表面的平均温度比内部平均温度高，差值大小与太阳辐射量成正比，最大晴天（最大日太阳辐射强度 950W/m^2 左右，日最大太阳辐射量 0.54MJ/m^2 左右）达到 9.5℃。

（3）夏季晴天（条件同上）当全天环境最大温差为 13.4℃时，截面平均温度在全天最大温差为 11.3℃，比环境温差稍小。

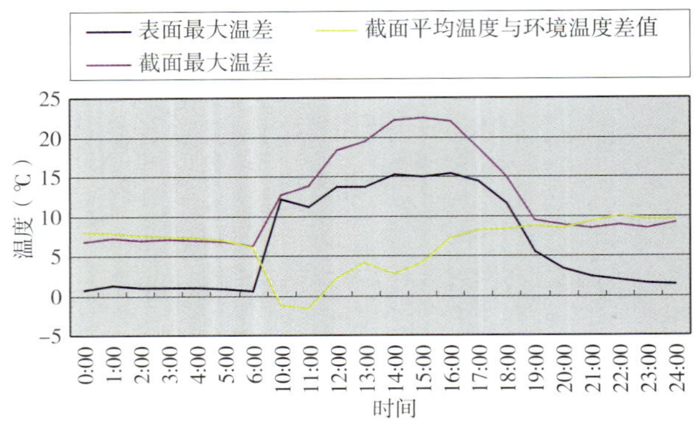

图 2-3-25 （晴天）表面测点与环境温度（2009 年 8 月 7 日）

（五）测试截面温差分析

截面温差分为表面温差与整个截面最大温差。根据实测数据绘制的 1/2 截面温差图如图 2-3-25 所示。

由图 2-3-25 可以看出：

（1）在 12：00~15：00 时间段，是整个截面温差最大的时刻；主缆截面的最大温差在晴天情况（条件同上）达到 22.5℃。主缆表面最大温差与截面的最大温差变化趋势一致，总体小 5~6℃。

（2）主缆截面平均温度与环境温度呈非线性变化，差值随着时间段不同而不同，在 11：00~13：00 时间段差值最小。

从以上结果可以得出重庆地区温度场具有以下特点：

（1）重庆地区与武汉地区主缆的测试温度场变化规律基本一致。

（2）主缆温度场在白天太阳辐射下变化剧烈；在午夜至早上日出前温差较小且较稳定；晴天时（最大日太阳辐射强度 950W/m^2 左右，日最大太阳辐照量 0.54MJ/m^2 左右）主缆截面最高温度出现在当地时间 14：00 左右，与环境最高温度出现时刻基本一致，位置在迎阳面；此时截面温差达到极值 22.5℃。

（3）主缆表面平均温度与环境温度变化基本一致，而内部平均温度变化比环境温度滞后 1~2h；主缆轴心温度滞后环境温度 10~12h；主缆表面最大温差与截面的最大温差变化趋势一致，总体小 5~6℃。

三、影响主缆温度场的因素

（一）武汉和重庆地区夏季晴天情况下太阳辐射量与实测点温度对比分析

图 2-3-26 给出了夏季两地晴天太阳辐射量情况。由于两地纬度基本一致，可以看出，两地在夏季的太阳辐照量大致相当，只是重庆地区在时间上由于时区原因而有所滞后。

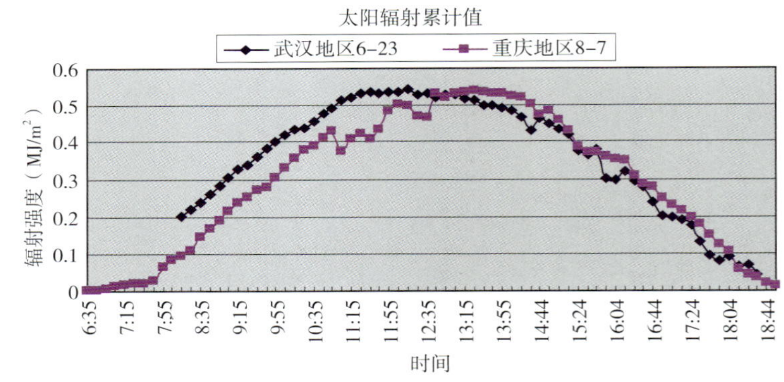

图 2-3-26 夏季两地某晴天太阳辐射量变化曲线

表 2-3-2 和图 2-3-27 给出了两地在晴天实测的温度，由这些结果可得出：

两地实测温度对比（℃） 表 2-3-2

地区	测点号	表面测点				内部测点			
		23	37	28	26	32	30	12	8
重庆地区	上午 9:00	43.6	47	36	34.8	36.3	36	34.2	35
	中午 12:00	54.6	48.2	40.8	44.1	36	40.4	36.2	35.9
	下午 15:00	56.3	45	43.6	53.6	37.2	45.8	41.3	37.8
武汉地区	上午 9:00	45.6	48	37.7	38	39.2	39	37	37.3
	中午 12:00	60.5	50.4	41.7	42.6	38.9	43.1	38.4	38.1
	下午 15:00	62.7	47	43.6	51.5	40.4	48.9	42.4	40

两个地区的测点在一天中温度变化趋势一致，且武汉地区的实测主缆表面温度稍高于重庆地区温度。主要原因除太阳辐射量略有差异外，还与主缆的表面防护状况有关，不过从影响大小来

看，差别不大。

（二）主缆截面温度分布规律

两地长期试验结果表明，影响主缆温度场分布的主要因素按影响的大小为太阳辐射量、环境温度、风速及地理位置。试验得到的一些基本规律如下：

（1）两个地区主缆的测试温度场变化规律基本一致。

（2）主缆在测试周期（24h）中，截面温度变化剧烈，对于不同的季节和天气情况，其差别也较大。主缆温度场在 22：00~08：00 时间段内，温差较小且较稳定。

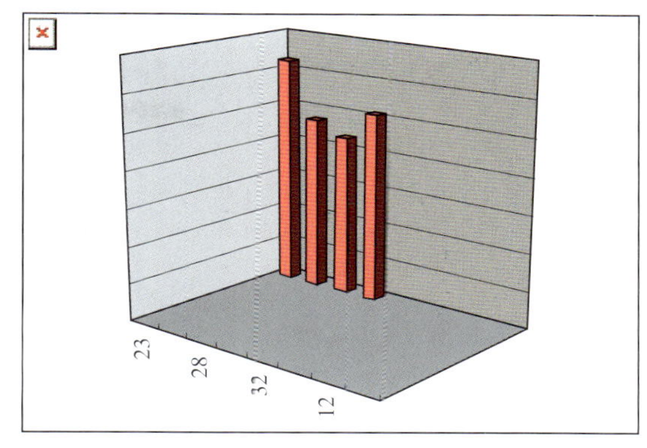

图 2-3-27　两地实测温度对比图

（3）主缆最高温度和最低温度均发生在主缆表面，在不同环境下表面最高温度不同，大小主要与太阳辐射量有关。晴天时（最大日太阳辐射强度 950W/m^2 左右，日最大太阳辐射量 0.54MJ/m^2 左右）主缆截面最高温度出现在当地时间 14：00 左右，与环境最高温度出现时刻基本一致。夏季主缆截面温度场变化明显，截面最大温差超过 20℃，主缆较准确的平均温度值建议采用全截面的平均值。

（4）随着热量向内部扩散，主缆芯部温度在日落后继续上升，而全天最低温度则出现在早上 6：00~8：00 时间段，落后环境最低温度 1~2h，位置在主缆截面中下部，此时截面温差最小，为 5℃左右；在 18：30~7：30 时间段，主缆表面的平均温度比内部平均温度低 3~5℃，而在 7：30~18：30 时间段，主缆表面的平均温度比内部平均温度高，最大发生在中午 12：00~14：00 时间段。

（5）主缆表面平均温度与环境温度变化基本一致，而内部平均温度变化比环境温度滞后 1~2h，随着向截面内部深入相位滞后越厉害，截面轴线的温度相位相对于环境温度滞后 10~12h；主缆截面平均温度与环境温度呈非线性变化，差值随着天气和时间不同而不同，在白天差值小，晚上差值大。

（6）主缆在纵向的温度场受其在纵向的内部结构影响较大；在外界环境一致的情况下，主缆在纵向表面温差小，内部温差大。

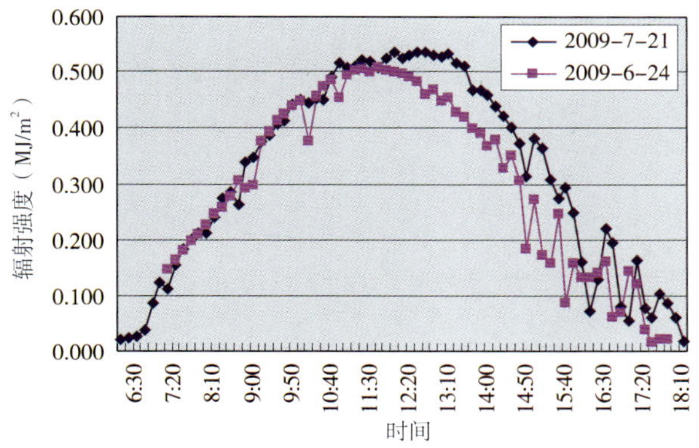

图 2-3-28　两天的太阳辐射对比

（7）夏季晴天（条件同上），主缆截面平均温度在全天的最大温差为 11.3℃，比环境最大温差稍小。

（三）表面防护对主缆温度的影响

图 2-3-28 给出了武汉地区在相同的天气下（多云）太阳辐射辐射量，主缆表面未防护和防护后测试温度对比情况。其中，2009 年 7 月 21 日时主缆为已经防护状态，而 2009 年 6 月 24 日为未防护状态。

从图 2-3-28 可见，在基本相同的天气下，两地实测的太阳辐射强度值和辐射量略有差别，在上午很吻合，而 12：00 以后 2009 年 6 月 24 日的太阳辐射强度小于 2009 年 7 月 21 日。表 2-3-3 给出了两天部分测点的温度实测值对比情况。

两天实测温度对比分析（℃）　　表 2-3-3

日　期	时　间	测点号										
		1	5	9	12	15	18	22	27	29	32	环境温度
2009-06-24	6：30	41.3	40.5	42.8	40	43.5	38.1	38.9	38.9	42.2	43.6	33.1
2009-06-24	6：59	41.1	40.3	42.6	39.9	43.3	38.1	38.8	39	42	43.4	33.7

续上表

日期	时间	测点号										
		1	5	9	12	15	18	22	27	29	32	环境温度
2009-06-24	7：30	40.9	40.2	42.3	39.9	43	38.4	39	39.2	41.8	43.2	35.3
2009-06-24	8：00	40.8	40.1	42.1	40.1	42.8	39.2	39.6	39.8	41.5	42.9	37.8
2009-06-24	8：30	40.7	40.1	42	40.4	42.6	39.6	39.8	39.9	41.3	42.7	39.6
2009-06-24	9：00	40.6	40.2	41.8	40.6	42.4	40.1	40.2	40.3	41.1	42.5	40.2
2009-06-24	10：00	40.7	40.5	41.8	41.3	42.3	41.4	41.5	41.7	40.8	42.2	43.6
2009-06-24	11：00	41	40.9	42	42.1	42.5	42.5	42.8	43.1	40.7	42.1	39.9
2009-06-24	11：59	41.4	41.5	42.6	42.8	43	43.1	43.8	44.3	40.7	42.2	44.1
2009-07-21	6：30	42.1	40.9	43.2	40.7	43.7	38	37.7	37.9	42.5	43.8	34.4
2009-07-21	7：00	42	40.7	43	40.6	43.4	38	38	38.1	42.3	43.6	34.7
2009-07-21	7：30	41.8	40.6	42.8	40.6	43.2	38.3	38.1	38.2	42.1	43.4	35
2009-07-21	8：00	41.6	40.5	42.6	40.7	43	39.1	38.8	38.8	41.9	43.2	36
2009-07-21	8：30	41.5	40.5	42.4	40.9	42.8	39.2	38.9	39	41.7	42.9	36.5
2009-07-21	9：00	41.4	40.5	42.3	41.2	42.6	40	39.6	39.6	41.5	42.7	37.2
2009-07-21	10：00	41.4	40.7	42.1	41.7	42.4	41	41.4	41.1	41.2	42.4	40.7
2009-07-21	11：00	41.6	41.1	42.2	42.2	42.5	42.7	42.8	42.6	41	42.2	42.6
2009-07-21	12：00	41.8	41.6	42.5	42.7	42.7	43.6	44.1	44	40.9	42.2	42.3
防护前后温度差值	6：30	-0.8	-0.4	-0.4	-0.7	-0.2	0.1	1.2	1	-0.3	-0.2	-1.3
	7：00	-0.9	-0.4	-0.4	-0.7	-0.1	0.1	0.8	0.9	-0.3	-0.2	-1
	7：30	-0.9	-0.4	-0.5	-0.7	-0.2	0.1	0.9	1	-0.3	-0.2	0.3
	8：00	-0.8	-0.4	-0.5	-0.6	-0.2	0.1	0.8	1	-0.4	-0.3	1.8
	8：30	-0.8	-0.4	-0.4	-0.5	-0.2	0.4	0.9	0.9	-0.4	-0.2	3.1
	9：00	-0.8	-0.3	-0.5	-0.6	-0.2	0.1	0.6	0.7	-0.4	-0.2	3
	10：00	-0.7	-0.2	-0.3	-0.4	-0.1	0.4	0.1	0.6	-0.4	-0.2	2.9
	11：00	-0.6	-0.2	-0.2	-0.1	0	-0.2	0	0.5	-0.3	-0.1	-2.7
	12：00	-0.4	-0.1	0.1	0.1	0.3	-0.5	-0.3	0.3	-0.2	0	1.8

比较分析上午时刻的两天实测测点温度，其差别很小，可认为防护层对主缆温度场影响不大，即对主缆的传热基本无影响。

主缆作为一种热容很大的结构，对外界热响应相对较慢，而主缆的外防护材料由于厚度很薄，它对主缆的吸收和辐射热量的影响十分有限。当主缆在防护后与外界的热交换表面积有所减少，在太阳辐射下吸收的热流会有所减少，但由于防护后的主缆表面减少了与外界的对流换热损失，起到了一定保温作用，且表面相对未防护状态辐射吸收系数有所变大，从而弥补了热流的减少。综合起来，有无防护对夏季极端温度下整个主缆结构的传热影响甚微。

第二节　复杂环境下主缆传热数学模型

实际主缆作为各向异性结构，其在径向和轴向的热物理性质有差别。其沿主缆轴线方向的热物性参数取决于主缆钢丝材质和空隙率，实际热物性参数可根据相应的材质和空隙率进行适当修正得到。

如果主缆的热边界条件和初始条件确定，则根据传热学理论，主缆的温度场也将唯一确定。

一、主缆传热计算基本假定

（1）主缆传热计算模型采用第二部分中确定的主缆等效模型以及相应的试验测试的热物性参数值。

（2）主缆外部热边界条件在太阳辐射情况下为表面吸收太阳辐射热流（即到达地面上的直接辐射与散射辐射之和）和表面空气的对流换热，以及主缆表面对外辐射造成的热量损失，在剧烈降温情况下仅为主缆表面的温度变化。

（3）太阳辐射热与环境气温的波动周期均定为一天 24h。

（4）计算的初始条件通过试验实测值的归纳得到，取实际主缆截面温差最小的时刻以降低计算误差。

二、主缆传热参数的确定

（一）径向传热参数

根据第二章试验测试结果，得到的主缆径向的传热参数如下：

（1）主缆模型截面的平均表观导热系数

$$\lambda=1.2\text{W/（m·℃）}$$

（2）主缆模型截面的平均表观热扩散系数

$$\alpha=13.3\text{cm}^2\text{/h}=3.7\times10^{-7}\text{m}^2\text{/s}$$

（3）表面未防护的主缆模型在自然对流条件下的平均表面换热系数

$$u=3.14\text{W/（m}^2\text{·K）}$$

（二）轴向传热参数

主缆轴线方向的热物性参数取决于主缆钢丝材质和空隙率。根据主缆钢丝空隙率和材质，结合主缆基本构造和传热学理论，进行推导可得到主缆轴向的等效热物性参数。由于主缆的热扩散系数由导热系数和热容决定，而主缆热容为无方向性参量，因此只需要确定主缆的长度导热系数即可。

在主缆轴向，可以把材料看成由钢丝和空气组成，在常温常压下钢丝的导热系数 λ_1=50W/（m·℃），空气的导热系数 $\lambda_2=2.59\times10^{-2}$W/（m·℃）。假设主缆的空隙率为 P，则在主缆纵向的综合导热系数为

$$\lambda=\lambda_1（1-P）+\lambda_2 P$$

一般主缆空隙率在 18%~20%，则对应的轴向表观导热系数为

$$\lambda=（40\sim41）\text{W/（m·℃）}$$

若取主缆热容为 508J/（kg·K），则主缆模型轴向的平均表观热扩散系数为

$$\alpha=1.25\times10^{-5}\text{m}^2\text{/s}$$

三、主缆传热有限元计算模型和方法

（一）有限元计算方法

根据能量守恒原理，主缆结构的瞬态热平衡方程表达式为

$$[C]\{\dot{T}\}+[K]\{T\}=\{Q\} \tag{2-3-1}$$

式中：$[K]$——传导矩阵，包含导热系数、对流换热系数等；

$[C]$——比热矩阵；

$\{T\}$——节点温度向量；

$\{\dot{T}\}$——温度对时间的导数；

$\{Q\}$——节点热流率向量。

而非线性热下的热平衡矩阵方程为

$$[C(T)]\{\dot{T}\}+[K(T)]\{T\}=[Q(T)] \tag{2-3-2}$$

主缆横截面内的热量传导，可以认为是平面热传导问题，其非稳态热传导方程为

$$\frac{\partial T(x,y,t)}{\partial t}=\alpha\left(\frac{\partial^2 T}{\partial x^2}+\frac{\partial^2 T}{\partial y^2}\right) \tag{2-3-3}$$

式中：T——t 时刻点（x，y）处的温度；

α——热扩散系数。

（二）计算模型

主缆计算模型采用等效计算模型，在空间域上对主缆截面利用有限单元离散，在时间域上利用差分法进行离散。对于主缆表面外防护层的影响，试验测试数据表明，由于主缆表面防护很薄，其对主缆内部的热影响主要表现在其表面的吸收辐射系数不同，因此建模中可不考虑主缆防护的影响，其对结构传热的影响在边界条件中的热辐射吸收系数中考虑。主缆热物性参数取试验测试值，并且考虑温度的变化对热物性参数的影响。计算模型见图 2-3-29。

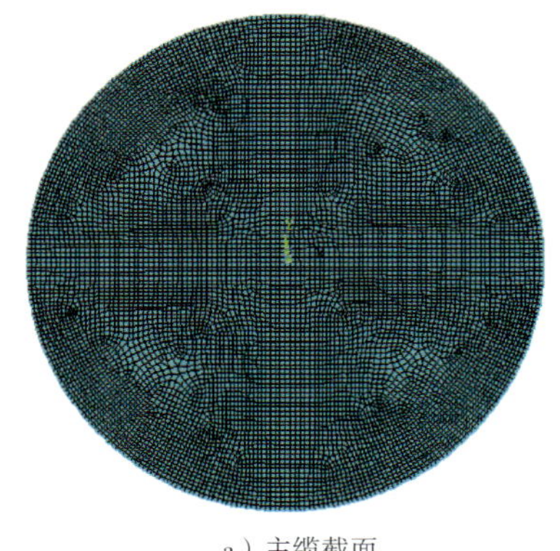

a）主缆截面

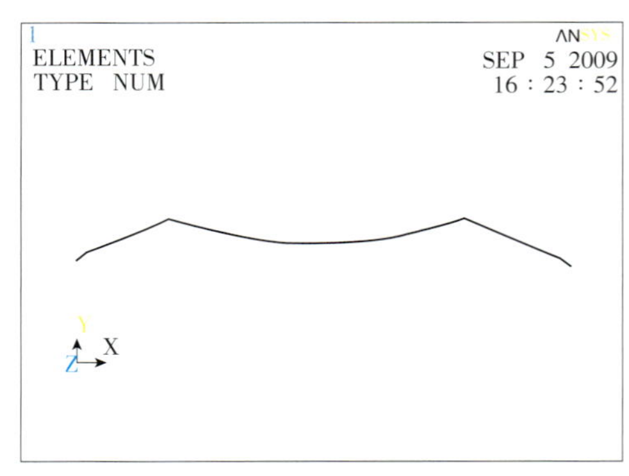

b）主缆整体

图 2-3-29 计算模型

四、主缆传热边界条件

对于实际主缆结构，由试验测试得到它的热物性参数，如果主缆的热边界条件和初始条件确定，则根据传热学理论，主缆的温度场也将唯一确定。

实际环境中的悬索桥主缆边界条件十分复杂，外界环境因素造成的主缆局部温度变化主要有太阳辐射和骤然降温。

一般而言，骤然降温主要是由于在冷空气或突然降雨的作用下，悬索桥主缆外表面温度迅速降低而形成内高外低的温度分布情况，其影响因素相对简单。而太阳辐射造成的日照温度变化较为复杂，影响日照温度荷载的因素众多，如太阳直接辐射、天空辐射、地面反射、气温变化、风速、结构物的方位朝向、附近的地形地貌条件等。从工程实际应用考虑，可简化考虑为太阳辐射与外界环境温度变化。故针对日照温度荷载，主要考虑主缆表面接收的太阳辐射传热和主缆表面与环境空气的对流换热。具体边界条件可考虑以下两种情况分别计算。

（一）方法 1（现场实测方法）

（1）采用现场直接测量主缆表面温度数据，在边界上进行内插拟合，得到主缆表面的实际温度分布随时间变化曲线，作为第一类边界条件（Dirichlet 条件）输入计算，但实际操作起来存在很多困难。

（2）或由实测主缆表面温度与环境温度，根据二者的相关关系，把主缆外表面的温度值表示成环

境温度的经验函数，采用第一类边界条件计算。实际操作中需要准确获得环境温度的变化情况，由于影响实际环境及环境与主缆表面温度关系的因素很多，且试验表明环境温度及主缆表面温度对位置、风以及太阳辐射等的影响很敏感，因此该方法实用性不高。

（二）方法 2（经验及理论推算方法）

（1）由环境温度经验公式，采用传热学理论直接推算主缆表面温度峰值。

（2）由太阳辐射强度，结合气象统计资料推算得到考虑太阳辐射以及主缆的辐射吸收系数，采用第二、三类联合边界条件（Neumann 条件和 Robin 条件），把主缆接收的热流密度表示成空间和时间的经验函数进行计算。太阳辐射强度可以采用气象统计资料换算或根据经验公式计算，在实际验证时，为了提高计算精度，采用现场实测的太阳辐射强度值进行验算。由于该方法建立在实际悬索桥所在地气象资料的基础上，方法具有普适性，能够应用于桥梁的设计、施工和运营等各阶段主缆温度场的理论计算和分析。

上述方法涉及两种不同的思路：一种思路是采用现场测试的方法确定边界条件，该思路直观，计算结果较准确，但操作不便，测试结果只针对具体的结构和时间段，无法进行预测分析和推广应用；另外一种思路，就是采用理论分析或气象资料统计的方法来确定边界条件，该方法计算结果精度相对略低，但是鉴于我国不同地区积累了大量的气象资料和统计分析结果，这方面的相关研究和成果也很多，采用该方法能给出一种普适的计算手段，可以推广应用，且操作简便，有一定的预测性。

下面将分别建立这两种计算方法，实际应用时根据所求温度场的目的和需要，选择采用具体的方法。

（一）基于现场测试的方法

通过试验测试，可直接测试获得主缆表面测点的温度，通过数据拟合或插值得到表面各处的计算边界条件，但在实际桥梁的施工中或运营条件下，进行现场实际边界条件连续测试既无法对全部结构温度场的变化进行实时预测分析，实际操作也存在较大困难。因此，可以通过监测或推算环境温度，换算得到主缆的表面温度，从而获得计算边界条件。

一天的环境温度是有周期性的，针对大气温度的经验公式，可表达成两阶傅里叶级数

$$t_z=t_m+0.489\Delta t\cos(15\tau-225.8)+0.62\Delta t\cos(30\tau-35.2) \qquad (2\text{-}3\text{-}4)$$

式中：t_m——日平均气温，$t_m=t_{max}-0.522\Delta t$；

Δt——日温差，$\Delta t=t_{max}-t_{min}$；

t_{max}、t_{min}——日最高和最低气温。

实测表明，当有简单的实测温度数据时，采用上式确定的日逐时温度值能够满足一般工程要求。

1. 基于实桥现场测试的分析

鱼嘴长江大桥主缆测点布置如图 2-3-30 所示，测试条件为晴天和阴天情况。时间段为在主缆表面未防护的情况下进行。图 2-3-31 给出了 24h 内断面表面温度与环境温度的变化情况。

通过分析大量实测值，统计拟合得到的主缆表面温度与环境温度的关系式如表 2-3-4 和表 2-3-5 所示。

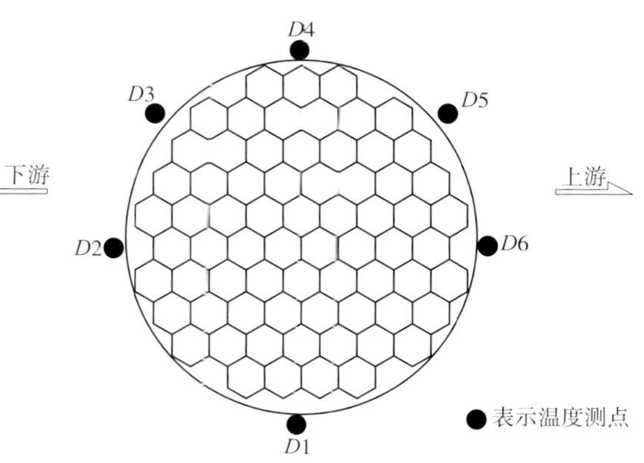

图 2-3-30　测点布置图

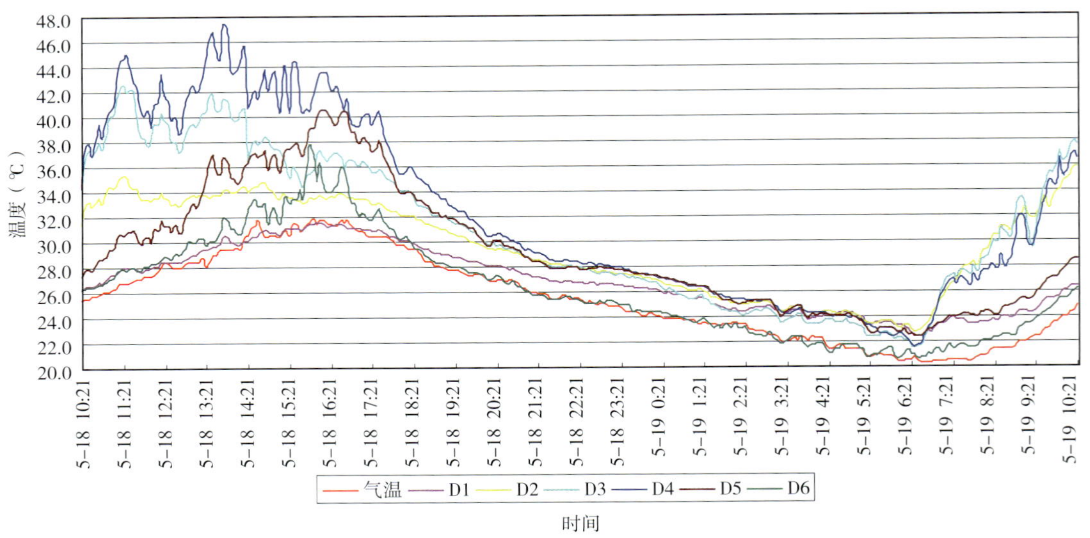

图 2-3-31　实测 24h 某断面环境温度与表面温度对比

晴天下环境温度与主缆表面温度的关系式　　表 2-3-4

测　　点	关 系 式	相 关 系 数
$D1$	y=0.714t+7.852	0.74
$D2$	y=0.802 8t+6.236	0.86
$D3$	y=0.989 4t+2.452	0.73
$D4$	y=1.339 6t−5.671	0.83
$D5$	y=2.452 5t−31.517	0.89
$D6$	y=1.837 5t−18.029	0.93
测点平均值	y=1.356t−6.450	0.96

注：式中 y 为表面测点温度，t 为环境温度。

阴天下环境温度与主缆表面温度的关系式　　表 2-3-5

测　　点	关 系 式	相 关 系 数
$D1$	y=0.743 5t+7.932	0.99
$D2$	y=0.840 2t+8.100	0.60
$D3$	y=1.295 7t−2.202	0.60
$D4$	y=1.761 6t−12.712	0.72
$D5$	y=1.381 1t−6.030	0.95
$D6$	y=1.154 5t−3.189	0.96
测点平均值	y=1.196 1t−1.350	0.85

注：式中 y 为表面测点温度，t 为环境温度。

从上述拟合结果看出，在晴天和阴天条件下，测点 3 和测点 5 差别较大，其他测点差别较小，其中测点 1 基本一致，该情况与实际测点位置基本符合。拟合相关系数大部分在 0.8 以上，可见主缆表面的温度与环境温度存在明显相关关系。表面测点的平均值与环境温度有较好的线性关系，由于天气影响，阴天的相关性比晴天情况下稍弱。

2. 基于主缆模型试验的分析

主缆模型试验索段表面为未防护状态下的试验截面的测点布置，如图 2-3-32 所示。

测试时间段为 2009 年 6 月 22 到 6 月 25 日共 4d。测试地点为武汉地区，北纬 31°，其他条件与现场测试类似。图 2–3–33 给出了在晴天情况下 24h 内的环境温度与测试断面表面温度的变化情况。

根据主缆室外模型试验测试结果，统计归纳可得到的主缆表面测点温度与环境温度的经验关系式，见表 2–3–6。时间周期为 24h，从当日 20：00 到次日 20：00。

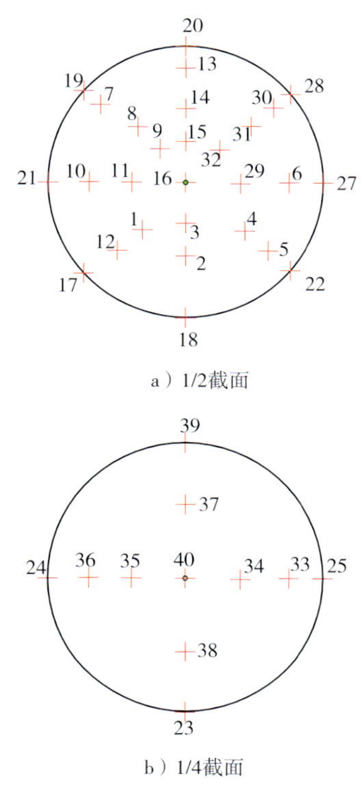

图 2–3–32　模型截面测点编号

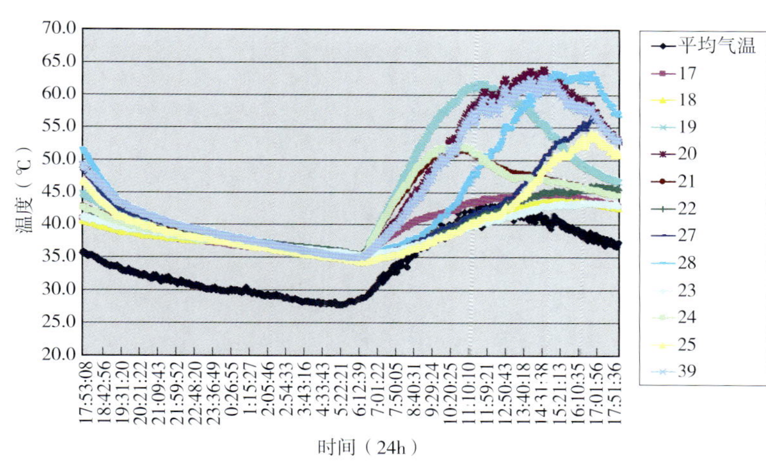

图 2–3–33　24h 环境温度与表面温度曲线

晴天下环境温度与主缆表面温度的关系式　　表 2–3–6

测　点	关　系　式	相 关 系 数
18	y=0.493 7x+22.164	0.72
19	y=1.759 4x−15.319	0.95
20	y=1.043 1x+6.403 6	0.92
21	y=1.043 1x+6.403 6	0.92
27	y=0.816 7x+13.888	0.50
28	y=1.503 8x−6.824 2	0.60

注：式中 y 为表面测点温度，x 为环境温度。

对比实桥实测公式与模型试验拟合公式可以发现，部分测点较吻合，而主缆底部测点 18、$D1$ 之间的拟合差别较大，主要原因是由于实桥主缆位置和试验模型离地面高度不一致，导致拟合结果的差别。根据上述测试，可得出以下结论：

（1）根据上面关系式可计算主缆表面各个测点一天 24h 的温度，然后在各个测点之间温度进行插值处理，即得到主缆温度场计算的第一类边界条件。但由于通过上面关系式计算需要事先获得环境温度，而准确的环境温度随测点的位置影响很大，不同的地点环境温度差异很大，故实际计算精度不高。因此，需要寻找更好的确定主缆边界条件的方法。

（2）由于拟合分析的数据依赖现场测试条件和方法，上述拟合关系式只是针对典型天气的部分测试数据拟合结果，拟合结果可以作为对上述由环境温度推算主缆表面温度方法的验证和补充，在理论分析中，在已知测试的环境温度情况下，其拟合的经验公式可作为第一类边界条件输入。

（二）基于经验公式及理论计算的方法

1. 主缆表面温度峰值的估算方法

太阳辐射强度不仅随时间而变，而且随主缆表面位置的不同有显著差别。假定主缆外部热条件的主要因素是太阳辐射（即到达地面上的直接辐射与散射辐射之和），太阳辐射强度峰值出现在当地时间的正午，太阳辐射热与环境气温的波动周期均定为 24h。

在日照下的环境温度以环境折算综合温度 t_z 表征，它等于太阳辐射等效温度峰值 t_{dmax} 与出现该值时相应环境气温 t_w 之和（因为环境热作用包括太阳辐射与气温等，它们均非谐波，其峰值一般不在同一时刻出现）。建立 t_z 表达式时已考虑了风速影响。确定 t_z 时，以修正系数 k 考虑最大气温与太阳辐射等效温度峰值出现时间的差别。

按简化处理手段给出日照下环境折算综合温度表达式为

$$t_z = t_{dmax} + t_w = t_{dmax} + t_{wp} + \theta_{tw} = \frac{\varepsilon\varphi_{max}}{\alpha_w} + t_{wp} + \theta_{tw} \tag{2-3-5}$$

式中：t_{dmax}——太阳辐射等效温度峰值，℃；

t_w——出现 t_{dmax} 值时刻相应的环境气温，℃；

t_{wp}——环境气温昼夜平均值，根据经纬度按表 2-3-7 采取，℃；

θ_{tw}——出现太阳辐射等效温度峰值时刻的环境气温波动值，其值按表 2-3-8 采取，℃；

φ_{max}——太阳辐射强度峰值，根据纬度按表 2-3-9 采取，W/m^2；

ε——结构外表面对太阳辐射热的吸收系数（可参考表 2-3-10）；

α_w——结构外表面热转移系数，根据夏季环境风速参考表 2-3-11 取值，W/m^2·K。

室外气温最大值 t_{wmax} 及昼夜平均值 t_{wp}　　表 2-3-7

位置	北纬	20°~24°	25°~29°	30°~34°	35°~39°	40°~44°	45°~49°
	东经	100°~120°	90°~120°	100°~125°	100°~120°	120°~125°	120°~130°
t_{wmax}（℃）		36~39	29~43	37~45	40~42	40~44	41~46
t_{wp}		18~30	18~33	27~33	26~30	22~28	20~26

出现太阳辐射等效温度峰值时刻的室外气温波动值 θ_{tw}　　表 2-3-8

室外气温昼夜波动幅度（℃）	最大室外气温与太阳辐射等效温度峰值出现的时间差（h）				
	1	2	3	4	5
3	3	3	2	2	1
4	4	4	3	2	1
5	5	4	4	3	2
6	6	5	4	3	2
7	7	6	5	4	2
8	8	7	6	4	2
9	9	8	7	5	2
10	10	9	7	5	3
12	12	11	9	6	3

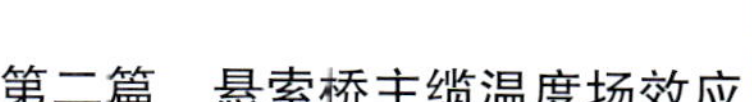

太阳辐射温度峰值 φ_{max} 及昼夜平均值 φ_p　　表 2-3-9

纬度（°）	20	23	24	25	30	35	40	45	50	55	60
φ_{max}（W/m²）	900	880	870	860	850	810	770	730	670	630	600
φ_p（W/m²）	490	480	470	460	450	440	410	390	380	370	360

常用材料表面黑度　　表 2-3-10

材料类别和表面状态	温　度℃	黑　　度	材料类别和表面状态	温　度℃	黑　　度
磨光的钢铸件	770~1 035	0.52~0.56	磨光的紫铜	20	0.03
碾压的钢板	21	0.657	氧化了的紫铜	20	0.78
具有非常粗糙的氧化层的钢板	24	0.80	镀有锡且发亮的铁片	25	0.043~0.064
磨光的铬	150	0.058	镀锌的铁皮	38	0.23
粗糙的铝板	20~25	0.06~0.07	镀锌的铁片，被氧化呈灰色	24	0.276
基体为铜的镀铝表面	190~600	0.18~0.19	磨光的或电镀层的银	38~1 090	0.01~0.03
在磨光的铁上电镀一层镍，但不再磨光	38	0.11	白大理石	38~538	0.95~0.93
			石灰泥	38~260	0.92
铬镍合金	52~1 034	0.64~0.76	磨光的玻璃	38	0.90
粗糙的铅	38	0.43	平滑的玻璃	38	0.94
灰色、氧化的铅	38	0.28	白瓷釉	51	0.92
磨光的铸铁	200	0.21	石棉板	38	0.96
生锈的铁板	20	0.685	石棉纸	38	0.93
粗糙的铁锭	926~1 120	0.87~0.95	红砖	20	0.93
经过车床加工的铸铁	882~987	0.60~0.70	平木板	20	0.78
稍加磨光的黄铜	38~260	0.12	硬橡皮	20	0.92
无光泽的黄铜	38	0.22	木料	20	0.80~0.92
粗糙的黄铜	38	0.74	各种颜色的油漆	100	0.92~0.96

结构外表面热转移系数　　表 2-3-11

夏季室外风速（m/s）	α_w（W/m²·K）	夏季室外风速（m/s）	α_w（W/m²·K）
1	15.1	3	24.4
1.5	17.5	3.5	26.8
2	19.8	4	29.1
2.5	22.1		

注：1W/m²·K ≈ 0.86Kcal/m²·h·℃。

有了环境折算综合温度，据此可给出受太阳辐射的正晒面主缆结构外表面温度峰值 t_1 的基本表达式：

$$t_1 = \left(t_z - \frac{t_z - t_{wp} - \theta_{tw}}{\alpha_w R_0}\right) + \frac{\left[\frac{(\varphi_{max} - \varphi_p)\varepsilon}{\alpha_w} + t_{wmax} - t_{wp}\right]k}{\alpha_w + S} \tag{2-3-6}$$

式中：R_0——结构总传热热阻，m²·K/W；

S——材料蓄热系数，W/（m²·K）；

φ_p——太阳辐射强度昼夜平均值，根据纬度按表 2-3-9 取值，W/m²；

t_{wmax}——环境气温最大值，按表 2-3-7 取值；

k——修正系数，根据最大环境气温与太阳辐射等效温度峰值出现的时间差及 n 值，按表 2-3-12 取值。

$$n=\frac{(\varphi_{max}-\varphi_{p})\ \varepsilon}{(t_{wmax}-t_{wp})\ \alpha_{w}} \tag{2-3-7}$$

修 正 系 数 k　　表 2-3-12

n	最大室外气温与太阳辐射等效纬度峰值出现的时间差（h）				
	1	2	3	4	5
1	0.99	0.96	0.92	0.87	0.79
2	0.99	0.97	0.93	0.88	0.82
3	0.99	0.97	0.94	0.9	0.85
4	1	0.98	0.96	0.93	0.89

通过该方法可以估算主缆正晒面的外表面温度峰值 t_1。

2. 经验公式拟合法

该方法结合太阳辐射及天气情况，可得到典型天气下的太阳辐射情况，如阴天和晴天的情况，采用实地太阳辐射的测试值直接作为主缆的热流边界。

以武汉地区 2009 年 6 月 22 日到 6 月 25 日共 4d 测试时间段为例进行分析。天气状况如表 2-3-13 所示。测试得到太阳辐射强度瞬时值，其随时间变化曲线见图 2-3-34。

测试时间段天气状况　　表 2-3-13

日期	最高温度（℃）	最低温度（℃）	白天上午天气情况	白天下午天气情况	夜间天气情况	午间风向及蒲福风级
2009-06-22	34.5	28.6				东南风 1~2 级
2009-06-23	35.1	24.7				东南风 1 级
2009-06-24	36.3	27.4				东南风 1~2 级
2009-06-25	29	21				东南风 2 级

从图 2-3-34 中结果可以看出，天气情况（云量等）对太阳日总辐射强度的瞬时值的影响较大，但全天的辐射强度分布基本是以当地时间中午 12：00 为峰值的半正弦曲线。

把上述结果进行适当修正，对于测点之间的边界温度采用内插得到，以此作为主缆表面的离散边界条件直接输入计算，可得到整根主缆的实时非稳态温度场，但该方法计算量大，实际操作存在很多难点。为简化计算，针对实测的水平面太阳辐射强度数据，进行统计拟合分析和归纳，可以拟合得到具有较好精度的经验公式。

根据实测数据归纳经验公式，假设任意时刻水平面上接收太阳辐射强度为 φ，主缆水平面上的太阳辐射强度当天最大值为 φ_{max}，假设夏天日照时间为12h，以小时为时间单位。归纳得到的水平面太阳辐射强度为

$$\varphi=\varphi_{max}\sin\left(\frac{\pi}{12}t\right) \qquad (2\text{–}3\text{–}8)$$

式中：t——从计算点开始的时间，h。

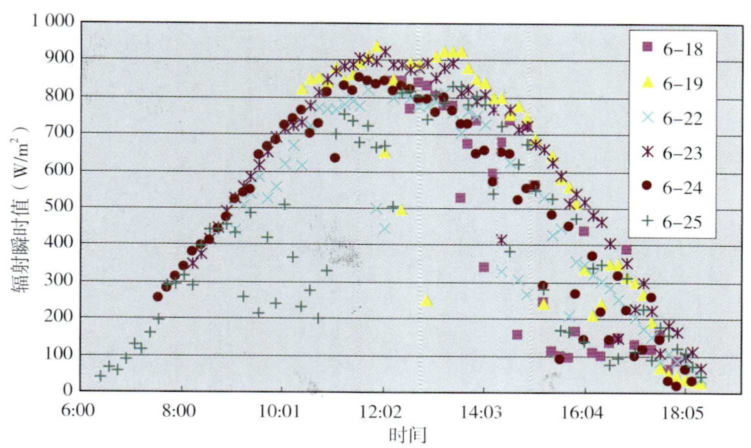

图 2–3–34　太阳日辐射强度随时间变化

此外，根据南京、武汉、成都1989—1998年气象参数累计10年的夏季水平面上的太阳总辐射强度统计值与采用方法2的式（2–3–8），计算结果对比见表2–3–14和图2–3–35。

各地区 1989—1998 年气象参数累计 10 年统计值与计算结果对比　　表 2–3–14

夏季水平面上的太阳总辐射强度（W/m²）实测与计算比较							
地区		南京		武汉		成都	
		测量值	计算值	测量值	计算值	测量值	计算值
地方太阳时	6	75	0	95	0	72	0
	7	190	261	292	248	270	227
	8	512	504	512	478	433	438
	9	711	713	698	677	610	619
	10	866	873	838	829	750	759
	11	969	974	927	924	840	846
	12	1 008	1 008	956.8	957	876	876
	13	982	974	927	924	840	846
	14	892	873	838	829	750	759
	15	745	713	698	677	609	619
	16	554	504	512	478	433	438
	17	335	261	292	248	240	227
	18	115	0	95	0	72	0

表2–3–14和图2–3–35表明单位水平面测量值和计算结果基本吻合，其中成都地区与南京和武汉虽在同一纬度，其海拔高度较南京和武汉高，属山区，其计算结果与统计结果吻合更好，而南京和武汉处在平原地区，受到地表反射的影响较大，测量值略高于计算值。山区环境或海拔较高，地形起伏较大的地区计算结果更接近测量统计值。

以上对比表明，式（2–3–8）可以用于一天中水平太阳辐射强度的分布计算，实际应用时，水平面太阳辐射强度最大值 φ_{max} 可以通过实测或采用当地气象资料统计值得到，从而由太阳辐射理论可获得主缆任意位置接受太阳辐射的边界条件。由此可得到基于实测数据或气象统计资料的另外一种普适计算方法，具体步骤如下：

（1）根据实测时刻和实测水平面太阳辐射强度和公式（2–3–8），换算得到水平面最大太阳辐射强度 φ_{max}。

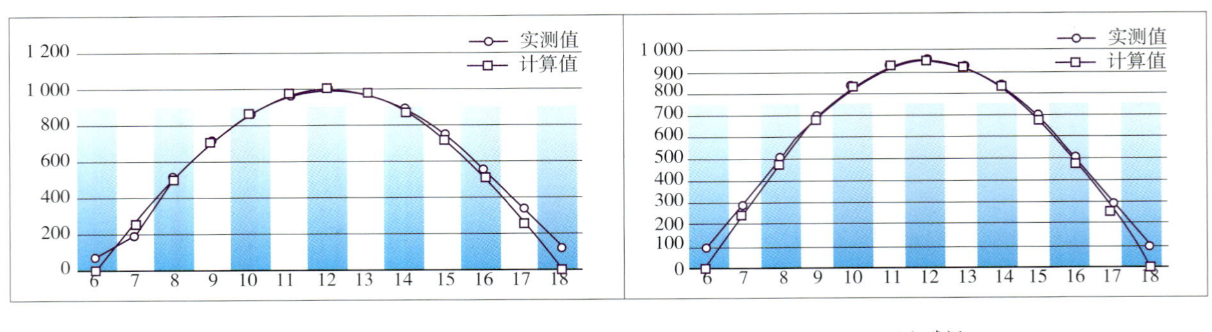

a）南京

b）武汉

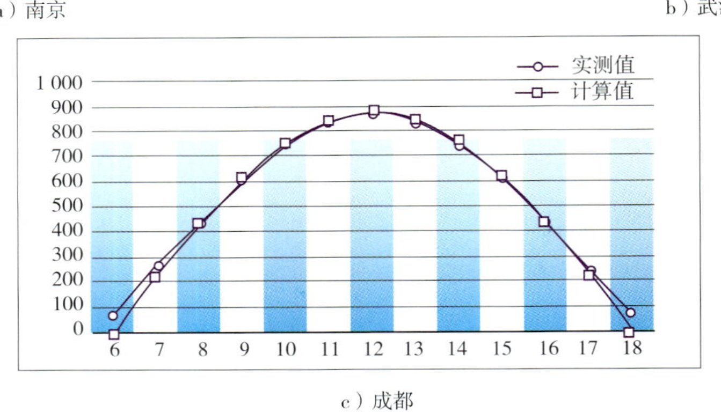

c）成都

图 2-3-35　各地区 1989—1998 年气象参数累计 10 年统计值与计算结果对比

（2）根据晴空指数以及相关关系式，分解 φ_{max} 为直射辐射和散射辐射。

（3）根据水平面太阳辐射和倾斜面太阳辐射之间的换算关系，得到主缆表面任意位置的太阳辐射强度，假设分解的直射辐射强度为 I_z，散射辐射强度为 I_s，则任意位置的太阳辐射强度 I 为

$$I=R_bI_z+R_dI_s \tag{2-3-9}$$

式中：R_b——水平面直射辐射转换到倾斜面上的修正因子，$R_b=\cos\theta/\cos\theta_z$，$\cos\theta$ 和 $\cos\theta_z$ 的定义见式（2-3-26）；

R_d——散射修正因子，其取值见式（2-3-27）。

该方法可以和第一种方法结合使用，对于有实测数据的计算比第一种方法更方便实用。

3. 基于太阳辐射强度的普适计算方法

为建立一种能够适应桥梁设计、施工和运营等各阶段主缆温度场的理论计算和分析的普适性主缆边界条件计算方法，按照传热学理论，对于悬索桥主缆这种结构受热状况，只能通过确定主缆接收的热流密度的方法才可行（第二类边界条件计算悬索桥主缆的温度分布），即根据主缆表面的太阳辐射强度，计算全桥主缆的温度场分布情况。

为此，需要计算太阳的辐射，在计算太阳辐射时需要考虑桥梁具体的地理纬度及主缆不同位置角度的变化情况、地形影响、天气状况、地理位置、季节等因素的综合效应，通过分析全国不同地区及桥址处的气象资料，估算太阳辐射强度情况，为使估算值有足够的精度，还可进行桥址处的太阳辐射强度测试以及环境温度测试，对估算值进行修正。该方法可得到任何条件下的主缆温度场分布，能够针对一般情况给出一种统一的计算方法，为工程项目提供参考。

1）大气层对太阳辐射的影响

由于大气层对太阳辐射的衰减作用，到达地面上的太阳辐射能有两种：一种是太阳直接辐射；另一种是由大气、灰尘、水滴等散射而来的，称为散射辐射。在天气晴朗时到达地面的太阳能主要是直接辐射；在阴天时主要是散射辐射。此外，在海拔高度不同的地区，太阳辐射强度也不相同，海拔高

的地区高于海拔低的地区。

到达地面的太阳辐射与太阳光线通过大气层时的路径长短有关，路径越长，表示被大气吸收、反射、散射的可能越多，到达地面的越少。把太阳直射光线通过大气层时的实际光学厚度与大气法向厚度之比叫作大气质量，以符号 m 表示：

$$m=\sec\theta_z=1/\sin\alpha\ (0° <\alpha<90°) \quad (2\text{-}3\text{-}10)$$

式中：θ_z——入射角；

α——太阳高度角。

地面上物体受到的太阳辐射与大气透明度（或浑浊度）和太阳入射角有关，大气透明度（或浑浊度）为气象条件、海拔高度、大气质量、大气组分（如水汽和气溶胶含量）等因素的复杂函数。图 2–3–36 和图 2–3–37 分别为不同大气质量时的太阳辐射光谱及太阳辐射被大气吸收的分布情况，图 2–3–38 为不同云型在不同大气质量下对太阳辐射的影响。

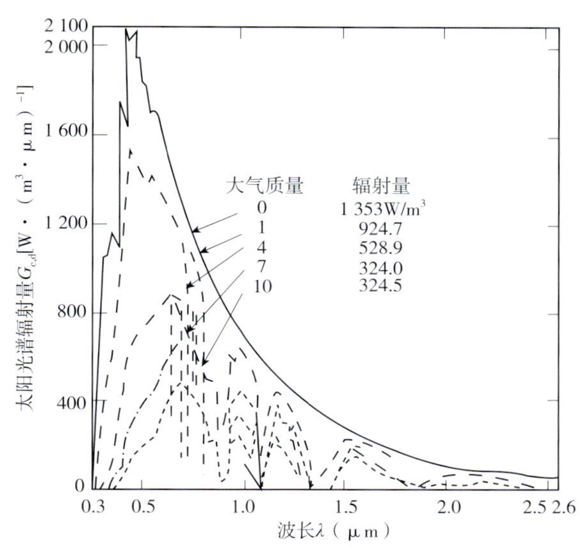

图 2–3–36　不同大气质量的太阳辐射光谱

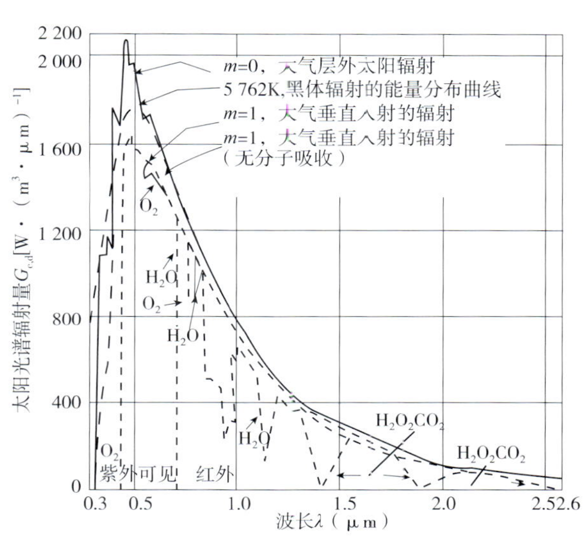

图 2–3–37　太阳辐射被大气吸收的分布

2）我国各地区辐射量统计

确定辐射量大小的方法，可以利用数学公式进行计算或者用观测法测量辐射量。表 2–3–15 给出了 2001 年全年我国部分地区测量得到的太阳辐射量，包括日均辐射量和年总辐射量。

3）太阳辐射量的计算

太阳辐射通过大气层到达悬索桥主缆后的强度与各种因素有关，辐射量是确定主缆边界条件的重要参数之一。对于没有实测数据的地方：一种方法是用邻近地区的实测值进行内插；另一种方法是用太阳持续时间（日照百分率）或云型云量等数据推算。国内外学者提出了很多实用算法，如常用的晴天太阳辐射模型（Hottel Model）、大气透明度和大气质量、云遮系数等。下面采用 Hottle（1976）标准晴天大气透明度计算模型，在考虑海拔、气候特征以及大气质量修正后计算直射辐射强度、散射辐射强度和总辐射强度。

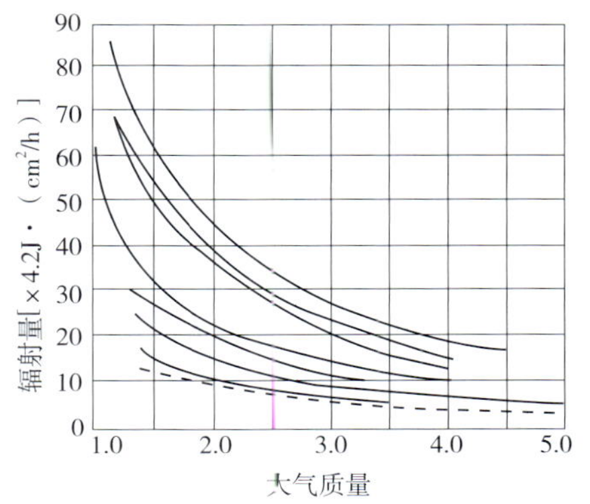

1–晴天；2–绢云；3–绢层云；4–高积云；5–高层云；6–层积云；7–层云；8–乱层云；9–雾

图 2–3–38　不同云型在不同大气质量下对太阳辐射的影响

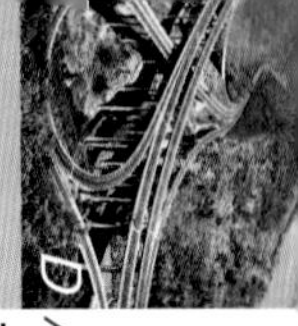

我国部分地区辐射量统计

表 2-3-15

序号	省份	编号	观测地区站号	地点	纬度		观测场海拔高度（m）	日均总辐射量（MJ/m^2）												年总辐射量（MJ/m^2）
					北纬	东经		1月	2月	3月	4月	5月	6月	7月	8月	9月	10月	11月	12月	
1	上海	25	58 362	上海	31° 24′	121° 29′	6.0	6.54	7.76	14.39	14.88	16.46	13.16	18.64	13.90	16.69	13.49	9.00	5.06	4 571.74
2	江苏	26	58 144	清江	33° 38′	119° 01′	14.4	6.38	8.85	14.98	17.09	19.78	14.86	18.67	16.66	18.24	10.87	9.98	6.19	4 952.24
		27	58 238	南京	32° 00′	118° 48′	7.1	5.69	7.17	14.03	14.76	17.45	13.24	18.91	14.69	16.31	11.18	9.63	5.49	4 529.59
		28	58 265	吕泗	32° 04′	121° 36′	5.5	7.39	8.97	16.37	17.33	18.42	14.07	21.01	17.14	18.69	14.34	10.71	6.51	5 211.36
3	浙江	29	58 457	杭州	30° 14′	120° 10′	41.7	6.09	6.34	12.77	12.83	14.68	12.68	20.90	12.58	12.66	13.17	9.39	5.74	4 267.74
		30	58 665	洪家	28° 37′	121° 25′	1.3	6.95	7.42	13.68	13.96	13.68	13.62	21.17	16.52	14.51	15.24	10.93	7.68	4 740.90
4	安徽	31	58 321	合肥	31° 52′	117° 14′	27.9	5.75	6.36	13.61	14.39	17.60	14.25	19.89	14.23	16.80	9.73	9.79	5.12	4 498.69
		32	58 531	屯溪	29° 43′	118° 17′	142.7	6.44	7.73	12.72	12.80	13.25	13.56	20.96	14.35	16.50	13.21	9.69	5.80	4 574.77
5	福建	33	58 737	建欧	27° 03′	118° 19′	154.9	7.45	8.39	12.93	10.92	14.39	16.40	21.36	19.02	16.44	14.71	10.81	7.31	4 884.54
		34	58 847	福州	26° 05′	119° 17′	84.0	7.75	7.16	12.62	11.66	12.20	14.97	17.70	16.54	11.56	13.04	10.87	6.88	4 360.67
6	江西	35	57 993	赣州	25° 51′	114° 57′	123.8	5.91	7.44	10.81	8.64	14.33	14.97	19.69	17.80	16.28	13.09	11.83	6.74	4 499.49
		36	58 606	南昌	28° 36′	115° 55′	46.9	5.96	6.99	10.74	10.84	14.63	14.65	21.87	14.66	19.43	12.58	9.45	5.61	4 494.35
7	山东	37	54 764	烟台	37° 30′	121° 15′	32.6	7.30	10.21	16.18	16.65	22.43	17.08	16.78	18.54	16.06	11.88	8.61	6.88	5 137.75
		38	54 823	济南	36° 36′	117° 03′	170.3	5.29	7.10	13.77	15.49	20.13	16.58	15.37	15.35	11.58	9.78	8.24	5.86	4 407.37
		39	54 936	莒县	35° 35′	118° 50′	107.4	6.98	9.72	15.10	17.58	22.07	17.23	17.55	17.90	16.33	11.30	9.78	7.48	5 149.30
8	河南	40	57 083	郑州	34° 43′	113° 39′	110.4	5.76	8.04	15.25	16.02	18.48	18.65	18.55	17.38	13.33	10.32	9.29	5.97	4 786.64
		41	57 178	南阳	33° 02′	112° 35′	129.2	5.83	8.58	13.69	15.03	17.73	17.00	18.94	16.60	14.84	9.42	8.92	5.09	4 620.30
		42	58 208	固始	32° 10′	115° 40′	57.1	5.58	7.63	13.76	14.94	18.67	17.35	21.06	16.59	16.95	9.42	9.85	5.06	4 781.11
9	湖北	43	57 461	宜昌	30° 42′	111° 18′	133.1	4.83	7.60	11.10	12.48	15.31	15.08	19.30	16.73	13.39	7.65	7.82	4.72	4 144.50
		44	57 494	武汉	30° 37′	114° 08′	23.1	5.99	7.46	12.42	12.81	16.00	15.52	21.01	17.57	17.57	9.08	9.81	5.20	4 585.58
10	湖南	45	57 649	吉首	28° 19′	109° 44′	208.4	4.61	5.40	9.90	8.15	13.18	12.09	17.99	14.56	13.79	6.10	7.97	3.91	3 588.92
		46	57 687	长沙	28° 13′	112° 55′	68.0	4.45	5.44	8.82	9.68	14.75	14.11	19.69	15.04	16.92	9.45	8.80	4.97	4 030.00
		47	57 874	常宁	26° 25′	112° 24′	116.6	4.35	6.41	10.51	8.34	13.15	15.93	21.91	13.87	15.49	9.26	9.66	5.20	4 088.07

续上表

序号	省份	编号	观测地区站号	地点	纬度		观测场海拔高度（m）	日均总辐射量（MJ/m²）												年总辐射量（MJ/m²）
					北纬	东经		1月	2月	3月	4月	5月	6月	7月	8月	9月	10月	11月	12月	
11	海南	53	59 758	海口	20° 02′	110° 21′	13.9	8.19	8.73	12.62	15.22	16.95	16.91	16.75	17.70	14.98	12.62	12.10	6.72	4 858.77
		54	59 948	三亚	18° 14′	109° 31′	5.9	13.17	16.19	15.73	19.86	17.95	16.12	18.16	17.51	15.87	16.15	15.74	13.05	5 944.51
		55	59 981	西沙	16° 50′	112° 20′	4.7	16.47	18.48	21.09	23.65	22.57	21.27	22.45	20.04	20.14	19.57	14.13	13.75	7 107.54
12	重庆	56	57 516	重庆	29° 35′	106° 28′	259.1	3.05	6.48	10.93	9.90	14.08	10.40	19.93	13.37	9.44	5.54	5.67	3.62	3 429.74
13	四川	57	56 146	甘孜	31° 37′	100° 00′	3 393.5	12.92	16.21	19.55	19.84	21.18	20.01	23.24	18.54	19.08	16.12	14.67	12.20	6 501.19
		58	56 173	红原	32° 48′	102° 33′	3 491.6	12.33	15.65	16.60	17.43	17.46	17.22	23.43	16.27	14.66	16.67	13.50	13.00	5 911.17
		59	56 196	绵阳	31° 27′	104° 45′	486.3	5.42	7.81	12.75	11.15	17.14	14.93	18.46	12.45	6.61	8.02	5.96	5.24	3 842.03
		60	56 294	成都	30° 40′	104° 01′	506.1	5.01	7.23	10.91	10.36	16.43	13.30	15.32	9.64	4.55	6.45	5.37	4.22	3 317.43
		61	56 385	峨眉山	29° 31′	103° 20′	3 047.4	10.95	11.40	13.69	15.05	16.90	16.74	14.74	12.64	12.25	11.63	11.46	12.10	4 856.46
		62	56 666	攀枝花	26° 35′	101° 43′	1 190.1	12.70	15.27	18.78	21.66	15.10	17.42	20.06	17.47	13.97	14.14	11.07	11.33	5 747.9
		63	57 602	泸州	28° 53′	105° 26′	334.8	4.05	6.74	11.83	11.12	15.83	11.25	18.96	12.47	7.76	6.25	5.45	4.02	3 531.79
14	贵州	64	57 816	贵阳	26° 35′	106° 44′	1 223.8	5.01	6.99	10.10	10.52	11.91	11.92	17.23	15.21	14.21	6.70	9.88	5.74	3 820.20
15	云南	65	56 651	丽江	26° 52′	100° 13′	2 392.4	16.00	17.37	20.84	23.99	16.97	19.01	20.06	16.47	13.12	13.95	14.45	16.32	6 344.27
		66	56 739	腾冲	25° 01′	98° 30′	1 654.6	16.16	15.30	17.80	17.76	14.57	14.37	12.78	16.42	14.47	10.09	13.26	15.70	5 433.05
		67	56 778	昆明	25° 01′	102° 41′	1 892.4	14.42	13.97	18.42	22.79	12.49	15.20	16.21	15.43	12.78	8.12	11.27	13.43	5 306.55
		68	56 959	景洪	22° 00′	100° 47′	582.0	14.42	14.85	14.94	18.84	15.22	16.65	14.36	18.79	17.88	12.24	13.21	12.19	5 579.93
		69	56 985	蒙自	23° 23′	103° 23′	1 300.7	12.74	12.89	15.46	20.86	14.29	16.60	16.54	17.08	17.07	10.31	12.42	13.18	5 456.75
16	西藏	70	55 228	噶尔	32° 30′	80° 05′	4 278.0	14.16	19.51	21.96	25.55	26.58	26.13	26.82	25.80	24.55	21.02	16.66	14.18	7 998.57
		71	55 299	那曲	31° 29′	92° 04′	4 507.0	16.46	19.56	20.59	22.27	22.59	22.97	24.59	20.53	21.92	19.38	17.80	13.89	7 374.88
		72	55 591	拉萨	29° 40′	91° 08′	3 648.7	15.60	17.87	19.16	21.87	24.14	25.14	23.42	21.09	21.20	18.46	17.64	15.03	7 320.40
		73	56 137	吕都	31° 09′	97° 10′	3 306.0	12.99	15.70	18.68	18.24	21.00	18.58	22.40	18.82	17.98	16.50	17.12	14.16	6 458.43
17	陕西	74	53 845	延安	36° 36′	109° 30′	958.5	8.20	10.99	15.96	17.19	25.54	23.09	24.58	18.40	9.64	9.63	10.28	7.38	5 516.37
		75	57 036	西安	34° 18′	108° 56′	397.5	6.17	8.12	13.90	12.97	17.38	17.37	20.48	16.07	8.76	6.94	6.37	4.45	4 238.88
		76	57 245	安康	32° 43′	109° 02′	290.8	5.00	7.63	12.98	12.48	16.04	16.67	21.05	15.61	8.91	7.74	7.44	4.57	4 150.45

水平面上的直射辐射强度 $G_{c,b}$ 为

$$G_{c,b}=G_{on}\tau_b\cos\theta_Z \tag{2-3-11}$$

相对应的散射辐射强度计算式为

$$G_{c,d}=G_{on}\tau_d\cos\theta_Z \tag{2-3-12}$$

总辐射强度 G_1 为

$$G_1=G_0\tau_b+G_0\tau_d \tag{2-3-13}$$

1h 内，水平面上的直射辐射量

$$I_{c,b}=I_{on}\tau_b\cos\theta_z=3\,600G_{c,b} \tag{2-3-14}$$

$$I_{c,d}=I_{on}\tau_d\cos\theta_z=3\,600G_{c,d} \tag{2-3-15}$$

1h 内，水平面上的总辐射量

$$I_c=I_{c,b}+I_{c,d} \tag{2-3-16}$$

把全天各个小时的量加起来，就是晴天水平面上的总辐射量 H_c。水平面上平均辐射量 H 的计算公式为著名的 Angstrom 回归公式：

$$\frac{\overline{H}}{\overline{H}_c}=a'+b'\frac{\overline{n}}{\overline{N}} \tag{2-3-17}$$

$$\tau_b=a_0+a_1e^{-k/\sin\alpha} \tag{2-3-19}$$

$$\tau_d=0.271\,0-0.293\,9\tau_b \tag{2-3-20}$$

式中：a_0、a_1、k——具有 23km 能见度的标准晴空大气的物理常数；

τ_b、τ_d——晴天直射辐射和散射辐射的大气透明度；

α——太阳高度角，其含义为从地面某一观察点向太阳作一条射线，该射线在地面上有一投影线，这两条线之间的夹角。

当海拔高度小于 2.5km 时，可首先算出相应的 a_0^*、a_1^*、k^*，再通过考虑气候类型的修正系数 $r_0=a_0/a_0^*$，$r_1=a_1/a_1^*$，$r_k=k/k^*$，最后求出 a_0、a_1 和 k；a_0^*、a_1^* 和 k^* 的计算公式为

$$a_0^*=0.423\,7-0.008\,21(6-A)^2 \tag{2-3-21}$$

$$a_1^*=0.505\,5+0.005\,95(6.5-A)^2 \tag{2-3-22}$$

$$k^*=0.271\,1+0.018\,58(2.5-A)^2 \tag{2-3-23}$$

式中：A——海拔高度，km。

修正系数由表 2-3-16 给出。

考虑气候类型的修正系数 表 2-3-16

气候类型	r_0	r_1	r_k
亚热带	0.95	0.98	1.02
中纬度，夏天	0.97	0.99	1.02
高纬度，夏天	0.99	0.99	1.01
中纬度，冬天	1.03	1.01	1

在考虑一天中的云量、山区遮挡效应等因素，乘以相应的采用修正因子得总辐射强度 G_2 为

$$G_2=G_0\tau_b\tau_y\tau_z+G_0\tau_d\tau_y'\tau_z' \tag{2-3-24}$$

式中：τ_y、τ'_y——对直射和散射的云量修正因子，计算时为方便可取相等数值；

τ_z、τ'_z——遮挡因子，其取值要根据大气质量及云层云量类型确定，表 2-3-17 给出部分参考值。

辐射量在全天云与全天晴相比时的百分比（%）　　表 2-3-17

大气质量	绢云	绢层云	高积云	高层云	层积云	层云	乱层云	雾
1.1	85	84	52	41	35	25	15	17
1.5	84	81	51	41	34	25	17	17
2	84	78	50	41	34	25	19	17
2.5	83	74	49	41	33	25	21	18
3	82	71	47	41	32	24	25	18
3.5	81	68	46	41	31	24		18
4	80	65	45	41	31			18
4.5					30			19
5					29			19

4）任意地区、任意桥位方向主缆边界条件计算

主缆沿桥轴线不同位置由于其与水平面夹角不同，单位长度上接收的太阳辐射能量不同，不同的表面位置接收的太阳辐射也不同。下面推导针对地球上任意位置，任意桥位朝向的主缆表面任意时刻接收太阳辐射的计算式，其计算如图 2-3-39 所示。

把主缆表面看成理想圆柱面，则可以在主缆表面任意一点位置（x，y，z）作该点的切面，假设切面倾角为 β，其法线在水平面的投影与正南方向的夹角为 γ，考虑桥梁的方位、时间以及主缆上的计算位置、倾斜角度等修正，得到的主缆表面吸收的等效太阳辐射能为

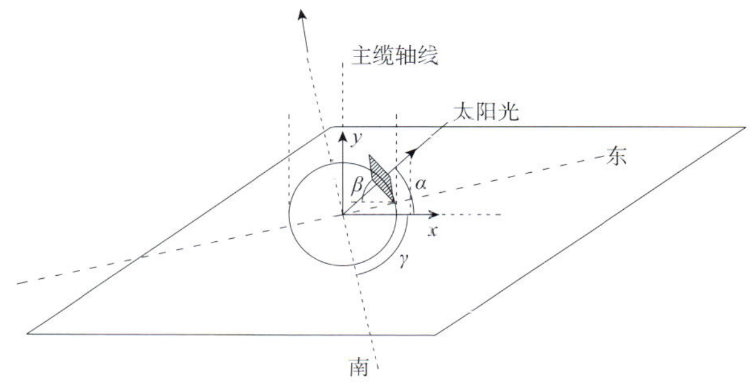

图 2-3-39　计算示意图

$$G_3=|\cos\theta|G_0\tau_b\tau_y\tau_z+R_dG_0\tau_d\tau_y'\ \tau_z' \tag{2-3-25}$$

式中：θ——针对计算点的太阳光线与物体外表面法线之间的夹角，称为太阳入射角。

$$\cos\theta=\sin\delta(\sin\varphi\cos\beta-\cos\varphi\sin\beta\cos\gamma)+\cos\delta\cos\omega(\cos\varphi\cos\beta+\sin\varphi\sin\beta\cos\gamma)+\cos\delta\sin\beta\sin\gamma\sin\omega \tag{2-3-26}$$

式中：δ——太阳赤纬角；

φ——地理纬度；

β——计算点切面与水平面的夹角，即倾斜角，它与计算点的空间坐标有关；

γ——计算点切面法线在水平面上的投影与正南方的夹角，即方位角，它也与计算点的空间坐标有关，方位角以正南方向为零，由南向东向北为负，由南向西向北为正；

ω——太阳时角；

R_d——考虑天空散射的角系数修正因子。

$$R_d=(1+\cos\beta)/2 \tag{2-3-27}$$

θ 的取值范围为（0°，90°），即在 $0°\leqslant\theta\leqslant 90°$ 范围内接收太阳辐射，在此以外的区域主缆表面吸收太阳辐射能为 0。

其中，关于太阳时角的计算，需要确定主缆一天中的有效日照时间。

太阳时角

$$\omega=(当地太阳时-12)\times 15° \tag{2-3-28}$$

在太阳辐射具体计算中，当地太阳时的有效取值范围 $t_0\in$（日出时间，日落时间），其与标准时间的换算公式如下：

$$当地太阳时=标准北京时间+E-4（120-LLOC） \tag{2-3-29}$$

式中：LLOC——当地经度，（°）；

E——考虑地球转速及进动的修正项。

$$E=9.87\sin 2B-7.53\cos B-1.5\sin B \tag{2-3-30}$$

$$B=\frac{360\ (n-81)}{364} \tag{2-3-31}$$

式中：n——所求日期在一年中的日子数。

太阳高度角计算公式为

$$\sin\alpha=\sin\delta\sin\varphi+\cos\varphi\cos\delta\cos\omega \tag{2-3-32}$$

当地的赤纬角

$$\delta=23.45\sin\left(360^{\circ}\times\frac{284+n}{365}\right)$$

考虑到悬索桥的尺寸以及主缆的位置较高，一般情况下可不考虑地形对桥梁主缆的遮挡效应。

上面介绍的一般方法，其中涉及计算点切面的倾斜角 β 和方位角 γ 的计算，它们与计算点的空间坐标有关，对于每一个位置数值均不一样，计算十分复杂。

假设主缆线形为二维抛物线或（分段）悬链线，且为连续函数。以跨中最低点为坐标原点，假设其方程为

$$y=f(z)=a\left(\text{ch}\frac{z}{a}-1\right) \tag{2-3-33}$$

则主缆曲线的方程为

$$x_2+\left[y-a\left(\text{ch}\frac{z}{a}-1\right)\right]^2=R^2 \tag{2-3-34}$$

计算点方位角 γ 随着计算点在主缆横截面的位置变化，变化范围为（0°，360°）；而计算点切面倾斜角 β 不仅在主缆横截面沿主缆圆周变化，而且还沿着主缆轴线方向随着主缆线形变化而变化，β 角可以由计算点在主缆的横截面圆周上的变化角度 β_1 及沿桥梁纵向的变化角度 β_2 进行计算得到。

$$\beta=a\tan\left(\frac{\tan\beta_1}{\cos\beta_2}\right) \tag{2-3-35}$$

$$\beta_1=a\tan\left|\frac{x}{y}\right| \tag{2-3-36}$$

$$\beta_2=a\tan\left[f'(z)\right] \tag{2-3-37}$$

为了方便计算和实际运用，可以进行简化处理。

5）纵桥向主缆边界条件的确定

主缆沿桥梁纵向的温场边界的确定可以有以下两种方法：

（1）基于太阳辐射强度的理论推导法。

上面的推导是针对二维主缆横截面进行的，下面考虑主缆沿桥梁轴向的太阳辐射边界条件的确定。在上面的推导中，某地某时刻，当计算点切面的倾斜角和方位角确定后，其与太阳入射光线的夹角就唯一确定。而针对沿桥梁纵向的主缆边界，其表面计算点接收的太阳辐射沿纵向的变化也由计算点切面的方位角 γ 确定，因此，只需要求得沿桥梁纵向主缆表面计算点切面的方位角的变化，就可得到整个空间连续的主缆表面太阳辐射热流边界。

实际应用中为了简便，可以沿纵向选取几个典型位置的截面计算截面温度，而在典型位置中间的截面温度可以进行插值得到。

在不致引起明显误差情况下，假设主缆线形为悬链线。设主缆在纵桥向的线形函数为 $y(x)$，取中跨曲线最低点为坐标原点，则对称悬链线方程为

$$y=c\left(\mathrm{ch}\frac{x}{c}-1\right) \tag{2-3-38}$$

$$c=H/q$$

式中：H——索力水平投影；

q——主索每延米重。

若假设主缆沿纵桥向斜角为 η，则 $\tan\eta=y'(x)$，则通过 η 与计算点切面倾角 β 和切面的方位角 γ 的相互关系进行换算，得到任何计算点切面的方位角。

有了主缆空间热流边界条件，当知道空间环境温度分布时，就可以计算出整个主缆的空间温度场。实际计算，可分别测试几个典型断面处的环境温度进行截面计算，然后内插得到全主缆温度场。

当然，实际上由于影响主缆空间温度场的因素十分复杂，不仅环境温度沿桥梁纵向和垂向的不均匀变化，局部风的影响以及不同位置环境的影响（如水域、山地等）均会对主缆整体的温场产生影响，因此计算所得的温度场只是在理想情况（无风，主缆所处环境一致等）下的温度场。下面的方法将更贴合实际情况。

（2）基于实际测试的方法。

对于典型位置截面的温度，采用实测的方法确定，而索股沿其纵向的温度分布，一般可采用线性阶段函数来近似计算，设长方向的变化函数为 $T_i(x)$，则温度沿索长度方向分布可表示为

$$T_i(x)=k_i x+b_i \tag{2-3-39}$$

式中：i——测试断面间的索段数；

k_i——折线斜率；

b_i——折线截距。

在测试断面的温度值采用实测获得。

上述两种方法均可以求得主缆在三维空间的温度场情况，实际运用时可以采用两种方法混合使用和验证，以获得准确的主缆温度场。

6）考虑主缆表面辐射吸收系数、表面对流换热情况

由于主缆温度较低，计算表明主缆表面的对外辐射散热可忽略不计，故考虑太阳辐射传热和主缆表面的对流换热时，单位时间流入主缆截面的热流表达式为

$$G_4=\varepsilon G_3-u(t_w-t_f) \tag{2-3-40}$$

式中：G_4——进入主缆截面的热流，$\mathrm{W/m^2}$；

G_3——潜在太阳辐射表面热流，由式（2-3-25）计算，$\mathrm{W/m^2}$；

ε——主缆表面吸收太阳辐射系数，对于有无防护的产生的区别，通过不同的 ε 参数加以考虑；对于施工阶段没有防护状态的主缆，参考相关资料；对于镀锌铁皮，考虑表面光度修正后取 0.28；对于运营阶段防护后的主缆表面，取值 0.25；

t_w——主缆表面温度，℃；

t_f——主缆周围空气环境温度，℃；

u——主缆表面热交换系数，在自然对流环境下由试验测试值取 3.14（$\mathrm{W/m^2\cdot K}$）。

主缆周围空气环境温度 t_f 的取值可以通过实测获得。

7）水平面太阳辐射强度的普适计算方法、经验公式法计算值与实测值对比

（1）普适计算方法。

采用武汉地区实测太阳辐射值与普适方法计算值进行对比分析，测试时间为 2009 年 6 月 22—24 日共 3d，天气情况见表 2-3-13 所示。根据前述理论，水平面上潜在最大的太阳辐射强度计算式为

$$G'_3=\cos\theta_z G_0\tau_b\tau_y\tau_z+\gamma_s G_0\tau_d\tau'_y\tau'_z \tag{2-3-41}$$

式中：θ_z——太阳光线与水平面法线之间的夹角，即水平面上的太阳入射角。

$$\theta_z=90° - \alpha ;$$

$$G_0=G_{sc}\left(1+0.033\cos 360° \times \frac{n}{365}\right)=1\ 308.8\text{W/m}^2$$

武汉属于亚热带气候，平均海拔取 50m。

$$a_0{}^*=0.423\ 7-0.008\ 21\ (6-A)^2=0.133$$

$$a_1{}^*=0.505\ 5+0.005\ 95\ (6.5-A)^2=0.753$$

$$k^*=0.271\ 1+0.018\ 58\ (2.5-A)^2=0.383$$

$$r_0=0.95$$

$$r_1=0.98$$

$$r_k=1.02$$

则

$$a_0=r_0a_0{}^*=0.126$$

$$a_1=r_1a_1{}^*=0.738$$

$$k=r_kk^*=0.390$$

$$\tau_b=a_0+a_1e^{-k/\sin\alpha}=0.126+0.738e^{-0.39/\{0.205+0.786\cos[0.004\ 167\times(-19\ 800+t)]\}}$$

$$\tau_d=0.271\ 0-0.293\ 9\tau_b$$

考虑云量、山区遮挡修正，无遮挡情况，遮挡因子 τ_z、τ'_z 取 1.0，倾角 R_d=1。

其中云量修正因子与大气质量有关，在查阅文献基础上得出拟合公式，对于晴天：$\tau_y=0.02m^2-0.190m+1.139$；对于卷层云天气：$\tau_y=0.108m^2-0.714m+1.505$，其中，$m$ 为大气质量。关于云量修正因子，为方便，对于直射和散射均取同样数值。

（2）拟合经验公式法。

假设夏天日照时间为 12h，以小时为时间单位，经拟合实测数据得到的水平面太阳辐射强度经验公式为

$$\varphi=\varphi_{max}\sin\left(\frac{\pi}{12}t\right) \tag{2-3-42}$$

式中：t——从计算点开始的时间，以小时计，假定从上午 6：00 到下午 6：00；

φ——一天中任意时刻的水平面太阳辐射强度；

φ_{max}——一天中太阳辐射实测最大值。

图 2-3-40~ 图 2-3-42 给出了水平面上太阳辐射实际测试值和两种计算方法的计算值对比情况。其中，方法 1 为普适计算方法，方法 2 为归纳经验公式法。

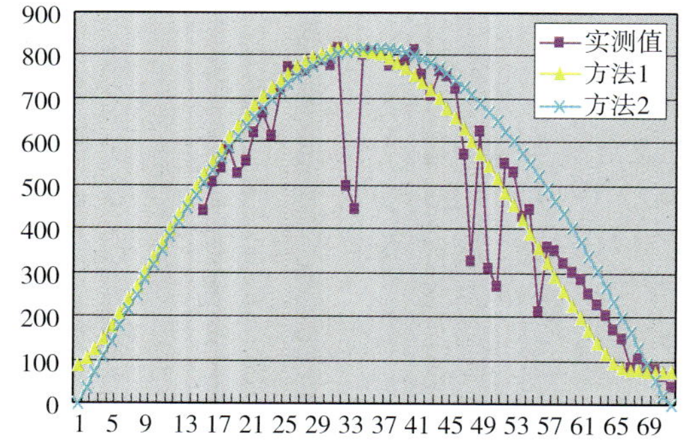

图 2-3-40　2009 年 6 月 22 日太阳辐射计算值与实测对比

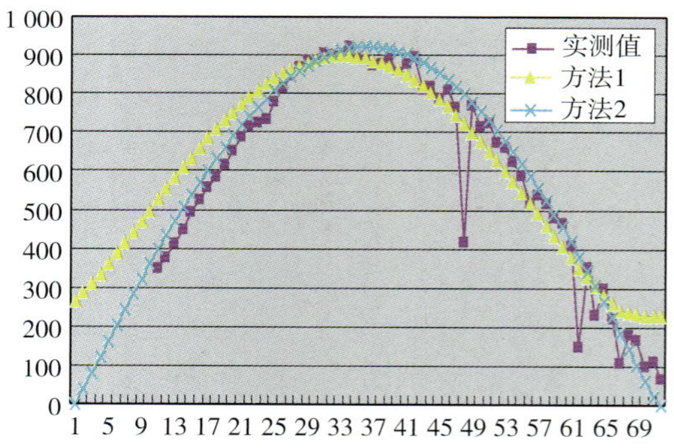

图 2-3-41　2009 年 6 月 23 日太阳辐射计算值与实测对比

从图 2-3-40~ 图 2-3-42 比较可知，两种方法计算值与实测值均有较好的吻合度。其中，对于晴天情况，方法 2 与测试值吻合更好；而对于多云天气，方法 1 计算值与实测值吻合较好。这也说明采用普适计算方法得到的太阳辐射强度是准确的，可以作为后续温度场的计算边界条件。

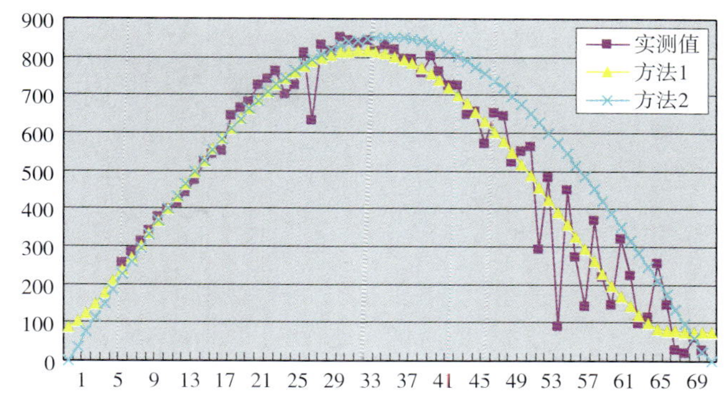

图 2-3-42　2009 年 6 月 24 日太阳辐射计算值与实测对比

对于没有实测太阳辐射条件的地区，可通过统计周边气象站的数据，用月平均日的辐射推算小时辐射量，该推算结果在晴天条件下与实际情况较吻合。由日辐射总量估算小时辐射量的方法如下：

首先，根据标准时间，换算得到当地太阳时，换算公式如下：

$$\text{当地太阳时} = \text{标准北京时间} + E - 4\ (120 - \text{LLOC}) \tag{2-3-43}$$

式中：LLOC——当地经度，(°)；

E——考虑地球转速及进动的修正项。

$$E = 9.87\sin 2B - 7.53\cos B - 1.5\sin B$$

$$B = \frac{360 \times (n - 81)}{364}$$

式中：n——所求日期在一年中的日子数。

由当地太阳时，得到计算时刻太阳的时角 ω，中午时角 $\omega=0°$，上午取负值，下午取正值，每小时相当 15°。

其次，得到当地的赤纬角

$$\delta = 23.45\sin\left(360^{\circ} \times \frac{284 + n}{365}\right) \tag{2-3-44}$$

再次，任何地区任何一天的日落时角 ω_s 计算式为

$$\omega_s = \arccos(-\tan\delta\tan\varphi) \tag{2-3-45}$$

式中：φ——当地纬度角。

最终，小时总辐射与全天总辐射之比计算式为

$$r_t = \frac{I}{H} = \frac{\pi}{24}(a + b\cos\omega)\frac{\cos\omega - \cos\omega_s}{\sin\omega_s - \frac{2\pi\omega_s}{360^{\circ}}\cos\omega_s} \tag{2-3-46}$$

式中：r_t——小时辐射与日总辐射之比；

ω——时角；

ω_s——日落时角。

a、b 取值为

$$a = 0.409 + 0.5016\sin(\omega_s - 60^{\circ})$$

$$b = 0.6609 + 0.47676\sin(\omega_s - 60^{\circ})$$

精确的时均辐射量可以根据实际地区测试得到，采用上述方法可以得到估算的时均辐射量，可满足一般精度要求，且由于有解析表达式，便于对影响因素进行分析比较。

研究以重庆地区的气候资料为基础，根据中国气象辐射资料 2001 年年册，重庆地区的太阳辐射数据见表 2-3-18。

重庆地区典型统计太阳辐射数据　　表 2-3-18

日均总辐射量（MJ/m²）						年均总辐射量（MJ/m²）
1月	2月	3月	4月	5月	6月	
3.05	6.48	10.93	9.9	14.08	10.4	3 429.74
7月	8月	9月	10月	11月	12月	
19.93	13.37	9.44	5.54	5.67	3.62	

根据重庆市的纬度计算，即重庆的地理方位为北纬 29° 35′，东经 106° 28′。采用上述方法并根据相关资料推算 2009 年 7 月 1 日的典型小时总辐射量统计值，如表 2-3-19 所示。其中最大小时平均辐射强度为 692W/m^2。

重庆地区 2009 年 7 月 1 日典型小时总辐射量统计值　　表 2-3-19

北京时间	辐射比 r_t	小时平均辐射强度（W/m²）
6	0.000 1	0.34
7	0.004 3	23.66
8	0.019 8	109.60
9	0.044 4	245.55
10	0.073 1	404.76
11	0.099 9	552.87
12	0.118 6	656.49
13	0.125 0	691.81
14	0.117 6	650.61
15	0.098 0	542.45
16	0.070 9	392.20
17	0.042 2	233.61
18	0.018 2	100.77

根据全国气象统计资料计算得到的全国其他不同地区累计 8 年（2001—2008 年）的 7 月份日平均太阳辐射强度如表 2-3-20 所示。

全国典型地区日均太阳辐射强度（W/m²）　　表 2-3-20

地　区	日均太阳辐射强度	地　区	日均太阳辐射强度	地　区	日均太阳辐射强度
哈尔滨	17.84	乌鲁木齐	21.73	兰州	20.29
沈阳	16.94	北京	16.84	成都	13.49
昆明	16.32	武汉	17.63	广州	15.04

根据上面方法换算得到的不同地区 7 月份的 φ_{max} 最大值如表 2-3-21 所示。

不同地区夏季最大太阳日总辐射强度 φ_{max}（W/m²）　　表 2-3-21

地　区	最大太阳总辐射强度	地　区	最大太阳总辐射强度	地　区	最大太阳总辐射强度
哈尔滨	17.84	乌鲁木齐	21.73	兰州	20.29
沈阳	16.94	北京	16.84	成都	13.49
昆明	16.32	武汉	17.63	广州	15.04

五、主缆传热初始条件

确定主缆传热学偏微分方程组的定解条件除边界条件外，还需要确定其初始条件，即在计算开始时刻整个结构的初始温度，用公式表示为

$$T|_{t=0}=\varphi(x, y, z) \tag{2-3-47}$$

$\varphi(x, y, z)$——已知函数，表示物体初温，℃。

对于主缆的初始条件，理想情况下是对整个主缆进行现场测试获得。实际应用时可以采用实测法和计算推导法两种方法得到。

（一）实测法

可选取典型的计算截面，在温度较稳定和温差较小的时刻测试获得主缆表面温度，然后再进行一定的计算确定截面初始温度场。

针对主缆结构，大量实测值表明，主缆整个截面的温度在一天中凌晨至日出这段时间内温差小，温度稳定，故可以取该时段某一个时刻典型截面温度实测值作为边界条件，进行稳态计算得到该时刻的初始温度场。

（二）计算推导法

采用关于环境温度的近似计算式获得计算时刻的环境温度，然后根据第二篇第二章关于主缆表面温度与环境温度关系式（理论近似关系或拟合经验公式），得到主缆表面温度，最后再进行一定的计算确定截面初始温度场。

六、不同环境条件下太阳辐射边界条件和初始条件的修正

由于影响主缆空间温度场的因素十分复杂，不仅环境温度沿桥梁纵向变化不均匀，局部风的影响以及不同天气环境等均会对主缆温度场产生影响，因此上述计算所得的温度场只是在理想情况下的温度场，在实际工程的计算中需要注意以下几点影响因素的参数修正。

（一）天气状况修正

由于不同的云型和云量对太阳辐射的影响很大，例如在全天晴和全天阴的情况下太阳辐射强度差别很大，因此需要针对天气状况进行适当修正。

（二）环境气温的时空修正

在计算边界条件和初始条件时需要确定环境温度，由于环境温度是时间和空间的函数，当有简单的实测数据采用经验公式（2-3-4）进行推算时，需要根据不同时间和地点的环境特点，结合实际情况进行适当的修正以提高计算精度。特别是山区环境下的气温变化较大，气温直减率变化大，对全国 9 个省区的气温直减率随时间变化如图 2-3-43 所示。

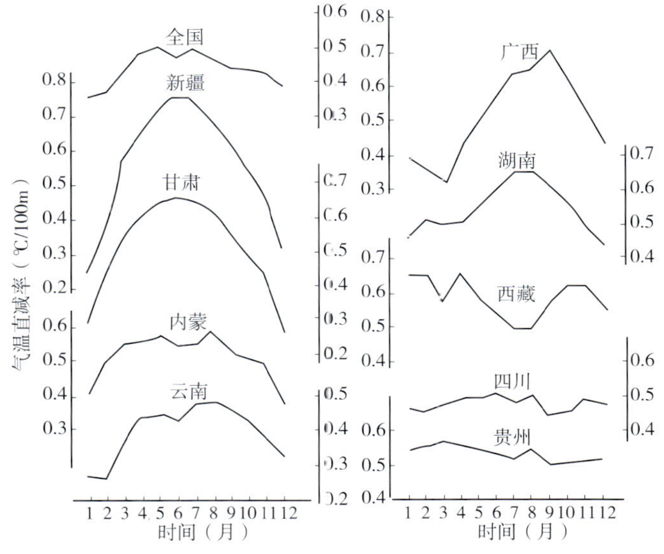

图 2-3-43　全国范围各月均气温直减率（℃/100m）

针对不同高程下主缆的环境温度计算的修正公式如下：

$$t_{xz}=t_j-kA/100 \tag{2-3-48}$$

式中：A——计算位置距地面高程，m；

k——气温直减率，℃/100m；

t_{xz}——修正温度；

t_j——由温度公式得到的计算温度。

（三）风速的影响修正

风速的影响主要表现在对主缆表面对流换热系数的影响上，第二部分试验测试得到了自然对流下（无风）情况下的数值，当实际风速很大时，需要进行换热系数的修正。换热系数与风速风向以及物体表面形状有关，当风速很大时，风速的影响将占主导地位，对流热交换系数 B 的经验公式为

$$B=2.6(0.25\Delta T+1.54v)$$

式中：ΔT——流体与壁面的温差；

v——风速。

由试验测试结果确定主缆结构的换热系数与风速的影响近似关系表达式如下：

$$\alpha_{xz}=3.14+4v \tag{2-3-49}$$

式中：α_{xz}——修正换热系数；

v——风速，m/s。

（四）其他因素修正

为了进一步提高计算的准确性，还可以考虑桥位附近的地表环境情况（水域还是山地等）以及桥梁是否有遮挡等因素的影响。

第三节　主缆模型温度场计算实例及验证

一、太阳辐射下主缆模型温度场计算实例及验证

（一）武汉地区计算实例及实测验证

为了对上述方法进行验证，考虑简单情况，即在武汉地区夏季情况，采用 2.2m 长直线主缆索段模型，主缆表面为未防护状态，主缆索段的轴线沿当地正南北方向的情况。该情况可以把主缆看成是平面二维模型，认为在主缆纵向的温度及边界一致，其计算图示及主缆坐标系见图 2-3-44。

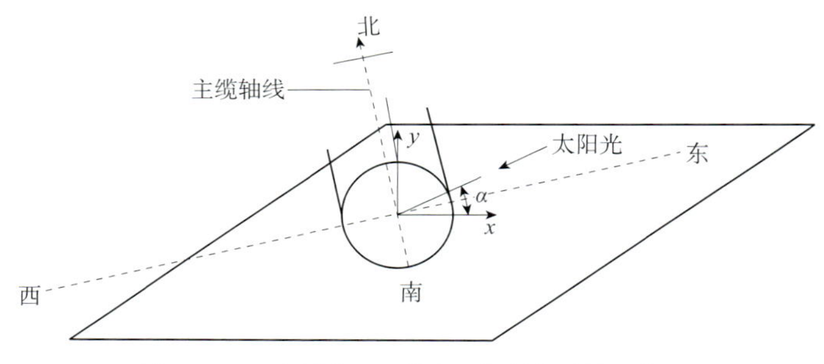

图 2-3-44　主缆表面吸收太阳辐射能计算示意图

1. 确定计算参数

测试的时间为 6 月 23 日，天气晴，武汉纬度 $\varphi=31°$ N；

赤纬角$\delta=23.45\sin\left(360°\times\frac{284+174}{365}\right)=23.44°$；

太阳时角 ω=（当地太阳时 −12）× 15°。

在太阳辐射具体计算中，当地太阳时的有效取值范围为有效日照时间 $t_0\in$（日出时间，日落时间）；在武汉地区夏季 6 月 23 日，取太阳有效日照起始时间为早上 6：30 到下午 18：30，一共 12h。

太阳高度角

$$\sin\alpha=\sin\delta\sin\varphi+\cos\varphi\cos\delta\cos\omega=0.205+0.786\cos[0.004\,167\times(t-19\,800)]$$

式中，时间以秒计算。

主缆计算位置切面方位角 $\gamma=\pm 90°$；在一、四象限为负值，二、三象限为正值；

计算点切面倾角为

$$\beta=a\tan\left(\frac{\tan\beta_1}{\cos\beta_2}\right)=\beta_1=a\tan\left|\frac{x}{y}\right| \tag{2-3-50}$$

转换成计算坐标，在第一、四象限为 90–｛y｝；在第二象限为｛y｝–90；在第三象限为 270+｛y｝。其中｛y｝为计算点柱坐标下的第二个坐标分量。

2. 确定任意时刻任意位置的太阳入射角 θ

$$\begin{aligned}\cos\theta &= \sin\delta\ (\sin\varphi\cos\beta-\cos\varphi\sin\beta\cos\gamma)\ +\cos\delta\cos\omega\ (\cos\varphi\cos\beta+\sin\varphi\sin\beta\cos\gamma)+\cos\delta\sin\beta\sin\gamma\sin\omega \\ &=\sin\delta\sin\varphi\cos\beta+\cos\delta\cos\omega\cos\varphi\cos\beta\pm\cos\delta\sin\beta\sin\omega \\ &=0.205\cos\left(a\tan\frac{x}{y}\right)+0.786\cos\ [0.004\ 167\times(-19\ 800+t)]\ \cos\left(a\tan\left|\frac{x}{y}\right|\right)\pm \\ &\quad 0.917\sin\left(a\tan\left|\frac{x}{y}\right|\right)\sin\ [(0.004\ 167\times(-19\ 800+t)]\end{aligned} \quad (2\text{–}3\text{–}51)$$

3. 当量太阳辐射强度计算

$$G_0=G_{sc}\ (1+0.033\cos360°\times\frac{n}{365})\ =1\ 308.8\ (\mathrm{W/m^2})$$

$$G_1=G_0\tau_b+G_0\tau_d$$

武汉属于亚热带气候，平均海拔取 50m；

$$a_0{}^*=0.423\ 7-0.008\ 21\ (6-A)^2=0.133$$

$$a_1{}^*=0.505\ 5+0.005\ 95\ (6.5-A)^2=0.753$$

$$k^*=0.271\ 1+0.018\ 58\ (2.5-A)^2=0.383$$

$$r_0=0.95\ ;\ r_1=0.98\ ;\ r_k=1.02$$

则

$$a_0=r_0a_0{}^*=0.126$$

$$a_1=r_1a_1{}^*=0.738$$

$$k=r_kk^*=0.390$$

$$\tau_b=a_0+a_1e^{-k/\sin\alpha}=0.126+0.738e^{-0.39/\{0.205+0.786\cos[0.004\ 167\times(-19\ 800+t)]\}}$$

$$\tau_d=0.271\ 0-0.293\ 9\tau_b$$

考虑云量、山区遮挡修正，由于是晴天，无遮挡情况，故取值均为 1.0；考虑时间、主缆上的计算位置、倾斜角度等修正，当量太阳辐射强度的计算公式为

$$G_2=|\cos\theta|G_0\tau_b+R_dG_0\tau_d \quad (2\text{–}3\text{–}52)$$

$$R_d=(1+\cos\beta)/2 \quad (2\text{–}3\text{–}53)$$

得到当量太阳辐射强度为与主缆表面计算位置、计算时间有关的函数：

$$\begin{aligned}G_2=F\ (x,\ y,\ t)\ &=1\ 308.8\ \Big|\ [0.205\cos\left(a\tan\left|\frac{x}{y}\right|\right)+ \\ &0.786\cos\ [0.004\ 167\times(-19\ 800+t)]\ \cos\left(a\tan\left|\frac{x}{y}\right|\right)\pm \\ &0.917\sin\left(a\tan\left|\frac{x}{y}\right|\right)\ \sin\ [0.004\ 167\times(-19\ 800+t)] \\ &[\ 0.126+0.738e^{-0.39/\{0.205+0.786\cos[0.004\ 167\times(-19\ 800+t)]\}}]\ \Big|+ \\ &1\ 308.8\ [\ (1+\cos\left(a\tan\left|\frac{x}{y}\right|\right))\ /2]\times \\ &[0.271\ 0-0.293\ 9\times(0.126+0.738e^{-0.39/\{0.205+0.786\cos[0.004\ 167\times(-19\ 800+t)]\}})]\end{aligned}$$

即主缆表面吸收太阳辐射能随时间和位置而变化，以上为主缆在太阳直接照射下表面每一点接收太阳辐射潜在的最大热流。

函数的限定条件为 $0\leqslant\theta\leqslant\pi/2$。

当 $\pi/2<0<\pi$ 时，主缆表面仅有散射辐射，即

$$G_2=1\ 308.8\left[\left(1+\cos\left(a\tan\left|\frac{x}{y}\right|\right)\right)/2\right]\times$$
$$\left[0.271\ 0-0.293\ 9\times\left(0.126+0.738\mathrm{e}^{-0.39/\{0.205+0.786\cos[0.004\ 167\times(-19\ 800+t)]\}}\right)\right]$$

理想情况下，在 $0\leqslant\theta\leqslant\pi/2$ 范围内有接收 $0\leqslant|\omega|\leqslant\arccos(-\tan\delta\tan\varphi)=105.1°$ 太阳辐射，在此以外的区域主缆表面吸收太阳辐射能为 0，计算时根据实际情况考虑有效日照时间，本次计算取 12h。

对于未防护状态下的主缆结构，考虑太阳辐射传热和主缆表面的对流换热时，单位时间流入主缆截面的热流表达式为

$$G_3=0.28G_2-3.14(t_w-t_f) \tag{2-3-54}$$

式中，表面对流换热系数取值来源于第二篇第二章试验测试。

4. 温度场计算结果

分析太阳辐射情况下主缆温度场随外界气温变化响应，其中实际测试时主缆表面为未防护状态，根据武汉地区的太阳辐射及天气情况，由上节讨论确定的边界条件，计算主缆的温度响应。计算的初始时刻定为凌晨 0：00，日出时间为早上 6：30。

图 2-3-45 给出了晴天情况下，计算得到的 2009 年 6 月 23 日时间从凌晨 0：00 到晚上 23：00 的主缆截面典型温度分布图，假定太阳从右边升起来，时间为当地太阳时。

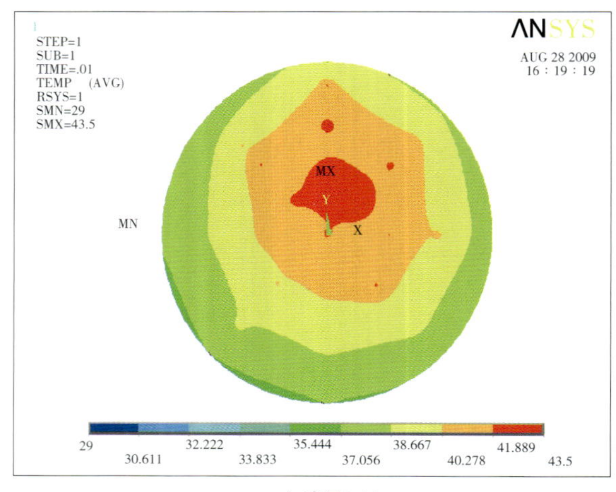

a）凌晨0:00

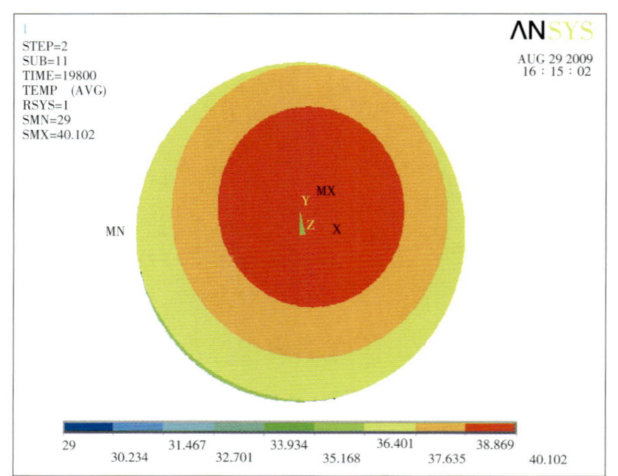

b）早上6:00

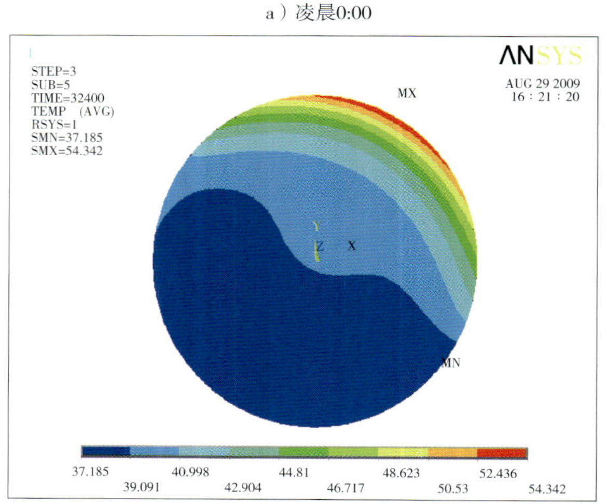

c）上午9:00

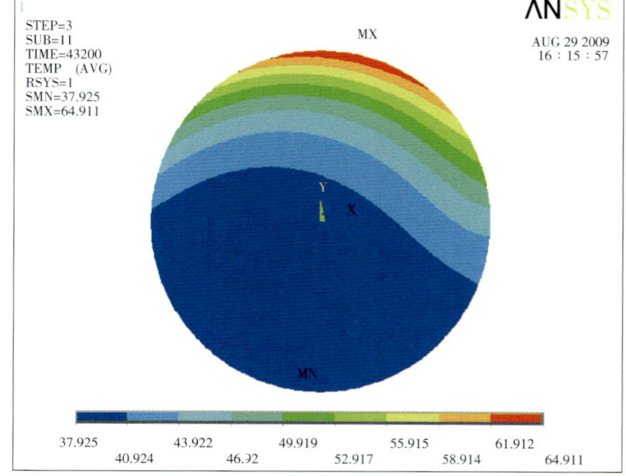

d）中午12:00

图 2-3-45

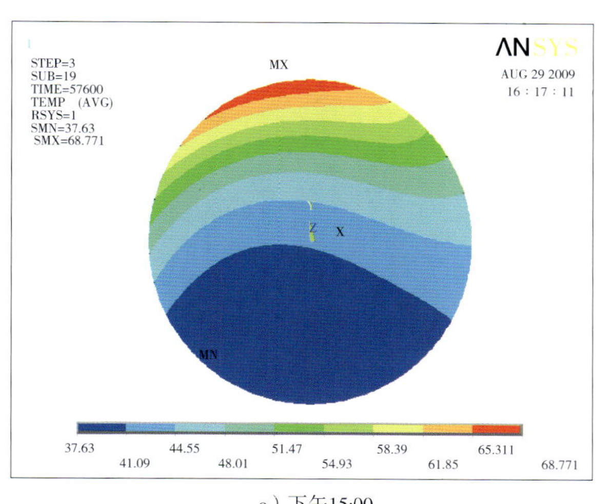

e）下午15:00

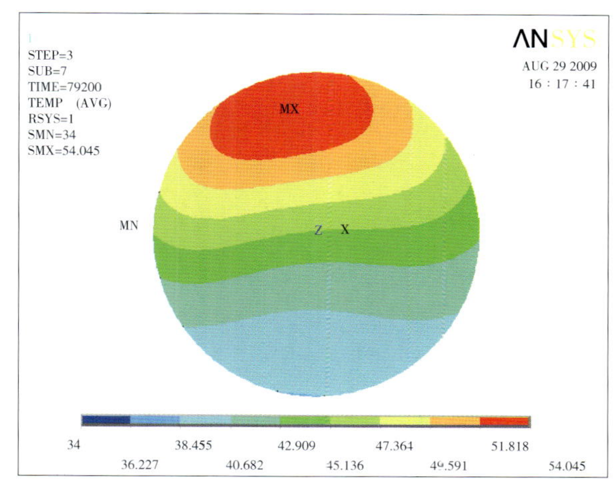

f）晚上23:00

图 2-3-45　各典型时间主缆截面温度分布图

从图 2-3-45 可以看出，主缆表面温度最大值随时间推移，接收太阳辐射的表面温度变化剧烈，中间部位变化小。截面上半部分温度高于下半部分，白天最高温度出现在迎阳面，晚上最高温度出现在截面芯部，这与实测的结论一致。白天最高温度从中午 12：00 到下午 16：00 左右依次沿迎阳面出现，最高达到 60℃。

1）计算值与实测值对比

几个典型时刻的主缆温度场的计算值与测点实测值的对比如表 2-3-22 所示，其中计算测点布置如图 2-3-46 所示。

主缆温度场实测值与计算值对比（℃）　表 2-3-22

时　刻	上午 9：00			时　刻	中午 12：00		
测　点　号	实　测　值	计　算　值	误差（%）	测　点　号	实　测　值	计　算　值	误差（%）
1	37.7	38.6	2.4	1	38.8	38.9	0.2
2	37.3	37.8	1.2	2	38.1	38.0	-0.3
3	38.3	38.6	0.9	3	38.2	38.5	0.8
4	39.4	38.4	-2.6	4	39.3	38.4	-2.4
5	37.2	37.6	1.1	5	39	38.1	-2.3
6	37	38.1	2.9	6	38.4	39.0	1.5
7	40.5	41.8	3.2	7	49.6	48.7	-1.7
8	39.1	40.0	2.4	8	44.7	44.4	-0.6
9	38.7	39.4	1.9	9	39.8	40.7	2.2
10	39.1	39.8	1.8	10	44.5	42.6	-4.3
11	37.7	39.2	3.9	11	39.7	40.3	1.4
12	37.9	37.8	-0.3	12	40.6	38.6	-4.9
13	40.9	43.6	6.5	13	50.1	53.3	6.5
14	39	40.4	3.6	14	43.1	46.3	7.4
15	39.2	39.4	0.6	15	40.1	40.9	2.1
16	39.2	38.7	-1.3	16	38.9	39.3	1.0
17	40.8	36.8	-9.9	17	43.9	38.7	-11.9

续上表

时　刻	上午 9：00			时　刻	中午 12：00		
测 点 号	实 测 值	计 算 值	误差（%）	测 点 号	实 测 值	计 算 值	误差（%）
18	37.7	37.4	-0.8	18	41.7	37.9	-9.1
19	51.7	50.9	-1.5	19	61.6	59.7	-3.2
20	45.6	50.1	9.9	20	60.5	62.8	3.9
21	48	45.5	-5.3	21	50.4	45.7	-9.3
22	37.8	37.7	-0.4	22	42.2	38.3	-9.3
27	38	38.6	1.6	27	42.6	39.7	-6.9
28	38.4	40.6	5.8	28	50.4	51.6	2.4
29	38	39.0	2.7	29	37.7	38.9	3.2
30	37.5	38.9	3.7	30	41	43.5	6.2
31	37.9	39.2	3.3	31	39.4	41.3	4.8
32	39.3	39.2	-0.2	32	39.2	39.8	1.4
时　刻	下午 15：00			时　刻	晚上 23：00		
测 点 号	实 测 值	计 算 值	误差（%）	测 点 号	实 测 值	计 算 值	误差（%）
1	40.9	39.66	-3.0	1	43.3	42.1	-2.8
2	40	38.37	-4.1	2	42.5	39.8	-6.3
3	39.5	38.99	-1.3	3	43.8	41.8	-4.5
4	40.8	38.88	-4.7	4	45.5	42.3	-7.0
5	41.6	38.58	-7.3	5	43.2	40.9	-5.4
6	42.4	41.45	-2.2	6	45.2	46.1	2.0
7	51.8	52.4	1.1	7	44.3	49.3	11.2
8	48.8	48.25	-1.1	8	45.9	49.0	6.8
9	43	43.21	0.5	9	45.9	47.2	2.9
10	45.1	43.73	-3.0	10	42.2	44.4	5.1
11	42.7	41.93	-1.8	11	44.2	44.8	1.3
12	42.7	39.42	-7.7	12	42.5	40.7	-4.3
13	56.3	60.43	7.3	13	46.8	53.0	13.3
14	48.9	52.5	7.4	14	47.7	52.7	10.5
15	43.5	44.17	1.5	15	47.3	49.2	4.1
16	40.4	40.5	0.3	16	45.3	45.0	-0.6
17	44.5	39.48	-11.3	17	40.3	39.8	-1.3
18	43.6	38.29	-12.2	18	40.5	38.5	-5.0
19	54.1	59.12	9.3	19	41.7	48.0	15.1
20	62.7	68.76	9.7	20	43.3	51.7	19.4
21	47	44.62	-5.1	21	41.1	42.9	4.4
22	45.1	38.71	-14.2	22	41.5	39.9	-3.9
27	51.5	45.94	-10.8	27	42.7	44.9	5.1
28	62.6	61.4	-1.9	28	43.6	50.5	15.8

续上表

时　刻	下午 15：00			时　刻	晚上 23：00		
测　点　号	实　测　值	计　算　值	误差（%）	测　点　号	实　测　值	计　算　值	误差（%）
29	39.6	40.29	1.7	29	45.7	45.7	0.0
30	48.5	50.18	3.5	30	46.8	51.7	10.4
31	44.4	45.91	3.4	31	47.3	50.8	7.4
32	41.6	42.06	1.1	32	47.2	47.9	1.6

注：误差（%）=100×（计算值－实测值）/实测值。

从表 2-3-22 可以看出，主缆的表面温度响应快，内部温度响应慢。同时，白天有太阳辐射时的温度升高较快，而晚上，特别是凌晨 0：00 到早上 8：00 这一段时间，主缆温度较稳定。

对于瞬态过程分析而言，相关研究表明，温度测试工程应用的容许误差和可接受的范围在 40% 以内。

从表 2-3-22 可见，对于截面测点的温度大小分布及变化趋势，计算值与实测值吻合得非常好，而绝大部分测点差值均在 10% 以内，说明计算方法是准确可靠的。

从极少数误差超过 10% 的测点位置分析，发现全部位于主缆表面靠近地表处，这说明是由于地面的反射热辐射（试验模型离地面约 1.5m）所造成的误差，而实际主缆结构离地面较高，地面反射辐射的影响很小，故针对实际桥梁主缆的计算偏差会更接近测试值。

误差产生的原因，主要有以下两个方面：

（1）测试误差。包括测试仪器、测试方法等引入的测试误差。

（2）计算误差。主要有计算模型的一些简化假设误差，热物性参数误差，初始条件及边界条件的简化假定带来误差，计算等效模型带来的等效误差等。

由此也可见，在晴天微风环境下，对于确定位置的桥梁，影响主缆温度场最主要的因素就是太阳辐照量和环境气温，其他因素可忽略。

2）温度—时程分析

针对上述仿真结果，图 2-3-47~ 图 2-3-52 给出了不同计算位置测点的温度—时程曲线。

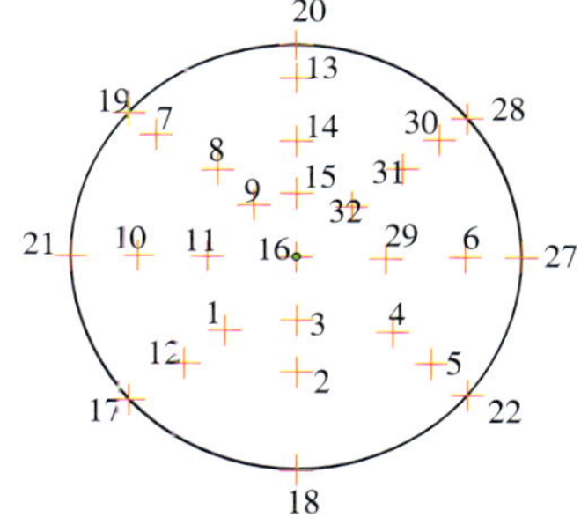

图 2-3-46　测点布置图

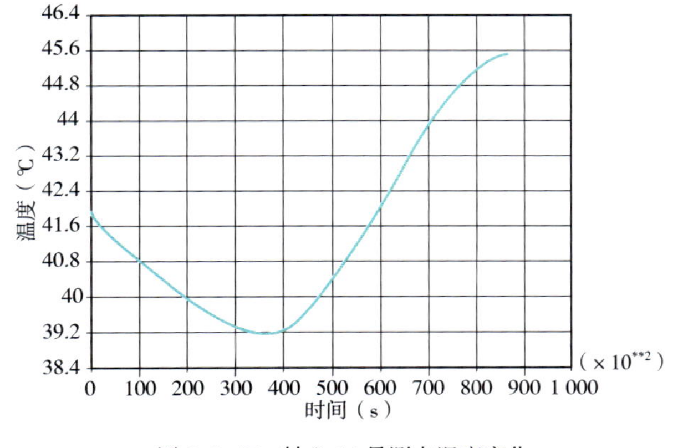

图 2-3-47　轴心 16 号测点温度变化

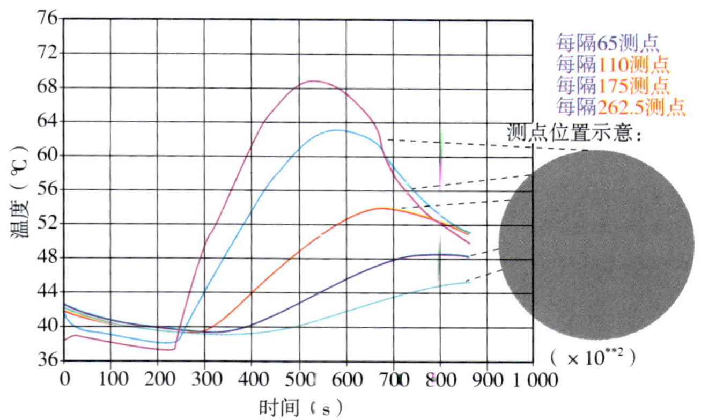

图 2-3-48　上部测点温度随时间变化

从图 2-3-51 中可见，内部测点温度变化较缓和，而表面测点温度变化剧烈，且随着太阳辐射的变化，其温度变化起伏很大，最大达到 68℃。表面不同个数测点的温度平均值的差异不大；截面温度响应环境温度的滞后程度与测点离轴心的距离有关，越靠近内部温度越低，滞后也越多。表面测点平均温度随时间的变化比内部测点平均温度的变化幅度大5℃左右，不同时刻整个截面的实际平均温度不同于表面测点温度的平均值，在午后要低于表面平均值2℃左右，在午夜要高于表面平均值1.5℃左右。

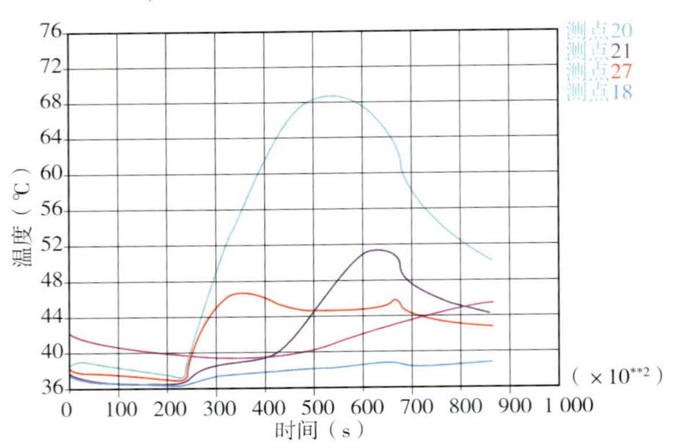

图2-3-49　表面测点温度随时间变化

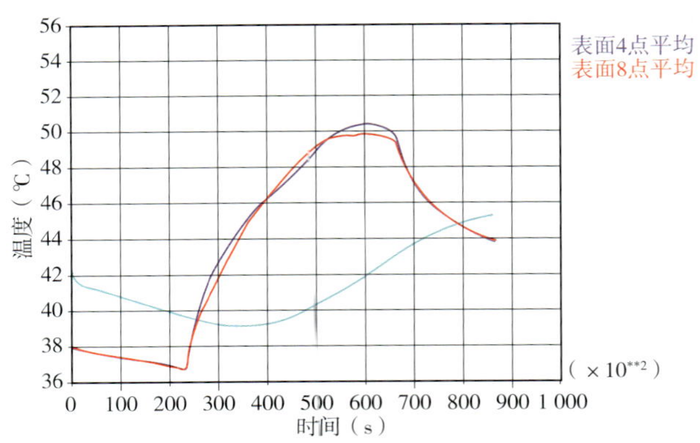

图2-3-50　表面不同个数的测点温度平均值对比

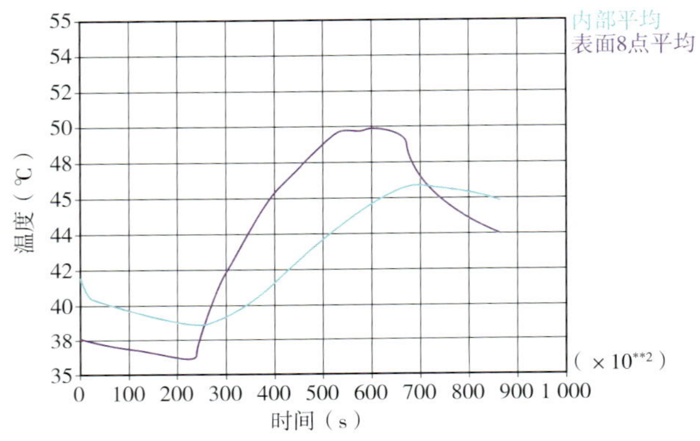

图2-3-51　表面测点平均温度与内部测点平均温度随时间变化

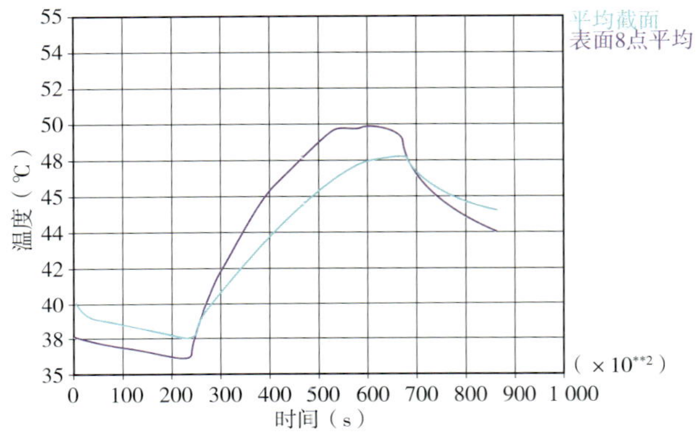

图2-3-52　表面测点平均温度与整个截面测点平均温度变化对比

为了更直观地反映主缆截面计算温度的时程变化以及和实测值的对比情况，图2-3-53给出了不同测点的实测值和计算值温度—时程曲线图。

从图2-3-53中可以更直观看出，主缆不同位置测点的温度实测值和计算值变化趋势一致，其中计算值比实测值略大，主缆不同位置和不同时刻的温度实测值和计算值差别均不一样，其中在主缆芯部误差最小，主缆表面温度差别最大；在下午16：00后至午夜12：00计算误差最大，其他时间段较小。计算最大误差在主缆上表面下午16：00，为8.5℃，差值约占实测温度的14%。

3）温度—梯度分析

图2-3-54给出了上午9：00主缆整个截面的温度梯度变化情况。从图2-3-54中可见，主缆截面的温度梯度主要受日照影响，在主缆外层的迎阳面梯度大，温差变化大，从外层到内层，温度梯度剧烈减小。从而可知，在外界太阳辐射条件下，主缆的温度变化是十分剧烈的。主缆右侧温度梯度如图2-3-55所示。

4）其他因素影响分析

上面的计算是基于晴天基本无风或微风的情况，对于有云或大风的天气，需要考虑云量的遮挡修正和风速修正，下面给出2009年6月25日多云无风天气下的实测值与计算值对比情况。其中，当天的太阳辐照量如图 2-3-56 所示，云量修正因子参考文献“太阳辐射的计算机模拟”，根据测试时间段云层状况及大气质量得到，对几个不同的时段遮挡因子的取值如表 2-3-23 所示。

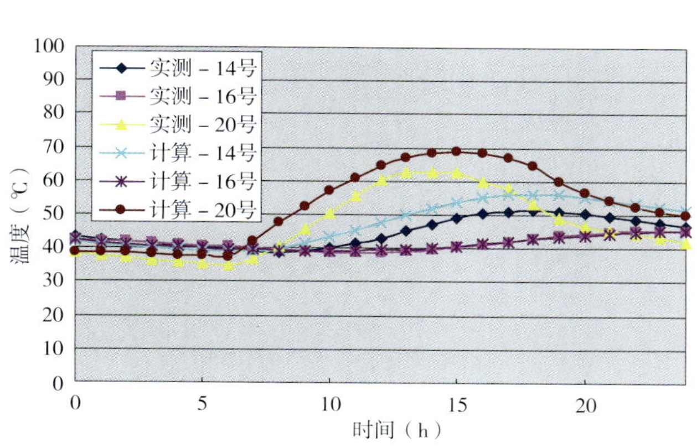

图 2-3-53 不同测点实测值与计算值温度—时程比较

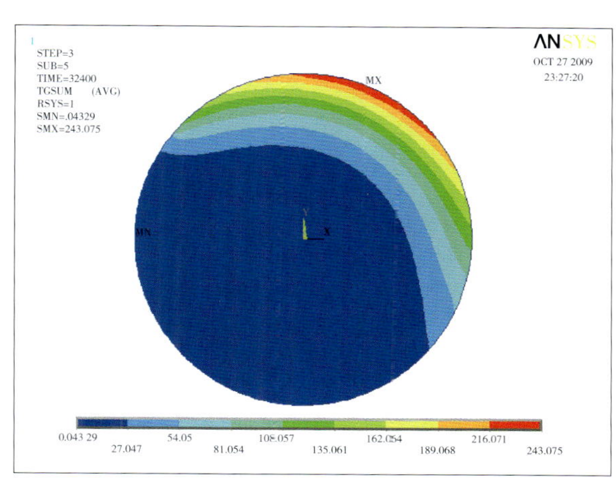

图 2-3-54 主缆截面温度梯度（℃ /m）

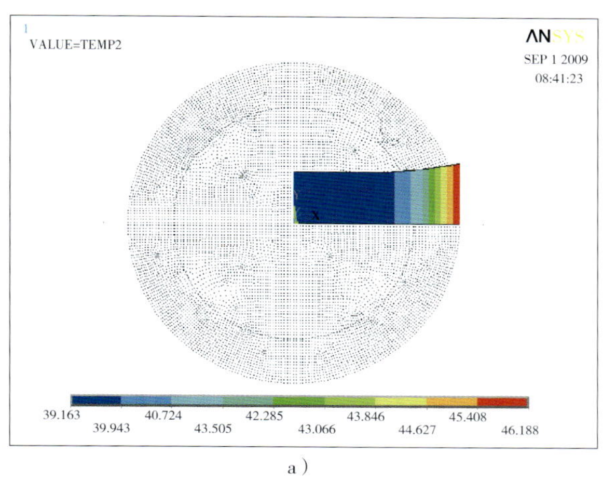

a）

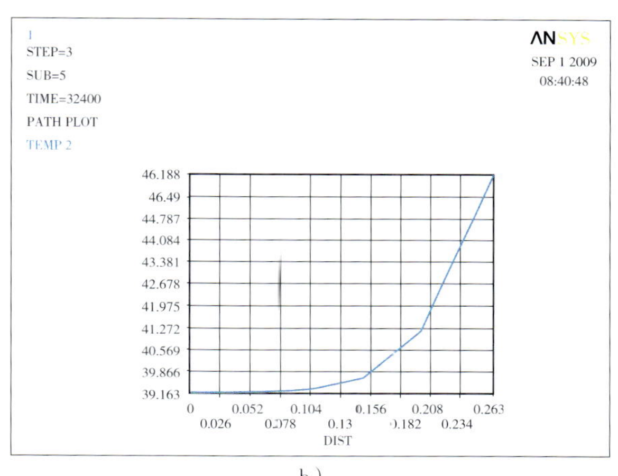

b）

图 2-3-55 主缆右测温度梯度（℃ /m）

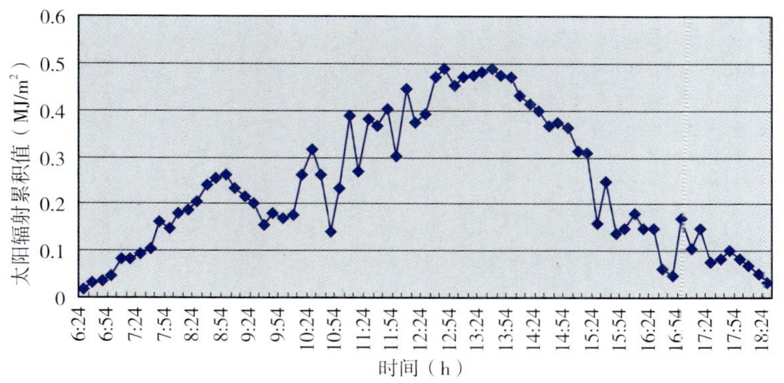

图 2-3-56 2009 年 6 月 25 日实测太阳辐射累积值（辐射量）（MJ/m^2）

全天不同时间段遮挡因子取值（全天云情况） 表 2-3-23

时间（段）	6：30	9：00	12：30	15：00	17：00	18：30
遮挡因子	1	0.6	0.84	0.5	0.82	

计算结果见表 2-3-24 和图 2-3-57 所示。

不同时刻温度计算值与实测值对比　　表 2-3-24

时　刻	上午 9：00			时　刻	中午 12：00		
测点号	实测值	计算值	误差（%）	测点号	实测值	计算值	误差（%）
1	39.5	38.56	-2.4	1	39.8	38.72	-2.7
2	39.1	37.78	-3.4	2	39.3	38	-3.3
3	40.1	38.57	-3.8	3	39.7	38.45	-3.1
4	41.2	38.32	-7.0	4	40.9	38.31	-6.3
5	39.1	37.64	-3.7	5	39.9	38.05	-4.6
6	39	38.07	-2.4	6	40	38.75	-3.1
7	41.9	41.2	-1.7	7	44.9	45.22	0.7
8	40.8	39.88	-2.3	8	43.2	42.56	-1.5
9	40.4	39.34	-2.6	9	40.8	40.13	-1.7
10	40.5	39.53	-2.4	10	41.8	41.07	-1.7
11	39.5	39.09	-1.1	11	40.4	39.74	-1.6
12	39.5	37.87	-4.1	12	40.4	38.49	-4.7
13	42.5	42.48	0.0	13	46.6	48.32	3.7
14	40.7	40.18	-1.3	14	42.9	43.89	2.3
15	40.8	39.34	-3.6	15	41.3	40.32	-2.4
16	40.9	39.14	-4.3	16	40.5	39.1	-3.5
17	40.3	37.57	-6.8	17	41.7	38.55	-7.6
18	38.9	37.52	-3.6	18	40.6	37.96	-6.5
19	47.2	47.17	-0.1	19	51.1	51.53	0.8
20	44.9	46.87	4.4	20	52.5	54.08	3.0
21	44.9	42.93	-4.4	21	45	42.47	-5.6
22	39.3	37.68	-4.1	22	41.9	38.18	-8.9
27	39.9	38.34	-3.9	27	43.5	39.32	-9.6
28	41.1	40.78	-0.8	28	50.4	47.41	-5.9
29	39.6	38.63	-2.4	29	39.5	38.76	-1.9
30	39.3	39	-0.8	30	42.1	42.08	0.0
31	39.6	38.86	-1.9	31	40.8	40.54	-0.6
32	40.9	39.07	-4.5	32	40.7	39.46	-3.0

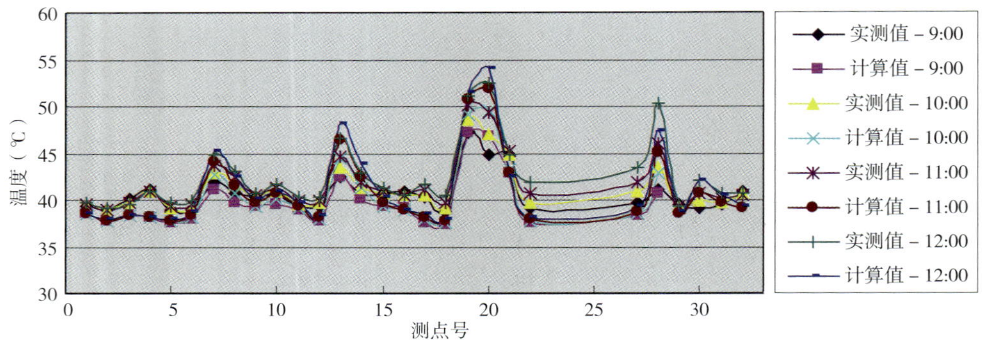

图 2-3-57　不同时刻截面温度计算值与实测值比较

从表 2-3-24 比较可知，计算值与实测值误差均在 10% 以下，大部分测点误差在 5% 以下，吻合良好。最大误差出现在 27 号测点 12：00，为 9.6%。图 2-3-57 更直观地列出了从上午 9：00 至中午 12：00 所有测点的计算值与实测值差别，显示计算值与实测值吻合良好，但这也说明采用云量修正因子进行修正的温度场计算方法是准确可信的。

（二）重庆地区计算实例及实测验证

1. 热流边界条件确定

在重庆鱼嘴地区，进行实地现场试验，测试时间为夏季 7—8 月，试验模型为 2.2m 长直线主缆索段，主缆索段的轴线沿当地正南北方向。该情况可以把主缆看成是平面二维模型，实际方位布置如图 2-3-58 所示。

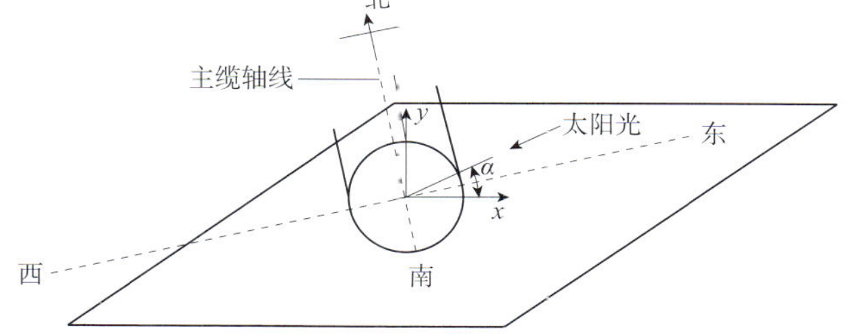

图 2-3-58　主缆表面吸收太阳辐射能计算示意

2. 确定计算参数

测试的时间为 8 月 7—8 日，天气晴，重庆纬度 φ=29.5° N，赤纬角 $\delta=23.45\sin\left(360°\times\dfrac{284+219}{365}\right)=14.11°$；

太阳时角：ω=（当地太阳时 −12）×15°；

重庆地区实测有效日照时间取 12h：早上日出照射到主缆的时间为 6：30，日落阳光移出主缆时间为 18：30。计算起始点取为 8 月 7 日凌晨 0：00。

太阳高度角

$$\sin\alpha=\sin\delta\sin\varphi+\cos\varphi\cos\delta\cos\omega=0.120+0.844\cos[0.004\,167\times(t-43\,200)]$$

3. 确定任意时刻任意位置的太阳入射角 θ

$$\cos\theta=\sin\delta(\sin\varphi\cos\beta-\cos\varphi\sin\beta\cos\gamma)+\cos\delta\cos\omega(\cos\varphi\cos\beta+\sin\varphi\sin\beta\cos\gamma)+$$
$$\cos\delta\sin\beta\sin\gamma\sin\omega=\sin\delta\sin\varphi\cos\beta+\cos\delta\cos\omega\cos\varphi\cos\beta\pm\cos\delta\sin\beta\sin\omega$$

$$=0.120\cos\left(a\tan\left|\frac{x}{y}\right|\right)+0.844\cos[0.004\,167\times(t-43\,200)]\cos\left(a\tan\left|\frac{x}{y}\right|\right)\pm0.97\sin\left(a\tan\left|\frac{x}{y}\right|\right)$$
$$\sin[0.004\,167\times(t-43\,200)]。$$

4. 当量太阳辐射强度计算

$$G_0=G_{sc}\left(1+0.033\cos\left(360°\times\frac{219}{365}\right)\right)=1\,317\ (\mathrm{W/m^2})$$

$$G_1=G_0\tau_b+G_0\tau_d$$

重庆属于亚热带气候，试验位置海拔取 300m。

则

$$a_0{}^*=0.423\,7-0.008\,21(6-A)^2=0.157$$
$$a_1{}^*=0.505\,5+0.005\,95(6.5-A)^2=0.734$$
$$k^*=0.271\,1+0.018\,58(2.5-A)^2=0.361$$
$$r_0=0.95;\ r_1=0.98;\ r_k=1.02$$

则

$$a_0=r_0a_0{}^*=0.149$$
$$a_1=r_1a_1{}^*=0.719$$
$$k=r_kk^*=0.368$$

故

$$\tau_b=a_0+a_1e^{-k/\sin\alpha}=0.149+0.719e^{-0.368/\{0.12+0.844\cos[0.004\,167\times(-43\,200+t)]\}}$$

$\tau_d=0.271\ 0-0.293\ 9\tau_b=0.227-0.211\ 3e^{-0.368/\{0.12+0.844\cos[0.004\ 167\times(-43\ 200+t)]\}}$

考虑晴天无遮挡情况及时间、位置和倾斜角度等修正后，得到太阳辐射强度：

$$G_2=1\ 317\left|\left[0.120\cos\left(a\tan\left|\frac{x}{y}\right|\right)+0.844\cos\left(0.004\ 167\times(-43\ 200+t)\right)\cos\left(a\tan\left|\frac{x}{y}\right|\right)\pm 0.97\sin\left(a\tan\left|\frac{x}{y}\right|\right)\sin\left(0.004\ 167\times(-43\ 200+t)\right)\right]\right|\times\left[0.149+0.719e^{-0.368/\{0.12+0.844\cos[0.004\ 167\times(-43\ 200+t)]\}}\right]+1\ 317\left[\left(1+\cos\left(a\tan\left|\frac{x}{y}\right|\right)\right)/2\right]\times\left[0.227-0.211\ 3e^{-0.368/\{0.12+0.844\cos[0.004\ 167\times(-43\ 200+t)]\}}\right]$$

当考虑防护状态的主缆表面吸收系数为 ε 为 0.25，则有 $G_3=0.25G_2$。

5. 计算结果及与实测值对比

测试主缆表面为防护状态，计算的初始时刻定为凌晨 0：00，日出时间为早上 6：30。

图 2-3-59 给出了晴天情况下，计算得到的 2009 年 8 月 7 日从凌晨 0：00 到晚上 23：00 的主缆截面典型温度分布图，假定太阳从图片右边升起，时间为当地太阳时。

从图 2-3-59 看出，截面上半部分温度高于下半部分，白天最高温度出现在迎阳面，晚上最高温度出现在截面内部，这与实测的结论一致。白天最高温度从中午 12：00 到下午 16：00 左右依次沿迎阳面出现，最高接近 60℃。

几个典型时刻主缆温度场的计算值与测点实测值的对比如表 2-3-25 所示。其中计算测点布置如图 2-3-60 所示。

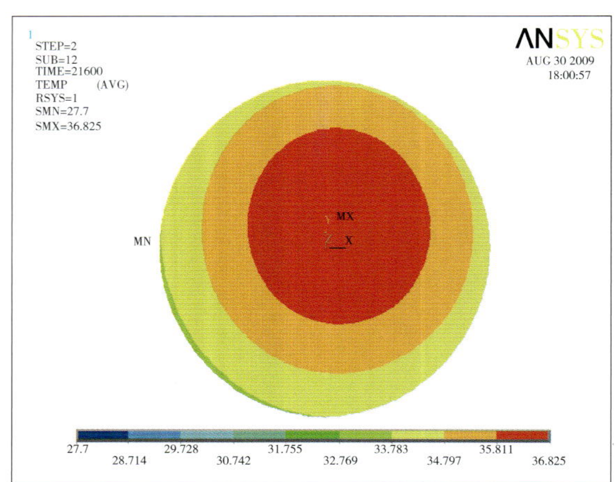

a）凌晨0：00

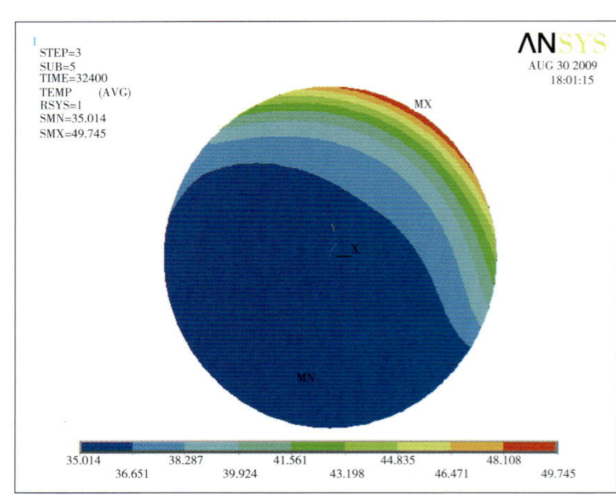

b）早上6：00

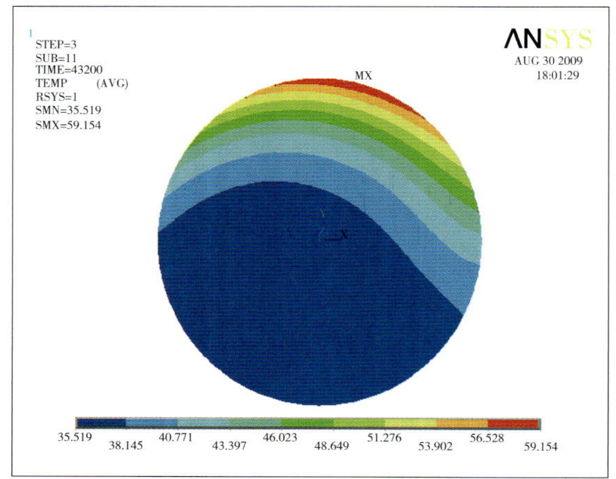

c）中午12：00

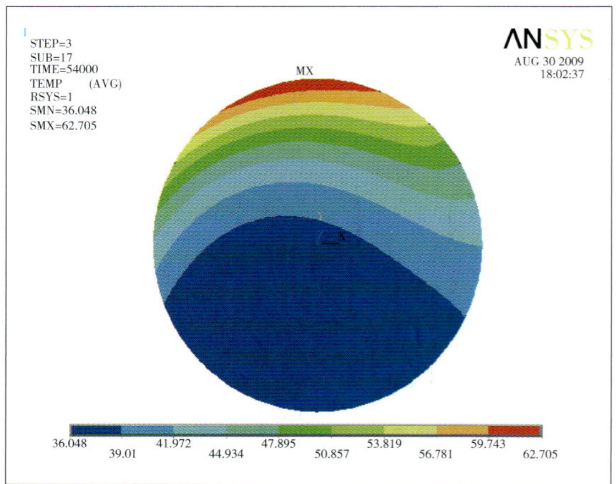

d）下午15：00

图 2-3-59

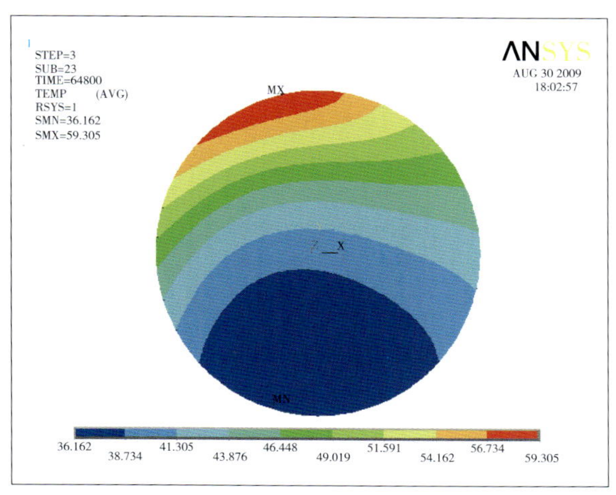

e）下午18：00

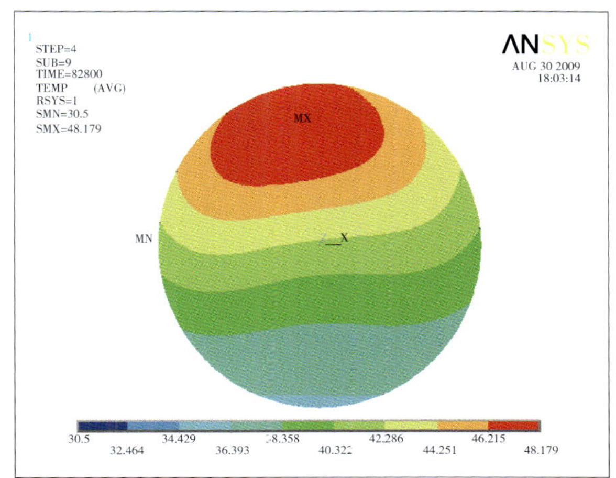

f）晚上23：00

图 2-3-59　主缆模型截面不同时间温度分布

主缆温度场实测值与计算值对比（℃）　　表 2-3-25

时　　刻	上午 9：00			时　　刻	中午 12：00		
测 点 号	实 测 值	计 算 值	误差（%）	测 点 号	实 测 值	计 算 值	误差（%）
2	35.6	37.5	5.3	2	40.6	41.7	2.7
3	35.6	36.4	2.4	3	36.8	37.9	3.1
4	35.3	37.5	6.4	4	40.3	40.0	–0.6
5	34.9	36.3	4.0	5	36.8	37.6	2.2
6	35.2	35.5	0.7	6	38.1	36.4	–4.4
7	35.3	35.8	1.4	7	36.4	36.3	–0.3
8	35	35.1	0.3	8	35.9	35.5	–1.0
9	35.7	35.7	0.0	9	35.5	35.8	0.8
10	35.4	35.5	0.2	10	35.4	35.7	0.7
11	34.5	35.1	1.7	11	36.2	35.7	–1.3
12	34.2	35.4	3.5	12	36.2	36.5	0.7
13	35.1	35.7	1.7	13	35.1	36.1	2.9
14	34.7	36.4	4.9	14	39.6	40.9	3.4
15	34.9	36.0	3.3	15	37.2	38.6	3.8
16	36.3	36.1	–0.6	16	36.4	36.9	1.5
23	43.6	47.7	9.5	23	54.6	58.6	7.4
24	35.3	35.5	0.5	24	41.2	36.2	–12.1
25	37.3	38.8	4.0	25	49.9	48.9	–2.0
26	34.8	36.3	4.3	26	44.1	37.7	–14.6
27	40.7	35.3	–13.4	27	42.8	36.8	–14.0
28	36	35.3	–2.0	28	40.8	35.9	–11.9
29	37.6	41.3	9.9	29	46.3	50.0	8.1
30	36	37.9	5.2	30	40.4	43.4	7.5
31	36.2	36.4	0.6	31	37.2	38.1	2.5
32	36.3	36.2	–0.4	32	36	36.4	1.2
37	47	43.5	–7.5	37	48.2	42.6	–11.6

续上表

时刻	下午 15：00			时刻	晚上 23：00		
测点号	实测值	计算值	误差（%）	测点号	实测值	计算值	误差（%）
2	44.2	44.9	1.5	2	41	45.0	9.8
3	39.5	40.3	2.1	3	42	43.7	4.1
4	42.3	41.0	–3.2	4	38.3	41.3	7.7
5	39.4	39.2	–0.5	5	40.6	41.7	2.7
6	40.4	37.3	–7.8	6	38.8	38.2	–1.7
7	38.4	37.2	–3.2	7	40.4	39.5	–2.3
8	37.8	36.1	–4.5	8	39.6	37.5	–5.2
9	36.7	36.4	–0.7	9	40.7	39.3	–3.4
10	36.8	36.4	–1.2	10	41.1	39.8	–3.2
11	39.5	36.3	–8.0	11	39.6	38.5	–2.8
12	41.3	39.2	–5.0	12	40.6	42.7	5.3
13	37.3	37.7	1.1	13	41.9	42.5	1.5
14	47.2	47.1	–0.2	14	40.7	47.0	15.4
15	42.5	43.0	1.3	15	42.1	46.5	10.4
16	38.9	39.3	1.0	16	43.2	44.3	2.6
23	56.3	62.5	11.1	23	35.5	46.0	29.6
24	47.9	36.8	–23.2	24	35.5	37.4	5.5
25	58.7	57.4	–2.3	25	35.5	45.8	28.9
26	53.6	44.6	–16.8	26	35	41.4	18.3
27	43.3	37.6	–13.1	27	34	37.2	9.3
28	43.6	36.5	–16.4	28	35	36.1	3.2
29	51.7	55.7	7.7	29	40.4	47.8	18.4
30	45.8	48.8	6.5	30	42.4	47.8	12.8
31	40.3	41.2	2.3	31	43.1	45.3	5.1
32	37.2	37.8	1.6	32	41.9	41.9	0.1
37	45	42.1	–6.5	37	34	39.8	17.1

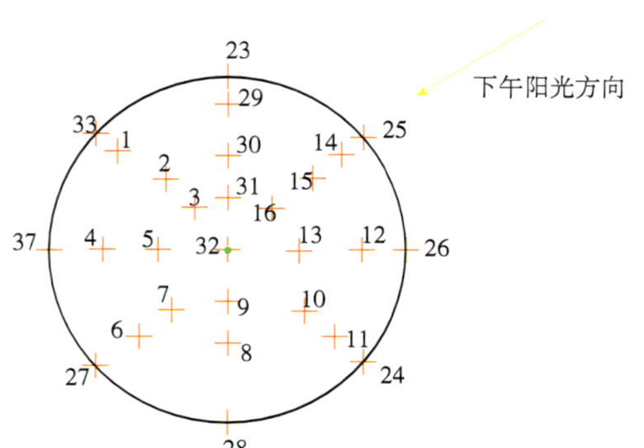

图 2-3-60　测点布置

从表 2-3-25 可见，对于截面测点的温度大小分布及变化趋势，计算值与实测值吻合得非常好，而大部分测点差值均在 10% 以内，从少数误差超过 20% 的测点位置分析，发现也是基本位于主缆表面靠近地表处，这说明是由于地面的反射热辐射所造成的误差。实测最高温度随时间依次沿迎阳面出现，最高达到 60℃。

误差产生的原因，主要有以下两个方面：①测试误差，包括测试仪器、测试方法等引入的测试误差；②计算误差，主要有计算模型的一些简化假设误差、热物性参数误差、初始条件及边界条件的简化假定带来误差、计算等效模型带来

的等效误差等。

二、主缆在剧烈降温下的温度场实测和计算

主缆在外界环境剧烈降温（如阵雨或寒流）下，其温度场的变化也是我们在实际中需要关心的问题。主缆中过大的温差可能会对主缆结构及受力造成不利影响。下面进行主缆在剧烈降温下的温度场响应分析。即在外界阵雨或寒流作用下，主缆表面温度剧烈下降时，主缆截面的温度场响应情况及变化规律。采用了以试验测试为主，仿真验证计算为辅的方法，采集主缆模型在外界阵雨作用下截面温度数据进行分析。

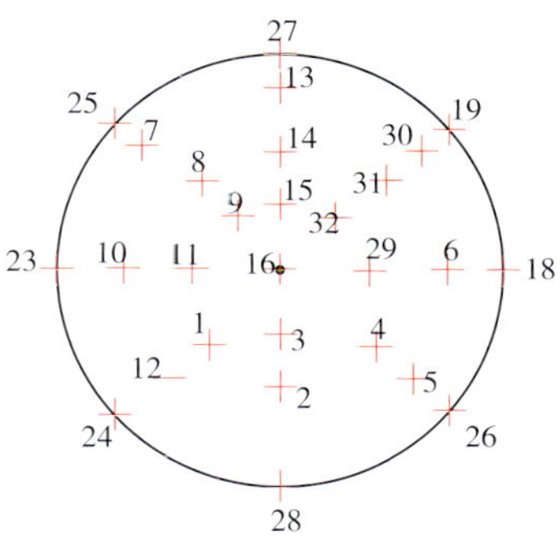

图 2-3-61　试验测点布置

（一）试验测试条件

测试模型为防护后主缆模型，主缆直径 525mm。试验测试测点的布置如图 2-3-61 所示。

阵雨情况下主缆的温度场为非稳态情况，主缆模型试验进行了在阵雨作用下的温度场测试，测试时间从下雨前到下雨结束，一共持续了 3h 左右，测试时间段的基本天气情况见表 2-3-26。

测试时间段基本天气情况　　表 2-3-26

时间段	天气情况	持续时间（min）
16：00—16：30	阴	30
16：30—17：30	小雨	60
17：30—18：00	阴（雨停）	30
18：00—18：05	大雨	5
18：05—18：35	中雨	30

（二）试验测试及计算结果

1. 截面温度分布

图 2-3-62 分别给出了在下雨前 16：00，下小雨后 17：00 和下大雨 18：00 截面的试验测试温度分布情况。为了更直观地得到整个截面的温度分布情况，根据测试数据分别对上述时刻进行一定的计算，得到了截面的温度等高线云图。

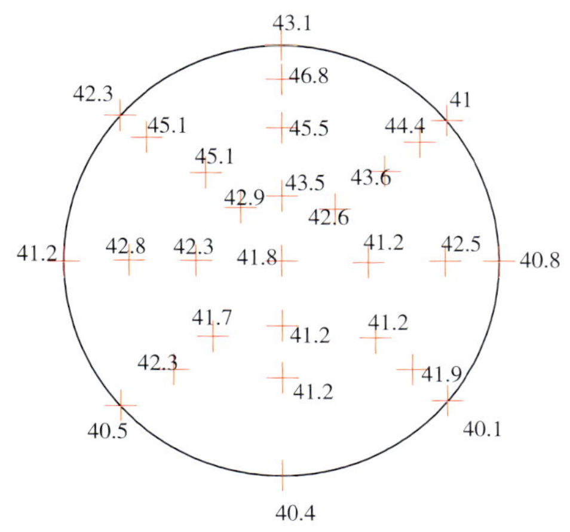

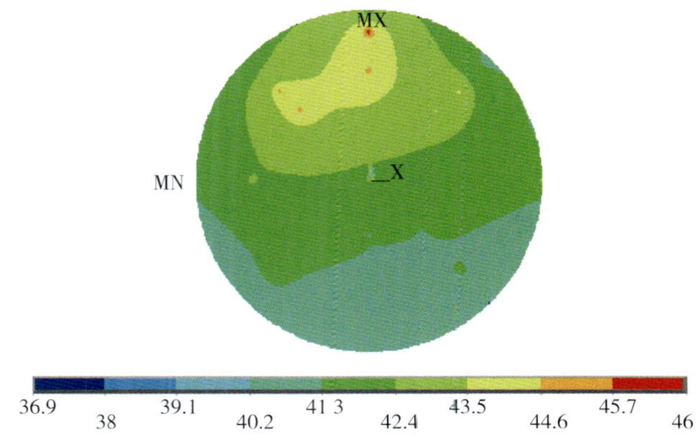

a）16:00（雨前）

图　2-3-62

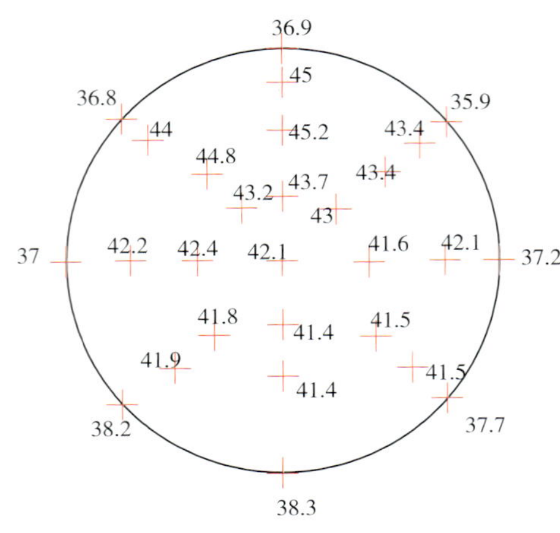

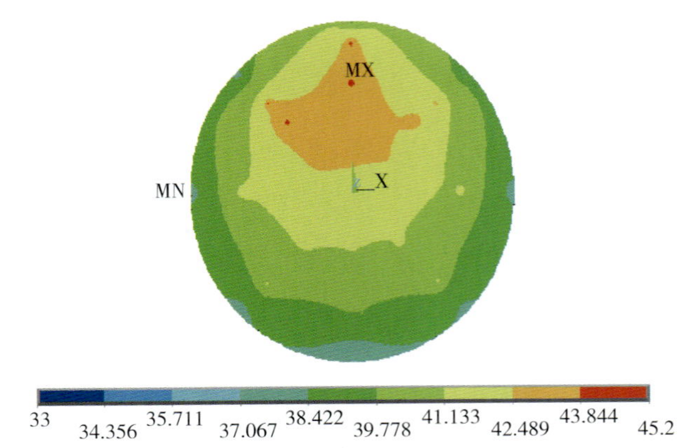

b）17:00（雨中）

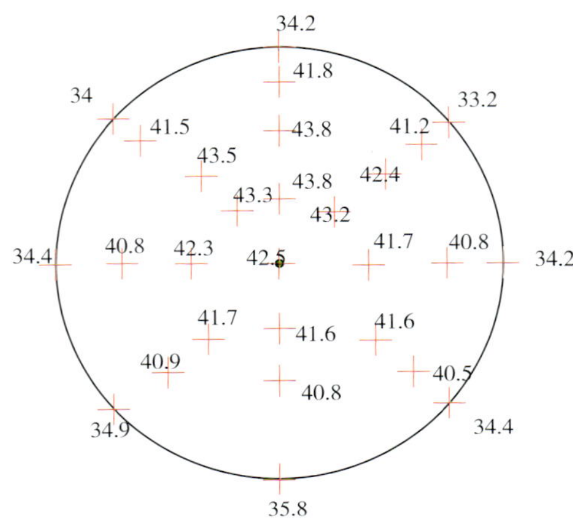

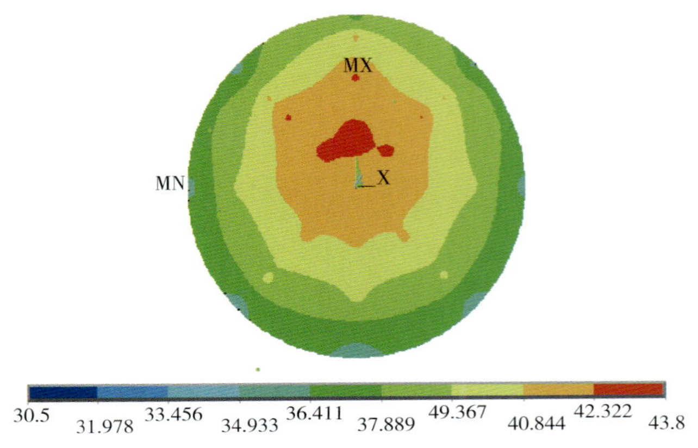

c）18:30（雨后）

图 2-3-62　主缆截面在不同时刻温度分布

从图 2-3-62 可见，在下雨前和下雨后，整个截面温度发生了较显著的变化，其中截面最大温差在下雨前约为 6.7℃，而在下大雨后达到 10.6℃。最高温度在下雨前出现在主缆截面中上部，最大达到 46.8℃，而下雨后，表面温度迅速下降，从雨前的 43.1℃下降到 34.2℃，而截面最高温度向主缆中部转移，达到为 43.8℃。

2. 温度—时程分析

图 2-3-63 分别给出了主缆表面测点在下雨前后的温度变化情况。

从图 2-3-63 中可见，在 16：30 和 18：00 左右，由于降雨原因，表面的温度有较明显的下降台阶。下雨前 16：00 表面最大温度为 43.1℃，而下大雨后 18：30 的表面温度下降为 34.2℃。但是整个外表面的温差并没有较大的变化，基本在 3℃左右。图 2-3-64 给出了表面平均温度随时间的变化过程，箭头表示开始

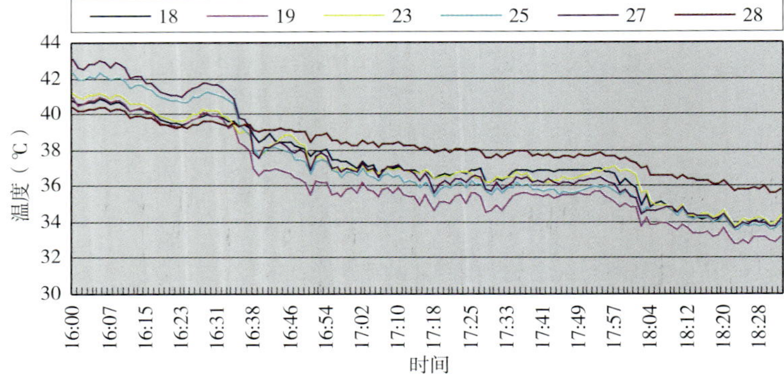

图 2-3-63　表面测点温度变化情况

下雨时刻，可见，开始下雨时在5min内主缆表面平均温度下降约1℃，后续温度下降变缓，约10min下降1℃或更少。而该时间段未下雨情况下的类似测试表明，表面温度下降速率一般为每5min内下降约0.2℃。可见，下雨情况下表面温度下降速率增大了3~5倍。

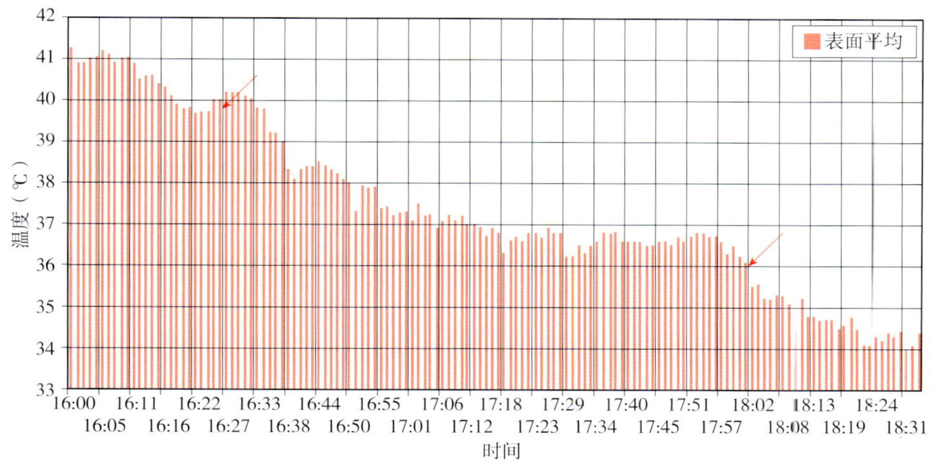

图2-3-64　主缆表面平均温度变化情况

图2-3-65给出了主缆表面测点和内部测点在下雨前后的温度变化对比情况。可见，主缆表面温度测点变化剧烈，而内部测点温度变化平缓，在整个降雨过程中，表面测点温度最大下降了约9℃，而内部测点温度下降范围在1~3℃。甚至在主缆轴心位置的测点温度有所上升。此外，从图中还可见截面的温差在下雨后增大。

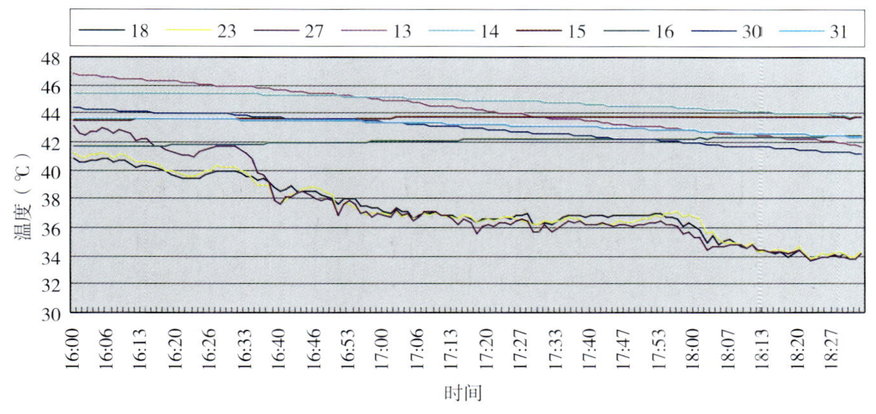

图2-3-65　表面测点与内部测点温度变化对比

（三）测试结果分析

（1）从上述分析可见，在外界剧烈降温（阵雨）情况下，主缆截面的温度响应模式如下：在整个降雨过程中，表面温度下降快，内部测点温度下降慢，表面温度下降速率为内部的3~6倍。表面温度开始时迅速下降，每5min下降约1℃，约为未下雨情况下温降速率的5倍，后续温度下降趋势变缓和，但是整个外表面的温差基本不变。

（2）在下雨前后，整个截面平均温度下降了3℃左右，但是整个截面温差变大了4℃左右，可见由于剧烈降温导致了截面温差的急剧变大。

（3）主缆轴线处的温度相对变化缓慢，相对表面测点温度的下降，轴心处测点温度甚至有所上升，其相位相对外界温度变化要滞后很多。

第四节　主缆温度场简化计算方法

一、主缆空间温度场的简化计算方法

前面推导了主缆横截面热流边界：某地某时刻，当计算点切面的倾斜角和方位角确定后，其与太阳入射光线的夹角就唯一确定，因而主缆空间的热流边界也唯一确定。根据主缆的线形，由上述计算方法容易得到整个空间连续的主缆表面热流边界，然后根据实测主缆结构参数，采用温度场瞬态计算方法，即可得到整个主缆时间—空间温度场。

但基于太阳辐射强度的普适计算方法在实际应用时还存在几个不便点：首先是整个截面的初始温度场的确定，需要用到实测数据，这给工程应用带来不便；其次，计算中需要得到连续的环境温度变化数据，也需要实测得到。为了在不牺牲计算精度的同时进一步加强计算的可操作性，下面对这两个难点进行进一步简化处理。

实用计算基本过程如下：

（1）根据桥梁跨度等实际情况，选取温度场计算的典型控制断面。

（2）计算出各个典型截面的截面温度场，获得截面平均温度及其随时间的变化情况；有表面实测温度数据情况下采用第一类边界条件计算，无实测数据时按照前述普适计算方法，采用第三类边界条件计算。当采用普适计算方法时需要对计算边界进行修正。具体修正思路如下。

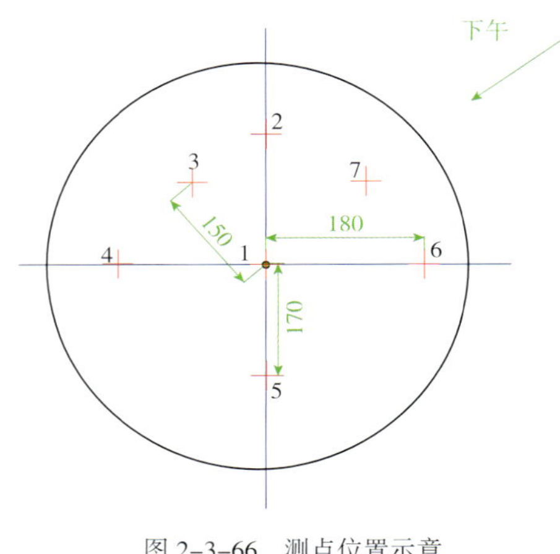

图 2-3-66　测点位置示意

计算中涉及初始条件和边界条件的简化，如天气状况修正等，具体参见第二篇第二章。

对于某一截面初始温度场的确定，可根据实测断面表面测点温度，由不同时段温度场的分布特点，得到内部控制测点与表面的温差关系，时间段尽量选择在凌晨到早上日出时间，其内部测点温度及温差比较稳定，计算误差小。根据温差关系进而在经过简单稳态计算获得整个截面初始温度。

下面根据连续一周的实测，经统计分析得到了重庆和武汉夏季晴天早上 6：00 的截面内部测点与表面测点平均值的温差关系，其中测点布置图见图 2-3-66。温差关系见表 2-3-27。

早上 6：00 表面测点平均值与内部测点温差（℃）　　表 2-3-27

测点号	1	2	3	4	5	6	7
重庆地区	5.6	4.4	3.5	1.6	3.5	3	3.9
武汉地区	5.1	4.3	3.7	1	2.7	2.5	3.7
平均温差	5.4	4.4	3.6	1.3	3.1	2.8	3.8

（3）由测试断面计算的温度数据，采用瞬态计算方法得到整个主缆时间—空间温度场。简化情况下纵向温度场采用二维计算模型，断面温度采用截面平均温度值；对于有表面实测数据情况，可将测试点各时刻的温度值当作瞬态分析时的边界输入，即可求得各时刻的主缆温度场。粗略情况下，在测试时刻的截面间的温度可采用线性内插方法得到。

针对山区复杂环境下的悬索桥主缆，当采用普适计算方法时需要对计算边界进行修正处理。在上

述整个计算方法需要知道的实测数据如下：计算时间的云型和云量大小；桥位附近风速、环境气温及典型控制断面的表面温度值；桥位附近是否有遮挡（遮挡因子）等。具体计算时根据具体情况进行适当修正，适当修正后就可以快速准确地计算得到整个主缆的空间温度场。

二、主缆截面平均温度的简化计算方法

下面计算了主缆直径 0.525m 的模型在晴天情况下的温度场变化情况；通过计算主缆的整个截面的平均温度和采用表面测点得到的主缆平均温度比较如表 2–3–28 所示，可见，不同时间段误差有差别，即使对于小直径（525mm）主缆，也有近 7%的差别，对于大直径主缆，其误差将更大。由于现今主缆施工控制中的平均温度均采用表面温度均值计算，因此全面分析不同时间段和不同直径的主缆在这种粗略计算下的误差是十分必要的。

直径 525mm 主缆平均计算温度对比（℃）　　表 2–3–28

计算方法	计算时刻		
	6：00	12：00	15：00
表面测点温度平均值	25.2	28.9	29.9
整个截面温度平均值	25.1	27.1	28.2
误差（%）	–0.4	–6.7	–6.0

随着主缆直径的变大和主缆截面温差的加剧，按照传统计算方法（表面测点温度算术平均）得到的主缆平均温度必然存在较大的误差。为了研究不同直径截面平均温度与表面平均温度的差异，方便实际施工操作，下面针对一系列不同直径的主缆截面，采用本章提出的主缆截面温度普适算法，计算晴天情况下截面的平均温度，然后比较与传统计算方法结果（表面测点平均值）之间的关系，以求指导实际施工，提高主缆架设精度。

计算边界条件为晴天太阳辐射下主缆表面无遮挡情况，初始条件根据实测主缆模型凌晨 0：00 温度场不同直径时进行线性差值得到。主缆表面平均温度计算取均分表面的 8 个测点的均值，计算周期为 24h，下面给出了部分计算结果，见表 2–3–29。

不同直径下主缆截面温度平均值与表面测点温度平均值比较（℃）　　表 2–3–29

时间 \ 直径	525mm		655mm		800mm		900mm		1 120mm	
	截面平均	表面平均	截面平均	表面平均	截面平均	表面平均	截面平均	表面平均	截面平均	表面平均
1：00	39.2	37.6	39.0	37.3	38.8	36.9	38.7	36.8	38.4	36.4
3：00	38.7	37.3	38.7	36.9	38.5	36.6	38.5	36.4	38.3	36.0
5：00	38.3	37.0	38.3	36.7	38.3	36.4	38.2	36.2	38.1	35.8
7：00	38.4	38.9	38.5	38.7	38.4	38.4	38.4	38.2	38.2	37.7
9：00	40.2	43.2	39.9	42.9	39.6	42.5	39.5	42.3	39.1	41.7
11：00	42.1	46.2	41.5	45.8	41.0	45.4	40.7	45.2	40.1	44.6
13：00	43.9	48.3	43.0	47.9	42.2	47.4	41.8	47.1	41.1	46.5
15：00	45.4	49.7	44.2	49.2	43.3	48.7	42.8	48.5	41.9	47.9
17：00	46.4	49.8	45.0	49.2	44.0	48.7	43.4	48.4	42.4	47.8
19：00	46.5	47.7	45.1	47.1	44.1	46.6	43.5	46.4	42.5	45.8
21：00	45.8	45.4	44.6	44.8	43.6	44.3	43.1	44.1	42.2	43.6
23：00	45.2	44.3	44.1	43.6	43.2	43.2	42.7	42.9	41.9	42.5
0：00	44.9	43.9	43.9	43.2	43.0	42.8	42.6	42.5	41.8	42.1

图 2-3-67 给出了不同直径下，一天 24h 主缆截面平均温度采用全截面计算和表面计算的误差变化情况。该误差定义为

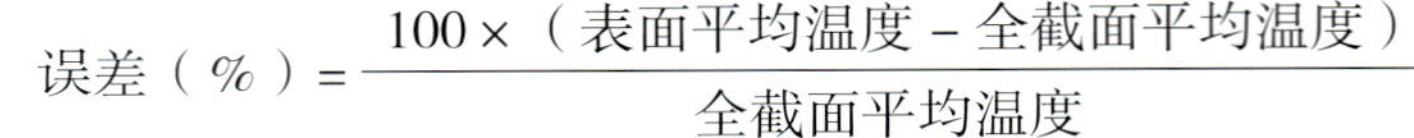

$$误差（\%）=\frac{100\times（表面平均温度-全截面平均温度）}{全截面平均温度}$$

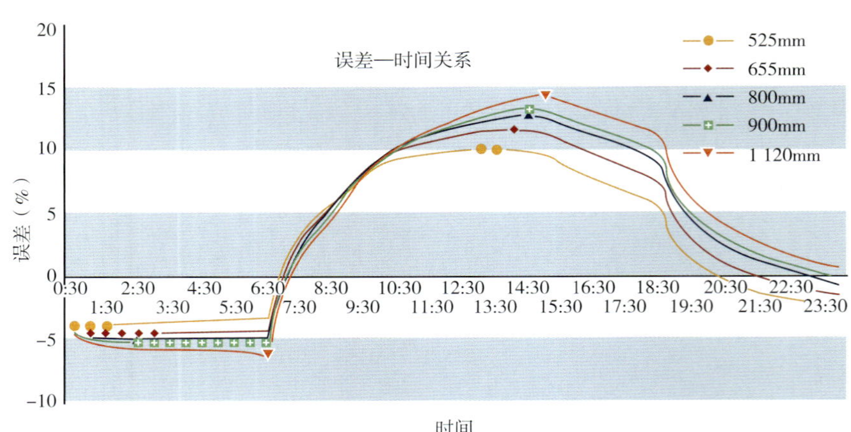

图 2-3-67　不同直径主缆平均温度误差变化（%）

从图 2-3-67 可以看出：

（1）采用表面平均温度计算值与全截面平均温度计算值之间的误差，随着直径的变大而变大。

（2）在凌晨到日出前时间段，表面均值温度小于全截面均值温度，且误差值比较稳定，在 5% 左右。在 11：00 到日落时间段，表面均值温度大于全截面均值温度，其误差值较大。对于小直径主缆（525mm），误差最大为 10%；对于大直径（1 120mm）主缆，误差值接近 15%。故建议施工和监控计算时，对于主缆的平均温度应该采用整个截面的平均值，即采用本章较精确的计算方法计算整个横截面的温度然后取平均值，以提高架设精度。

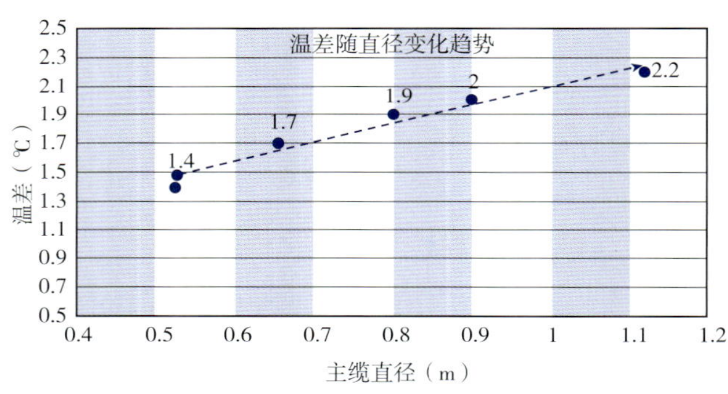

图 2-3-68　平均温差 ΔT 与主缆直径关系

（3）在上午 9：00—10：00 时间段，主缆直径的变化对误差值基本无影响，均在 8% 左右。

图 2-3-68 给出了在凌晨至日出稳定时间段平均温差 ΔT（全截面均值 - 表面均值）随主缆直径 r 的变化趋势，从该趋势图上可以看出它们之间基本为线性关系，满足近似关系：

$$\Delta T_0=1.25d+0.8 \tag{2-3-55}$$

式中，ΔT_0 单位为℃，直径 d 单位为 m。

根据实测数据，针对主缆直径 525mm 的情况，在晴天最大日太阳辐射强度 950W/m^2，日最大太阳辐射量 0.54MJ/m^2 情况下，从凌晨到日出时间段，主缆表面的平均温度比全截面平均温度低 1.5℃左右，这与上面的计算差值很吻合；在日出到日落时间段，主缆表面的平均温度比内部平均温度高，差值大小与太阳辐射强度成正比，最大在中午 12：00~14：00 时间段，实测与计算均吻合。

根据实测及计算分析，针对不同太阳辐射强度、不同时间段和不同主缆直径下的全截面平均温度与表面平均温度，有下列经验关系式：

在凌晨到日出时间段

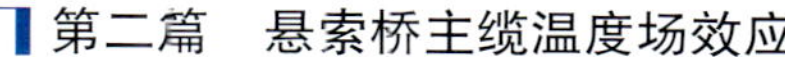

$$T_Q = T_B - \Delta T_0 \tag{2-3-56}$$

式中：T_Q——主缆全截面温度均值，℃；

T_B——表面温度均值，℃；

ΔT_0——考虑天气、直径等因素后的温差。

在日出到日落时间段

$$T'_Q = T'_B - \Delta T_{max}\sin\left(\frac{\pi\ (t-7.5)}{12}\right) \tag{2-3-57}$$

式中：T'_Q，T'_B——分别与 T_Q 和 T_B 一样；

ΔT_{max}——考虑直径和太阳辐射等因素后的当天最大温差，℃，$\Delta T_{max} = 2.38r + 3.3$；

t——时间，起始时刻为凌晨 0 点，h。

第四章　山区环境下悬索桥主缆温度场效应

第一节　山区环境的气候特点

一、山区环境主缆温度场特点

重庆市位于四川盆地的西南部，地理环境复杂，气候独特，以山区和丘陵为主，地形起伏较大，山区约占63.3%，丘陵约占25.3%，河流密布。

鱼嘴长江大桥位于重庆市江北区鱼嘴镇，横跨长江，南岸为山坡，北岸为江滩，具有山区复杂环境典型的地形和气候条件。鱼嘴长江大桥桥位的地形在南岸为山坡崖面，北岸是较平坦的江滩，空气对流很复杂，主缆的局部温度场还会受到复杂空气对流，如江风的影响。江风对主缆温度的影响主要表现在对其表面温度的随机波动上，加上复杂多变的环境温度影响，实际主缆的温度在空间和时间上均很复杂，总结起来有以下几点：

1. 桥位处极端气温情况

一年中温度最高出现在7—8月，最低气温出现在1月左右。

2. 日照时间及太阳辐射强度变化情况

日照季节性分布极不均匀，夏季日照占全年日照时数的40%~50%，秋冬季日照只占到全年时数的12%~24%。太阳最大辐射强度和平原地区基本一致，出现时间在14：00左右。

3. 环境气温变化情况

夏季极端最高温度在40℃左右，冬季极端最低温度在−10℃左右，霜雪较多。环境温度最高出现在14：00左右，最低出现在早上6：00左右；地形闭塞，气流不畅，空气潮湿，年平均相对湿度多在70%~80%，多云雾。

4. 山区风力情况

重庆各地年平均风速为0.9~2.1m/s，山区风力风向变化复杂。根据天气状况，风力会发生显著变化，波动范围大，大多数地区全年主导风向是东北风和北风。

此外，主缆的温度变化受辐射、风力及地表状况等因素影响，从热量的传递来看，白天主要是太阳向大地辐射热量，夜间主要是地面向天空辐射热量并降温，因此白天主缆迎阳面的温度一般较高，但夜间离底面近的主缆下表面温度一般较高。

二、施工阶段主缆温度场特点

基准索股是其他索股架设的基准，基准索股的线形是否准确直接决定主缆的线形。因此，在基准索股调索前必须进行大量的温度测试，分析索股温度场规律，为基准索股的调整做好准备。一般对于基准索股的温度场有以下规律：

（1）晴天微风情况下。索股同一个断面顶面温度一般比底面温度低0.5℃左右；塔顶附近索股平均温度一般比锚锭附近和中跨跨中平均温度低0.5~1.0℃。

（2）大风情况下。索股同一个断面温度基本相同；沿高程方向温度变化规律不确定，如果夜间持

续降温，塔顶的索股温度一般比锚锭附近要低，反之，塔顶温度则有可能比锚锭附近高；里程方向温度差别也比较小。

索股温度变化规律随辐射、风力、风向、高程等因素影响，一般而言，索股的导热性较好，夜间索股温度基本上与大气的温度相同。从热量的传递来看，白天主要是太阳向大地辐射热量，夜间主要是地面向天空辐射热量并降温，因此白天索股顶面的温度一般较高，但夜间索股底面温度一般较高。由以上的分析可知，基准索股的调整在晴朗、风速较小、气候稳定时的夜晚进行为宜。

三、桥位处高温情况统计

表 2-4-1 为 2008 年 6 月鱼嘴长江大桥桥位处高温日数统计。

2008 年 6 月鱼嘴长江大桥桥位处高温日数统计　　表 2-4-1

月份	≥ 35℃	35~37℃	≥ 37℃	37~40℃	≥ 40℃
5 月	0	0	0	0	0
6 月	3	3	0	0	0
7 月	14	11	3	3	0
8 月	3	2	1	1	0
9 月	5	4	1	1	0

第二节　温度作用下主缆结构的次应力

温度作用会造成主缆结构的次应力，该次应力可以分为针对整体结构的和针对局部的次应力。

当温度变化时，如整体的升温和降温，由于主缆可以较自由地变形，在纵向伸长或缩短等，在主缆内不会产生温度次应力。如果主缆的纵向变形受到强大的约束，则会产生整体温度次应力，但是相关研究表明这种整体温度次应力很小，基本可以忽略。因此，由于主缆变形造成的局部温度次应力是需要重点研究的问题。

一、不同跨度和矢跨比下整体温度变化对主索鞍处主缆局部受力

下面针对成桥阶段的单跨悬索桥，分析其主缆在自重和温度荷载作用下产生的次应力。为了较明显地说明情况，温度的变化采用极端情况下数据，考虑主缆在纵向整体均匀升降温，截面温度变化情况参考第三章计算获得的截面平均值。分析位置取对温度变化较敏感的接近跨中侧的主索鞍处。

计算中作了如下假设：

（1）不考虑温度作用下索塔的偏位；

（2）主缆与丝股是理想的柔性索；

（3）主缆与丝股的材料是理想弹性的，不考虑非弹性变形的影响；

（4）悬索桥为漂浮体系；

（5）桥梁一期恒载和二期恒载，包括加劲梁质量、吊索质量等参数，参考鱼嘴大桥的相关数据，中间吊索间距 12.5m。

计算基本参数如下：

（1）主缆弹性模量 $E=1.98\times10^5$MPa；

（2）主缆直径 $d=0.8$m；

（3）吊杆弹性模量 E=1.98 × 10^5MPa；

（4）吊杆面积 R=0.8m；

（5）线膨胀系数 γ=1.2 × 10^{-5}；

（6）泊松比为 0.3；

（7）钢丝密度为 7 850kg/m^3；

（8）主缆空隙率为 20%；

（9）桥梁恒载集度（包括加劲梁、一期和二期恒载）为 198kN/m。

首先分析在温度荷载作用下，主索鞍处的角度变化情况。索鞍的角度变化示意图如图 2-4-1 所示，根据建立不同跨径和矢跨比模型进行主缆线形计算，获得的温度每变化 1℃，计算模型见图 2-4-2。

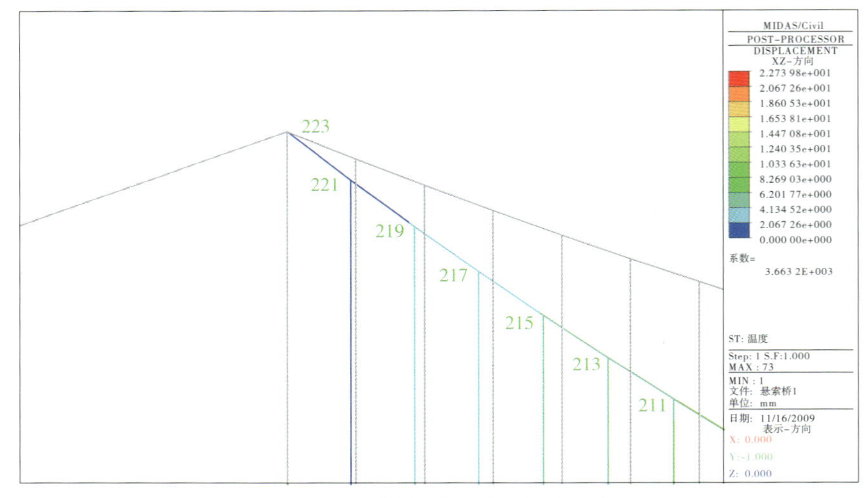

图 2-4-1　索鞍处的角度变化示意图

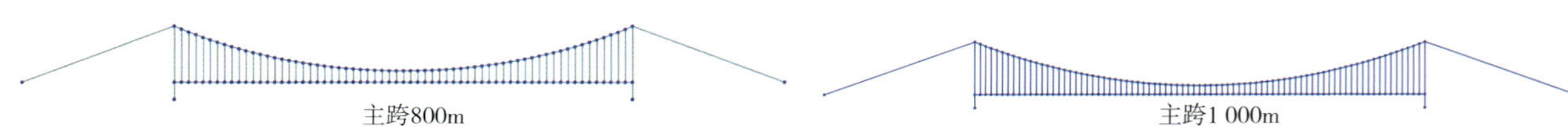

图 2-4-2　典型悬索桥计算模型（矢跨比 1/10）

首先假设主缆中跨的矢跨比 f 分别为 1/8、1/10、1/12，分别计算了不同跨径和直径下的主缆索鞍处夹角随温度的变化，见图 2-4-1。桥梁边跨与中跨比值为 1/3，计算得到在主索鞍处的角度变化情况如表 2-4-2 所示。

温度每变化 1℃变化下主索鞍夹角变化　　表 2-4-2

跨径（m）	矢　跨　比	角度（°）
616	1/8	0.004
	1/10	0.005
	1/12	0.006
800	1/8	0.004
	1/10	0.005
	1/12	0.006
1 000	1/8	0.004
	1/10	0.005
	1/12	0.006

注：主缆直径为 0.5~0.8m。

由计算发现，温度变化与索夹夹角的变化基本呈线性关系。当主缆整体升温 1℃时，对于矢跨比 1/10 的悬索桥，主索鞍处产生约 0.005° 的变化，主缆直径的大小和跨径的大小对角度变化的影响可以忽略，见图 2-4-3。

图 2-4-3　典型情况下主缆在升温 1℃下的变形（放大 300 倍）

根据前面结论，直径 525mm 的主缆在夏季晴天情况下全天的截面平均温度随时间变化，温差可达 12℃左右。则针对矢跨比 1/10 的桥梁，其主索鞍处转角为 0.06°。

针对鱼嘴长江大桥，计算得到主缆在索鞍处的次应力为

$$\sigma_{\text{bl}}=2\Delta\varphi\sqrt{E\sigma_{\text{cb}}}$$

式中：E——主缆弹性模量，取 1.98×10^5MPa；

σ_{cb}——主缆轴向应力，按 700MPa 计算。

则

$$\sigma_{\text{bl}}=2\times0.06\times\frac{3.141\ 59}{180}\times\sqrt{198\ 000\times700}=25\text{MPa}$$

可见，该值约为设计应力的 4%，其影响可忽略。如果考虑主缆在主索鞍处的弯曲造成的弯曲次应力，索鞍半径取 7m，则总的次应力为

$$\sigma_{\text{z}}=\sigma_{\text{bl}}+\sigma_{\text{b}}=25+71=96\ (\text{MPa})$$

可见，该值约为设计应力的 14%，其综合影响较大。

图 2-4-4、图 2-4-5 给出了不同矢跨比和不同主缆轴应力下，温度每升高 1℃对主缆索鞍处的温度次应力变化情况。其中计算参数按上述情况取值。

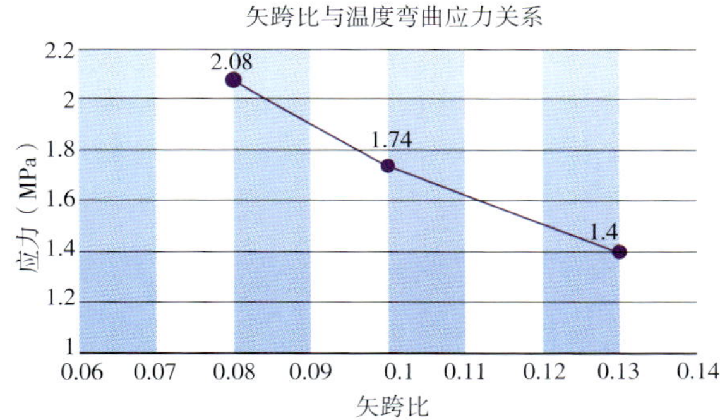

图 2-4-4　矢跨比与索鞍次应力关系（温升 1℃）

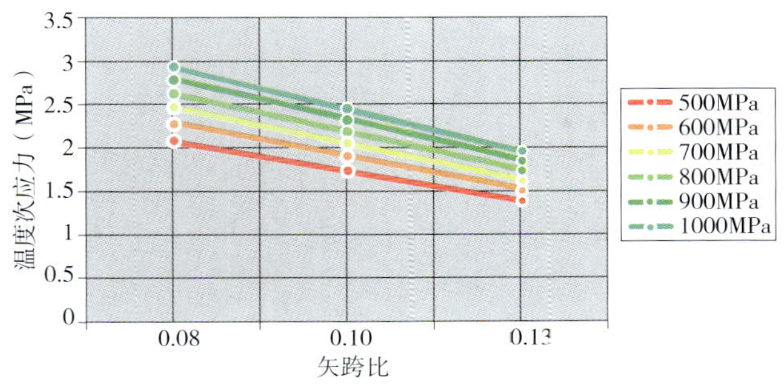

图 2-4-5　不同主缆拉应力和矢跨比下的索鞍次应力（温升 1℃）

可见，不同的矢跨比下，索鞍结构处的温度次应力差别不大，矢跨比越小温度产生的弯曲次应力越小。

二、不同直径和矢跨比下整体温度变化对主缆索夹处局部受力

假设索夹等距离布置，间距为 P，则最大转角将发生在与索塔最接近的索夹中，采用一系列不同间距 P 和跨度 L 的桥梁，同样采用与上面类似的计算方法，可获得的索夹处角度变化与温度的关系。

由于主缆在索鞍处和索夹处角度的变化与索夹长度 λ_{b}、主缆矢跨比 f 和直径 d、索夹间距 P、主缆轴力 T 等有关，其中主缆直径的影响可忽略；下面在主缆半径 r 不变的情况下，计算跨度 1 000m 的单跨简支悬索桥，在温度变化 1℃时不同结构情况下的索夹角度变化，如表 2-4-3 所示。

温度变化与索夹角度的变化　　表 2-4-3

矢跨比	吊杆间距（m）	角度 $\Delta\varphi_1$（°）
1/8	6.0	0.003 68
	12.5	0.003 7
	22.0	0.003 68
1/10	6.0	0.004 54
	12.5	0.004 7
	22.0	0.004 54
1/12	6.0	0.005 3
	12.5	0.005 8
	22.0	0.005 3

根据鱼嘴长江大桥数据，取吊索间距为 12m，主跨为 616m，矢跨比为 1/10，主缆直径 d 为 0.525m，最大索夹长度 1.4m 的情况下，设计成桥主缆轴应力 σ_{cb} 为 700MPa，计算主缆截面温度升高 12℃（测试悬索桥主缆截面 1d 的平均温度变化值）所产生的次应力。

靠近索鞍处索夹弯矩 M_{1-2} 为

$$M_{1-2}=\frac{EJ_{cb}}{c_b}(\Delta\varphi_1-\Delta\varphi_2)=0.04\text{MN}\cdot\text{m}$$

则由索夹引起的弯曲应力为

$$\sigma_{bc}=\frac{M_{1-2}d}{2J_{cb}}=3.45\text{MPa}$$

该应力加上由在索夹处主缆部分弯曲引起的局部弯曲应力（由于索夹产生的转角），即为由温度引起的总弯曲应力。

$$\sigma_{zc}=3.45+4.33=7.8\text{MPa}$$

可见，该影响值很小，小于设计应力的 2%。

下面考虑在主缆索夹长度和轴力不变的情况下，计算桥梁整体升温 1℃时，不同矢跨比 f、直径 d 和索夹间距 P 下所产生弯曲次应力和综合温度次应力影响，如表 2-4-4 所示。

索夹温度次应力（MPa）　　表 2-4-4

矢跨比	吊杆间距（m）	轴应力（MPa）	直径 0.6m		直径 0.8m		直径 1m	
			应力	综合应力	应力	综合应力	应力	综合应力
1/8	6.0	500	0.398	0.877	0.447	1.051	0.480	1.179
	12.5	500	0.229	0.556	0.267	0.714	0.295	0.839
	22.0	500	0.143	0.369	0.172	0.500	0.194	0.613
1/10	6.0	500	0.491	1.081	0.551	1.297	0.593	1.455
	12.5	500	0.290	0.707	0.339	0.907	0.374	1.066
	22.0	500	0.176	0.455	0.212	0.617	0.240	0.757
1/12	6.0	500	0.573	1.262	0.643	1.514	0.692	1.698
	12.5	500	0.358	0.872	0.418	1.119	0.462	1.316
	22.0	500	0.206	0.531	0.248	0.720	0.280	0.883

续上表

矢跨比	吊杆间距（m）	轴应力（MPa）	直径 0.6m		直径 0.8m		直径 1m	
			应力	综合应力	应力	综合应力	应力	综合应力
1/8	6.0	700	0.433	0.915	0.495	1.125	0.538	1.283
	12.5	700	0.243	0.559	0.289	0.735	0.324	0.882
	22.0	700	0.149	0.360	0.183	0.499	0.210	0.625
1/10	6.0	700	0.534	1.129	0.610	1.387	0.664	1.582
	12.5	700	0.309	0.710	0.367	0.934	0.411	1.120
	22.0	700	0.184	0.444	0.226	0.615	0.259	0.771
1/12	6.0	700	0.624	1.318	0.713	1.620	0.775	1.847
	12.5	700	0.381	0.876	0.453	1.152	0.507	1.383
	22.0	700	0.215	0.518	0.263	0.718	0.302	0.900

矢跨比	吊杆间距（m）	轴应力（MPa）	直径 0.6m		直径 0.8m		直径 1m	
			应力	综合应力	应力	综合应力	应力	综合应力
1/8	6.0	900	0.458	0.937	0.531	1.172	0.582	1.355
	12.5	900	0.253	0.555	0.305	0.744	0.345	0.906
	22.0	900	0.154	0.350	0.190	0.493	0.221	0.627
1/10	6.0	900	0.566	1.156	0.655	1.446	0.719	1.671
	12.5	900	0.321	0.705	0.387	0.945	0.438	1.151
	22.0	900	0.189	0.432	0.235	0.608	0.272	0.773
1/12	6.0	900	0.660	1.349	0.764	1.688	0.839	1.951
	12.5	900	0.397	0.870	0.478	1.166	0.541	1.421
	22.0	900	0.221	0.504	0.274	0.710	0.318	0.903

图 2-4-6 给出了矢跨比 1/10，主缆轴应力 700MPa，不同吊杆间距 P 和不同直径下，温度每升高 1℃对主缆索鞍处的综合温度次应力变化情况。

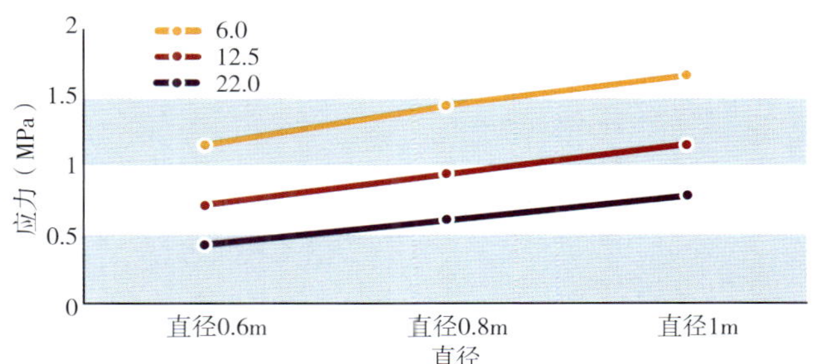

图 2-4-6　吊杆间距和主缆直径对次应力影响

综上可见：在桥梁整体升温或降温下，主索鞍处的温度次应力较小。主缆的温度次应力大小与主缆直径和轴应力成正比，而与吊杆的间距成反比。

计算表明，桥梁整体升温 1℃时，温度次应力均在 2MPa 以下，按应力变化和温度呈线性关系考虑，一天 24h 中，截面温度变化引起的次应力在 30MPa 以下，波动范围小于钢丝设计强度的 5%，基本可忽略不计。

三、主缆纵向温差对主索鞍和索夹处的局部受力影响

以上分析了整体升温下主缆的温度效应，但实际主缆在环境条件作用下，主缆沿纵向温度往往有所差别，实桥测试发现主缆在纵向由于遮挡因素引起的温差最大可达 20℃以上，剔除由于遮挡原因（如主缆被加劲梁遮挡无法接收太阳辐射）造成的极端温差，测试表明跨中的纵向温差最大在 14：00 左右，可以达到 7.5℃左右。

下面采用鱼嘴大桥实测某天的主缆纵向温差数据，计算其引起的温度次应力。分析采用典型情况，

假设成桥状态下，主缆在纵向的温差采用鱼嘴长江大桥某天实测值，计算的基本参数如下：悬索桥主跨跨度为 616m；矢跨比为 1/10；主缆直径为 0.525m；主缆吊杆间距为 12m。计算结果见图 2-4-7。

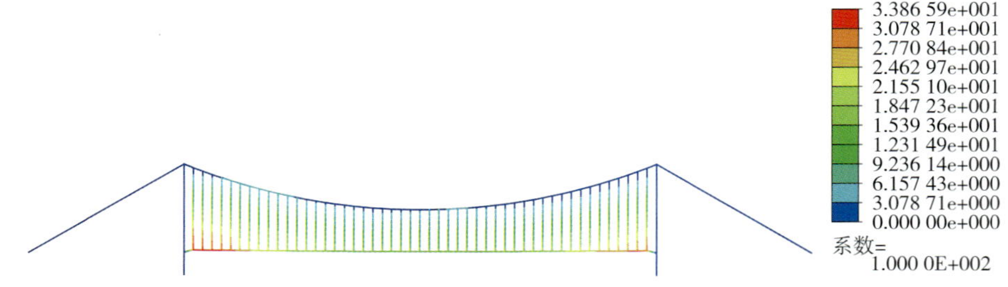

图 2-4-7　主缆在实测纵向温差下的变形（放大 100 倍）

计算发现，主缆纵向温差 7.5℃情况下，主缆的主索鞍处的变形为 0.003 3°，与主缆整体温升 1℃情况下引起的夹角变化相当。即引起的温度次应力在 2MPa 以内，可忽略不计。

但是以上计算结果均假定了主塔没有发生位移，实际可能由于温度变化会引起主塔的偏位，则会导致主缆在索鞍处产生较大的角度变化，从而引起较大次应力。

四、主缆截面温差对结构安全性的影响

悬索桥主缆在验算安全系数时，一般都是考虑各钢丝均匀受力的，并未考虑丝股不均匀伸长等因素所产生的次应力，因此，在温度作用下主缆截面不均匀的受力可能会导致主缆安全性能的降低。特别是针对山区环境下主缆的复杂温度场，需要进行具体分析。

（一）计算假定及模型

成桥后主缆在外界温度变化时，由于热胀冷缩效应会产生变形，假设主缆在横截面的材质是均匀一致的，并且认为主缆钢丝之间没有滑移，则主缆在不均匀温度作用下的变形会造成主缆横截面附加温度应力，并且次应力的大小与截面的温差大小有关。

下面计算由于截面不均匀温度造成的截面应力，计算热物性参数采用试验实测数据，计算模型分别采用等效模型，考虑平面应变情况，计算参数采用鱼嘴大桥的主缆截面数据，具体如下：

（1）主缆计算直径为 525mm。

（2）主缆模型截面的平均表观导热系数 λ=1.2W/（m·℃）。

（3）主缆模型截面的平均表观热扩散系数 $\alpha = 13.3\ \text{cm}^2/\text{h} = 3.7\times10^{-7}\text{m}^2/\text{s}$。

（4）表面未防护的主缆模型在自然对流条件下的平均表面对流换热系数 $u = 3.14$ [W/（m^2·K）]。

（5）主缆线膨胀数为 1.13×10^{-5}。

（6）弹性模量为 2.0×10^5MPa。

（7）泊松比为 0.27。

计算边界条件：次应力的大小与截面的温差大小有关，截面温度变化越剧烈，次应力越大。为简便起见，采用重庆山区夏季晴天情况，一天中最大太阳辐射强度参考实测值取 950W/m^2。计算时刻选择一天中温差变化最大的时刻，即 15：00 左右。然后分析在最不利温度变化下产生的截面应力情况，应力计算的参考温度取整个截面实际温度最大值。

计算模型见图 2-4-8。

（二）计算结果

15：00 的主缆温度场的计算云图见图 2-4-9。其中截面的最大温差为 26℃左右。

采用等效模型计算得到的主缆截面的各项应力云图见图 2-4-10。

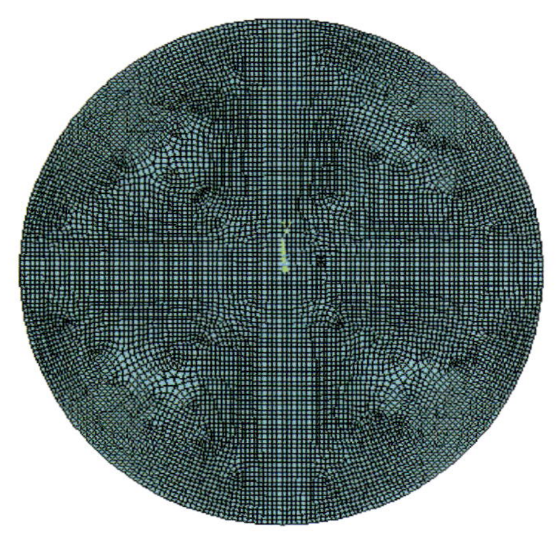

图 2-4-8　主缆截面计算模型

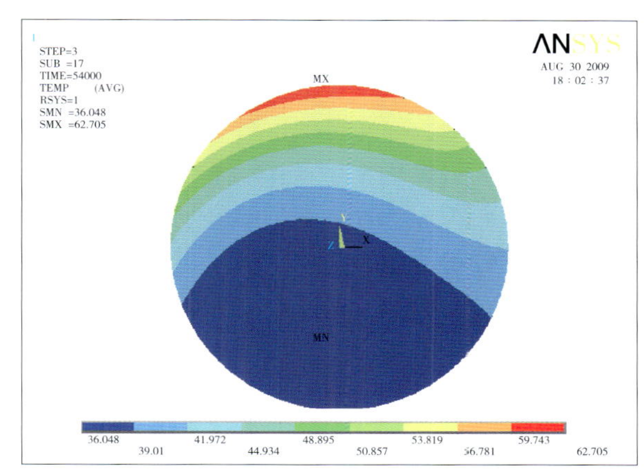

图 2-4-9　主缆温度场计算值

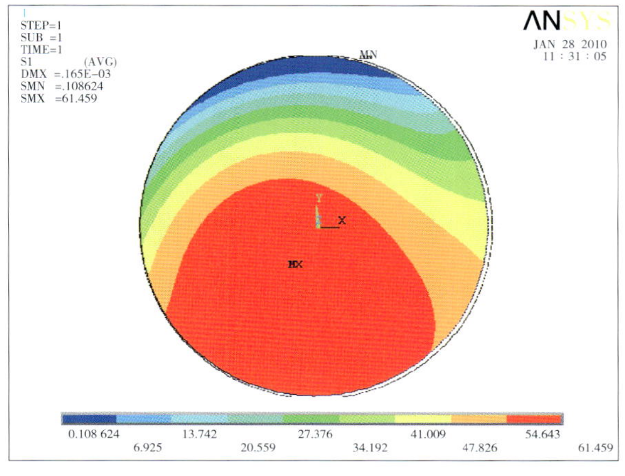

a）第一主应力

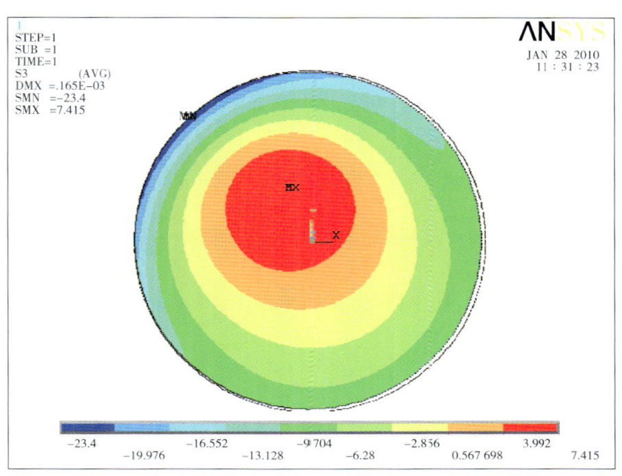

b）第三主应力

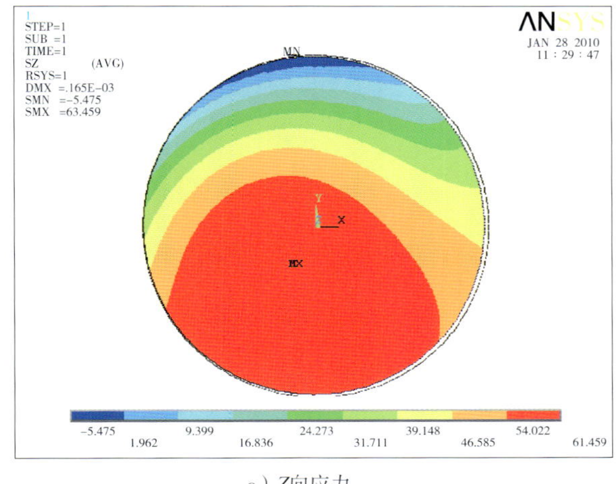

c）Z向应力

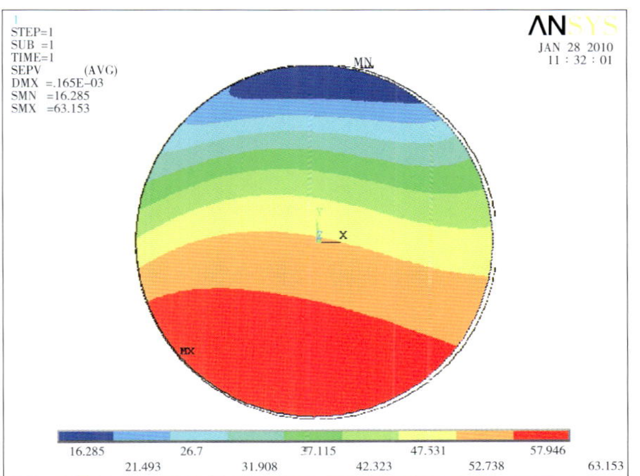

d）Mises应力

图 2-4-10　应力云图

从图 2-4-10 可以看出，截面最大轴向（Z）应力范围为 -5.5~61.5MPa；截面第一主应力值为 0~61.5MPa；第三主应力值为 -23.4~7.4MPa。

由于温差产生的截面最大应力差值约 67MPa，约为钢丝的抗拉强度 1 670MPa 的 1/25，但计算时未考虑钢丝之间的空隙及纵向拉伸变形，主缆截面其实并不完全是平面应变情况，故实际温度应力要小一些。

对于主缆的安全系数，各国采用的计算方法略有差异：英国悬索桥的设计计算是根据钢丝的屈服极限除以 1.7 的安全系数得到；日本的悬索桥除明石海峡大桥外，均采用对钢丝破坏强度取 2.5 的安全系数；参考本桥设计说明，鱼嘴大桥主缆强度的安全系数取 2.5。由上述计算结果推算，在较大的截面温差（26℃左右），且截面最高温度为主缆成桥温度的情况下，保守估计将导致的主缆的安全系数降低到 2.3 左右，强度储备约降低 8%。

但由于考虑了主缆局部的次应力，在计算主缆的安全系数时，将活载和恒载取用同样的安全系数是不合适的。由于大跨径悬索桥恒载比重较大，且这部分在结构分析中能够较准确的计算，因此可取材料的安全系数为 1.7，则相对活载和次应力的安全系数将会得到提高，且主缆的次应力也并非全截面产生。综合考虑，对鱼嘴大桥截面温差作用下的安全系数则远在 2.3 以上，故可认为温度效应对主缆安全系数的影响不大。但对山区复杂环境下的剧烈大幅度降温情况，主缆强度的安全系数可能会降低很多，需要注意。

第五章　鱼嘴长江大桥施工阶段主缆温度场测试

第一节　现场测试技术及设备

目前国内外结构温度测试的手段和方法种类较多，然而，对于大跨径悬索桥的主缆，采用传统测温手段难以胜任，这是由该桥型固有的特点造成的。测温的主要特点和难点如下：

（1）结构跨径大，温度测点较多，各测点间距离远，常规测量仪器逐点测量工作量巨大。

（2）每次温度测试持续的时间很长，一般为连续的几昼夜，测试数据量大，难以人工读数和记录。

（3）结构温度变化幅值和速率相对较大，为准确反映主缆的温度场，测温时必须尽量做到同时测量。

（4）由于主缆温度场复杂，索股丝股尺寸较小，测温时测温元件与待测点处于同一等温面且尽量靠近测点，要求测温元件必须体积和热容量小。

（5）现场主缆处于施工期间，对传感元件和测试传输系统提出了远超出实验室研究的抗干扰、抗腐蚀和抗击打的要求。

因此，测温传感器必须体积小、精度高、一致性好、热容量小，便于安装和组网与更换；测温系统需要具备多路温度实时自动采集和自动存储功能。

一般结构温度中普遍采用的热敏电阻或点温计进行温度测试。其中热敏电阻理论精度应该可以控制在 0.1℃。但在实际操作时，由于元件老化、导线电阻变化等原因，精度往往无法保证。手持式点温计一般精度较低，只能控制在 1~2℃。这两种测试手段都需要进行人工巡检，既需要消耗大量的人力，也无法实现同步测量。因此，必须研究和开发出新的测试传感元件和相应的测试采集系统，以满足现场测试温度场研究的需要。

第二节　索股架设阶段基准索温度场测试

由于主桥跨径较大，水平跨径达到 1 000m，竖直方向高差达 73.872m，因此，基准索股温度研究可以进行温度场沿索长方向的变化和一天内温度变化规律，为制定基准索股架设调索的时间段和索股调整时温度的测量方法提供依据。图 2-5-1 为现场基准索挂索施工图。

图 2-5-1　现场基准索挂索施工图

一、温度测点布置

选取基准索股的测试截面位置，见图 2-5-2。

二、温度测量天气及时间

鱼嘴长江大桥主缆架设施工时间

为2007年12月18日—2008年1月25日，季节为冬季，鱼嘴地区在此期间基本上为阴天，气温变化比较缓慢，而基准索股为127×ϕ5.0，索股截面比较小，因此，可以认为截面内温度差异较小。

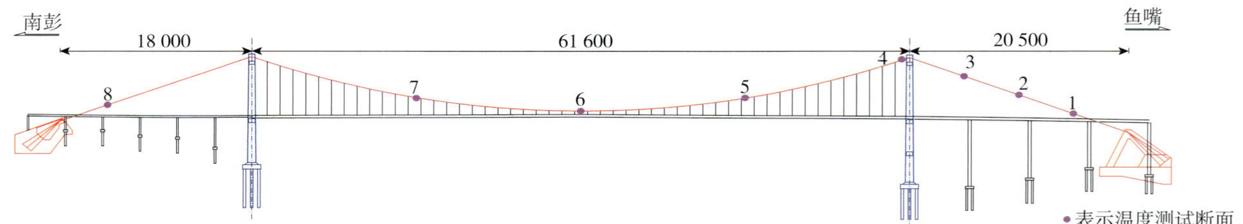

图2-5-2　基准索股温度测点布置示意图（尺寸单位：cm）

在基准索股安装到位后，2007年12月21日23：30—2007年12月22日19：30期间对基准索股温度场进行了连续测量。

三、温度测量结果

基于测量数据比较多，限于篇幅，在此仅给出了测试点每隔60min的测试数据，具体如表2-5-1所示，在2007年12月21日23：30—12月22日19：30时间段内，温度随时间变化的曲线如图2-5-3和图2-5-4所示。

基准索温度场测试代表结果　　表2-5-1

采样日期	时刻	测点位置及测试结果（℃）							
		北边跨1/4	北边跨1/2	北边跨3/4	北塔塔顶	中跨1/4	中跨1/2	中跨3/4	南边跨1/4
12-21	23：30	9.3	9.3	9.1	8.9	9.3	9.4	9.3	9.5
12-22	0：30	9.0	8.9	8.8	8.5	9.1	8.9	8.9	8.9
12-22	1：30	8.8	8.8	8.6	8.5	8.9	8.9	8.8	8.9
12-22	2：30	9.0	9.0	8.8	8.6	9.1	8.9	8.8	8.8
12-22	3：30	8.8	8.6	8.5	8.5	9.0	8.9	8.6	8.6
12-22	4：30	8.8	8.4	8.1	7.6	8.0	7.5	7.5	7.8
12-22	5：30	8.3	8.1	8.1	7.9	8.3	8.0	8.0	8.1
12-22	6：30	8.3	8.0	7.9	7.9	8.1	8.1	8.1	8.1
12-22	7：30	8.4	8.3	8.0	8.0	8.4	8.5	8.4	8.3
12-22	8：30	8.3	8.0	7.9	8.0	8.4	8.1	8.0	8.3
12-22	9：30	9.4	9.1	9.1	9.1	9.5	9.6	9.3	9.1
12-22	10：30	11.4	11.3	11.5	11.0	11.5	11.8	11.0	11.0
12-22	11：30	14.9	13.5	13.6	14.3	14.4	14.1	14.3	14.8
12-22	12：30	17.4	16.9	17.5	19.0	17.1	17.4	16.5	17.8
12-22	13：30	18.6	18.1	18.5	19.1	18.5	18.6	18.5	19.3
12-22	14：30	19.4	18.9	18.8	20.9	20.0	19.5	19.5	20.3
12-22	15：30	18.9	18.3	18.1	19.9	19.1	18.9	18.9	19.3
12-22	16：30	16.3	16.1	15.8	17.0	16.5	16.5	16.0	16.4
12-22	17：30	14.3	14.0	13.5	14.8	14.1	13.8	13.9	14.1
12-22	18：30	12.8	12.6	12.5	13.0	12.8	12.4	12.5	12.6
12-22	19：30	12.4	12.4	12.3	12.5	12.5	12.4	12.4	12.5

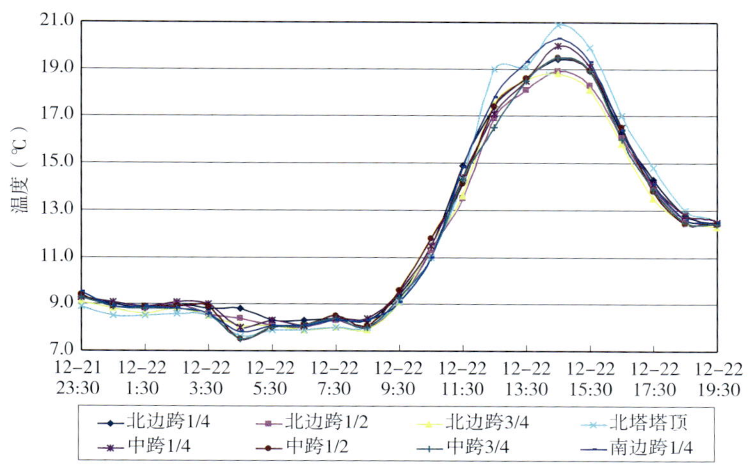

图 2-5-3　基准索股温度全部时间段测试结果曲线图（℃）

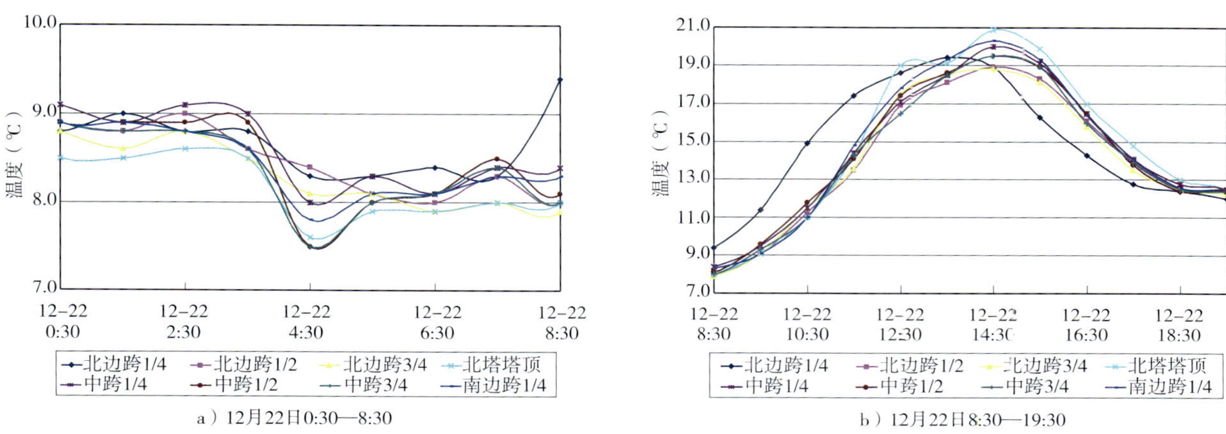

a）12月22日0:30—8:30　　b）12月22日8:30—19:30

图 2-5-4　基准索股温度局部时间段测试结果曲线图（℃）

四、基准索股架设阶段基准索温度测量

（1）索股温度在 12 月 21 日 23：30—12 月 22 日 8：30 之间比较稳定，在这个时间段温差在 0.5℃之内；在 12 月 22 日 8：30—12 月 22 日 19：30 之间温度变化较大。

（2）从 12 月 21 日 23：30—12 月 22 日 19：30 测量数据看：基准索股表面最高温度为 20.9℃、最低温度为 7.5℃；昼夜主缆表面沿长度方向最大温差为 2.5℃、最小温差为 0.2℃。

（3）索股沿索长方向温差在 3℃以内，可以认为鱼嘴长江大桥基准索股架设阶段，在同一时刻，索股温度沿长度方向均匀分布，单索股的温度场可以简化为二维。

第三节　不同施工阶段主缆表面温度场测试

一、冬季主缆架设期间主缆表面温度场

在基准索股架设完成后的主缆其他索股架设过程中，针对鱼嘴长江大桥主缆，进行了冬季实桥主缆索股表面温度的测试研究。

根据施工现场温度变化的情况，设定温度采集频率，记录每个测点的温度变化，绘制温度变化曲线，并对实测温度数据进行函数拟合，将实测温度数据和计算数据进行比较分析，为施工监控及时调

整参数取值、修正计算模型，保证用于鱼嘴长江大桥在主缆架设控制的主缆温度场的准确性及可靠性，确保结构安全、顺利、有效地施工，施工完成后桥梁达到设计目标。

（一）主缆表面温度测点布置和测试时间

2008 年 1 月 29 日 18：00—2008 年 2 月 3 日 15：30 期间，对主缆索股（尚未紧索）进行冬季表面温度场连续测量。

选取主缆的典型测试截面位置包括北边跨距北塔 1/4 跨距断面、中跨跨中断面、中跨南塔距南塔 10m 断面、南边跨距南散索鞍 1/8 断面，如图 2–5–5 所示。

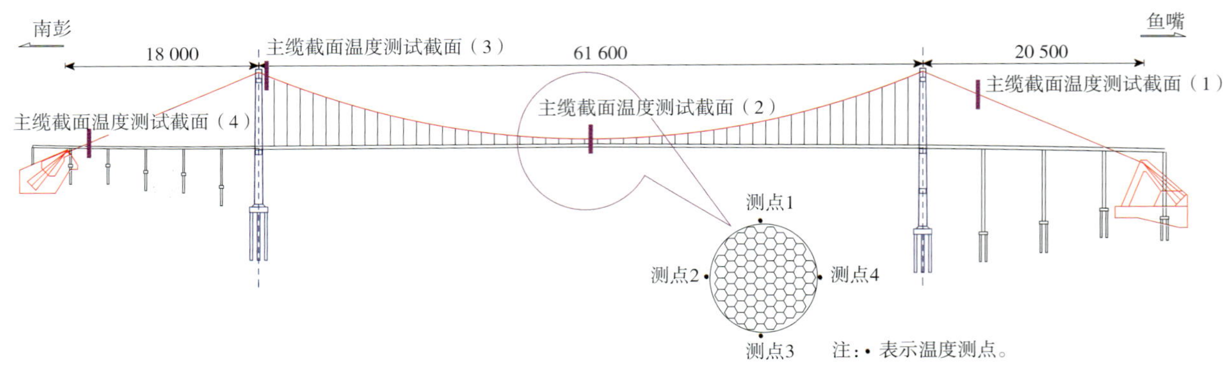

图 2–5–5　主缆索股截面温度测点布置示意图（尺寸单位：cm）

（二）温度测试结果

北边跨距北塔 1/4 跨处、中跨跨中处、中跨南塔距南塔 10m 处和南边跨距南散索鞍 1/8 处各测点测试温度随时间变化的曲线分布如图 2–5–6~ 图 2–5–9 所示。

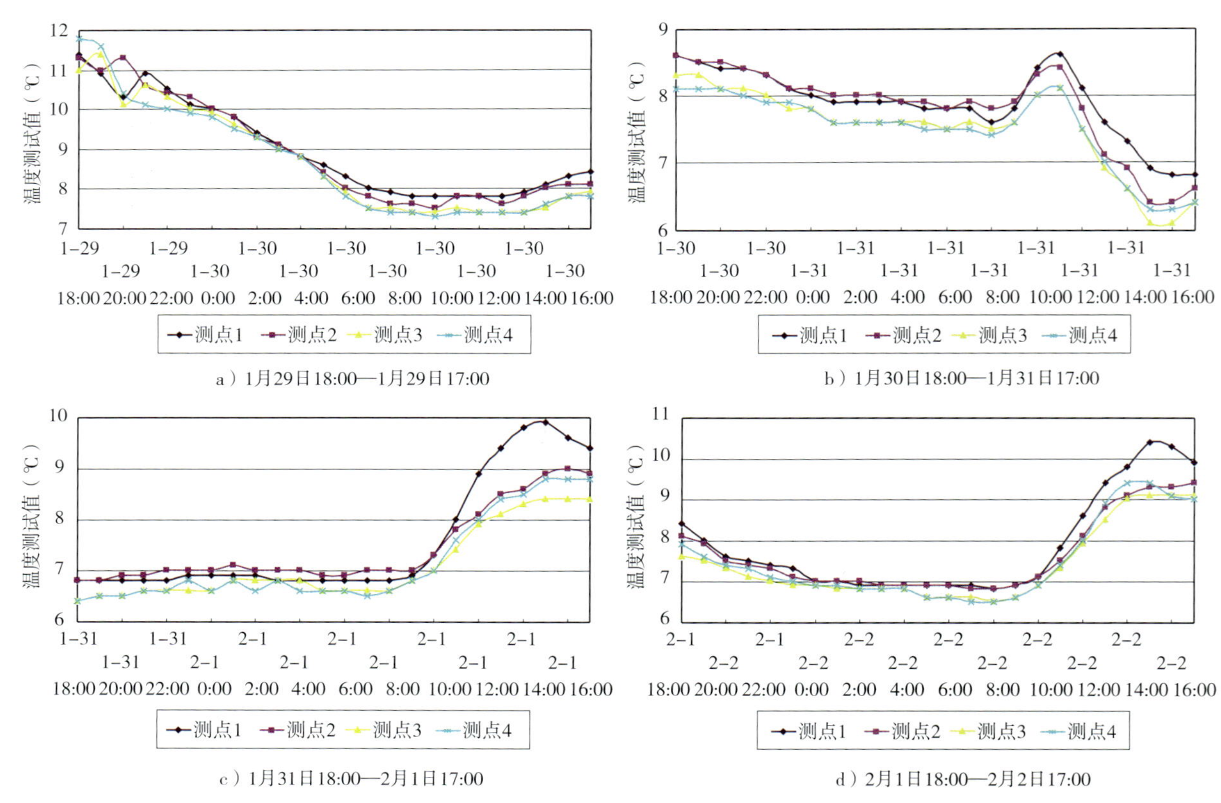

a）1月29日18:00—1月29日17:00

b）1月30日18:00—1月31日17:00

c）1月31日18:00—2月1日17:00

d）2月1日18:00—2月2日17:00

图　2–5–6

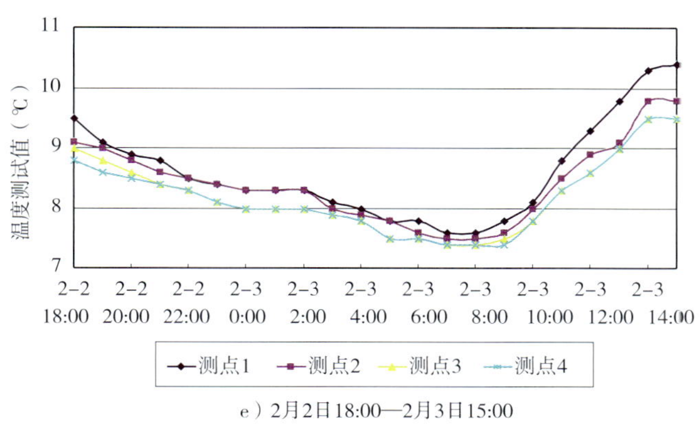

e）2月2日18:00—2月3日15:00

图 2-5-6　北边跨距北塔 1/4 跨处各测点测试温度随时间变化曲线

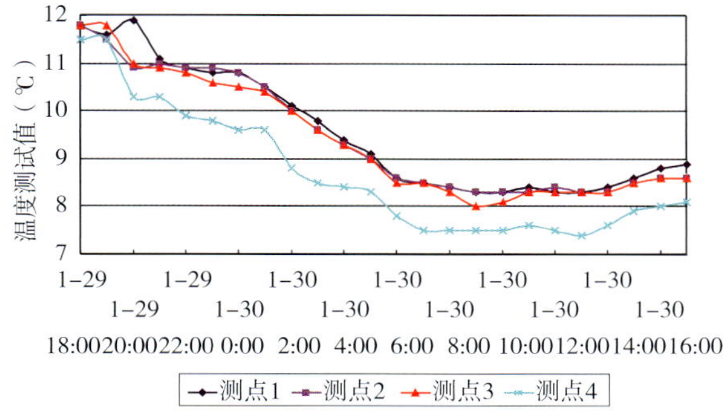

a）1月29日18:00—1月30日17:00

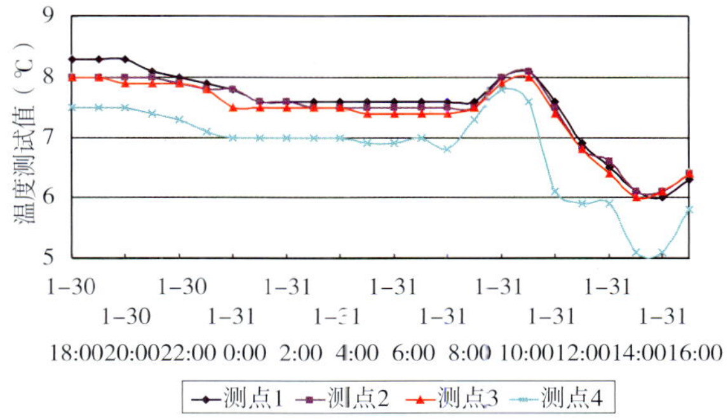

b）1月30日18:00—1月31日17:00

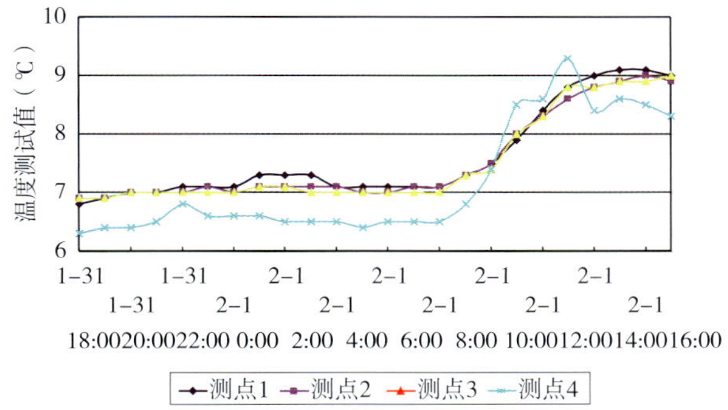

c）1月31日18:00—2月1日17:00

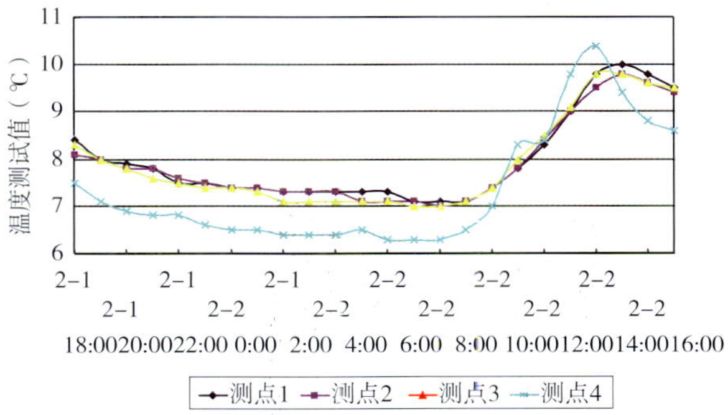

d）2月1日18:00—2月2日17:00

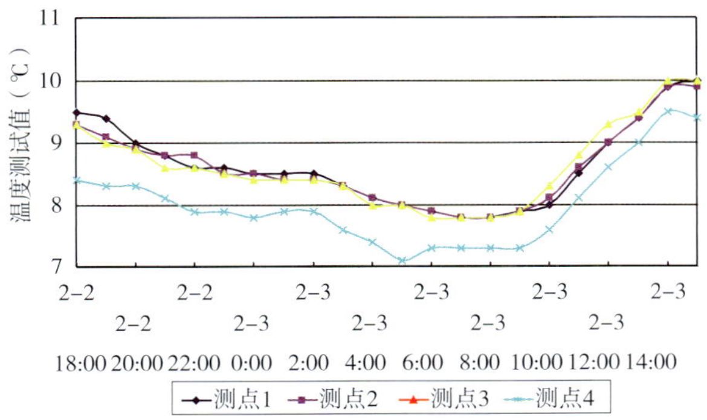

e）2月2日18:00—2月3日15:00

图 2-5-7　中跨跨中处各测点测试温度随时间变化曲线

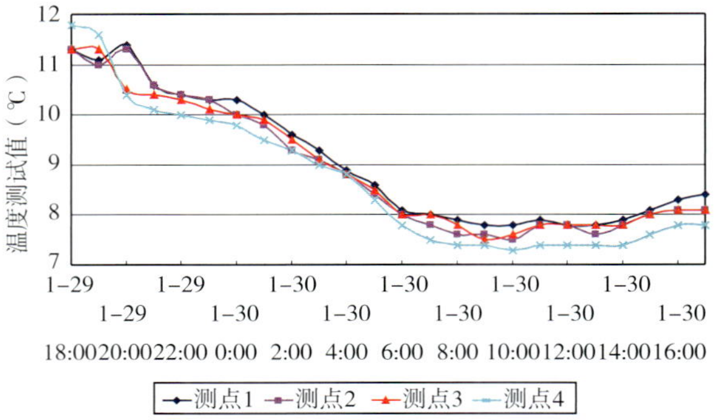

a）1月29日18：00—1月30日17：00

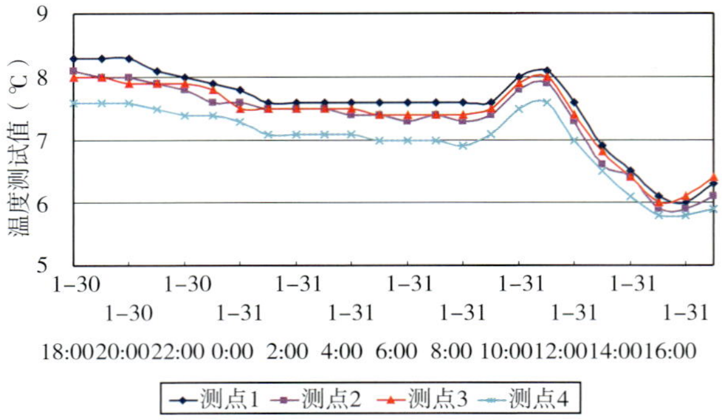

b）1月30日18：00—1月31日17：00

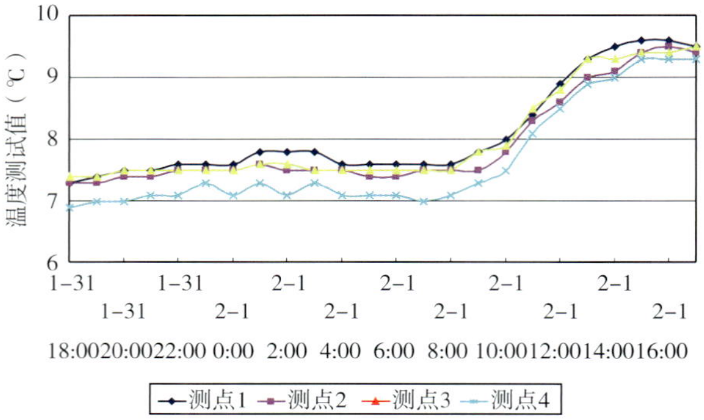

c）1月31日18：00—2月1日17：00

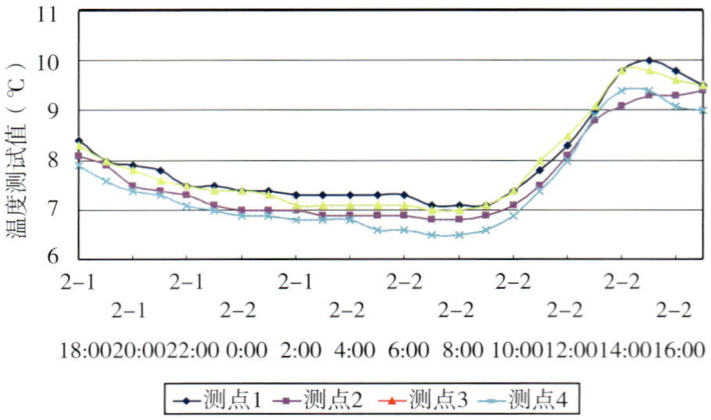

d）2月1日18：00—2月2日17：00

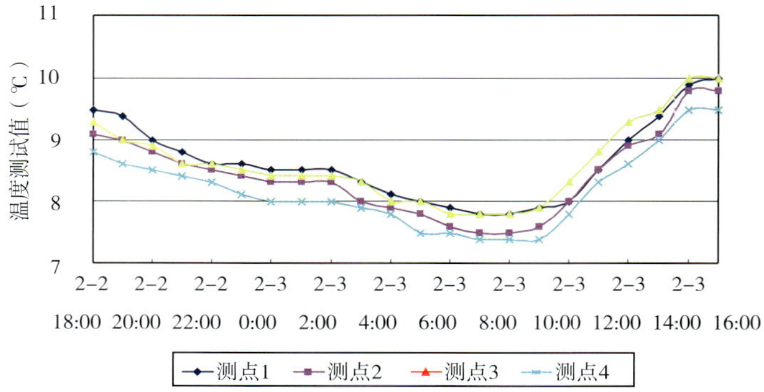

e）2月2日18：00—2月3日15：00

图 2-5-8 中跨南塔距南塔 10m 处各测点测试温度随时间变化曲线

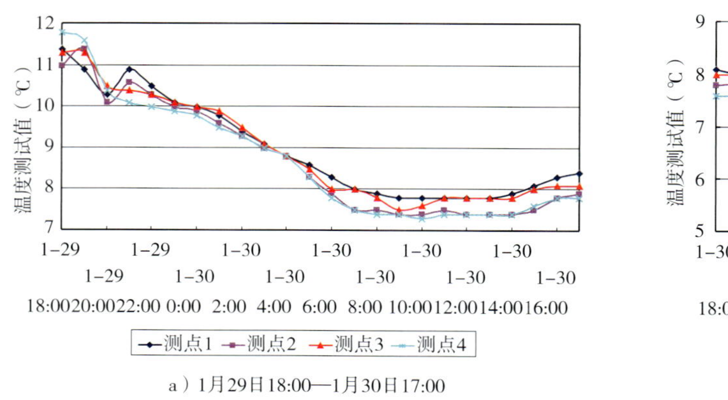

a）1月29日18:00—1月30日17:00

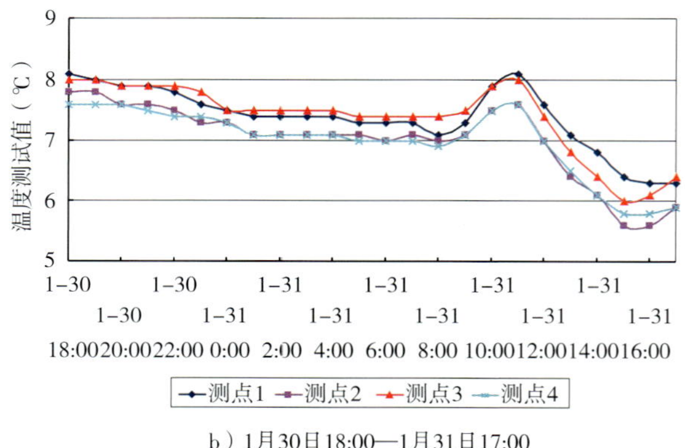

b）1月30日18:00—1月31日17:00

图 2-5-9

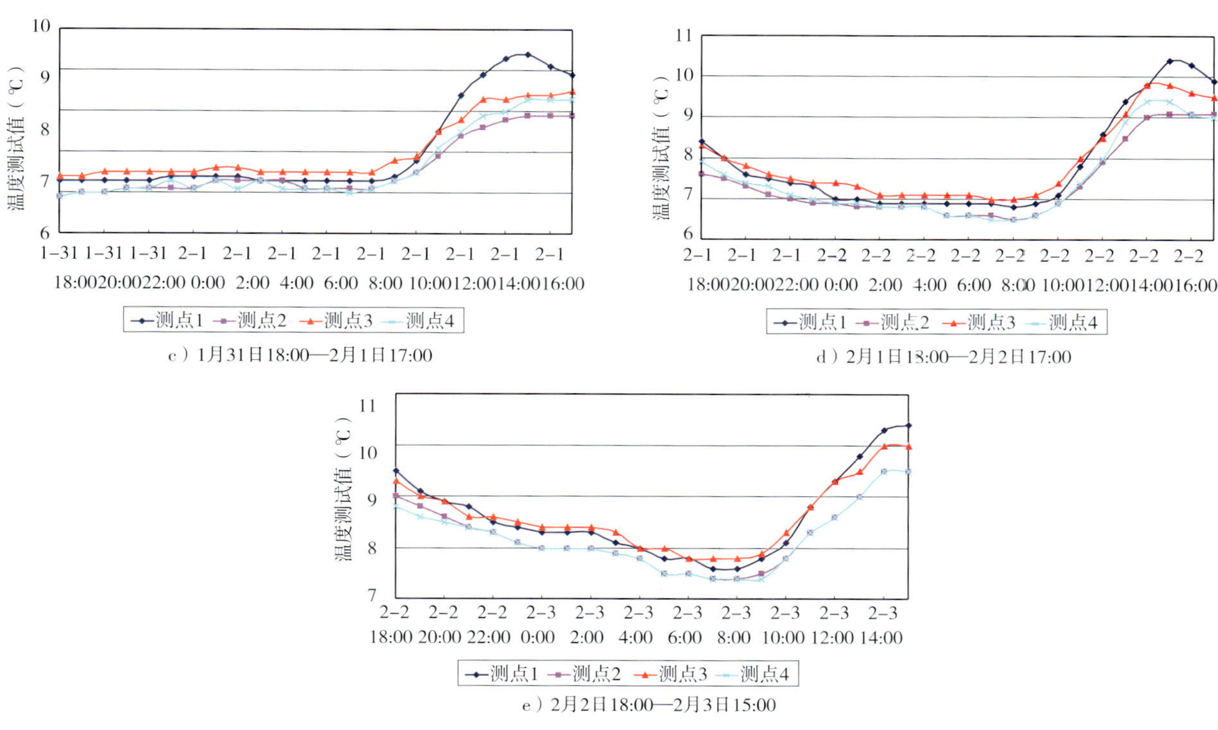

c）1月31日18:00—2月1日17:00

d）2月1日18:00—2月2日17:00

e）2月2日18:00—2月3日15:00

图 2-5-9　南边跨距南散索鞍 1/8 处各测点测试温度随时间变化曲线

（三）冬季主缆架设期间主缆表面温度测试结论

对鱼嘴长江大桥主缆索股架设期间各处测点测试温度随时间变化的曲线分析，可以得到如下结论：

（1）从 2008 年 1 月 29 日 18：00—2008 年 2 月 3 日 15：30 期间测量数据看，索股温度在 18：00—次日 8：00 之间温度比较稳定，在这个时间段温差在 0.5℃之内；在 8：00—18：00 之间温度沿索长存一定的温差，在这个时间段温差在 5℃之内。

（2）冬季索股架设阶段，由于气候条件多为阴天，太阳辐射较弱，索股表面温度分布较为均匀，索股温度沿长度方向温度相差较小。

（3）根据测试结果，可以认为在重庆冬季阴天，主缆温差很小，在进行主缆温度效应计算时，主缆温度场仅设为时间的函数。

二、春夏之交大桥索夹定位阶段主缆表面温度场

2008 年 5 月正值鱼嘴长江大桥主缆索夹定位施工阶段，为索夹放样定位和吊杆长度计算提供准确的主缆温度场，确保鱼嘴长江大桥成桥的精确线形以及结构内力达到设计目标；也考虑到该时间是春夏之交季节，太阳辐射介于夏季与冬季之间，主缆温度变化较为剧烈，需全面掌握山区复杂环境下主缆温度场的分布特点。同时，为研究温度作用下主缆钢丝之间受力的均匀性、主缆钢丝是否会发生滑移、主缆与防护层之间是否会因此发生滑移和脱落，以及主缆防护层与主缆钢丝之间的受力状态，进而达到研究主缆温度效应下的耐久性目的。因此，也要进行主缆表面温度测试研究。图 2-5-10 为现场主缆索夹定位施工图。

图 2-5-10　现场主缆索夹定位施工图

（一）测点布置

在测点布置上，要求既能较为准确反映主缆截面温度及其变化，又切实可行，参考目前的测试手段和方法及仪器精度，根据测试截面的温度分布特点，确定并优化截面温度测点的布置方案和主要测试时间段，理想的方案就是将温度传感器直接沿主缆截面布置，掌握主缆截面的温度场。选取上游侧主缆作为研究对象，测试截面选取如图 2–5–11 所示，测试截面测点布置如图 2–5–12 所示。

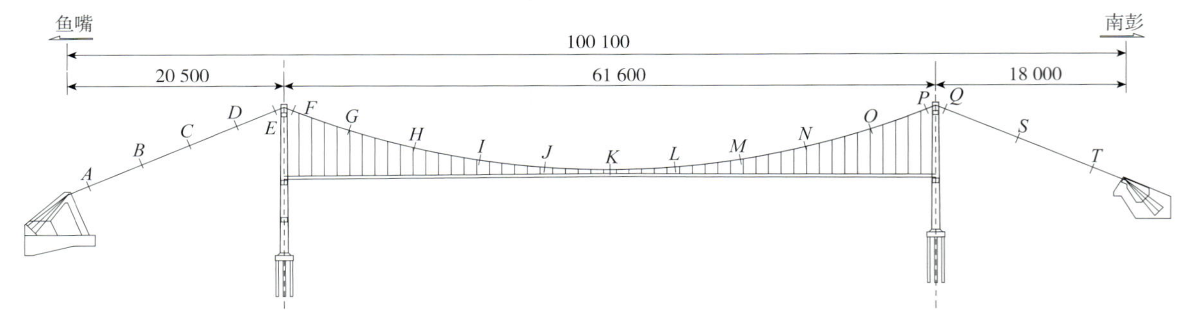

注：图中温度测试断面“A—M”采用温度传感器测试，“N—T”采用温度记录体测试。

图 2–5–11　主缆测试截面布置图（尺寸单位：cm）

（二）天气情况

主缆春夏之交季节温度测试的时间为 2008 年 5 月 17 日—2008 年 5 月 18 日，测试期间的天气状况见表 2–5–2。

春夏之交主缆表面温度测试期间的天气状况　　表 2–5–2

日期	最高温度（℃）	最低温度（℃）	白天上午天气情况	白天下午天气情况	夜间天气情况	午间风向及蒲福风级
2008–5–17	29	18				西北风 1~2 级
2008–5–18	25	16				北风 2 级

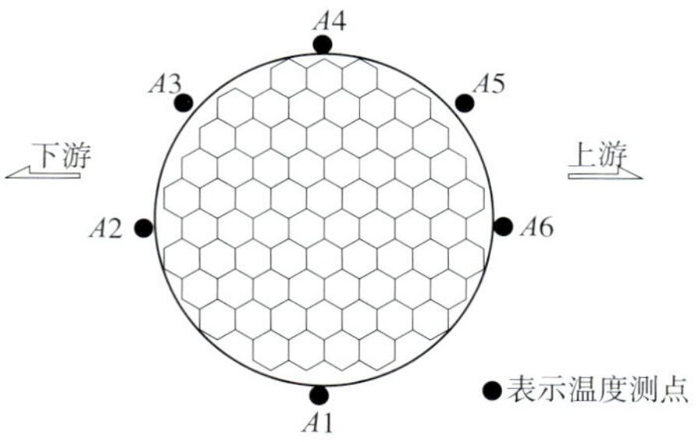

（三）测点温度测试曲线

部分典型主缆各测试截面各测点温度随时间变化曲线如图 2–5–13 所示。

从以上典型测试结果可以发现，对于特定的情况（时间和天气变化）下，可以得到如下结论：

A4　A3　A5　下游　上游　A2　A6　A1　●表示温度测点

图 2–5–12　主缆测试截面测点布置图

（1）同一大气气温下，主缆沿截面环向方向各测点具有一定的差异，特别是在有日照时，差异比较明显；18：00—次日 6：00 时间段，同一截面测点温度沿截面环向方向大致呈现均匀分布。

（2）截面各测点温度变化基本上是随外界大气气温同步变化的，不存在明显滞后现象。

（3）1 号测点处于主缆测点的最低点，主缆各处 1 号测点温度比较均匀和接近，而且随大气气温发生同步变化。

（4）2、3、5、6 号测点在受太阳照射期间，主缆各处测点温度基本与接收阳光的强度和入射角有

关，但某些测点会受现场施工的影响，处于遮挡状态，导致该处测点温度与其他同号测点不具有一致的变化规律。

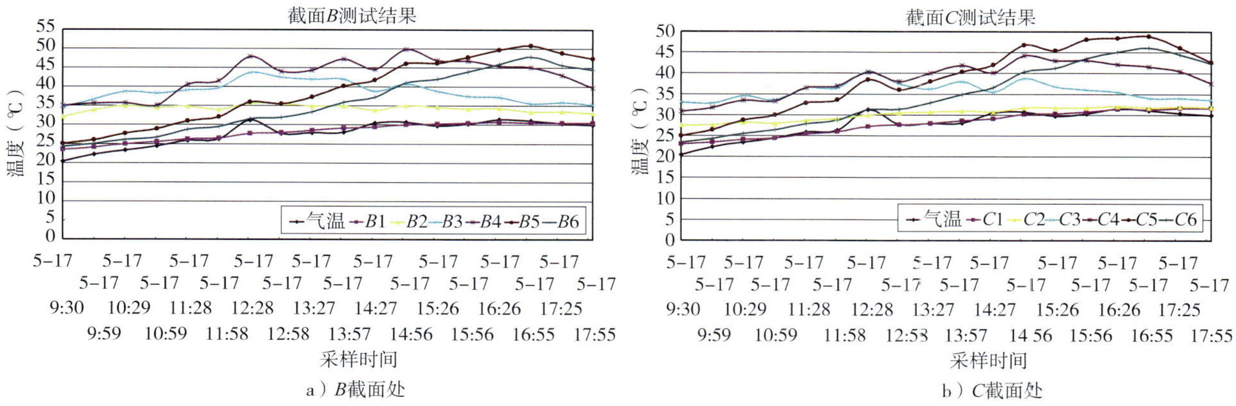

a）B截面处　　b）C截面处

图 2-5-13　2008 年 5 月 17 日主缆表面各测点测试温度随时间变化曲线

（5）4 号测点处于主缆测点的最高点，其接收阳光时间最长，导致该测点温度在不同时刻变化较大，但其外界散热条件最好，容易受风的影响，而不同的高度，风速是不一致的，故会出现某些测点温度变化显著。

（四）主缆表面平均温度

为分析主缆表面温度与环境温度的关系，图 2-5-14 给出了主缆 B 处和 C 处各测点的表面温度平均值及环境温度随时间的变化曲线。

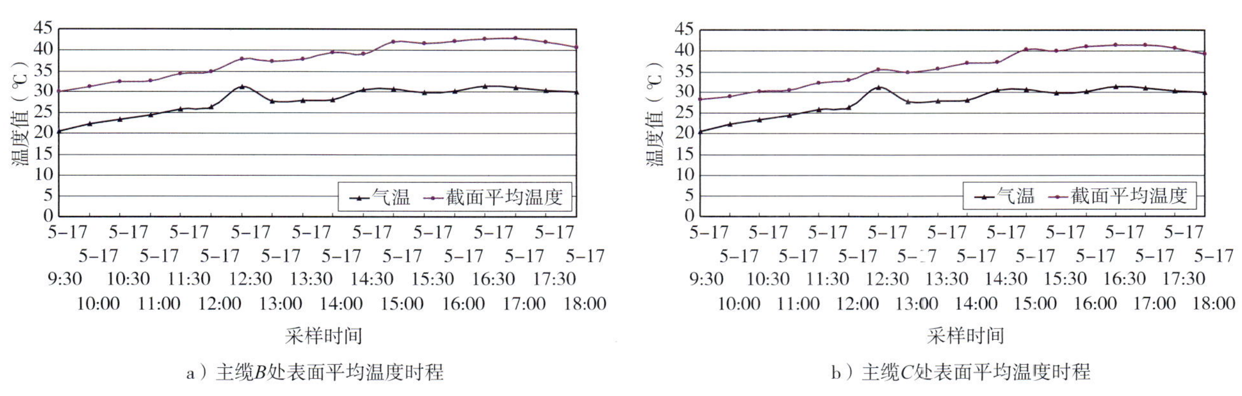

a）主缆B处表面平均温度时程　　b）主缆C处表面平均温度时程

图 2-5-14　2008 年 5 月 17 日截面平均温度与大气温度变化曲线

从以上典型测试结果可以发现，对于特定的情况（时间和天气变化）下，可以得到如下结论：

（1）同一大气气温下，特别是在有日照时，主缆沿长度方向的测试截面平均温度略有差异，但总体相差不大，18：00—次日 6：00 时间段，测试截面测点平均温度沿主缆长度方向大致呈现一致分布。

（2）主缆表面平均温度随外界大气气温同步变化，滞后效应较小。

（五）主缆表面测试温差

主缆各截面处或主缆各索股测点最大温差时程图分别如图 2-5-15、图 2-5-16 所示。

从以上典型测试结果可以发现，对于特定的情况（时间和天气变化）下，可以得到如下结论：

（1）各处表面测点间最大温差、索股测点间最大气温差和截面间最大温差时间均出现在 15：00 左右；20：00—次日 8：00 时间段，截面表面测点间、索股测点间和截面间温度最大差值较小，并且很稳定。

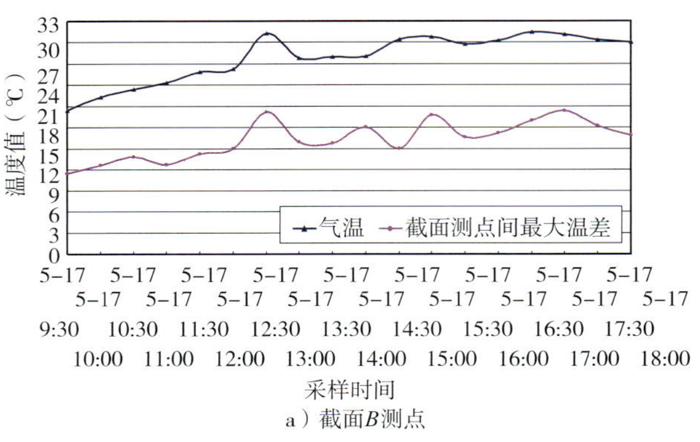

a）截面B测点

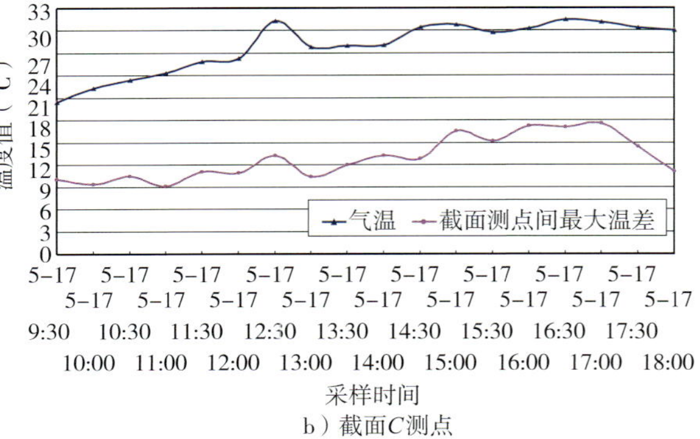

b）截面C测点

图 2-5-15　2008 年 5 月 17 日最大温差时程图

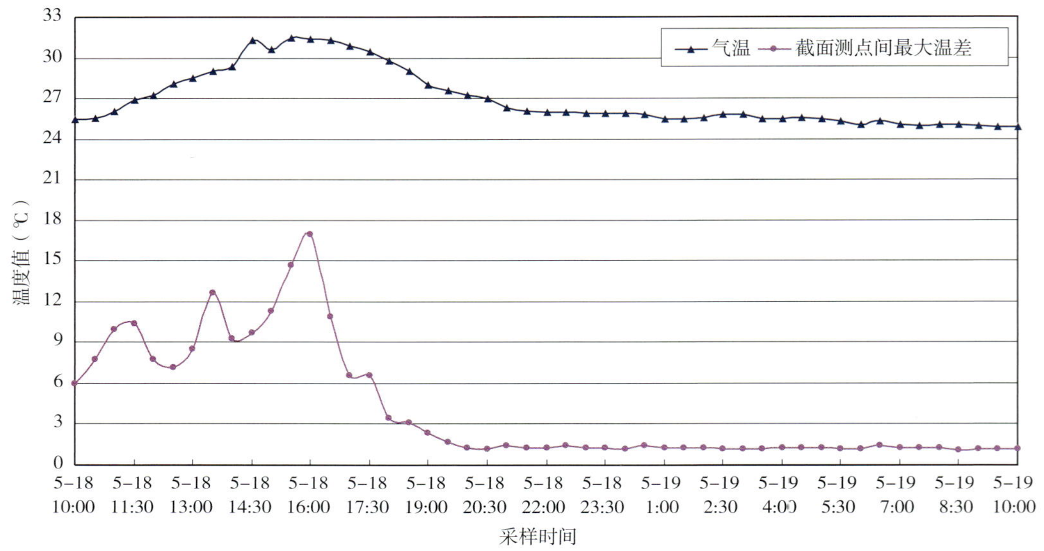

图 2-5-16　2008 年 5 月 18 日截面 C 测点最大温差时程图

（2）同一测试截面，各测点间最大温差出现时间与日照时间具有一定的联系；2、3 号测点基本在上午出现，而 4、5、6 号测点均在 15：00 左右；因为 2、3 号测点的日照时间主要在上午，而 5、6 号测点的日照时间主要在下午。

（3）同一测试截面，各测点间最大温差大小与日照强度具有一定的联系；4、5 号测点的温差较大，6 号测点次之，2、3 号测点较小，1 号测点最小；这与各测点接收日照的时间长短正好相符。

（4）各测点间最大温差出现的时间顺序为 2 号索股→3 号索股→4 号索股→5 号索股。

（5）各测点间最大温差出现的大小顺序为 4 号索股→6 号索股→5 号索股→3 号索股→2 号索股→1 号索股。

（6）索股温度在日照强度较弱时，各测试截面间温差大小基本区域稳定，并且相差较小，特别是在夜间体现很明显。

三、夏季加劲梁架设阶段主缆表面温度场

鱼嘴长江大桥加劲梁架设在 2008 年 6 月—2008 年 7 月进行，如图 2-5-17 所示。由于该时间段正处于夏季，该季节太阳辐射强，主缆截面温差较大，在夏季鱼嘴长江大桥加劲梁架设过程中继续进行主缆温度场、主缆索股温度场、环境温度场测试工作。

a）

b）

c）

图 2-5-17　现场加劲梁吊装施工图

（一）测点布置

在测点布置上，考虑到夏季太阳辐射较强，主缆温度变化剧烈，要求既能较为准确反映主缆截面温度及其变化，又切实可行，参考目前的测试手段和方法及仪器精度，根据测试截面的温度分布特点，确定并优化截面温度测点的布置方案和主要测试时间段，理想的方案就是将温度传感器直接沿主缆截面布置，掌握主缆截面的温度场。选取上游侧主缆作为研究对象，测试截面选取如图 2-5-18 所示，测试截面测点布置如图 2-5-19~ 图 2-5-21 所示。

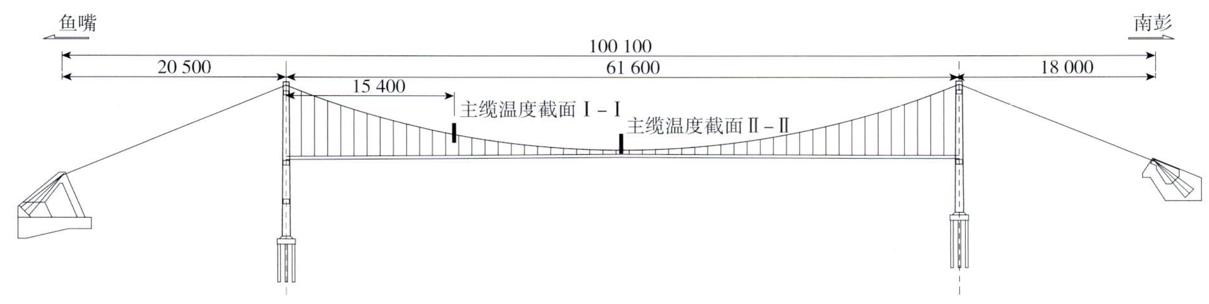

图 2-5-18　主缆测试截面布置图（尺寸单位：cm）

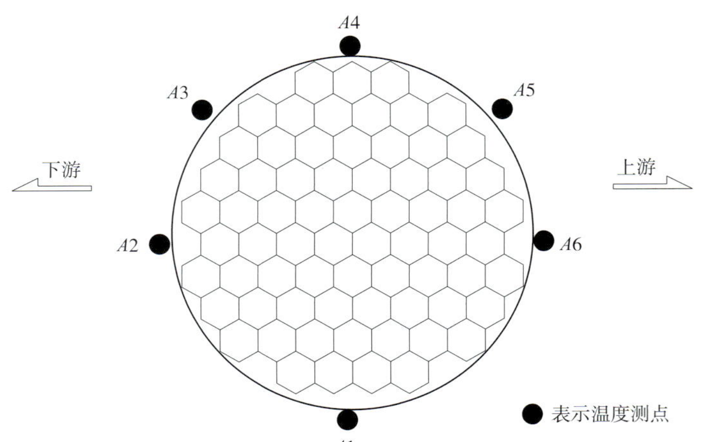

图 2-5-19　6 月 29 日—7 月 1 日主缆测试测点布置图

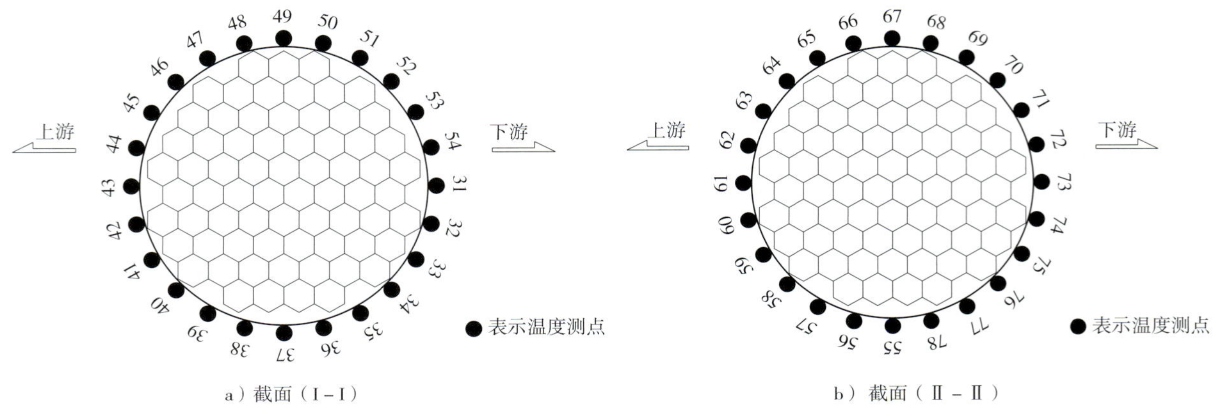

图 2-5-20　7 月 14 日—7 月 16 日主缆测试测点布置图

图 2-5-21　主缆测试截面测点现场布置

（二）天气情况

主缆夏季温度测试的时间分为两个连续时间段，即为 2008 年 6 月 29 日—2008 年 7 月 1 日和 2008 年 7 月 14 日—2008 年 7 月 16 日，测试期间的天气状况见表 2-5-3。

夏季主缆表面温度测试期间的天气状况　　表 2-5-3

日期	最高温度（℃）	最低温度（℃）	白天上午天气情况	白天下午天气情况	夜间天气情况	午间风向及蒲福风级
2008-06-29	35	24				东风 1~2 级
2008-06-30	33	23				东风 1~2 级
2008-07-01	29	21				北风 2 级
2008-07-14	38	23				西北风 1~2 级
2008-07-15	26	18				北风 2 级
2008-07-16	35	19				西北风 1~2 级

（三）表面各测点温度变化

上述时间段的主缆各测试截面各测点温度随时间变化曲线如图 2-5-22~ 图 2-5-28 所示。

从图 2-5-22~ 图 2-5-28 可以看出：

（1）从不同时刻主缆截面环向温度分布分析，由于受太阳辐射的影响，9：00—19：00 是一天中表面环向温度分布较不均匀的时间段；其余时间段内，表面环向温度分布均较均匀，基本是同步升温和同步降温，对于这些时间段主缆的平均温度取值而言，相对比较简单，可以直接取该表面温度测点的平均值。

（2）与冬季和春季主缆温度场测试数据相比，由于夏季太阳辐照强度明显增强，在白天，主缆表面环向各测点的变化明显出现不同步现象，最高温度的大小和测点之间的最高温度差异都较大。

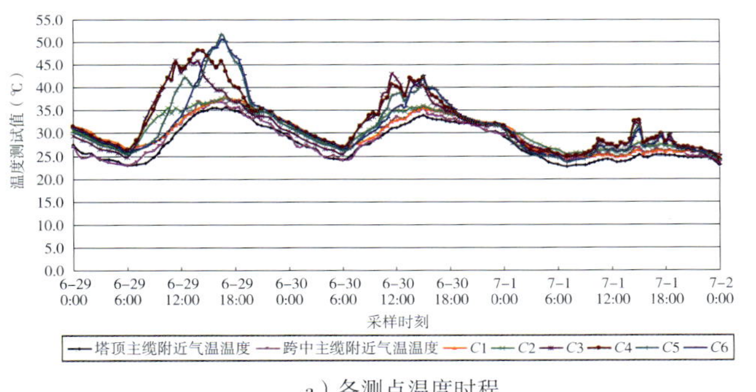

a）各测点温度时程

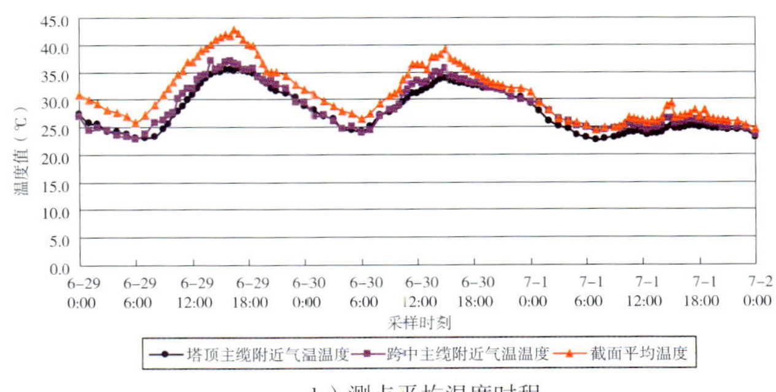

b）测点平均温度时程

图 2-5-22　6 月 29 日—7 月 1 日 C 处表面各测点温度与时间关系折线

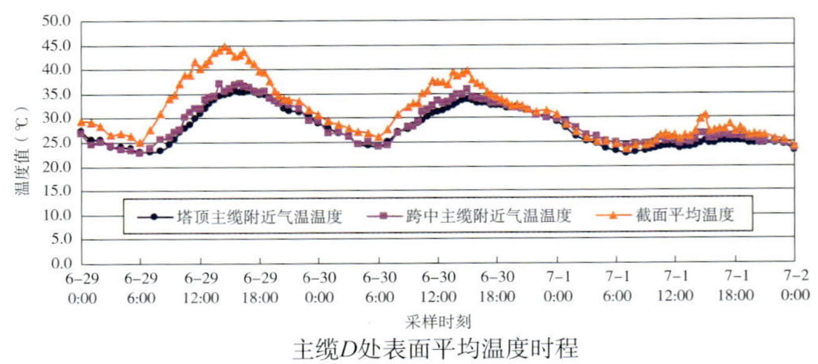

主缆D处表面平均温度时程

图 2-5-23　6 月 29 日—7 月 1 日各测点温度与时间关系折线

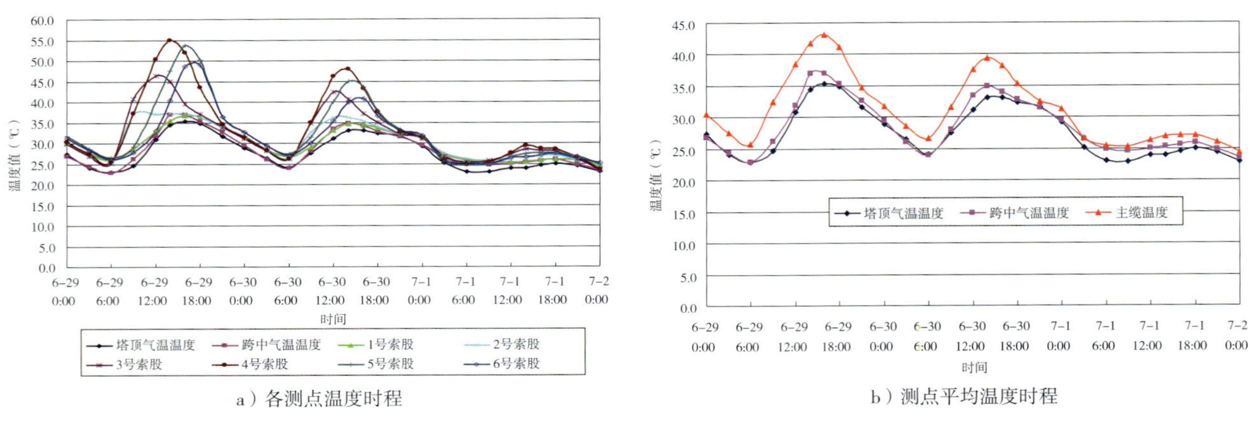

a）各测点温度时程　　b）测点平均温度时程

图 2-5-24　6 月 29 日—7 月 1 日主缆各测点温度与时间关系折线

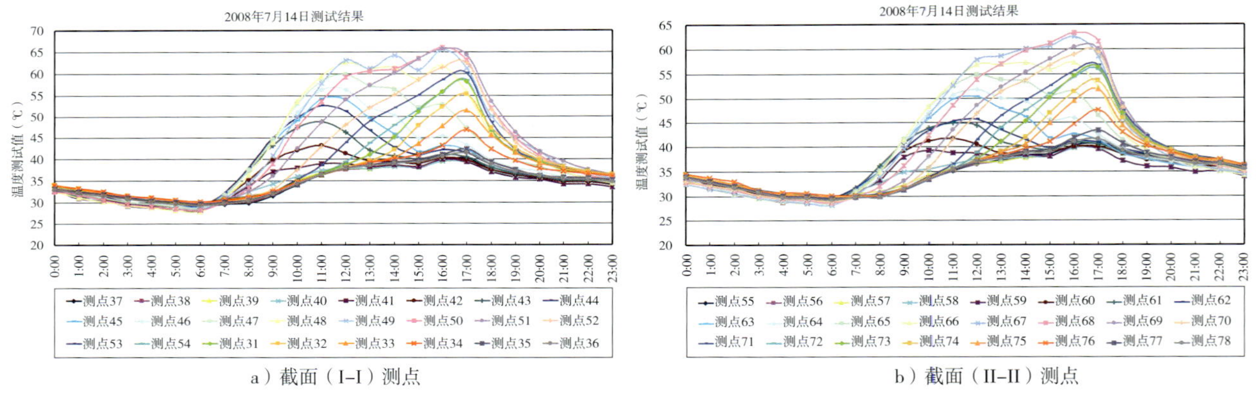

a）截面（I-I）测点　　b）截面（II-II）测点

图 2-5-25　2008 年 7 月 14 日各测点温度与时间关系折线

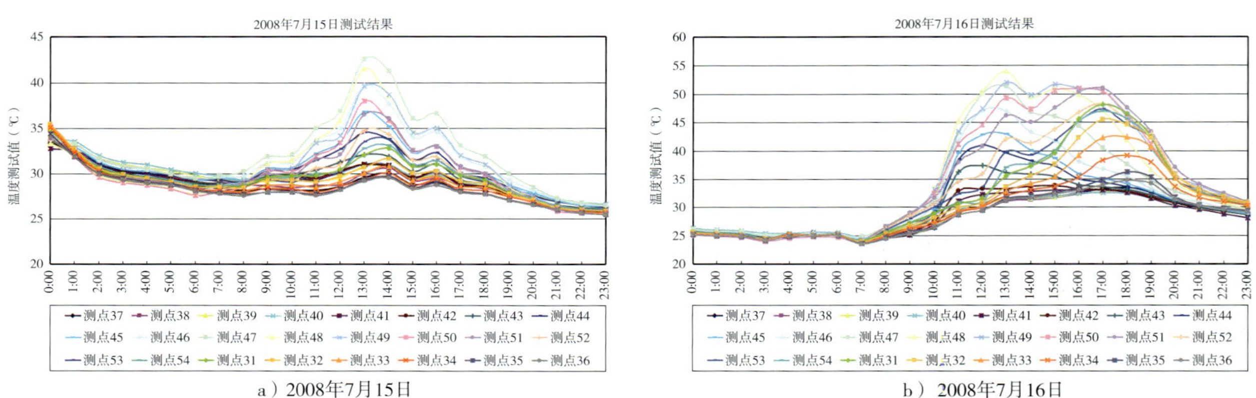

a）2008年7月15日　　b）2008年7月16日

图 2-5-26　截面（I-I）各测点温度与时间关系折线

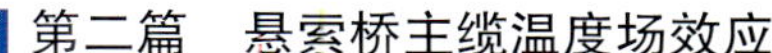

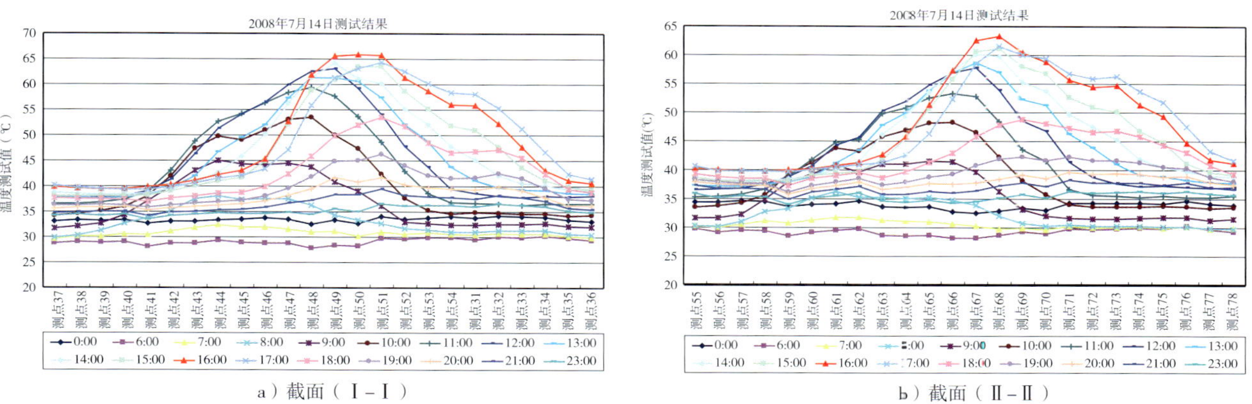

a）截面（Ⅰ-Ⅰ）　　b）截面（Ⅱ-Ⅱ）

图 2-5-27　2008 年 7 月 14 日各时刻测点的温度分布折线

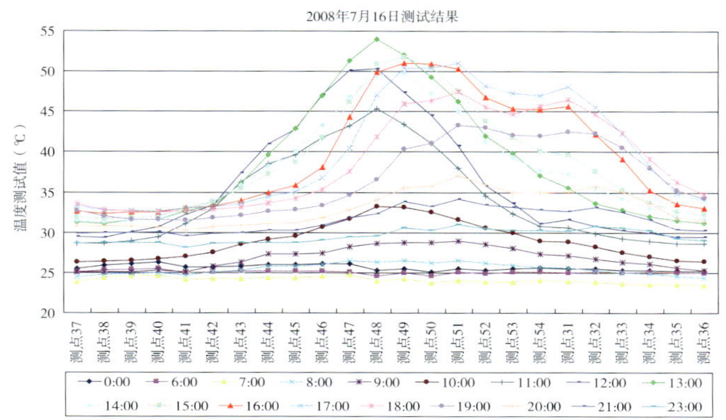

图 2-5-28　7 月 16 日截面（Ⅰ-Ⅰ）各时刻测点的温度分布折线

（四）表面温差

1. 主缆各表面处环向各测点最大温差

对于主缆各表面处环向各测点而言，3d 来的同时刻主缆各表面处环向各测点最大温差时程图如图 2-5-29 和图 2-5-30 所示。

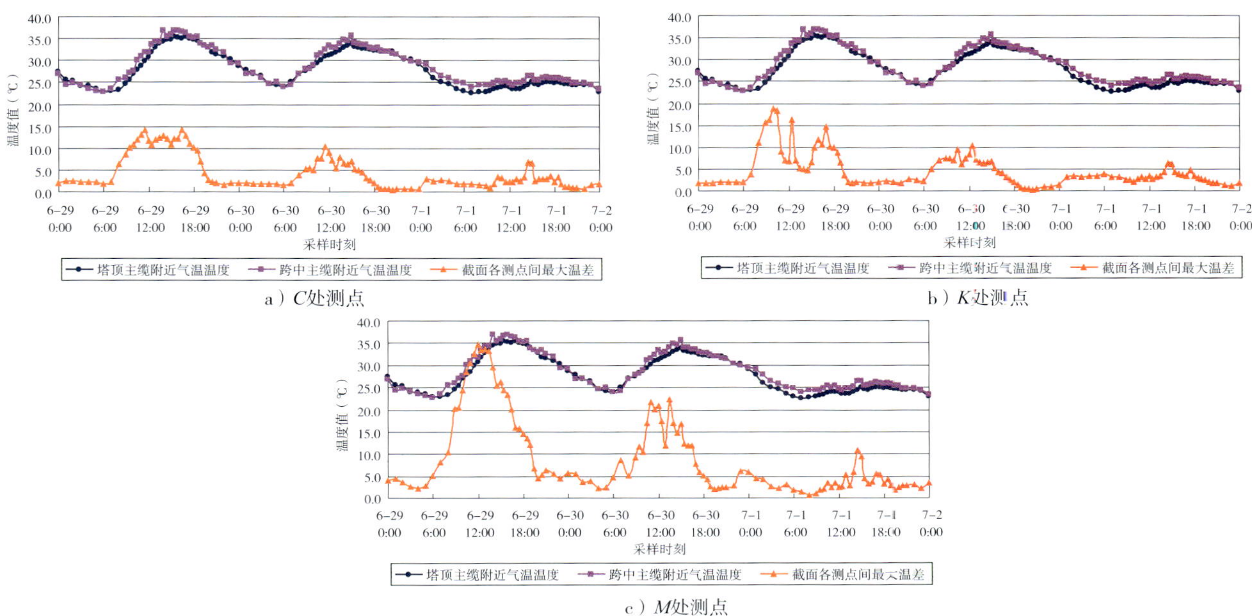

a）C处测点　　b）K处测点

c）M处测点

图 2-5-29　6 月 29 日—7 月 1 日测点之间最大温差时程图

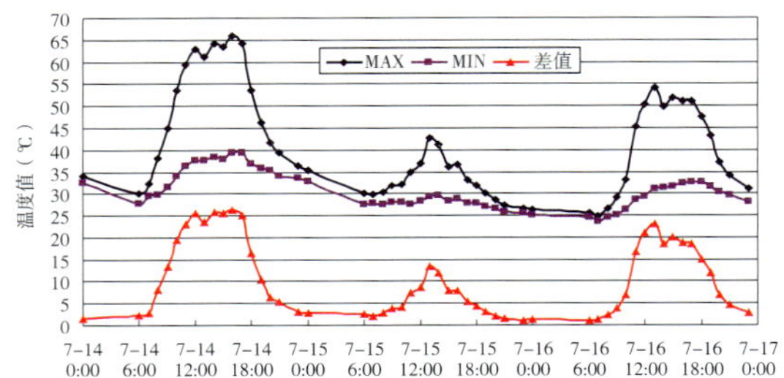

图 2-5-30　7 月 14 日—7 月 16 日截面（Ⅰ-Ⅰ）测点之间最大温差时程图

对测试截面（Ⅰ-Ⅰ）：

2008 年 7 月 14 日 17：00—18：00 时间段、7 月 15 日 12：00—15：00 时间段、7 月 16 日 11：00 至 13：00 时间段、7 月 16 日 14：00—16：00 时间段，温度变化较大，测试需要加大频率。

对于 2008 年 7 月 14 日，测点最高温度是测点 50 于 16：00 出现的 65.9℃，对应截面最低温度是测点 39 的 39.5℃，此时测点间最大温度差 26.4℃，也是 3d 数据样本中的最大温差值。

对于 2008 年 7 月 15 日，测点最高温度是测点 47 于 13：00 出现的 42.6℃，对应截面最低温度是测点 36 的 29.2℃，此时测点间最大温度差 13.4℃，也是当天数据样本中的最大温差值。

对于 2008 年 7 月 16 日，测点最高温度是测点 48 于 13：00 出现的 54.0℃，对应截面最低温度是测点 38 的 31.1℃，此时测点间最大温度差 22.9℃，也是当天数据样本中的最大温差值。

2008 年 7 月 14 日 16：00 截面（Ⅰ-Ⅰ）温度分布图如图 2-5-31 所示。

2008 年 7 月 15 日 13：00 截面（Ⅰ-Ⅰ）温度分布图如图 2-5-32 所示。

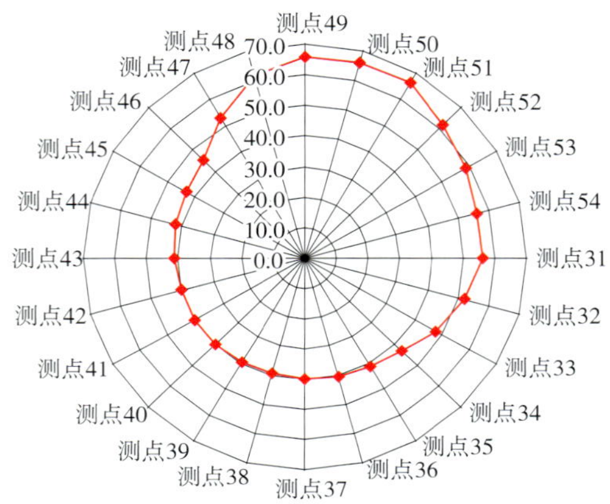

图 2-5-31　7 月 14 日 16：00 主缆截面（Ⅰ-Ⅰ）温度分布图

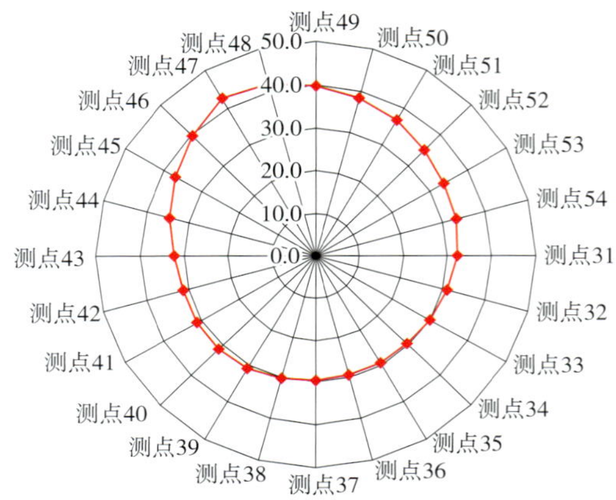

图 2-5-32　7 月 15 日 13：00 主缆截面（Ⅰ-Ⅰ）温度分布图

2008 年 7 月 16 日 13：00 截面（Ⅰ-Ⅰ）温度分布图如图 2-5-33 所示。

对于截面（Ⅱ-Ⅱ）的 24 个测点而言，3d 来的同时刻测点中最高温度与最低温度及温差值如图 2-5-34 所示。

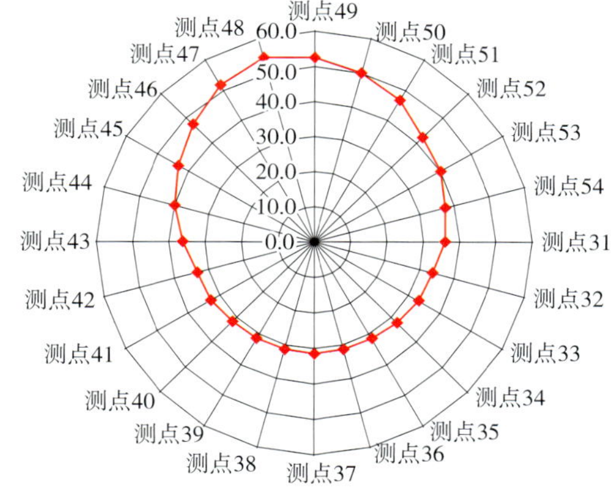

图 2-5-33　7 月 16 日 13：00 主缆截面（Ⅰ-Ⅰ）温度分布图

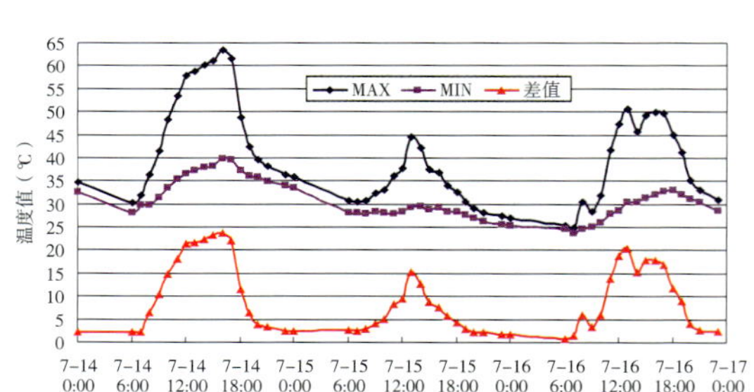

图 2-5-34　截面（Ⅱ-Ⅱ）测点最高温度与最低温度及差值时程图

对测试截面（Ⅱ-Ⅱ）：

2008 年 7 月 14 日 17：00—18：00 时间段、7 月 15 日 12：00—15：00 时间段、7 月 16 日 11：00—13：00 时间段、7 月 16 日 14：00—16：00 时间段，温度变化较大，测试需要加大频率。

对于 2008 年 7 月 14 日，测点最高温度是测点 68 于 16：00 出现的 63.3℃，对应截面最低温度是测点 57 的 39.8℃，此时测点间最大温度差 23.5℃，也是 3d 数据样本中的最大温差值。

对于 2008 年 7 月 15 日，测点最高温度是测点 65 于 13：00 出现的 44.5℃，对应截面最低温度是测点 77 的 29.3℃，此时测点间最大温度差 15.2℃，也是当天数据样本中的最大温差值。

对于 2008 年 7 月 16 日，测点最高温度是测点 66 于 13：00 出现的 50.6℃，对应截面最低温度是测点 55 的 30.3℃，此时测点间最大温度差 20.3℃，也是当天数据样本中的最大温差值。

2. 主缆各表面处同一索股沿主缆纵向最大温差

主缆表面各处同一环向位置测点沿主缆纵向最大温差时程图（同一索股沿主缆纵向最大温差时程图）如图 2-5-35 所示。

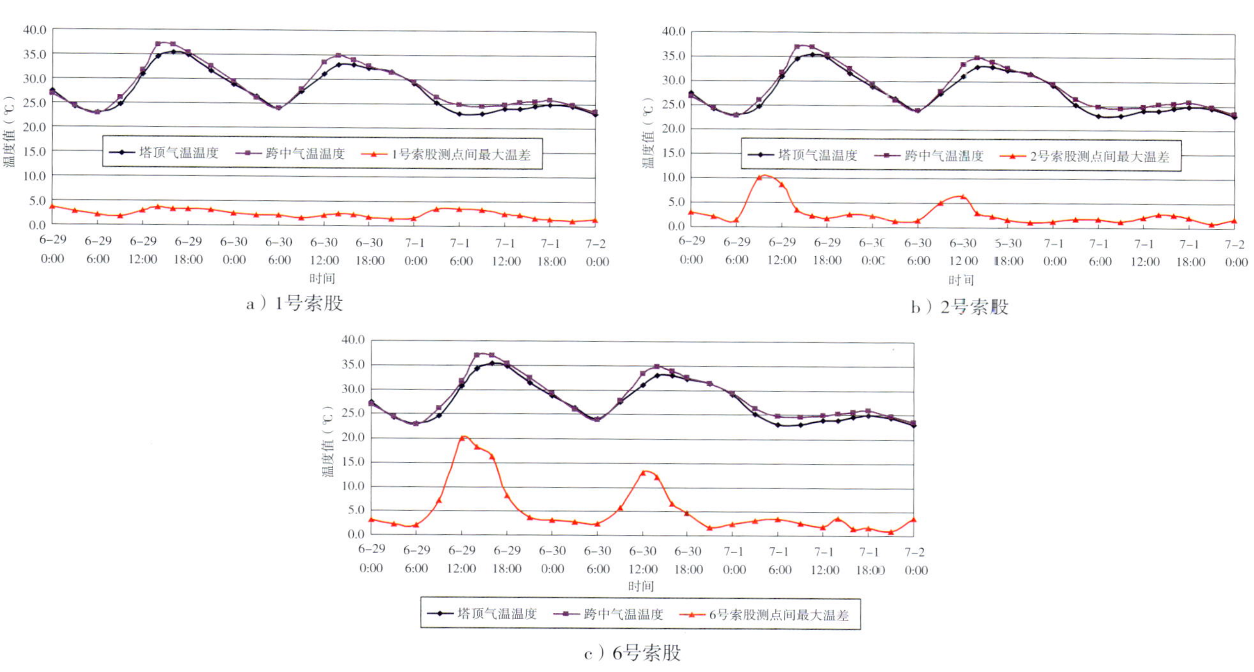

a）1号索股

b）2号索股

c）6号索股

图 2-5-35　2008 年 6 月 29 日—7 月 1 日同一索股沿主缆纵向最大温差

（五）表面各测点温度沿主缆纵向分布特点

通过索股温度的测试，研究索股温度沿缆长方向的温度场，从而正确计算主缆索股的线形。由于温度的变化，将引起主缆索股线形变化，只有通过索股温度的测试，才能计算主缆索股的线形，正确评价主缆索股线形，保障悬索桥的安全。主缆 1 号索股和主缆 4 号索股在各个时段纵向温度分布如图 2-5-36、图 2-5-37 所示。

通过对索股温度在不同温度条件下沿索长方向变化的研究，其结果显示在特定的条件下，索股在测试截面位置的温度具有以下特征：

（1）18：00—次日 6：00 时间段，同一索股温度沿索长方向大致呈现均匀分布。

（2）1 号索股处于主缆索股的最低点，受日照影响很小，基本长期处于阴凉通风处，各测点温度比较均匀和接近，而且随大气气温变化发生同步变化。

（3）2、3、5、6 号索股在受太阳照射期间，测点温度基本与接收阳光的强度和入射角有关，但某些测点会受现场施工的影响，处于遮挡状态，导致该测点温度与其他测点不具有一致的变化规律。

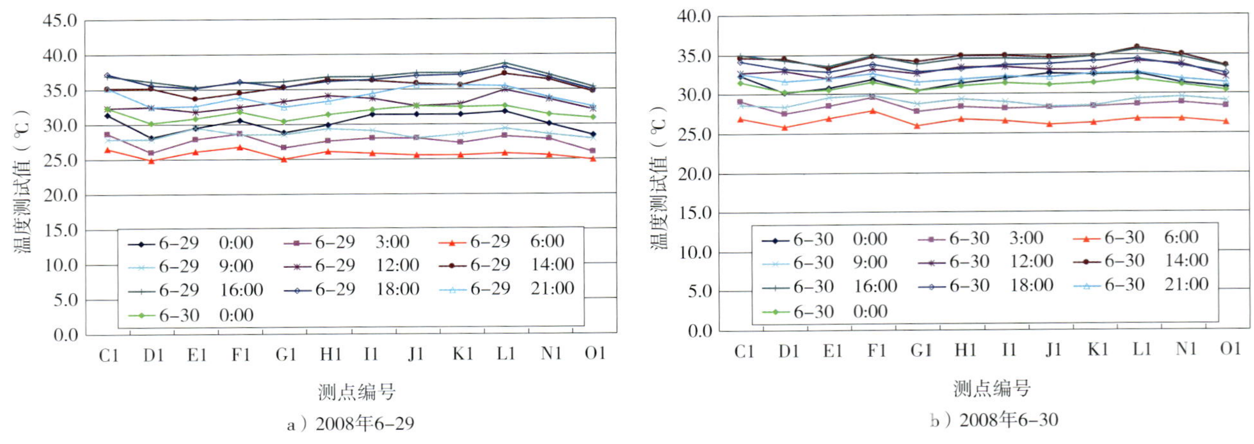

a）2008年6-29　　b）2008年6-30

图 2-5-36　主缆 1 号索股温度时程图

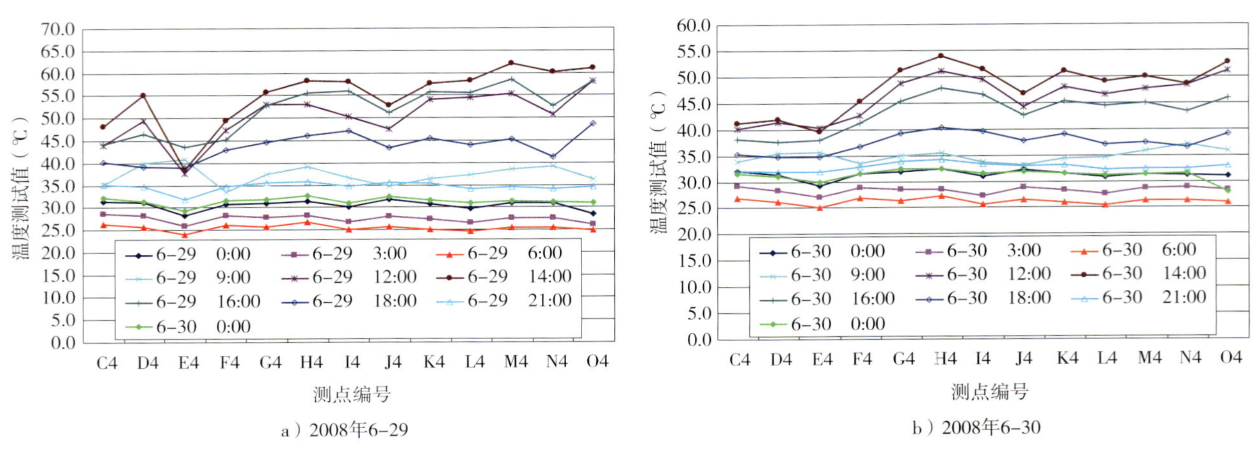

a）2008年6-29　　b）2008年6-30

图 2-5-37　主缆 4 号索股温度时程图

（4）4 号索股处于主缆索股的最高点，其接收阳光时间最长，导致该索股温度在不同时刻变化较大，但其外界散热条件最好，容易受风的影响，而不同的高度，风速是不一致的，故会出现某些测点温度变化显著。

（六）表面各测点温度分布特点

从测点布置位置来看，依据获取的测点温度变化曲线趋势及测试值大小，可以将截面测试分成 6 个区域，如图 2-5-38、图 2-5-39 所示。

通过对 48 个测点温度值之间相互比较和分析，可以将各测区测点的布置位置进行适当优化选出具有代表性的测点进行分析，优化结果见表 2-5-4 和表 2-5-5。

测试截面 I－I　　表 2-5-4

区　域	测　点	典 型 测 点
一	测点 34、测点 35、测点 36、测点 37、测点 38、测点 39、测点 40	测点 37
二	测点 41、测点 42、测点 43、测点 44	测点 43
三	测点 45、测点 46、测点 47	测点 46
四	测点 48、测点 49、测点 50	测点 49

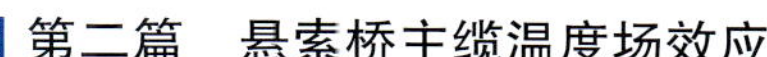

续上表

区 域	测 点	典 型 测 点
五	测点 51、测点 52、测点 53	测点 52
六	测点 54、测点 31、测点 32、测点 33	测点 31

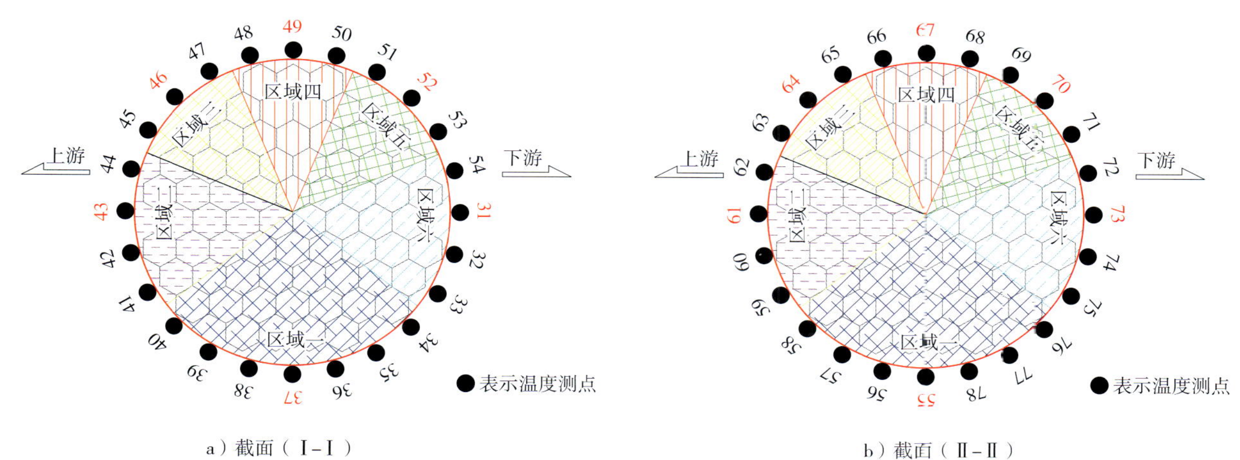

a）截面（Ⅰ-Ⅰ） b）截面（Ⅱ-Ⅱ）

图 2-5-38 主缆测试截面测点布置区域划分图

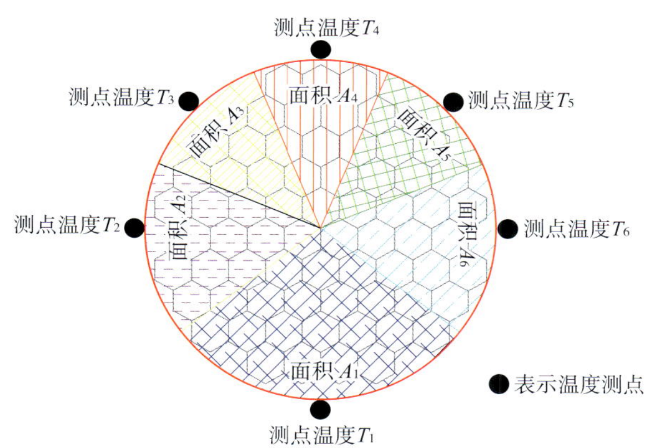

图 2-5-39 主缆温度测试截面测点平均温度面积划分图

测试截面Ⅱ-Ⅱ 表 2-5-5

区 域	测 点	典 型 测 点
一	测点 76、测点 77、测点 78、测点 55、测点 56、测点 57、测点 58	测点 55
二	测点 59、测点 60、测点 61、测点 62	测点 61
三	测点 63、测点 64、测点 65	测点 64
四	测点 66、测点 67、测点 68	测点 67
五	测点 69、测点 70、测点 71	测点 70
六	测点 72、测点 73、测点 74、测点 75	测点 73

1. 区域一

对于测试截面（I-I）来讲，测点 34~40 的测试结果数据很接近，并且变化规律基本一致；取以上 7 点的平均值，与测点 37 对比，得到结果如图 2-5-40 所示。如果以测点 37 作为区域一的代表，对于同一时刻，区域平均值与测点 37 测试值间均表现为正误差，最大正差值为 1.1℃。

对于测试截面（Ⅱ–Ⅱ）来讲，测点 76~78 和 55~58 的测试结果数据均很接近，并且变化规律基本一致；取以上 7 点的平均值，与测点 55 对比，得到结果如图 2-5-41 所示。如果以测点 55 作为区域一的代表，对于同一时刻，区域平均值与测点 55 测试值间主要表现为正误差，最大正差值为 1.2℃，最大负差值为 –0.4℃。

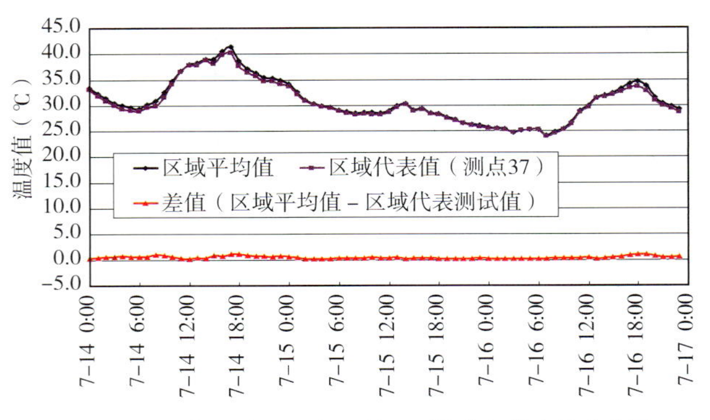

图 2-5-40　截面（Ⅰ–Ⅰ）区域一平均值与代表值差值图

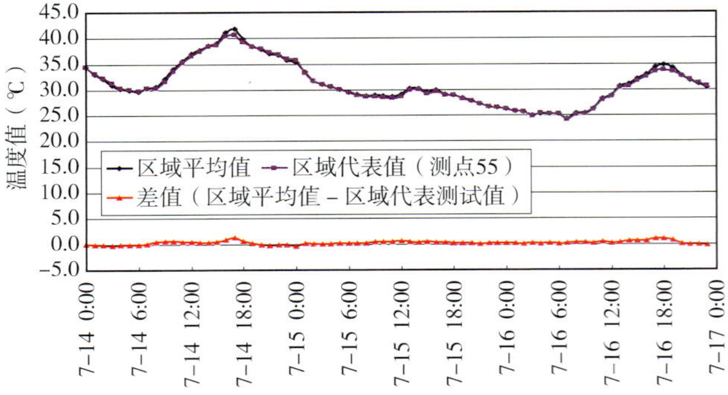

图 2-5-41　截面（Ⅱ–Ⅱ）区域一平均值与代表值差值图

2. 区域二

对于测试截面（Ⅰ–Ⅰ）来讲，测点 41~44 的测试结果数据很接近，并且变化规律基本一致；取以上 4 点的平均值，与测点 43 对比，得到结果如图 2-5-42 所示。如果以测点 43 作为区域二的代表，对于同一时刻，区域平均值与测点 43 测试值间主要表现为负误差，最大负差值为 – 3.1℃，最大正差值为 0.3℃。

对于测试截面（Ⅱ–Ⅱ）来讲，测点 59~62 的测试结果数据均很接近，并且变化规律基本一致；取以上 4 点的平均值，与测点 61 对比，得到结果如图 2-5-43 所示。如果以测点 61 作为区域二的代表，对于同一时刻，区域平均值与测点 61 测试值间主要表现为负误差，最大负差值为 –2.2℃，最大正差值为 0.1℃。

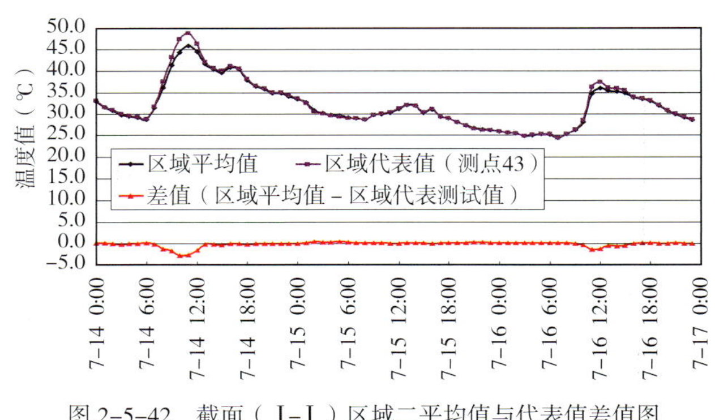

图 2-5-42　截面（Ⅰ–Ⅰ）区域二平均值与代表值差值图

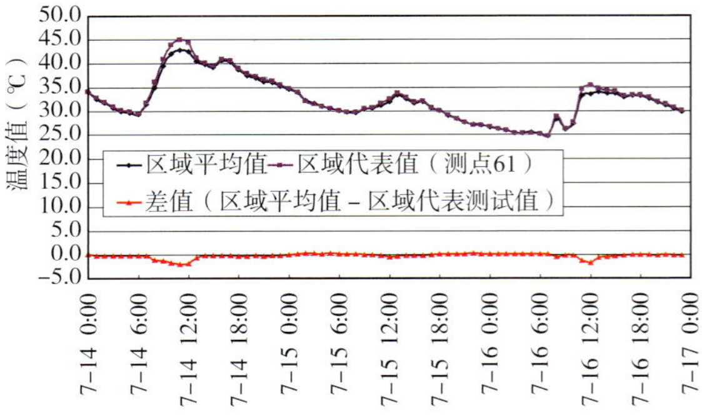

图 2-5-43　截面（Ⅱ–Ⅱ）区域二平均值与代表值差值图

3. 区域三

对于测试截面（Ⅰ–Ⅰ）来讲，测点 45~47 的测试结果数据很接近，并且变化规律基本一致；取以上 3 点的平均值，与测点 46 对比，得到结果如图 2-5-44 所示。如果以测点 46 作为区域三的代表，对于同一时刻，区域平均值与测点 46 测试值间主要表现为正误差，最大正差值为 1.7℃，最大负差值为 –0.4℃。

对于测试截面（Ⅱ–Ⅱ）来讲，测点 63~65 的测试结果数据均很接近，并且变化规律基本一致；取以上 3 点的平均值，与测点 64 对比，得到结果如图 2-5-45 所示。如果以测点 64 作为区域三的代表，

对于同一时刻，区域平均值与测点 64 测试值间主要表现为正误差，最大正差值为 0.9℃，最大负差值为 -0.1℃。

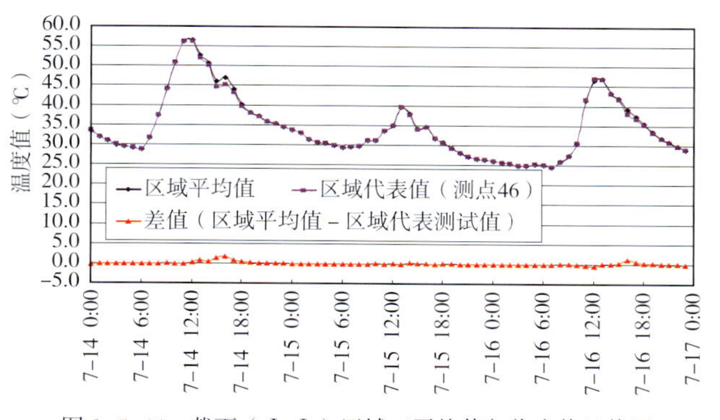

图 2-5-44　截面（Ⅰ-Ⅰ）区域三平均值与代表值差值图

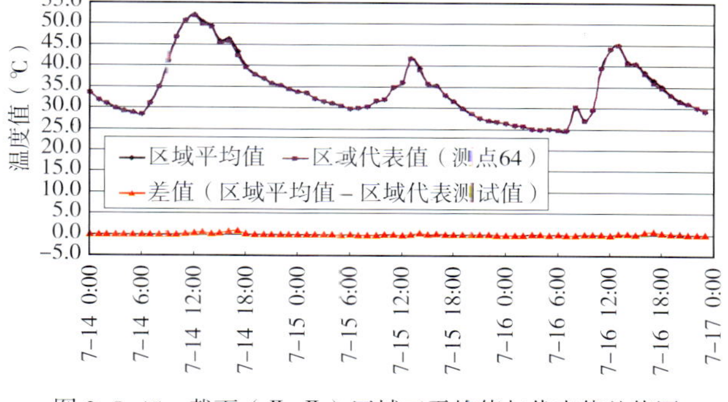

图 2-5-45　截面（Ⅱ-Ⅱ）区域三平均值与代表值差值图

4. 区域四

对于测试截面（Ⅰ-Ⅰ）来讲，测点 48~50 的测试结果数据很接近，并且变化规律基本一致；取以上 3 点的平均值，与测点 49 对比，得到结果如图 2-5-46 所示。如果以测点 49 作为区域四的代表，对于同一时刻，区域平均值与测点 49 测试值间主要表现为负误差，最大负差值为 -1.9℃，最大正差值为 0.4℃。

对于测试截面（Ⅱ-Ⅱ）来讲，测点 66~68 的测试结果数据均很接近，并且变化规律基本一致；取以上 3 点的平均值，与测点 67 对比，得到结果如图 2-5-47 所示。如果以测点 67 作为区域四的代表，对于同一时刻，区域平均值与测点 67 测试值间主要表现为负误差，最大负差值为 -1.6℃，最大正差值为 0.2℃。

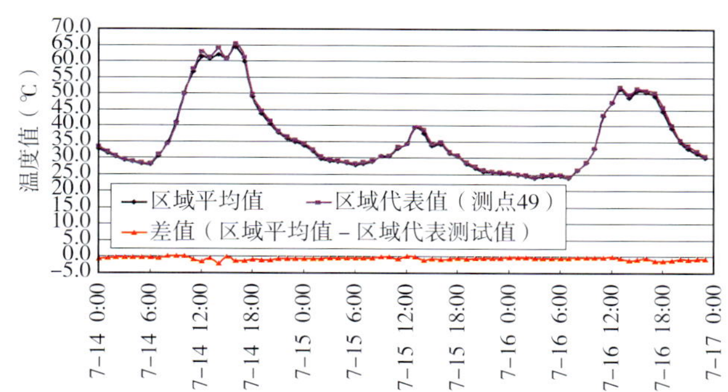

图 2-5-46　截面（Ⅰ-Ⅰ）区域四平均值与代表值差值图

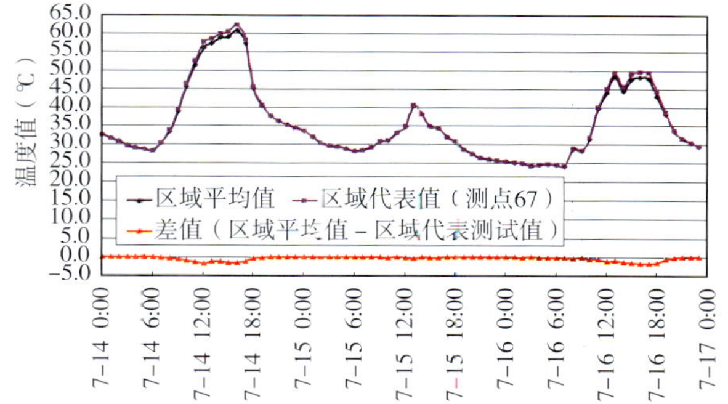

图 2-5-47　截面（Ⅱ-Ⅱ）区域四平均值与代表值差值图

5. 区域五

对于测试截面（Ⅰ-Ⅰ）来讲，测点 51~53 的测试结果数据很接近，并且变化规律基本一致；取以上 3 点的平均值，与测点 52 对比，得到结果如图 2-5-48 所示。如果以测点 52 作为区域五的代表，对于同一时刻，区域平均值与测点 52 测试值间主要表现为正误差，最大正差值为 1.0℃，最大负差值为 -0.4℃。

对于测试截面（Ⅱ-Ⅱ）来讲，测点 69~71 的测试结果数据均很接近，并且变化规律基本一致；取以上 3 点的平均值，与测点 70 对比，得到结果如图 2-5-49 所示。如果以测点 70 作为区域五的代表，对于同一时刻，区域平均值与测点 70 测试值间主要表现为正误差，最大正差值为 0.6℃，最大负差值为 -1.3℃。

6. 区域六

对于测试截面（Ⅰ-Ⅰ）来讲，测点 54 和 31~33 的测试结果数据很接近，并且变化规律基本一致；

取以上 4 点的平均值，与测点 31 对比，得到结果如图 2-5-50 所示。如果以测点 31 作为区域六的代表，对于同一时刻，区域平均值与测点 31 测试值间主要表现为负误差，最大负差值为 -2.9℃，最大正差值为 0.4℃。

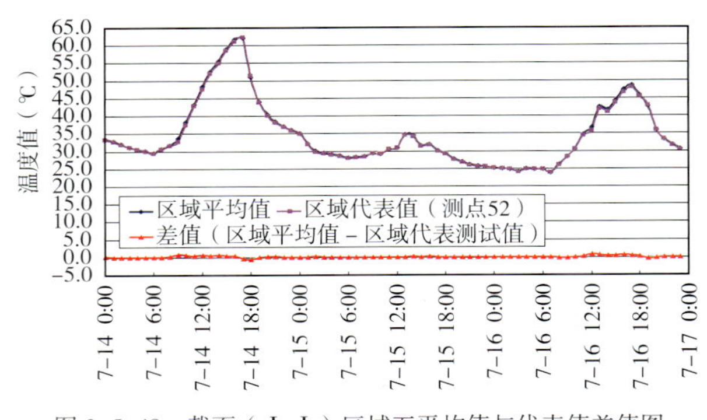

图 2-5-48　截面（Ⅰ-Ⅰ）区域五平均值与代表值差值图

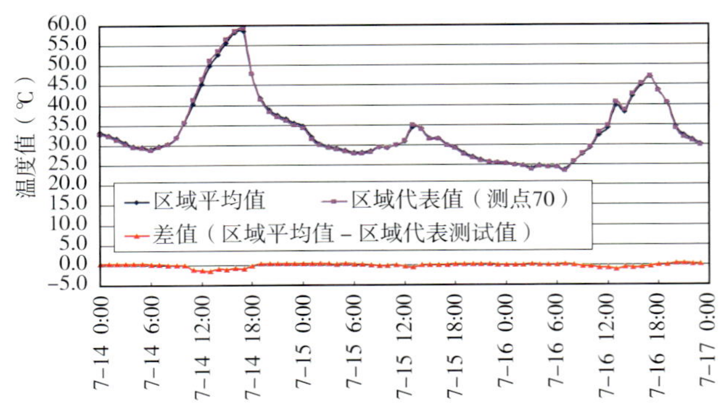

图 2-5-49　截面（Ⅱ-Ⅱ）区域五平均值与代表值差值图

对于测试截面（Ⅱ–Ⅱ）来讲，测点 72~75 的测试结果数据均很接近，并且变化规律基本一致；取以上 4 点的平均值，与测点 73 对比，得到结果如图 2-5-51 所示。如果以测点 73 作为区域六的代表，对于同一时刻，区域平均值与测点 73 测试值间主要表现为负误差，最大负差值为 -2.2℃，最大正差值为 0.1℃。

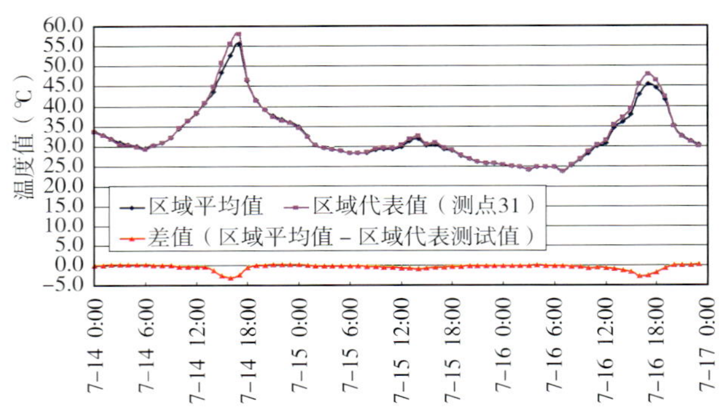

图 2-5-50　截面（Ⅰ-Ⅰ）区域六平均值与代表值差值图

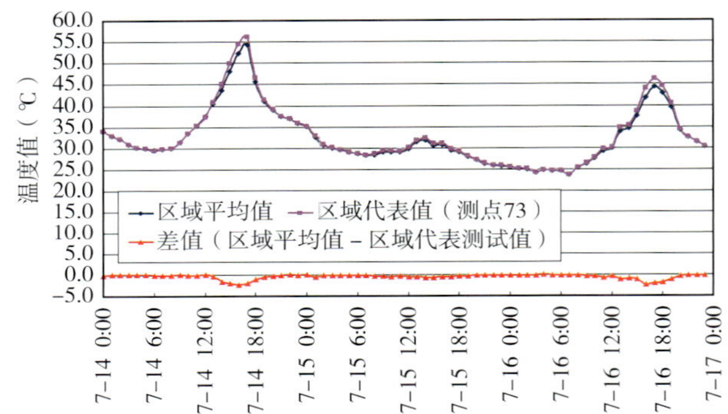

图 2-5-51　截面（Ⅱ-Ⅱ）区域六平均值与代表值差值图

参 考 文 献

[1] 铁道部大桥局桥梁科学研究院．悬索桥［M］．北京：科学技术文献出版社，1996.

[2] 潘永仁．悬索桥结构非线性分析理论与方法［M］．北京：人民交通出版社，2004.

[3] 胡利平．悬索桥施工过程中温度效应分析［J］．中国建设信息，2003，19.

[4] 鱼嘴长江特大桥施工监控技术咨询报告［R］．中铁大桥局武汉桥科院，2008.

[5] 金伟良．工程荷载组合理论与应用［M］．北京：机械工业出版社，2006.

[6] 黄文雄．太阳能之应用及理论［M］．台北：台北出版社，1978.

[7] GIMINGNJ.Cable Suppoorted Bridge［M］.Chichester：John Wily，1993.

[8] 宋多魁，于美蓉等．山区温度场立体模式与地形影响分析方法的探讨［J］．广西农学院学报，1992.

[9] 潘永仁，范立础．悬索桥施工中主缆横截面平均温度实用计算法［J］．同济大学学报，1998，4.

[10] 林一宁，余屏孙，林亚超．悬索桥架设期间主缆温度测试研究［J］．桥梁建设，1997（3）.

[11] 尼尔斯·J. 吉姆辛．缆索支撑桥梁—概念与设计［M］．北京：人民交通出版社，2002.

[12] 范立础，潘永仁，杜国华．大跨度悬索桥结构架设参数精细算法研究［J］．土木工程学报.1999，32（6）：20–25.

[13] 沈锐利．悬索桥主缆系统设计及架设计算方法研究［J］．土木工程学报，1996，29（2）：3–9.

[14] 唐茂林，沈锐利，强士中．大跨径悬索桥丝股架设线形计算的精确方法［J］．西南交通大学学报，2001，36（3）：303–307.

[15] 孙进旭，王瑞．墙表换热系数与风速风向的关系［J］．山西建筑，2006，2.

[16] 李鸿献．高层建筑结构日照影响的研究［J］．工程力学，1990，8.

[17] 张鹤飞．太阳能热利用原理与计算机模拟（2版）［M］．西安：西北工业大学出版社，2007.

[18] 罗伦．无测站地方平均气温的推求方法［J］．气象，1978，（2）：31–32.

[19] 梁敬，朱家龙．山区热量资源的估算方法［J］．气象，1981，（10）：24–25.

[20] 卢其尧．山区年月平均气温推算方法的研究［J］．地理学报，1988，45（3）：213–222.

[21] 沈国权．考虑宏观地形的小网格温度场分析方法及应用［J］．气象，1984，（6）：22–27.

[22] 沈成俊，张伟民，等．电流法测试空气换热系数．热加工工艺，2006，35（6）.

[23] GB/T 17101—1997 桥梁缆索用热镀锌钢丝（Hot–dip galvanized steel wires for bridge cables）.

[24] AHMADI–KASHANIK，Bell A J.The analysis of cables subject to uniformly distributed loads［J］.Engineering Structures，1988，10.

[25] KAROUMIR. Some modeling aspects in the nonlinear finite element analysis of cable supported bridges［J］.Computers and Structures，1999，71.

[26] CHENZQ，AGARTJA.Geometric nonlinear analysis of flexible spatial beam structures［J］.Comp & Stru，1993，49.

[27] 顾金其．苏通大桥斜拉索用镀锌钢丝生产实践［J］．金属世界，2008，3.

[28] 梅葵花．悬索桥主缆温度效应的分析研究［J］.// 中国公路学会桥梁和结构工程学会 2001 年桥梁学术讨论会论文集 .2001.

[29] 逯彦秋，张肖宁，孟勇军．桥面铺装非线性瞬态温度场分析［J］．中外公路，2006，12.